上海民生民意报告
2016

2016 SURVEY OF SHANGHAI RESIDENTS' LIFE

杨雄 陶希东 等著

上海人民出版社

序　论

"十三五"社会治理：意义、挑战及政策含义

杨　雄

"十三五"期间，上海已经站在新的更高的历史发展起点上，肩负着更加艰巨繁重的改革发展稳定任务。上海已经到了没有改革创新就不能前进的阶段。"十三五"期间，上海经济结构、城乡布局、人口总量与结构、社会组织管理体系已发生重大变化。社会建设的快速发展已成为新时期上海转型创新的内生需求和新的动力。当前，上海社会治理面临如下两个新挑战：一是由于人口快速导入，政府的公共服务体系和社会保障体系配套建设跟不上，民生问题和公共服务、社会保障等问题日益凸显。老百姓看病难、上学难、养老难、打官司难、行路难、住房难等社会问题愈发严重。二是基层社会结构快速变化，基层情况瞬息万变，出现了许多新情况、新问题，基层解决问题手段有限、资源缺乏、力量不足，亟待在制度创新上有新突破。中共十八届三中全会强调，坚持发展完善中国特色社会主义制度，推进国家治理体系与治理能力现代化，这是全面深化改革的总目标，对基层建设提出了新要求。因此，努力实现从基层管理向基层治理的转变，在创新社会治理中不断加强基层建设是事关当前改革和未来发展的全局性大事。

一、"十三五"期间社会治理面临新形势

治理面临新挑战。改革开放 30 多年以来，中国经济迅速发展带来了

整个社会的深刻变迁。同时，有学者提出中国社会结构的变迁滞后于经济结构变化至少15年(陆学艺，2009)。伴随基层治理从"单位制"、"街居制"向"社区制"的转变，目前基层建设中面临的突出问题有：社区管理体制滞后，政府公共服务向社区延伸不够，社区自治和服务功能不强，社区居委会行政化倾向严重，社区居民参与不足，等等。而在基层治理方面亟待深入研究的问题有：新形势下基层治理组织结构；基层治理的内容和类型；社会组织发育与管理；基层民主建设及政府的角色转变；基层治理创新实践和认识；基层治理主体间的关系、功能、协同共治；党如何进入社会、如何领导社会等。

遭遇"两个社会难题"。快速的工业化和城市化带来了财富的增长，但是同时面临诸多社会问题，特别是进入或者接近中等收入阶段后所面临的两个难题。第一个难题：中等收入社会裂痕。随着中等收入社会的来临，收入差距拉大、贫富差距拉大、群体间的差异拉大、城乡差距拉大、国家与社会的张力加大，出现了"中等收入社会裂痕"。裂痕导致了两个后果，一是多元社会形成、二是群体间对立加深。社会面临着缝合、接合的难题，解决社会连接问题成为当务之急。第二个难题：中等收入社会难题。随着中等收入社会来临，一些地方甚至出现了公共服务越来越好，越来越多，但是群众越来越不信任政府。民众对权利、福利要求越来越多，但是义务和责任越来越淡漠。有一些地方如果民众的需求、福利得不到满足，往往采取体制外的方式表达。中等收入阶段的政府往往面临着信任问题、群众面临着参与和权利使用问题。

出现"两个治理悖论"。随着"中等收入社会裂痕"和"中等收入社会难题"的出现，基层治理也出现了一系列的问题，呈现为两个悖论。第一个治理悖论：一些地方或一些民众，政府做得越多，群众的信任越低；第二个治理悖论：一些地方或一些民众，要么不参与，一参与就会过度。两个悖论使政府的工作陷入了两难：做，群众不满意；不做，群众也不满意。结果导致政府疲于奔命，吃力不讨好；好心没有得到好报，好事做成了坏事。经常出现政府唱戏，群众看戏；政府想做，群众扛着。这些问题可以概括为"中等收入的社会难题"。针对"两个社会难题"，是否可以用"参与"来解决社会连接问题？针对"两个治理悖论"，可否以"共治"解决政府信任问题？需进一步调研思考。

总之，当前亟待破解如下几个难题：(1) 探索党在新形势下基层组织执政方式、主导作用、职能转变等问题；(2) 协调基层（居委会、业委会、物业等）治理主体“多元化”等问题；(3) 破解社会管理的“城乡一体化”（二元结构、公共服务、治理主体）等问题；(4) 解决社区自治方式、社会组织如何发挥作用以及居委会基层组织“过度行政化”等问题。

二、“十三五”期间加强社会治理的思考

1. 治理体系现代化首先是“治理结构”现代化

“治理结构”现代化？主要就是处理好政府、市场、社会三者边界、功能、关系。原来一个主体，现在有三个主体。各自有各自的利益，无论是公开的还是隐形的利益。我们讲治理体系现代化，不仅是党政分开问题，还涉及党与政府权力下放、职能转移。随着社会治理由单一中心向多中心的转变，社会治理的主体不仅是党和政府，还要依托各类社会力量的协同和公民参与。党政包揽替代多元参与，会导致社会治理的协同格局难以形成。

创新社会治理体制，推进国家社会治理现代化，是一项极为复杂、艰巨、长期的系统工程。实现这个超大规模战略工程，需要牢牢把握完善和发展中国特色社会主义制度这个根本要求，始终坚持社会治理创新正确方向；需要不断解放思想、与时俱进、求真务实，坚决破除各种不合时宜的旧观念、旧思想的束缚；需要坚持顶层设计和基层探索相结合，既要从战略上谋划社会治理现代化，又要及时总结推广基层社会治理创新经验；需要坚持立足基本国情、继承传统社会治理优秀文明成果，同时又要顺应世界发展潮流，善于学习借鉴人类治理社会文明的优秀成果；需要坚持统筹推进全面改革，加强社会治理体制改革与其他各方面改革的配合性、系统性、协调性。在这方面，我们可以学习借鉴发达国家社会治理三条经验。

第一，监管重于立法。西方与我国都奉行和强调依法治国，但在社会治理的实践中，西方国家更注重法制的实施，注重对于法律和制度的实际落实。西方发达国家依法治国及社会治理的主要做法和经验是执法、监

管重于立法。特别是英美法系的国家,制定的成文法不多,主要是根据司法实践,根据判例作为司法依据,这样做举一反三,有较好的操作性。而更为重要的是,西方发达国家在法治方面的主要精力、资源投向执法与监管。西方国家注重监管的治理策略有如下优点:一是成本低、效果好。二是有利于培育社会法制观念和守法文化。由于注重监管,执法严格,惩处到位,使公民违法成本较高,进而形成政治社会化效应,使公民在社会法治实践中接受事实教育,久而久之养成尊法、守法的习惯。第二,坚持"底线治理"。西方国家特别是英美等国,社会治理的重点是守住"底线",集中资源、集中力量打击和惩处违反法律、触犯社会秩序和超越社会道德底线的社会行为。对于公民的不违反法律、不严重触犯社会道德底线的行为一般不予干预。底线治理,从公众角度感受到的是社会自由度大,进而有助于提升社会认同感和公众对于法律与制度的认受性;从政府及社会治理角度看,则有利于提高治理效率,有利于实现低成本治理,有利于提高治理的可操作性。第三,借鉴经济手段。与我国社会治理主要运用行政手段不同,西方发达国家在社会治理中特别注重运用经济手段,倾向采用经济处罚规范社会行为,利用经济杠杆调节社会关系。应当说,经济手段是西方社会治理所采用的主要手段。运用经济手段调节和管理人们的社会行为,抓住了根本,可以从根本利益上调节、规范人的社会行为。西方发达国家的法律的罚则中,除去违法、犯罪者需要承担的刑事责任外,一般都附加有民事责任,主要是附加经济处罚。在社会政策方面,西方发达国家也十分注重运用经济杠杆调节和规范企业与居民的经济行为和社会行为。

国际治理经验表明,进入21世纪以来,创新的重心已由追求政府管理的高绩效转向社会治理结构的变革。美国公共治理专家理德·C.博克斯认为:"如果说19世纪至20世纪之交的改革家们倡导建立最大限度的中央控制和高效率的组织结构的话,那么21世纪的改革家们则将今天的创新视为是一个创建以公民为中心的社会治理结构的复兴实验过程。"这表明进入21世纪以来,创新的重心已由追求政府管理的高绩效转向社会治理结构的变革,公共治理中的政府权力本位开始转向公民权利本位。促进社会协同是国家治理现代化的核心。从国家管理到国家治理,最大的区别就在于治理主体由单中心向多中心转变,治理手段由刚性管制向柔性服务转变，治理空间由平面化向网络化转变，治理目的由工具化向价值化转变。

一是实现国家权力向社会的回归。公共权力运作流程不再总是单一的和自上而下的，而是互动式、多向度的。政府由凌驾于社会之上的管制者，又重新回到社会之中成为服务者。二是主体趋于多元化。政府必须与各种社会组织一起形成协作网络，在共同分担社会责任的基础上形成多元协同治理机制，共享公共资源，参与公共治理，并使各方共同受益。三是以合作与协商为治理方式。要实现社会治理，必须建立一个以相互依存为基础的、以协作为特征的、纵横协调的、多元统一的现代化社会治理结构。促进立法协商、行政协商、民主协商、参政协商、社会协商等广泛多层的制度化发展。

创新社会治理体制，改进社会治理方式，必须遵循现代社会发展的特点和规律。创新社会治理体制需要从多方面着力，特别应当把握好政府善治、合作共治、基层自治、社会法治、全民德治五个关键环节。政府善治，要创新政府治理方式；合作共治，就是要激发社会组织活力；基层自治，要重视基层社会自治，发挥群众参与的基础作用；社会法治，要推行法治社会建设，发挥法治的保障作用；全民德治，要加强思想道德建设，发挥社会主义核心价值观的引领作用。

社会治理结构现代化应改变"执政"方式。理论上的共识在现实推进中遇到了"全能政府"惯性的障碍，目前一些地方政府仍习惯于对社会组织和社会成员采取自上而下任务下达与政治动员的刚性工作方式，对社会事务大包大揽，忽略了各种社会组织和公众在社会治理中的主体地位和主力作用，甚至把社会治理片面理解为"对社会的管制"或"管理社会组织"，主张对社会组织的防控要横向到边纵向到底，将社会组织和社会成员视为社会治理的对象而不是合作的伙伴，漠视社会公众对社会治理体制创新的公共需求，习惯"爱你没商量"式的"为民作主"。其结果不仅会导致多元主体协同的社会治理新格局难以形成，同时也会因缺乏社会协同和公民参与而影响社会认同，演变成党政内部的卡拉 OK 式自娱自乐，缺乏社会治理体制创新的社会基础。

2. 推进多元主体参与，创新基层社会治理

中共十八大报告第一次把社区治理写入党的纲领性文件。十八届三

中全会又进一步指出：建立健全居民、村民监督机制，促进群众在城乡社区治理、基层公共事务和公益事业中依法自我管理、自我服务、自我教育、自我监督。国家治理现代化的核心就是要实现政府与市场、政府与社会的协同共治，在加快经济转型中使市场在资源配置中起决定性作用和更好地发挥政府的作用。在社会体制创新中构建党的领导、政府负责、社会协同、公民参与、法治保障的治理格局。

治理体制创新关键是构建新型社会治理体系。社区治理的首要任务，是培育以地域为基础的真实的生活共同体，塑造社区文化与社区认同，让老百姓积极参与社区建设。当前上海社区规模扩大了，类型增多了，然而人际关系却疏远了，服务也单一了。尤其是一些农村行政村更是出现了官僚化现象。社区没有成为人们所需要的共同体，没有成为基层社会治理的有效载体。民众对社区的需求、要求越来越高，关键在于社区建设是否满足民众需求，是否让民众积极参与。社会治理要以实现和维护群众权利为核心，发挥多元治理主体作用。全面加强基层建设要解决处理好多元治理主体间的关系推进。现在小区业委会、居委会、物业，加上党支部，主体太多，各主体都想干事情，但职责权利分不清楚，也不能达到真正合作、协同治理。故要进一步厘清各自职权和利益边界，找到共同利益点。社会多元治理主体应朝着“权职对称、边界清晰、合作共赢”的改革目标推进。实际上，所有创新活动都有赖于制度创新的积淀和持续激励。要避免基层社会治理创新的“运动式宿命”，保障可持续性，也取决于社会治理的制度激励与保障。

基层“治理结构”现代化方面，法国“社区营造”经验值得借鉴。法国是一个典型的“国家—社会”二元结构社会。一方面，法国的国家权力机构延续了集权传统，中央政府至今保持着对社会强有力的控制；另一方面，法国的地方民主相当成熟，自由平等的观念深入人心，市民参政议政的兴趣也非常大。强大的中央政府和成熟的公民社会共存。作为政府行使权力的末梢和培育地方民主的方式，社区营造成为观察法国社会发展的重要视角。借助巴黎经验，我们可以探求社区营造在国际大都市的文化与制度建设方面的独特作用。

巴黎一直是各国移民理想的目的地。据统计，巴黎居民中有 31%出生在市区,14.5%出生在郊区,32%出生在外省,23%出生在国外,也就是说,真正的巴黎本地人不到总人口的一半。人口构成的多元在城市空间上体现为各具特色的移民社区。巴黎城市空间中的“马赛克”(mosaique)文化类似于今日上海社区治理结构。社区营造作为城市治理的重要手段,巴黎经验显示,“上下合力”是法国社区营造的鲜明特点。既有来自政府的政策引导和财政支持,也有来自社区居民强烈的归属感和良好的自治能力。

首先,政府对社区营造的态度是鼓励自治,积极引导。“鼓励自治”体现在国家对社区协会的支持上。在法国,各类社区协会每年都可以根据注册人数向政府申请活动经费,对一些受居民欢迎并在促进社会团结方面有影响力的社团,政府还会增加投入、免费提供办公场所,甚至聘请专家来帮助社团进行管理。其次,政府也希望积极参与社区事务,对居民的集体生活进行一定的引导。2002 年,巴黎市政府在特殊街区尝试了新的制度——设置街区议会(Conseil de quartier)。街区议会与传统的街区委员会(comite de quartier)有本质的不同,后者属居民自治组织,而街区议会是由区政府牵头,由政府代表、社团代表和居民代表组成的混合组织。每个街区议会大致由 5—9 名成员组成。街区议会的活动经费由区政府负担 30%,其余由居民和社团筹集。根据法律,街区议会是一个“发布社区规划信息,听取居民意见和充分讨论”的场所。由于区议员是法定成员之一,街区议会就成为居民向区政府陈述民情的直通车。街区议会的设置无疑加强了街区居民与地方政府之间的沟通,提高了居民对社区规划的参与度。巴黎“社区营造”对上海基层治理的操作有启示意义。

(a)“国家—社会”的关系是理解法国社区营造的重要视角。巴黎经验的独特之处在于,政府能够根据经济形势和社会诉求的变化灵活地调整其社区政策,而社区居民也有能力在法律框架内,动员社团、专业人士、媒体等各种资源,影响官方的社区规划;(b)巴黎的社区营造实际上是政府与居民之间沟通与协商的过程,它同时渗透着国家意志和民主诉求。这对上海城市社区自上而下的单一规划模式具有一定的启发作用;(c)巴黎经验表明,良好的市民生活需要社区营造,但这种营造不仅是一种空间技术和管理手段,它应该为政府、居民、企业、社团、专业人士、志愿者和其他利益相关者提供一个沟通空间。社团是一种重要的公共生活,社区是我们大家的,参与社区营造也是所有居民的权利与义务。

社区治理是创新社会管理的体现,它变政府的单向管理为政府行政管理与基层群众民主自治的有机结合。为了实现社区多元主体参与共治,一是构建以居民自治为导向的社区治理机制。坚持将居民自治作为社区建设的制度前提,推进居民自我管理、自我服务、自我教育、自我监督。保障居民群众的知情权、参与权、决策权和监督权;坚持将造福群众作为社区建设的目的,从群众最关心最直接最现实的利益入手,让居民群众从社区建设中看到变化、见到成效、得到实惠。二是推动基层政府职能转变。探索区直管社区体制,或探索街道"中心制",达到人力、财力、物力向社区下沉,立足社区提供各类服务。进一步明确基层自治主体。在目前国情下,建议将居委会与业委会合并成一个共治主体(类似"社区议事会"、"居民自治家园")。三是完善社区治理结构。加强对政府公共服务机构、业主委员会、物业服务企业的指导和监督,建立驻区单位社区建设责任评价机制,推动形成社区党组织领导,社区居委会主导,社区公共服务机构、社区社会组织、业主组织、驻区单位和社区居民多元参与、共同治理的良好局面。

3. 治理体系现代化要与党的执政方式现代化结合起来思考

2000年以来,全面推进社区建设,各地是按照"以加强社区党建为引领,以创新社区管理体制为动力,努力构建基层社会服务管理平台,推动社区服务体系建设和基层民主政治建设"的思路在推进。十八届三中全会提出治理体系与治理能力现代化,核心问题是要对权力进行重新配置。这就要求理念上有新突破。突破点在哪儿?我们常说党没有自己利益,党的利益就是为人民服务,在全面深化市场经济条件下,党如何代表人民利益?现在我们执政党面临的最大问题是:既要保证政权巩固、领导权不丧失,又要向市场放权、向社会许多领域赋权。

认真处理好"党社关系"。党如何进入社会?如何领导社会?是执政方式现代化的核心问题。就某种意义上讲,今后很可能社会将取代企业成为执政党工作的重点。现在一提社会组织中党建,往往仅在党务层面,想到的就是如何"全覆盖"。深层次问题是党社关系如何定位。这才是执政党执政方式现代化的要害。

要改变执政动员方式。现在的基层社区到底是姓“政”还是姓“社”?市场经济条件下,许多治理方式要社会来选择配置,不要老想着所有东西都由政府来配置、由党来配置。据2013年全国一项调查,中国慈善公益组织发展大有“国退民进”趋势。现在不少社会组织自我管理、自我服务很不错。执政党的主体、定位以及如何发挥主导作用需要新思考。

探索走“资源整合型的党建模式”。我们现在需要什么样的基层?是高度行政化?半行政化?还是自治?党的领导、影响力可以通过社会组织中领导者来体现。我们的最大资源是“执政资源”与“体制优势”,在上述两块上加强开发、整合资源,用“上面”的资源更好地为市场主体、社会主体服务,构建与“下面”需求导向“双向对接”的党建服务模式,并运用网络平台来满足社会主体发展的需求,即是当前社会组织中柔性推进党建工作的服务新模式。完善社区“两委”议事协调机制,改进社区党组织的工作方式。可通过支持社区居委会充分行使自治责权来落实党的任务,通过支持社区居民开展自治活动来赢得群众拥护,通过支持社区各类组织参与服务管理来体现带动作用。

三、上海正在迈入“社会治理”时代

“十三五”期间,上海社会与经济结构将进入深度转型,这对社会治理与民生改善提出诸多新的挑战:一是人口和文化将日益多元化;二是社会极化和分化会进一步明显;三是互联网将改变社会形态,不可控性增加。因此,在社会治理与社会建设指导思路上,应进一步加快社会治理创新,一是将打造“法治中国的先行区和示范区”作为社会治理创新的重要目标。进一步加强对权力的制约和监督,提高司法公信力,引导人们理性表达诉求,在全社会塑造对法治的信仰。二是争取在多元共治上取得突破。建立多层次的沟通对话机制,并将社会组织和第三方参与纳入制度化轨道,促进基层自治组织发育与成长。三是将创新网络社会治理作为社会治理创新的重要内容。提高对网络民意的快速反应与合理引导能力,通过沟通、协商、对话与合作,构建网络社会伙伴关系。

作为2 425万常住人口所构成的特大型城市，上海急需一套与时俱进、精细高效的社会治理体制。针对现行体制存在的诸多不适应，以“基层”为重点启动了社会治理体制、机制创新实验。2015年以来上海在“创新社会治理、加强基层建设”探索方面有许多“可圈可点”的创新点，可以用“四个化”来概括、表述：(1)区域化党建，领引社区基层治理；(2)扁平化体制，探索街道功能再造；(3)专业化队伍，提供基层群众服务；(4)网格化管理，优化综合执法体系。就像任何一项改革都存在风险与问题，基层治理改革也一样。在释放基层活力的同时，也面临着一些新问题、新挑战。目前上海基层治理体制机制改革基本就绪，但仍存在如下新问题需要解决：

问题一：在对应上下、协调左右的管理体制上存在“多对一”与“一对多”的矛盾。当前基层社会管理体制、结构调整面临职能分散化和“多对一”、“一对多”的问题。也就是说，在传统管理时期，街道设置有多个科室，科室职能相对综合化、明确化，对应上级部门也较为清晰，例如原来的民政科就是对应上面的民政局。此次改革以后，本来属于一个部门或科室管理的诸多职能根据6+2的要求，进行了“扁平化”配置，即不同领域工作任务被配置到不同办公室，如民政的社区自治、养老等管理职能可能分属不同的办公室，这造成了基层多个办公室同时对应市区县同一职能部门，以及市区县一个职能部门可能同时联系街镇多个办公室的局面。因此进一步理顺上下部门对应关系，加快市区纵向社会治理管理体制改革则成为当务之急。

问题二：缺乏统一规范、适应基层单位职能的新绩效考核办法。“一号课题”关于基层体制改革重大举措使上海街镇完全放弃招商引资职能，进而转到公共管理、公共服务、公共安全上来。同时取消了原来经济考核指标，更重要的是，街镇被赋予了对驻区单位绩效考核的参与权和建议权。这些制度有效地保障了街镇不断提升以块为主的公共治理水平。在全市范围，一方面对基层街镇干部尚没有一个统一、新的绩效考核体系，以充分反映公共管理、公共服务、公共安全的治理效率，以及为民服务的水平；另一方面，街镇考核驻区单位也只落在纸面上，尚没有具体的抓手和操作规范。以上这些都有待进一步完善、细化和落实。

问题三：基层社区共治平台的法律定位尚欠明确。目前街道层面的社区共治平台，如社区代表大会、社区委员会等在性质上缺乏法律界定，基层对推进共治的作用、内涵、路径的共识欠缺。同时，一些共治机构开会间隔时间长、议事不及时、兼职委员和居民代表议事积极性不够高。在公共话题收集、公共议题提炼、公共决策的执行及监督评估等方面也缺少程序上的明确规定。具体来说，居民区层面的社区共治平台，业主委员会的法律定位不够明确，业主大会的议事决策成本居高不下。而房管等职能部门的指导力度不强，小区综合管理机制尚未做实，业主委员会与业主、居委会、物业企业关系不顺问题不同程度存在，不同小区物业管理状况差别很大。

问题四：社会组织参与基层治理的结构有待优化。一是基层的社会组织结构不合理。据统计，目前在区县登记的四类社区社会组织中，生活服务类占20.85%、公益慈善类占57.33%、文体活动类占13.20%、专业调处类占8.62%，从中看出专业调处和参与基层治理的社会组织还比较少，同时，枢纽型、支持类的社会组织也不多。二是参与基层治理的领域不全面。目前的公益项目主要是针对老、幼、病、残、困等弱势群体对象而设定，购买服务经费和公益基金对扶持项目的内容限定较为严格。诸如针对社区内的中青年居民、企业白领、普通大中学生的服务项目，或涉及调解维权、环境保护和社区共治等项目还难以获得资助。三是发挥社会治理“最后一公里”作用不明显。社会组织作为第三方力量，应该更好地凸显其在基层治理和公共服务中承上启下的重要角色。因此，引导社会组织参与治理的支持政策有待进一步完善。

习近平总书记2013年12月在中央经济工作会议期间指出，上海要实现的小康是高水平的小康。对照这一要求，上海在一些方面还存在明显差距。比如，人均公园绿化面积偏低，PM2.5超标问题突出。基本公共服务均等化任务繁重，教育、医疗等公共服务存在较大提升空间。居民收入增速趋缓，预计2020年农村居民人均收入比2010年翻一番的目标有望实现，但城市居民收入翻番难度较大。2016年是“十三五”开局之年，在保持经济平稳增长的基础上，应注重社会发展质量的提升和人民生活质量的改善。这既是由“双百愿景”的国家战略决定的，也是由上海居民收入水平提高以后，人民对更加美好生活的向往、更高社会发展质量的期待决定的。为此，笔者认为，未来上海应该率先实施实现更加公正发展的社会政策，增加社会凝聚力。

1. 完善社会经济保障，提高公共服务质量，进一步改善民生

进一步提高城乡居民家庭可支配收入，实现基本公共服务均等化。加强安全管理，提高城市安全管理精细化水平。强化责任落实，突出重点领域。聚焦轨道交通、高层建筑、建设工程、危险化学品等薄弱环节，加强隐患排查和问题整改，提高突发事件应对和处置能力。完善食品安全信用体系和追溯体系，强化食品安全监管。不断提高城市管理的精细化水平。继续推进宽带城市、无线城市建设，充分运用物联网、云计算、大数据等技术，积极发展智能交通，提高城市管理智能水平。扩大全社会广泛参与。鼓励社会组织参与城市管理，发挥居民自治作用。

2. 增强社会凝聚力，激活社会活力，增强城市“幸福感”

加强基层社会治理能力及配套制度建设。加快居委会(村委会)“去行政化”，夯实街镇社会共治平台。完善社会治理配套制度体系，探索“大社会”治理体制改革，加强社会诚信体系建设，加强社会领域法治建设。加大社会组织培育力度。深化社会组织登记准入制度创新，加强社会组织培育发展平台建设，立足社区推动社会组织发展，完善政府购买服务机制，加快形成政社分开、权责明确、依法自治的现代社会组织体制，通过培育社会组织发展，拓展居民的社会参与范围。努力加强社区建设。构建社区综合服务平台，实施社区基本服务指导目录，推进社区自治，优化调整社区治理结构，加强三社(社团、社区、社工)联动，强化居民的社会网络关系培育。积极构建既和谐又充满活力的邻里关系。积极总结推广既有“睦邻点”等加强邻里关系的经验，擅于捕捉居民热点与重点需求，积极发挥精英骨干编制交往网络的作用，借助项目活动等载体激活、重构新型邻里关系。

3. 增进社会包容，推进社会认同与社会融和

增进社会包容，减少社会歧视。积极加强上海地方立法，落实和细化国家关于公民的各项合法权益，全面清理歧视性规定，加强对弱势群体利益进行补偿和照顾，切实践行上海“公正、包容、责任、诚信”的城市价值取

向。鼓励志愿行动，倡导社会援助。弘扬世博志愿精神，推动志愿服务事业，不断提高城市文明程度和市民文明素养。进一步完善社会救助制度体系，加强社会救助协调力度，统筹社会救助城乡发展。营造和谐氛围，升华“土客关系”。通过媒体宣传、公共论坛、社区会议等多种舆论渠道，加强对外来人才的包容与理解，积极落实各种促进“城市融入”的相应制度安排，强化对外来人才及家庭的支持力度。

4. 扩大社会赋权，加强利益协调，创新社会治理

完善个体表达自由的制度设计。真正尊重民心，善于倾听民意。完善信访制度，完善人民调解、行政调解和司法调解联动的工作体系，畅通和规范群众诉求表达、利益协调与权益保障渠道，健全党和政府主导的维护群众权益机制。探索多元共治体系建设，强化社区自治管理。创新社区治理模式，推进公共服务提供方式的社会化，初步形成多层次多元化的公共服务体系。深化政府主导的社会支持网。进一步加强政府职能转变，切实强化政府的公共服务与社会治理能力，努力夯实社会领域发展的框架基础，为居民合法权利的有效实现提供制度性支持与保障，增强百姓对未来改革与发展的社会预期。

（2016 年 1 月 10 日）

目　录

第 1 章　上海民生民意发展指数

一、研究背景

2015 年，是我国全面深化改革的关键之年，是我国经济进入新常态之年，亦是我国全面推进依法治国的开局之年，还是我国全面完成“十二五”规划的收官之年，更是我国“十三五”规划的编制年，同时也是习总书记正式提出“四个全面”之际，为了解上海社会热点、重大现实问题以及为未来城市发展规划提供基础，本研究试图通过连续跟踪调查，形成全市最权威、最直观、最具公信力的“上海民生民意发展指数报告”，全面、真实、客观地反映民生、民意与民情发展变化的动态与趋势，为政府全面提高决策水平和提升服务质量，提供最可靠、最科学的第一手资料和决策依据。

(一) 国外相关研究

虽然民意问题很早就引起关注(比如托马斯·莫尔的《乌托邦》、欧文的空想社会主义思想、启蒙思想家的人权思想等)并有相关调查研究得以开展，但真正现代意义上的民生与民意调查却是始于 20 世纪上半叶。最初，民意调查常用于预测选举结果，“1936 年的美国总统选情预测”就是经典应用案例。此后，随着调查需求的多元化，它被逐渐扩展至政治、经济、法律、社会、文化、军事、外交等领域。时至今日，国外的民意调查项目已经颇多，涉足领域也极为广泛，不过，有关民生议题的调查研究仍更多散见于教育、就业、医疗、收入与社保等具体领域。例如，国际劳工组织关于就业、失业与不充分就业的统计指标,衡量居民内部收入分配差异的基尼系数,《全民教育全球监测报告》提出的全民教育发展指数(EFA Development Index),等等。为了用统计数字和数列定量地探测和预测社会的变化,许多西方学者与国际组织一起,积极参与尝试建立综合性社会发展评估指标体系,比如美国卫生协会提出的ASHA指标法,美国海外开发委员会提出的物质生活质量指数(PQLI),美国宾夕法尼亚大学教授理查德·J. 埃斯蒂斯(R. J. Estes)在国际社会福利理事会的要求和支持下提出的社会进步指数(ISP),联合国开发计划署提出的"人类发展指数"(HDI),联合国第二次人居大会提出的"城市宜居指数",欧洲学者提出的社会发展质量(Social Quality),在美国、欧洲、日本、印度、巴西等国实施的"综合社会调查"项目(GSS)。其中应用最为广泛的是人类发展指数和社会发展质量指数。

1. *人类发展指数的研究及启示*

人类发展指数(HDI — Human Development Index)是由联合国开发计划署(UNDP)在1990年的《人类发展报告》(*Human Development Report*, HDR)中提出的,用以衡量联合国各成员国经济社会发展水平的指标,是对传统的GDP指标挑战的结果。人类发展指数由健康、教育和生活质量三个维度构成,从动态上对人类发展状况进行反映,揭示一个国家的优先发展项,为世界各国尤其是发展中国家制定发展政策提供一定依据,从而有助于挖掘一国经济发展的潜力,通过分解人类发展指数,可以发现社会发展中的薄弱环节,为经济与社会发展提供预警。自《人类发展报告》1990年发布以来,人类发展指数先是被广泛应用于国家间的人类发展状况比较;随后,联合国开发计划署及其之外的一些学者还将其应用于一个国家内部,分析地区差距问题。在我国,许多学者也利用人类发展指数数据对中国的地区差距进行了一系列的研究①。

虽然人类发展指数得到广泛的接受和应用,但是,我们不应该以为人类发展只局限于人类发展指数中的三个维度,人类发展指数中透露的信

---

① 杨永恒、胡鞍钢、张宁:"中国人类发展的地区差距和不协调——历史视角下的'一个中国,四个世界'",《经济学》(季刊)2006年第3期。

息就代表了人类发展的全部含义[①]。人类发展指数之父(Haq，1995)[②]也希望，人类发展指数除了能补充国内生产总值，更重要的是能引起人们对涉及人类发展的大量其他变量的兴趣。人类发展被定义为"实现民众所向往的生活从而不断扩大他们的选择"，从原则上说，这些选择可以是无限的和随着时间而变化的。因此，人类发展指数中的三个维度四个指标显然不能涵盖人类发展的全部。于是，从其他重要的发展维度拓展人类发展指数一直是该领域研究的热点[③]。实际上，人类发展路径本身就是一个开放的体系，对人类发展指数的理解和运用应该是开放式的[④]。

人类发展指数用较易获得的数据，认为对一个国家福利的全面评价应着眼于人类发展而不仅仅是经济状况，计算较容易，比较方法简单；同时，人类发展指数适用于不同的群体，可通过调整反映收入分配、性别差异、地域分布、少数民族之间的差异。人类发展指数从测度人文发展水平入手，反映一个社会的进步程度，为人们评价社会发展提供了一种新的思路。作为连续性的民生民意调查，我们不但希望数据获取相对便捷，更希望指数数据能作横向与纵向比较，在评估社会发展总体水平的同时，发现社会发展中的薄弱环节，为读者提供鲜活的内容。人类发展指数的构想思路，为本研究的开展提供了帮助。

2. 社会发展质量研究及其启示

社会质量理论是目前研究社会问题的最新视角之一。20 世纪 70 年代以来，针对经济与社会发展的不平衡以及欧洲社会问题的不断涌现，一些欧洲学者提出了社会质量理论。1997 年 6 月，来自社会学、政治学、社会政策、法律和经济领域的 74 位专家共同签署了《欧洲社会质量的阿姆斯特丹宣言》，标志着社会质量理论正式诞生。《宣言》指出："考虑到所有公民的最根本的尊严，我们声明：我们不想在欧洲城市中看到大量的不断增

---

① 帕尔·萨基凯·福库达："人类发展分析路径：检阅、反思和前瞻"，《马克思主义与现实》2002 年第 6 期。

② HAQ M., *Reflection on Human Development*. New York: Oxford University Press, 1995.

③ NEUMAYER E., "The Human Development Index and Sustainability — a constructive proposal", *Ecological Economics*, 2001, 39: 101 - 114.

④ 阿马蒂亚·森："简论人类发展的分析路径"，《马克思主义与现实》2002 年第 6 期。

加的乞丐、流浪汉和无家可归人员,我们也不想看到一个这样的欧洲,即有着大量的失业人员、数目不断增长的穷人,以及那些只能享有有限医疗保健和社会服务的群体。这些以及其他许多消极的指标都表明,当下欧洲为所有公民提供的社会质量并不够高。相反,我们希望欧洲社会是一个经济上获得成功,同时又能为其公民提供社会公正与社会参与的高社会质量的社会"[①]。从《宣言》的根本出发点来看,社会发展质量的概念与本研究关于民生民意调查的理论构想最为接近。

在社会质量理论的开创者贝克等人看来,社会质量指的是公民在那些能够提升他们的福利状况和个人潜能的条件下,参与其社区的社会、经济和文化生活的程度。[②] 社会质量的宗旨是提高人们的福祉和促进其潜能的发挥,在集体认同中完成个体自我实现。欧洲的理论家认为,社会质量的本体论基础在于人的"社会性",即社会质量理论假设人是社会人,人是作为一种社会存在,通过人与人之间相互作用、相互依赖形成社会网络而生活在社会中,"社会性"最终通过个体的自我实现与集体认同之间的相互依赖得到实现。[③]经济学的一个重要特征是方法论的个人主义。经济学假设每个人都是经济人,作为独立的个体,每个人的决策都是自主决策而不受社会结构的影响,这些原子化的个体在追求个人效用最大化的过程中不知不觉地就实现了社会效用最大化。而社会质量理论则把个人福利和潜能的提升与人们的社会生活勾连起来,认为福利和潜能源于人们能否获得社会经济保障——这是人们生活质量好坏的物质基础;能否获得来自社会关系的支持——这是人们生活是否幸福的精神基础。一个好的社会,必须是公民"实际好"和"感觉好"的完美统一,因此社会质量既关注社会的客观环境和硬环境建设,也关注人们的精神世界和软环境建设,比如价值标准、社会凝聚和社会诚信等,一个好的社会应该对社会的硬环境和软环境给予同等程度的关照。社会质量理论的创新或突破就在于促

---

① Walker A., "the Amsterdam Declaration on the Social Quality of Europe," *European journal of social work*, 1998, 1.1(1): 109-111.

② Beck W., L. J. G. vander Maesen & A. Walker, eds., *The social quality of Europe*, the Hague: Kluwer Law International: 1997, 6-7.

③ Beck W., L. J. G. vander Maesen, F. thomése and A. Walker, eds., *Social Quality: a Vision for Europe, the Hague: Kluwer Law International*: 2001, 312-313.

进了以往单纯谋求经济增长和创造价值的传统理念的转变，把人们引入一个公平的、高质量的社会应该具有哪些品质以及如何建设这样的社会的思考。判断一个社会的社会质量，可以从两个角度入手："如果着眼于社会体系、制度和组织体制等社会环境因素，一个社会的社会质量可以通过该社会为人们生活所提供的社会经济保障的水平和程度反映出来。但如果着眼于个体，该社会的社会质量也可以通过该社会为个人提供的进入社会体系的机会、开放度，以及个人融入主流社会的可能性来反映"。①

由于社会质量研究并不是象牙塔内的智力游戏，它从一诞生就被赋予更新社会政策的使命。而且从实际情况来看，社会质量的政策领域极为广泛，它涉及人们社会生活的各个层面，对解决欧洲的社会问题，扭转社会政策从属于经济政策的局面发挥了一定的作用，这些政策领域包括经济政策、社会政治政策、文化政策和环境政策等②。可以说，无论是在城市发展、社会发展、公民权、社会团结方面，还是就业、教育、老龄化等问题上，社会质量的一整套概念工具都具有一定的操作性，更为重要的是，与人类发展指数不同的是，社会发展质量既考虑到了市民客观的日常生活需求（如经济收入、劳动就业等），更关注到主观的社会心理需求（如，社会包容、社会凝聚等），这为本研究制定操作化测量指标体系提供了很好的借鉴。

（二）国内相关研究

就我国而言，有关民生的思想更加源远流长，可以追溯到公元前400年左右的《左传·宣公十二年》，书中"民生在勤，勤则不匮"即是对"民生"问题的最早论述。传统意义上，"民生"概念一般是指百姓的基本生计，而现代意义上的民生概念则更广泛一些，既包括事关社会成员基本生存和生活状态、基本的发展机会和发展能力的内容，也囊括了社会成员在基本生存线以上的社会福利的内容。不过，与国外相比，我国的民意调查事业起步更晚、发展更慢，综合性评估社会发展状况的观点和实践大多受到国

① 林卡："社会质量理论：研究和谐社会建设的新视角"，《中国人民大学学报》2010年第2期。

② 张海东、石海波、毕婧千："社会质量研究及其新进展"，《社会学研究》2012年第3期。

际指标的启发。

首先,我国依照联合国组织关于《鼓励会员国自己确定它们所关心的社会问题并建立最适合于各国社会、经济和其他发展领域的社会指标》的提示于20世纪80年代初开展了社会指标的理论研究和实践应用,相继建立了人口、环境保护、人民生活、科学、教育、文化、卫生、体育、广播、社会救济、社会治安等专项的社会统计,从不同角度反映社会生活的发展变化,比如,北京市统计学会建立了我国第一个"社会指标研究小组"。这个研究小组曾就我国制定社会指标体系的意义和任务、研究对象、范围和基本内容、理论基础和基本原则,以及对我国社会指标体系主要项目的初步设想等进行了广泛的探讨和研究,其研究成果《社会经济发展目标与社会经济指标体系》等七篇论文,收集在《统计论文选编(1982—1983)》中。课题研究的最终成果《建立和健全我国社会统计的设想》,提交给1983年在昆明举行的全国第三次统计科学讨论会,引起了广泛的关注和兴趣。同时,由国家统计局社会司主持制定的我国第一套《社会统计指标体系(草案)》诞生了。这套社会指标体系当时包括13大类(后来调整为15大类)、1 100多个指标,并在北京、上海、四川、湖南、湖北等省、市先行试编而后推及全国。在上述研究和实践的基础上,国家统计局社会司于1988年又提出了《关于健全社会统计指标体系的意见》和《社会统计指标名称、分类及资料来源》,这表明这项研究还在继续向纵深发展。截至2015年,全国已有20多个省区市及副省级城市统计局在原有统计信息咨询服务中心的基础上成立或加挂了社情民意调查中心的牌子。

同时,也有一些学者开始关注综合社会评估的重要性。例如,谷迎春的《关于社会指标体系的理念思考》①,宋林飞的《中国小康社会指标体系及其评估》②,任福兵等人的《低碳社会的评价指标体系构建》③等。另外,中国人民大学社会学研究所承接首批高校专项科研基础项目研究课题"社会指标体系"研究,南开大学社会学系主持进行的生活方式指标体系研究,以及上海社科院社会学所主持进行的生活质量指标体系研究等。

---

① 谷迎春:"关于社会指标体系的理念思考",《社会学研究》1997年第6期。
② 宋林飞:"中国小康社会指标体系及其评估",《南京社会科学》2010年第1期。
③ 任福兵等人:"低碳社会的评价指标体系构建",《江淮论坛》2010年第2期。

特别值得一提的是，我国本土学者也曾提出过与国外相同的社会质量概念和理论①，但由于当时的社会背景下并没有得到热烈的回应。目前，已有学者引入欧洲社会发展质量理论，并将之应用于对中国不同城市的发展评价当中。如林卡的《社会质量与社会和谐理论》②，张海东的《从发展道路到社会质量：社会发展研究的范式转换》，③林卡、柳晓青、茅慧的《社会信任和社会质量：浙江社会质量调查的数据分析和评估》④，袁浩和马丹的《社会质量视野下的主观幸福感——基于上海的经验研究》⑤，等等。

此外，一些准官方机构（学术团体、政府研究机构）和民意调研公司也开始涉足民生民意调查领域，并产生了重要影响。例如，北京大学自2009年起利用CFPS数据撰写的5期中国民生系列报告，中国人民大学组织开展的中国综合社会调查（CGSS）和中国人民大学中国发展指数（RCDI）研究，北京师范大学"中国民生发展研究"课题组发布的3期"中国民生发展指数报告"，上海市人民政府发展研究中心发布的"上海民生问题调查报告"等。值得一提的是，在政府倡导建设"和谐社会"和"小康社会"后，有部分学者从综合评估社会发展状况的角度提出了"和谐社会指标"和"小康社会指标"。

总体而言，关于如何对我国社会或城市发展进行综合性评估，无论是政府、机构或学者，都尚未达成共识，或者说还未有普遍得到认同并被广泛应用的指数评估体系。究其原因主要有：(1) 有的指数研究，因为过分注意指标的客观性（如，"万人腐败案件发案率"、"农村居民人均蛋白质日摄入量"等指标），但实际数据的获得较难，只能靠政府统计的二手数据，这

① 王沪宁："中国：社会质量与新政治秩序"，《社会科学》1989年第6期；"社会质量与政府职能转变"，摘自国家机构编制委员会办公室编《中国政府机构1991年》，中国人事出版社1991年版。吴忠民："论社会质量"，《社会学研究》1990年第4期；《中国社会发展论》，湖南出版社1995年版。

② 林卡："社会质量与社会和谐理论"，载彭华民主编：《西方社会福利理论前沿：论国家、社会、体制与政策》，中国社会出版社2009年版。

③ 张海东："从发展道路到社会质量：社会发展研究的范式转换"，《江海学刊》2010年第3期。

④ 林卡、柳晓青、茅慧："社会信任和社会质量：浙江社会质量调查的数据分析和评估"，《江苏行政学院学报》2010年第4期。

⑤ 袁浩、马丹："社会质量视野下的主观幸福感——基于上海的经验研究"，《吉林大学社会科学学报》2011年第4期。

样难免出现“数字出官、官出数字”的尴尬;同时,二手数据和一手数据还存在整合的难题。(2) 有的指数研究,为了面面俱到,指标设计过多,难以实行大规模测量。(3) 有的指数研究,设计了一系列达标项目,无法整合为发展指数,进行定量分析评估,只能停留在理论构想层面。(4) 有的指数研究,直接引用国外调查问卷,本土的适应性仍有待探讨。目前,尚未有研究构建民生民意发展综合指数评估体系,相关的实证调查仍然偏少,且比较零散。既有研究成果或属于论文集汇,或仅关注个别民生领域,或只聚焦主观评价,极少有研究设计从社会主体出发,对民生民意问题的各领域进行综合考虑,也未构建起全面科学、易于理解的评价指标体系,因而难以对民生民意状况进行直观的总体研判和动态分析。

(三) 研究意义

要速度,还是要质量?这是摆在所有发展中国家面前的难题。在改革的前三十年,我国经济改革关注速度注重“快”,社会整体经济水平有了质的飞跃。根据 2014 年《人类发展报告》,2013 年中国人类发展指数(HDI)到达 0.719,世界排名 91 位,比 2008 年提高 10 位,比 1980 年提高 0.296,提升幅度在所有国家中排名靠前。2013 年的中国,高于东亚和太平洋地区国家平均值(0.703)以及金砖 5 国平均值(0.697),开始进入高人类发展水平国家的行列①。时至今日,我国社会发展到了一定阶段,人们开始反思经济发展的质量问题,并逐渐认识到,不是“快”就“好”。如何更全面、更真实、更有效、更便捷地评估社会发展状况,为政府决策部门提供数据支持,一直是社会学家、政治学家、经济学家、心理学家等社会科学领域学者共同努力的方向。

因此,在上海开展民生民意动态调查,用量化手段连续性地测量民生民意状况及其动态变化,具有重要的现实意义。在现代社会,民生民意调查日渐成为许多国家政党执政、管理社会、反映民情、贯彻民意、考核民生的重要手段,成为实现民主决策、科学决策的基本途径和方法。在西方国

---

① 联合国发展计划署:《2014 年人类发展报告 促进人类持续进步:降低脆弱性,增强抗逆力》,http://hdr.undp.org/en/content/human-development-report-2014.

家，民生民意调查已从单一的总统选举的支持率调查发展到涉及社会生活各个领域的调查产业，并呈蒸蒸日上的发展态势。在我国，十八届三中全会提出了一系列的涉及民生大计的改革，每一项改革的具体实施都需要经过科学系统的调查论证。

上海在着力推动以社会民生为重点的社会建设中，需要对社会发展的公共政策进行民主科学决策，也必然需要“深入了解民情，充分反映民意”。今后，对社会民生需求方面的民意调查，将会逐渐成为各级党政部门“问政于民、问需于民、问计于民”的桥梁和纽带。社会民生方面的民意动向，则会成为社会建设和管理的重要风向标，会成为各级党政部门公共决策的重要依据。

二、研 究 方 法

(一) 民生民意发展指数构想

本报告通过对国内外关于教育、就业、收入、医疗、住房及社会保障等民生问题领域，幸福感、包容性、凝聚力等民意问题领域，以及综合社会评估指数/指标研究的指标体系进行梳理，结合上海的城市发展特点，从社会主体出发，构建完全由一手数据组成的、客观与主观指标相结合的综合性指数测量指标体系(见表1-1，具体测量方式见附件：上海民生民意调查问卷)。

在具体指标的选取时，主要遵循以下几个原则：

客观性。民生问题涉及方方面面，指标项目也种类繁多，要从中选取那些最能反映居民生存、发展状况的指标，既能动态体现出上海城市发展的过程和存在的问题，又能通过问卷调查法直接获得(通过主观反映客观)。

特殊性。上海的城市发展有着自己的独特性(例如，城市化率极高，经济发展水平较高，土客关系等)，民生问题的重点和内容也有自己与其他城市和国家所不同的地方，因此不能简单复制，而要根据实际情况有针对性地选取指标。

可应用性。与其他相关指数测量不同的是,本报告旨在为政府相关部分的决策咨询提供一手数据支持,因此指标的选择必须是政府公共政策能够影响的公共服务领域,如在工作状况的测量中未采用工作内容、工作条件等指标,而着重以工作相关的时间为反映指标。

可操作性。指标要可以量化分解,可以通过调查统计取得可靠的数据,尤其不能将二手数据与一手数据混合使用。具体测量时将直接测量与间接测量结合,将正向测量指标与反向测量指标相结合,通过专家论证与小规模前期试测等方式,确保指标的区分度与有效度。

表 1-1　民生民意指数构想指标

一级指标	二级指标	三级指标	测　量　指　标
社会民生(客观)	劳动就业	工作状况	工作时间、加班时间、上班时间
		劳动关系	合同签订率、加班费、交金情况
		就业状态	失业率、再就业时间、晋升机会
	收入消费	收入水平	个人收入、个人收入增长、家庭收入
		消费能力	总消费比、生存性消费比、精神文化消费比
		分配平等	单位内工资差、行业内工资差、整体工资差
	公共文化	公益文化	优质服务、资源均衡、到达便捷
		商业文化	收费低廉、服务优质、到达便捷
	社会保障	覆盖率	养老保险、医疗保险、失业保险
		参与率	基本社保、补充社保、商业保险
		享受率	社会保险、社会救济、住房保障
	医疗健康	医疗服务	收费低廉、服务质量、程序规范等
		健康保健	体育锻炼时间、保健支出、个人健康程度
		公共卫生	防治开展率、途径便捷度、工作满意度
	居住环境	住房质量	居住地段、人均建筑面积、出行方便
		配套服务	菜场、超市、公交点、社区医院、绿地、社区中心
		社区环境	绿化、治安、清洁、停车等

续　表

一级指标	二级指标	三级指标	测　量　指　标
社会民意（主观）	幸福感	身心健康	身体不适、健康担忧、情绪感受、自我调节
		家庭和谐	家庭愉快、家庭支持、家庭沟通、家庭归属
		工作满意	工作价值、工作意义、工作成就、工作满意
	安全感	公共安全	治安安全、食药安全、金融安全、信息安全等
		经历安全	交通、食品、医疗、灾害等
		制度信任	政府机关、公职人员
	认同度	身份认同	融入感、自豪感、逃离感
		价值认同	公正、包容、责任、诚信
		管理认同	决策参与意愿、抗争参与意愿、户籍政策态度
	信心度	个人发展	职业发展、健康水平、经济收入
		城市发展	生态环境、公共服务、市民素质
		国家发展	政局形势、经济增长、社会矛盾

1. 民生发展指数

民生，主要指居民的基本生存和生活状态以及基本发展机会、基本发展能力和基本权益保护的状况，等等。简单来讲就是，吃穿住行、养老就医子女教育等与民众生活密切相关的问题。本报告操作化为劳动就业、收入消费、文化教育、社会保障、医疗健康和居住环境六个二级指标。

其中，劳动就业包括工作状况、劳动关系和就业状态三个三级指标。在工作状况指标中，以时间为主线，具体测量在职人员的工作时间、加班时间和上班时间；在劳动关系指标中，以劳动权益保障为主线，具体测量在职人员的合同签订率、获得加班费情况及单位交金情况；在就业状态指标中，以失业和发展为主线，具体测量总体失业率、再就业时间和晋升机会。

收入消费包括收入水平、消费能力、分配平等三个三级指标。在收入水平指标中，以经济收入为主线，具体测量个人收入、个人收入增长、家庭收入；在消费能力指标中，以消费支出比为主线，具体测量总消费比、生存性消费比、精神文化消费比;在分配平等指标中,以工资差距为主线,具体测量单位内工资差、行业内工资差、整体工资差。

公共文化包括公益文化和商业文化两个三级指标。在公益文化指标中,以公益性文化资源配置为主线,具体测量公益文化在优质服务、资源均衡、到达便捷方面的程度;在商业文化指标中,以市场公共服务为主线,具体测量商业文化在收费低廉、服务优质、到达便捷方面的程度。

社会保障包括覆盖率、参与率和享受率三个三级指标。在覆盖率指标中,以基本社会保障为主线,具体测量养老保险、医疗保险和失业保险的覆盖比率;在参与率指标中,加入了其他社会保险,具体包括基本社保、补充社保和商业保险;在享受率指标中,实际使用行为为主线,具体包括社会保险、社会救济和住房保障三类共 13 种社会保障类型。

医疗健康包括医疗服务、健康保健和公共卫生三个三级指标。在医疗服务指标中,以医疗资源配置为主线,具体测量收费低廉、服务质量、程序规范等十二项指标;在健康保健指标中,以个人保健意识为主线,具体测量体育锻炼时间、保健支出、个人健康程度;在公共卫生指标中,以流行性疾病防治为主线,具体测量防治开展率、途径便捷度、工作满意度。

居住环境包括住房质量、配套服务和社区环境三个三级指标。在住房质量指标中,具体测量居住地段、人均建筑面积、出行方便;在配套服务中,具体测量菜场、超市、公交点、社区医院、绿地、社区中心等日常需求;在社区环境中,具体测量绿化、治安、清洁、停车、群租等 7 类主要社区问题。

2. 民意发展指数

民意,主要指居民共同的、普遍的观点、感受、意愿或体验。本报告操作化为幸福感、安全感、认同度和信心度四个二级指标。

其中,幸福感包括身心健康、家庭和谐和工作满意三个三级指标。在身心健康指标中,具体测量居民身体不适、健康担忧、情绪感受和自我调节的程度;在家庭和谐指标中,具体测量居民家庭愉快、家庭支持、家庭沟通、家庭归属的情况;在工作满意指标中,具体测量居民对工作价值、工作意义、工作成就、工作满意的评估。

安全感包括公共安全、经历安全和制度信任三个三级指标。在公共安全指标中,具体测量居民对治安安全、食药安全、金融安全、信息安全、交通出行、医疗保健、生态环境等7类主要城市安全领域的主观安全感；在经历安全指标中，具体测量居民及其家人经历不安全事件的比例，包括交通、食品、医疗、灾害等10类常见的公共安全事件；在制度信任指标中，具体测量居民对政府机关（市级政府部门、区级政府部门和社区部门）和公职人员（主要指与司法/执法相关的公职人员，包括法官、警察和城管）的总体信任度。

认同度包括身份认同、价值认同和管理认同三个三级指标。在身份认同指标中，具体测量居民的融入感、自豪感、逃离感；在价值认同指标中，具体测量居民的公正度、包容度、责任度和诚信度；在管理认同指标中，具体测量居民决策参与意愿、抗争参与意愿和对户籍政策的态度。

信心度包括个人发展、城市发展和国家发展三个三级指标。在个人发展指标中，具体测量居民对职业发展、健康水平、经济收入的未来信心；在城市发展中，具体测量居民对生态环境、公共服务、市民素质的发展信心；在国家发展中，具体测量居民对政局形势、经济增长、社会矛盾的未来预期。

（二）抽样设计

根据实际情况，本次报告问卷调查设计样本量为2 000。问卷调查采用PPS抽样方法。PPS抽样（Probability Proportionate to Size Sampling）是按规模大小成比例的概率抽样方法，主要优点是使用辅助信息，减少抽样误差，提高样本代表性。具体抽样方法和步骤为：

1. 确定抽样元素

目前上海共有居委会3 850个。（数据来源：市民政局2012年统计数据）按1%比例抽取居委会，则确定抽样元素为40个。（注：实际应为38，为计算方便，取整数40）每一抽样元素内有50个被调查者，样本总量为2 000份（40＊50）。

2. 计算抽样间距

根据2012年市民政局统计数据计算，抽样间距为96（3 850/40）。

3. 抽取初级抽样单位

本次问卷调查设置的起抽号为96，所抽取的初级抽样单位依次为96、192、288……，共抽取40个初级抽样单位（居委会）。

表 1－2　初级抽样的区县和居委分布情况

区　县	居委会数量	累计	抽取居委会数	抽取居委会序号 1	抽取居委会序号 2	抽取居委会序号 3	抽取居委会序号 4	抽取居委会序号 5	抽取居委会序号 6	抽取居委会序号 7	抽取居委会序号 8
黄浦区	192	192	2	96	192						
徐汇区	304	496	3	288	384	480					
长宁区	179	675	2	576	672						
静安区	73	748									
普陀区	238	986	3	768	864	960					
闸北区	210	1 196	2	1 056	1 152						
虹口区	230	1 426	2	1 248	1 344						
杨浦区	307	1 733	4	1 440	1 536	1 632	1 728				
闵行区	379	2 112	4	1 824	1 920	2 016	2 112				
宝山区	328	2 440	3	2 208	2 304	2 400					
嘉定区	126	2 566	1	2 496							
浦东新区	782	3 348	8	2 592	2 688	2 784	2 880	2 976	3 072	3 168	3 264
金山区	83	3 431	1	3 360							
松江区	161	3 592	2	3 456	3 552						
青浦区	88	3 680	1	3 648							
奉贤区	97	3 777	1	3 744							
崇明县	73	3 850	1	3 840							

注：起抽号为 96

4. 对初级抽样单位的首次修正

由于第一次抽取的初级抽样单位(居委会)比较分散,从调查可行考虑,在不完全违背科学原则前提下,对第一次抽取的初级抽样单位(居委会)进行修正,修正原则是根据地理位置属性对区县进行适当归类合并,在保证居委会前提下,缩小调查区县数量。抽取的区县及居委会数量见表1-3:

表1-3　修正初级抽样单位后的区县和居委分布情况

抽取区县	实际居委会数	抽取居委会数	样本数	样本占比
徐汇区	304	5	250	12.5%
长宁区	179	5	250	12.5%
杨浦区	307	8	400	20.0%
闵行区	379	8	400	20.0%
浦东新区	782	10	500	25.0%
松江区	161	4	200	10.0%

各区县抽取居委会按等距原则抽样。具体抽取的居委会见表1-4。

表1-4　修正初级样本后的地理分布情况

区县	抽取居委会	所属街道	区县	抽取居委会	所属街道
徐汇区	新乐居(1 502)	湖南路	长宁区	秀水(1 115)	华阳路
	长桥新二村(2 186)	长　桥		梅安(2 553)	新华路
	航天新苑(440)	虹梅路		天山(1 039)	天　山
	和平(1 303)	凌云路		安龙(763)	仙霞新村
	佳友(629)	康　健		哈密新村(928)	北新泾
杨浦区	隆昌(1 647)	定海路	闵行区	红旗新村四居(897)	江川路
	张家浜(2 060)	江浦路		古美九村(613)	古　美
	鞍山一村第一(1 610)	四平路		星丰苑(1 672)	莘庄镇
	民治路(876)	长白新村		东方花园(769)	七宝镇
	开四(1 642)	殷　行		友谊村(2 483)	七宝镇
	顺成里(1 593)	大　桥		南华路(475)	华漕镇
	航天(1 760)	五角场街道		金汇花园(735)	虹桥镇
	体院(818)	五角场镇		上海春城第一(1 532)	梅陇镇

续　表

区县	抽取居委会	所属街道	区县	抽取居委会	所属街道
浦东新区	荣城(1 224)	陆家嘴	浦东新区	庆南(1 500)	合庆镇
	上钢五村(1 980)	上钢新村		华高新村第二(819)	高行镇
	东方丽景(1 164)	沪东新村		梅花(1 841)	惠南镇
	永安(1 505)	洋　泾	松江区	蒋泾(711)	岳　阳
	新月第一(1 197)	东明路		仓吉(1 597)	永　丰
	妙兰(617)	川沙镇		润峰苑(550)	方　松
	永久新村(601)	高桥镇		南门(1 076)	中　三

注：括号内为该居委会户数

5. 对初级抽样单位的二次修正

由于抽取的居委会比较分散,从调查可行考虑,在不完全违背科学原则前提下,对抽取的居委会进行修正,修正原则是根据居委会规模大小进行替代,在保证居委会数量的前提下,缩小调查街道数量。抽取的居委会见表 1－5。

表 1－5　二次修正后的样本地理分布情况

区县	抽取居委会	所属街道	区县	抽取居委会	所属街道
徐汇区	长桥八村(11 416)	长　桥	长宁区	和平(1 531)	新华路
	长桥新二村(2 186)	长　桥		梅安(2 553)	新华路
	体育花苑(598)	长　桥		虹霞(1 068)	仙霞新村
	和平(1 303)	凌云路		安龙(763)	仙霞新村
	梅陇八村(639)	凌云路		虹纺(928)	仙霞新村
杨浦区	恒阳(1 522)	江浦路	闵行区	古龙三村(962)	古　美
	张家浜(2 060)	江浦路		古美九村(613)	古　美
	大花园(1 502)	江浦路		平阳二村(1 652)	古　美
	工二(2)(850)	殷　行		东方花园(769)	七宝镇
	开四(1 642)	殷　行		友谊村(2 483)	七宝镇
	中原路 990 弄(1 592)	殷　行		静安新城第五(456)	七宝镇
	航天(1 760)	五角场街道		金汇花园(735)	虹桥镇
	吉浦一(939)	五角场街道		龙柏四村(1 549)	虹桥镇

续 表

区县	抽取居委会	所属街道	区县	抽取居委会	所属街道
浦东新区	荣城(1 224)	陆家嘴	浦东新区	靖海(1 500)	惠南镇
	柳博(1 938)	沪东新村		红光(1 033)	惠南镇
	东方丽景(1 164)	沪东新村		梅花(1 841)	惠南镇
	凌兆新村第六(1 498)	东明路	松江区	蒋泾(711)	岳 阳
	新月第一(1 197)	东明路		菜花泾(1 543)	岳 阳
	潼港五村(634)	高桥镇		润峰苑(550)	方 松
	永久新村(601)	高桥镇		世纪小区(1 048)	方 松

注：1. 括号内为该居委会户数；2. 打阴影为替代居委会

6. 抽取次级抽样单位

次级抽样单位即对家庭的抽样，建议各居委会按等距抽样原则抽取被调查家庭，一种变通的方法是按照门牌号抽取被调查家庭。在抽取被调查者上，建议使用KISH抽样表抽取。

(三) 实际样本描述

本报告的调查时间为2014年12月26日—2015年1月30日，由共计40名经过专业训练的访问员执行完成，实际有效样本量为2010。其中，徐汇区占12.54%，杨浦区占20.00%，浦东新区占25.02%，长宁区占12.49%，闵行区占19.55%，松江区占10.00%；男性占46.92%，女性占53.08%；本地户籍占78.11%，非本地户籍占21.89%；30岁以下居民占22.59%，30—39岁居民占31.34%，40—49岁居民占22.94%，50—59岁居民占15.17%，60岁及以上居民占7.96%；未婚者占20.00%，已婚无子女者占7.36%，已婚有子女者占71.34%，其他占1.29%；国家机关、党群组织、事业单位负责人占3.1%，企业管理人员占9.8%，一般专业技术人员占12.9%，中、高级专业技术人员占3.3%，办事人员和有关人员占24.1%，小业主、自雇者占6.6%，技术工人占6.2%，一般工人占20.1%，农民占1.3%，退休人员占9.9%，失业/无业占1.8%，其他职业占0.9%；机关事业单位占9.2%，国有企业单位占26.9%，私/民营企业占43.0%,三资企业占18.2%,其他单位占2.6%;不从事管理工作占68.8%,基层管理人员占21.1%,中层管理人员占8.6%,高层管理人员占1.5%。

三、研 究 结 果

(一) 民生民意发展指数现状

为了便于理解与对比,将各测量指标均转换为以100分为基准分的指数值,指数大于100,表示发展水平超过中等水平,反之亦然;指数值越大,表明发展状况越好,反之亦然。其中,民生民意发展指数为10个二级指标的平均值;民生和民意发展指数值为各自二级指标平均值;二级指标平均值则为三级指标平均值。

1. 民生民意发展指数

表1-6显示,2014年上海民生民意发展指数为124.83(标准差为4.09),民生指数为123.60(标准差=4.75),民意指数为126.68(标准差=6.98),这表明上海社会发展的整体状况处于中等偏上水平,客观民生和主观民意的发展水平也处于相同水平。从表1-6可以看出,上海社会整体发展水平较高,但需进一步提升。

表1-6　2014年上海民生民意发展指数分布情况

一级指标	二级指标	最小值	最大值	平均数	标准差
民生指数	劳动就业	**93.44**	**150.00**	**132.98**	**8.97**
	收入消费	98.70	131.11	115.65	5.80
	公共文化	80.00	150.00	121.11	9.16
	社会保障	50.00	150.00	120.85	20.45
	医疗健康	75.61	145.94	120.76	14.10
	居住环境	97.27	147.14	125.89	7.46
	总　体	**101.86**	**136.03**	**123.60**	**4.75**

续　表

一级指标	二级指标	最小值	最大值	平均数	标准差
民意指数	幸福感	101.67	150.00	125.40	8.92
	安全感	76.83	150.00	125.91	15.21
	认同度	97.53	152.22	125.78	9.14
	信心度	78.89	150.00	129.63	10.21
	总　体	**98.24**	**145.15**	**126.68**	**6.98**
民生民意发展指数		110.48	137.69	124.83	4.09

从民生指数来看，劳动就业、收入消费、公共文化、社会保障、医疗健康和居住环境的平均分分别为132.98、115.65、121.11、120.85、120.76和125.89，这表明在民生方面，劳动就业的状况最好，高于民生指数近10分；收入消费情况最不乐观，低于民生指数近8分。其他指数则基本分布在120分左右。这一结果表明，提升上海社会发展整体水平，需重点关注增加居民的收入消费问题。

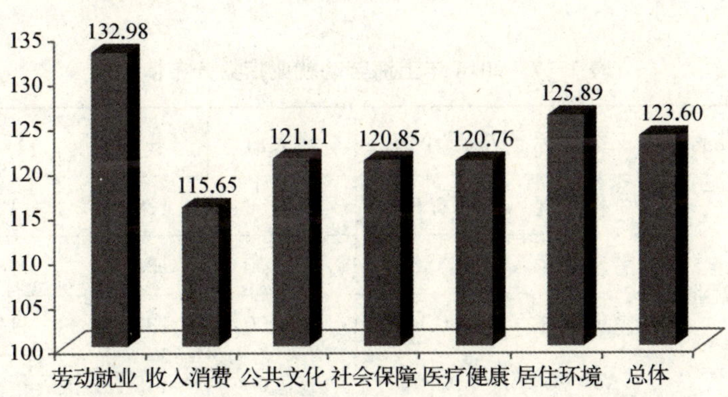

图1-1　2014年上海民生发展指数分布(平均分)

从民意指数来看，居民的幸福感、安全感、认同度和信心度分别为125.40、125.91、125.78和129.63，这表明上海居民的信心度相对较高，接近130分，而其他社会体验相差不大，均在125左右。

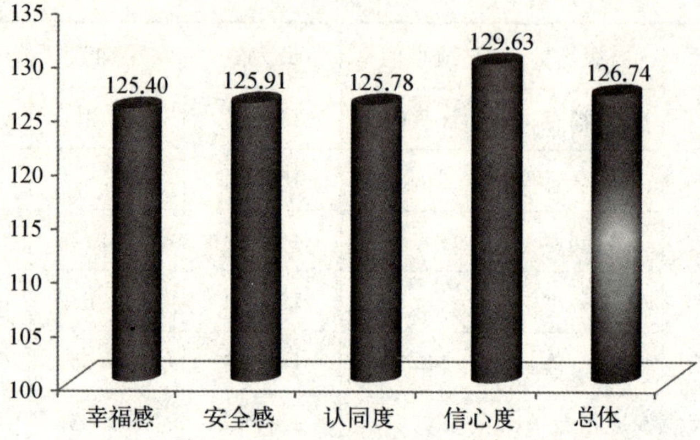

图 1－2　2014 年上海民意发展指数分布(平均分)

2. 民生发展指数

在劳动就业方面，工作状况、劳动关系和就业状态的得分分别为129.26、133.40和135.86，这表明上海居民的就业状态相对最好，其次为劳动关系，最后为工作状况。尤其需要指出的是，劳动关系得分的标准差达到18.10，这表明上海从业人员与用人单位建立的劳动关系有差较大差异。

表 1－7　2014 年上海劳动就业指数分布情况

二级指标	三级指标	最小值	最大值	平均数	标准差
劳动就业	工作状况	76.67	150.00	129.26	12.56
	劳动关系	63.67	150.00	133.40	18.10
	就业状态	80.00	150.00	135.86	13.55
	总　体	93.44	150.00	132.98	8.97

在收入消费方面，收入水平的得分最高(平均分＝131.43，标准差＝5.67)，其次为分配平等(平均分＝111.95，标准差＝13.95)，最后为消费能力(平均分＝101.73，标准差＝11.50)，这表明，上海居民的整体收入水平较高，但消费能力较差，而分配平等问题也比较

突出。

表1-8 2014年上海收入消费指数分布情况

二级指标	三级指标	最小值	最大值	平均数	标准差
收入消费	收入水平	94.18	149.18	131.43	5.67
	消费能力	68.33	132.33	101.73	11.50
	分配平等	66.11	138.89	111.95	13.95
	总　体	98.70	131.11	115.65	5.80

在公共文化方面，公益文化和商业文化的得分分别为126.18、116.03，这表明上海居民对公益文化的认可度更高，而对商业文化的认可度相对较低。

表1-9 2014年上海公共文化指数分布情况

二级指标	三级指标	最小值	最大值	平均数	标准差
公共文化	公益文化	83.33	150.00	126.18	10.32
	商业文化	76.67	150.00	116.03	10.86
	总　体	80.00	150.00	121.11	9.16

在社会保障方面，覆盖率、参与率和享受率的得分分别为136.62、100.91和125.02，这表明上海居民的基本社会保障建设较高（覆盖率），而社会保障也发挥了较高的实际作用（享受率），但包括补充社保和商业保险在内的整体社会保险的参与率却较低，有待进一步提高。

表1-10 2014年上海社会保障指数分布情况

二级指标	三级指标	最小值	最大值	平均数	标准差
社会保障	覆盖率	50.00	150.00	136.62	34.06
	参与率	50.00	150.00	100.91	19.94
	享受率	50.00	150.00	125.02	43.30
	总　体	50.00	150.00	120.85	20.45

在医疗健康方面，医疗服务的得分最高（平均分＝130.25，标准差＝

39.82),其次为公共卫生(平均分=127.64,标准差=16.65),最后为健康保健(平均分=104.39,标准差=11.13),这表明上海居民享受的医疗服务和公共卫生较好,但健康保健意识有待进一步提升。

表 1-11 2014 年上海医疗健康指数分布情况

二级指标	三级指标	最小值	最大值	平均数	标准差
医疗健康	医疗服务	50.00	150.00	130.25	39.82
	健康保健	69.17	150.00	104.39	11.13
	公共卫生	76.80	150.00	127.64	16.65
	总　体	75.61	145.94	120.76	14.10

在居住环境方面,社区环境的得分最高(平均分=134.68,标准差=13.49),其次为配套服务(平均分=131.13,标准差=12.88),最后为住房质量(平均分=111.89,标准差=9.74),这表明上海居民的整体社区环境较好,享受的配套服务比较完善,但住房质量仍有待改善。

表 1-12 2014 年上海居住环境指数分布情况

二级指标	三级指标	最小值	最大值	平均数	标准差
居住环境	住房质量	73.35	150.00	111.89	9.74
	配套服务	81.43	150.00	131.13	12.88
	社区环境	65.14	150.00	134.68	13.49
	总　体	97.27	147.14	125.89	7.46

3. 民意发展指数

在生活幸福感方面,家庭和谐的得分最高(平均分=131.36,标准差=11.22),其次为工作满意(平均分=123.86,标准差=11.86),最后为身心健康(平均分=120.98,标准差=10.54),从中可以看出,上海居民的家庭和谐程度明显高于其他两个指标(指数高出 10 分左右),而身心健康和工作满意指数的差别不大。这一结果表明,上海居民比较重视家庭建设,身心健康和工作满意度有待提升。

表1-13　2014年上海居民幸福感指数分布情况

二级指标	三级指标	最小值	最大值	平均数	标准差
幸福感	身心健康	85.00	150.00	120.98	10.54
	家庭和谐	100.00	150.00	131.36	11.22
	工作满意	80.00	150.00	123.86	11.86
	总　体	101.67	150.00	125.40	8.92

在安全感方面，制度信任的程度最高（平均分＝128.30，标准差＝11.72），其次为公共安全（平均分＝125.35，标准差＝11.09），最后为经历安全（平均分＝124.08，标准差＝43.83），然而三个指标的得分差异并不大。

表1-14　2014年上海居民安全感指数分布情况

二级指标	三级指标	最小值	最大值	平均数	标准差
安全感	公共安全	76.67	150.00	125.35	11.09
	经历安全	50.00	150.00	124.08	43.83
	制度信任	75.71	150.00	128.30	11.72
	总　体	76.83	150.00	125.91	15.21

在认同度方面，价值认同的得分最高（平均分＝140.82，标准差＝12.73），其次为身份认同（平均分＝123.38，标准差＝13.47），最后为管理认同（平均分＝113.14，标准差＝12.97），从中可以看出，生活工作于上海的居民，对上海的城市价值有很高的认同感，对身份的认同也较高，但对城市管理情况相对不太满意。

表1-15　2014年上海居民认同度指数分布情况

二级指标	三级指标	最小值	最大值	平均数	标准差
认同度	价值认同	83.33	170.00	140.82	12.73
	身份认同	90.00	150.00	123.38	13.47
	管理认同	75.00	148.83	113.14	12.97
	总　体	97.53	152.22	125.78	9.14

在信心度方面,个人发展的得分最高(平均分=131.00,标准差=12.05),其次为城市发展(平均分=129.02,标准差=12.52),最后为国家发展(平均分=128.86,标准差=12.23),然而,三个指标的差异并不大,这表明上海居民个人、城市和国家三个层面的未来发展信心差异并不显著。

表1-16 2014年上海居民信心度指数分布情况

二级指标	三级指标	最小值	最大值	平均数	标准差
信心度	个人发展	70.00	150.00	131.00	12.05
	城市发展	70.00	150.00	129.02	12.52
	国家发展	83.33	150.00	128.86	12.23
	总　体	78.89	150.00	129.63	10.21

(二) 民生民意发展指数的影响因素

1. 民生民意发展指数的影响因素

本报告主要考察了年龄、性别、婚姻状况、教育程度、单位性质、职业身份地位、有无住房等变量对民生指数(模型1)、民意指数(模型2)和民生民意发展指数(模型3)的影响作用,结果见表1-17。

表1-17 2014年上海民生民意发展指数的影响因素(OLS,非标准化回归系数)

影响变量	模型1(民生指数)		模型2(民意指数)		模型3(民生民意指数)	
	回归系数	标准误	回归系数	标准误	回归系数	标准误
常数项	120.091	1.005	123.638	1.209	121.920	0.872
年　龄	−0.034	0.019	0.008	0.023	−0.025	0.016
男　性[a]	−0.161	0.254	0.014	0.338	−0.262	0.220
未　婚[b]	**−1.339*****	0.374	0.253	0.502	−0.608	0.324
本地户籍[c]	**2.430*****	0.396	−0.241	0.515	**1.591*****	0.344
教育程度[d]						
高中教育	0.293	0.622	−0.232	0.638	−0.234	0.540
高等教育	**1.619***	0.653	**−1.772***	0.704	0.110	0.567

续　表

影响变量	模型1(民生指数)		模型2(民意指数)		模型3(民生民意指数)	
	回归系数	标准误	回归系数	标准误	回归系数	标准误
体制内[e]	**1.238*****	0.271	0.626	0.365	**0.877*****	0.235
职业身份地位	**0.177****	0.067	**0.324*****	0.091	**0.240*****	0.058
有住房[f]	**0.688***	0.335	**2.879*****	0.462	**1.482*****	0.291
F检验值	27.017		10.204		23.171	
R^2	0.160		0.050		0.140	
调整后的R^2	0.154		0.045		0.134	

双尾检验统计显著度：* $p<0.05$，** $p<0.01$，*** $p<0.001$。
a 男性，以女性作为参照。
b 未婚，以已婚者作为参照。
c 本地户籍，以非本地户籍者为参照。
d 教育程度，以初中及以下者为参照。
e 体制内，以体制外(私/民企、三资及其他)为参照。
f 有住房，以既未购买商品房，也无保障房，也无自建房者的居民为参照。

从模型3可以看出不同影响变量对民生民意总体发展状况的影响情况，其中“本地户籍”($r=1.591$，$p<0.001$)、“体制内”($r=0.877$，$p<0.001$)、“职业身份地位”($r=0.240$，$p<0.001$)和“有住房”($r=1.482$，$p<0.001$)的回归系数达到显著水平，其余变量的回归系数则未达到统计上的显著水平，这表明，在其他条件不变的情况下，本地户籍居民的民生民意发展状况显著好于非本地户籍居民；体制内居民显著好于体制外居民；职业身份地位越高的居民，民生民意发展情况越好；有住房居民的民生民意发展情况显著好于无住房居民。

从模型1可以看出各变量对民生指数的影响作用，其中“未婚”($r=-1.339$，$p<0.001$)、“本地户籍”($r=2.430$，$p<0.001$)、“高等教育”($r=1.619$，$p<0.05$)、“体制内”($r=1.238$，$p<0.001$)、“职业身份地位”($r=0.177$，$p<0.001$)和“有住房”($r=0.688$，$p<0.001$)的回归系数达到了显著水平，这表明，在其他条件不变的情况下，已婚居民的民生指数显著高于未婚居民；本地户籍居民显著高于非本地户籍居民；受过高等教育居民显著高于未受过高等教育居民；体制内居民显著高于体制外居民；职业身

份地位越高的居民,民生指数越高;有住房居民的民生指数显著高于无住房居民。

然而,从模型2可以看出各变量对民意指数的影响作用,其中“高等教育”($r=-1.772, p<0.05$)、“职业身份地位”($r=0.324, p<0.001$)和“有住房”($r=2.879, p<0.001$)的回归系数达到了显著水平,其余变量的回归系数则未达到统计上的显著水平,这表明,在其他条件不变的情况下,未受过高等教育居民的民意指数显著高于受过高等教育居民;职业身份地位越高的居民,民意指数越高;有住房居民的民意指数显著高于无住房居民。

特别需要指出的是,受过高等教育居民的民生指数显著高于未受过高等教育居民,但民意指数却显著低于后者;婚姻和户籍对民生指数有显著影响,而对民意指数影响不显著。

2. 民生发展指数的影响因素

本报告用同样的方式,对民生发展指数的各维度进行影响因素分析,结果见表1-18。

表1-18 2014年上海民生指数各维度的影响因素(非标准化回归系数)

影响变量	模型1	模型2	模型3	模型4	模型5	模型6
	劳动就业	收入消费	公共文化	社会保障	医疗健康	居住环境
常数项	123.440	113.023	120.720	106.590	122.362	123.323
年龄	**0.101*****	−0.021	−0.027	0.109	**−0.204*****	**0.082****
男性[a]	−0.745	−0.100	−0.408	−1.737	**1.497***	−0.209
未婚[b]	0.287	−0.191	−0.296	**−5.048*****	−1.715	0.593
本地户籍[c]	**3.170*****	−0.080	**2.926*****	**8.374*****	−1.587	0.845
教育程度[d]						
高中教育	**1.821***	0.908	−0.878	**3.902***	−0.635	−1.315
高等教育	**3.792*****	**1.587****	−0.518	**8.915*****	−0.319	0.912
体制内[e]	**3.791*****	**1.034****	0.181	**3.122****	**−2.110****	0.128
职业身份地位	−0.181	0.043	0.131	−0.292	**1.273*****	−0.158
有住房[f]	0.903	**2.380*****	**−1.598***	1.717	**1.861***	**−1.098***

续　表

影响变量	模型 1	模型 2	模型 3	模型 4	模型 5	模型 6
	劳动就业	收入消费	公共文化	社会保障	医疗健康	居住环境
F 检验值	32.933	11.577	2.316	27.542	15.716	4.087
R^2	0.148	0.060	0.015	0.124	0.075	0.021
调整后的 R^2	0.144	0.054	0.009	0.120	0.070	0.016

双尾检验统计显著度：* $p<0.05$，** $p<0.01$，*** $p<0.001$。
a 男性，以女性作为参照。
b 未婚，以已婚者作为参照。
c 本地户籍，以非本地户籍者为参照。
d 教育程度，以初中及以下者为参照。
e 体制内，以体制外(私/民企、三资及其他)为参照。
f 有住房，无住房者(包括未购买商品房居民、无保障房居民、无自建房居民)为参照。

从模型 1 可以看出各变量对劳动就业指数的影响作用，其中“年龄”($r=0.101$，$p<0.001$)、“本地户籍”($r=3.170$，$p<0.001$)、“高中教育”($r=1.821$，$p<0.05$)、“高等教育”($r=3.792$，$p<0.001$)、“体制内”($r=3.791$，$p<0.001$)的回归系数达到了显著水平，其余变量的回归系数则未达到统计上的显著水平，这表明，在其他条件不变的情况下，年龄越大的居民，劳动就业情况越好；本地户籍居民好于非本地户籍居民；高中教育程度居民和高等教育程度居民显著好于初中及以下居民，并且受过高等教育居民的劳动就业情况好于高中教育程度居民；体制内居民显著好于体制外居民。

从模型 2 可以看出各变量对收入消费指数的影响作用，其中“高等教育”($r=1.587$，$p<0.01$)、“体制内”($r=1.034$，$p<0.001$)、“有住房”($r=2.380$，$p<0.001$)的回归系数达到了显著水平，其余变量的回归系数则未达到统计上的显著水平，这表明，在其他条件不变的情况下，受过高等教育居民的收入消费情况显著好于未受过高等教育居民；体制内居民显著好于体制外居民；有住房居民显著好于无住房居民。

从模型 3 可以看出各变量对公共文化指数的影响作用，其中“本地户籍”($r=2.926$，$p<0.001$)、“有住房”($r=-1.598$，$p<0.001$)的回归系数达到显著水平，其余变量的回归系数则未达到统计上的显著水平，这表

明，在其他条件不变的情况下，本地户籍居民的分享公共文化显著好于非本地户籍居民，有住房居民则明显比无住房居民差。

从模型4可以看出各变量对社会保障指数的影响作用，其中“未婚”($r=-5.048$，$p<0.001$)、“本地户籍”($r=8.374$，$p<0.001$)、“高中教育”($r=3.902$，$p<0.05$)、“高等教育”($r=8.915$，$p<0.001$)、“体制内”($r=3.122$，$p<0.001$)的回归系数达到了显著水平，其余变量的回归系数则未达到统计上的显著水平，这表明，在其他条件不变的情况下，已婚居民的社会保障情况显著好于未婚居民；本地户籍居民显著好于非本地户籍居民；高中教育程度居民和高等教育程度居民显著好于初中及以下居民，并且高等教育居民明显好于高中教育程度居民；体制内居民显著好于体制外居民。

从模型5可以看出各变量对医疗健康指数的影响作用，其中“年龄”($r=-0.204$，$p<0.001$)、“男性”($r=1.497$，$p<0.001$)、“体制内”($r=-2.110$，$p<0.001$)、“职业身份地位”($r=1.273$，$p<0.001$)、“有住房”($r=1.861$，$p<0.001$)的回归系数达到了显著水平，其余变量的回归系数则未达到统计上的显著水平，这表明，在其他条件不变的情况下，年龄越小的居民，医疗健康情况越好；男性居民显著好于女性居民；体制外居民显著好于体制内居民；职业身份越高的居民，医疗健康情况越好；有住房居民显著好于无住房居民。

从模型6可以看出各变量对居住环境指数的影响作用，其中“年龄”($r=0.082$，$p<0.001$)、“有住房”($r=-1.098$，$p<0.001$)的回归系数达到显著水平，其余变量的回归系数则未达到统计上的显著水平，这表明，在其他条件不变的情况下，年龄越大的居民，居住环境越好；无房居民显著好于有房居民。

3. 民意发展指数的影响因素

在民意发展指数各维度影响因素分析中，除了基本变量外，我们还增加了民生指数的各维度(连续变量)，结果见表1-19。

从模型1可以看出各变量对居民幸福感的影响作用，其中“未婚”($r=1.694$，$p<0.05$)、“职业身份地位”($r=0.318$，$p<0.05$)、“有住房”($r=4.426$，$p<0.001$)、“劳动就业”($r=0.135$，$p<0.001$)、“收入消费”($r=$

$-0.118, p<0.01$)、“社会保障”($r=-0.062, p<0.001$)、“居住环境”($r=-0.100, p<0.001$)的回归系数达到了显著水平，其余变量的回归系数则未达到统计上的显著水平，这表明，在其他条件不变的情况下，未婚居民的幸福感显著高于已婚居民；职业身份地位越高的居民，幸福感越强；有住房居民的幸福显著高于无住房居民；劳动就业状况越好，收入消费状况越好，居住环境越好的居民，幸福感越强；但社会保障情况好的居民，幸福感却越低。

表1-19 民意指数的影响因素(非标准化回归系数)

影响变量	模型1	模型2	模型3	模型4
	幸福感	安全感	认同度	信心度
常数项	140.251	91.497	89.308	106.557
年　龄	0.052	−0.047	0.001	**−0.097***
男　性[a]	−0.186	−1.162	0.088	−0.533
未　婚[b]	**1.694***	0.105	0.041	−0.759
本地户籍[c]	−0.298	−2.132	0.869	0.315
教育程度[d]				
高中教育	−1.763	−3.073	−1.272	2.221
高等教育	0.330	**−9.215*****	**−3.082***	**3.267***
体制内[e]	−0.421	1.240	−0.865	0.219
职业身份地位	**0.318***	**0.687****	0.121	**0.544*****
有住房[f]	**4.426*****	**4.653*****	**4.454*****	−1.068
民生指数变量				
劳动就业	**0.135*****	**0.145***	**0.156*****	**−0.105****
收入消费	**−0.118****	0.018	0.040	**−0.092***
公共文化	−0.026	0.037	**0.091****	**0.228*****
社会保障	**−0.062*****	**−0.128*****	−0.018	**0.037***
医疗健康	−0.016	**−0.215*****	−0.033	0.031
居住环境	**−0.100****	**0.420*****	0.031	**0.092***

续 表

影响变量	模型 1	模型 2	模型 3	模型 4
	幸福感	安全感	认同度	信心度
F 检验值	8.277	14.639	11.348	11.691
R^2	0.089	0.147	0.118	0.121
调整后的 R^2	0.078	0.137	0.108	0.111

双尾检验统计显著度：* $p<0.05$，** $p<0.01$，*** $p<0.001$。
a 男性，以女性作为参照。
b 未婚，以已婚者作为参照。
c 本地户籍，以非本地户籍者为参照。
d 教育程度，以初中及以下者为参照。
e 体制内，以体制外(私/民企、三资及其他)为参照。
f 有住房，以既未购买商品房，也无保障房，也无自建房者的居民为参照。

从模型 2 可以看出各变量对居民安全感的影响作用，其中“高等教育”($r=-9.215$，$p<0.001$)、“职业身份地位”($r=0.687$，$p<0.01$)、“有住房”($r=4.653$，$p<0.001$)、“劳动就业”($r=0.145$，$p<0.05$)、“社会保障”($r=-0.128$，$p<0.001$)、“医疗健康”($r=-0.215$，$p<0.001$)、“居住环境”($r=0.420$，$p<0.001$)的回归系数达到了显著水平，其余变量的回归系数则未达到统计上的显著水平，这表明，在其他条件不变的情况下，受过高等教育居民的安全感显著低于未受过高等教育居民；职业身份地位越高的居民，安全感越强；有住房居民的安全感显著高于无住房居民；劳动就业情况越好，社会保障情况越好和居住环境越好的居民，安全感越强；但医疗健康情况越好的居民，安全感越差。

从模型 3 可以看出各变量对居民认同度的影响作用，其中“高等教育”($r=-3.082$，$p<0.05$)、“有住房”($r=4.454$，$p<0.001$)、“劳动就业”($r=0.156$，$p<0.001$)、“公共文化”($r=0.091$，$p<0.01$)的回归系数达到了显著水平，其余变量的回归系数则未达到统计上的显著水平，这表明，在其他条件不变的情况下，受过高等教育居民的认同感显著低于未受过高等教育居民；有住房居民的认同感显著高于无住房居民；劳动就业状况越好，公共文化生活越好的居民，认同感越强。

从模型 4 可以看出各变量对居民认同度的影响作用，其中“年龄”

($r=-0.097$，$p<0.05$)、“高等教育”($r=3.267$，$p<0.05$)、“职业身份地位”($r=0.544$，$p<0.001$)、“劳动就业”($r=-0.105$，$p<0.01$)、“收入消费”($r=-0.092$，$p<0.05$)、“公共文化”($r=0.228$，$p<0.001$)、“社会保障”($r=0.037$，$p<0.05$)、“居住环境”($r=0.092$，$p<0.05$)的回归系数达到显著水平，其余变量的回归系数则未达到统计上的显著水平，这表明，在其他条件不变的情况下，年龄越大的居民，未来信心越弱；受过高等教育居民的未来信心显著高于未受过高等教育居民；职业身份地位越高，劳动就业情况越好，公共文化生活越好，社会保障越好，居住环境越好的居民，未来信心越强；但收入消费越好的居民，未来信心却越弱。

第 2 章　劳动就业

一、研 究 背 景

劳动就业，经常被简称为就业，指在法定年龄内的有劳动能力和劳动愿望的人们所从事的为获取报酬或经营收入的活动。根据这一定义，考察居民的劳动就业状况，包括劳动时间、劳动收入、劳动关系、劳动条件、就业过程等多个方面的内容，不过就有关劳动就业的总体理论，归纳起来，可分为就业/失业理论、劳动关系理论和劳动时间理论三类。

(一) 国外有关劳动就业的理论

1. 西方主要就业/失业理论

就业，首先是一个经济学概念，因此受到经济学家的关注最早，相关研究也最多。就业理论最早产生于 18 世纪中叶，经过二百多年的发展，形成了内容丰富与成熟的各种就业理论。归纳起来，主要有凯恩斯以前的就业理论、凯恩斯的充分就业理论及现代就业理论等三大理论体系①。

凯恩斯以前的就业理论　指诞生于凯恩斯宏观经济理论出现以前(即 20 世纪以前)的就业理论，其理论基石是萨伊定律，即坚信生产会自动创造需求，倡导自由放任的市场经济观念，反对政府干预经济。早期的其他就业理论也都以此为基调或与此相近。该理论从萨伊定律出发，认为

① 王飞鹏："就业理论综述与研究新动向"，《广西财经学院学报》2009 年第 6 期。

经济社会中并不存在大规模的失业，失业是劳动力生产供求不相称的结果。如果工资可以随劳动力供求变化而自由涨落，那么通过市场价格机制的自发调节作用，可使一切可供使用的劳动力资源都被用于生产，从而实现充分就业，即通过市场均衡自动实现充分就业。因此，据此理论，要解决失业问题就必须降低劳动力工资。

凯恩斯的充分就业理论　该理论产生于 1929—1933 年第一次世界经济危机时期，是建立在一个使严格意义上的非自愿失业成为可能运行方式的理论体系。凯恩斯认为，失业增加的根本原因是周期性的经济萧条所引起的有效需求不足。同时，凯恩斯提出，通过利率把储蓄转化为投资和借助于工资的变化来调节劳动供求的自发市场机制，并不能自动地创造出充分就业所需要的那种有效需求水平；在竞争性私人体制中，三大规律（边际消费倾向递减、资本边际效率递减和流动偏好）使有效需求往往低于社会的总供给水平，从而导致就业水平总是处于非充分就业的均衡状态。因此，要实现充分就业，就必须抛弃自由放任的传统政策，政府必须运用积极的财政与货币政策，以确保足够水平的有效需求。凯恩斯最根本的理论创新就在于从经济学理论上证明了国家干预经济的合理性，这是凯恩斯主义出现以前任何经济学都根本做不到的。

现代就业理论　第二次世界大战以后，虽然凯恩斯主义为西方各主要资本主义国家所普遍接受和推行，但因为凯恩斯主义政策并没有从根本上消除资本主义社会所固有的矛盾，国家干预刺激生产的同时也为更严重的危机提供了条件，最终导致 20 世纪 70 年代的经济停滞、失业同通货膨胀并存的滞胀局面。面临这种局面，为了解释并解决困扰资本主义经济的这一难题，各种新的理论、学说纷纷出现，呈现了流派林立、观点迭出的景况，主要包括后凯恩斯主义的就业理论、货币主义的就业理论、人力资本投资理论和发展经济学的就业理论。

2. 西方主要劳动关系理论

劳动关系（又称产业关系、雇佣关系、员工关系）是基本社会关系之一，它对于国家政治经济系统和企业的运行都有着至关重要的影响。在劳动关系研究的历史上，出现了不同的研究方式和范式，总共可分为五种：马克思主义范式、系统范式、牛津范式、产业社会学范式和策略选择范式[①]。

马克思主义范式 这一范式认为,任何时候的产业劳工的标准结构和制度化形式都是两个阶级之间力量冲突斗争的结果[②],它更关注劳动关系中双方的冲突以及对冲突过程的控制。这种方式认为,在经济中代表工人的“劳动”的利益,与代表企业所有者和管理者的“资本”的利益,是完全对立的。“资本”希望用尽可能少的成本获得尽可能多的收益,而工人由于机会有限而处于一种内在的劣势地位,由此,这种对立关系在劳动关系中比在其他地方都表现得更明显。冲突不仅表现为双方在工作场所的工资收入、工作保障等具体问题的分歧,而且还扩展到“劳动”和“资本”之间在宏观经济中的冲突。马克思主义论者认为,其他学者提出的所谓“和谐的劳动关系”只是一种假象而已[③]。简单地说,马克思主义的研究范式主要是探究劳动关系结构中劳资冲突双方力量的态势以及组织起来的工人阶级在多大程度上摆脱被迫接受其他人决定工资和工作条件的状态[④]。

系统范式 这一范式认为,劳动关系集体规制的实现是劳动关系主体各方利益调和的产物。这个理论框架的分析范围从单个企业到一个部门乃至一个国家整体的劳动关系运行。每一个劳动关系系统都包括三个主体:(1) 工人和他们的组织;(2) 经理人员和他们的组织;(3) 关注工作场所和工作社区的政府机构。每一个劳动关系系统都会产生一套复杂的管理工作场所和工作社区的规则。这些规则在不同的系统中将会表现为不同的形式:协议、法令、命令、政令、规章、奖励、政策、实务和传统等。劳动关系系统中的主体被认为面临当时的环境背景,这个环境有三个相互关联的部分构成:技术、市场或者预算约束、权力关系和主体的地位。劳动关系理论的核心任务是解释为什么在某个劳动关系系统中一项规则会建立和为什么他们会因为影响系统的变革而变化。[⑤] 对于劳动关系研究

---

① 朱飞、熊新发:“西方劳动关系理论研究的发展脉络和研究范式”,《学术论坛》2012年第1期。

② Schienstock, G. Towards a Theory of Industrial Relations. *British Journal of Industrial Relations*, 1981,(2).

③ 程延园:“当代西方劳动关系研究学派及其观点评述”,《教学与研究》2003年第3期。

④ Schienstock, G. Towards a Theory of Industrial Relations. *British Journal of Industrial Relations*, 1981,(2).

⑤ J. T. Dunlop. Industrial Relatios, Systems, Holt, 1958: 89.

来说，系统范式的主要意义是把劳动关系的研究焦点从产业冲突和集体谈判转到规则制定，这拓宽了劳动关系视角。

牛津范式 这一范式认为，劳动关系研究工作规制的制度，强调的是通过集体谈判的规则制定过程，政治变量被认为极为重要。因此，牛津范式为分析劳动关系问题提供的框架过于狭窄。它过于强调集体谈判的政治过程而对那些对规则决定有更深影响的角色重视不够。制度和权力的因素被认为是极为重要的，而像技术、市场、地位和意识形态这样的变量却没有给予任何的重视，这种方式的褊狭导致了极大的局限性。

产业社会学范式 这一范式认为，劳动关系的核心仍然是冲突自身的性质和发展，更加关注产业冲突的结果而不是原因。在劳动关系中有两个主要的概念层次：第一个层次是在企业(工厂)内部。在这个层次上，环境因素(例如职位内容、工作任务和技术)和互动因素产生了三种类型的冲突——分散的、结构的和人际的冲突，它们可以各自通过集体谈判、社会—技术系统的结构分析和人员管理来解决。第二个层次是企业外部的劳动关系，主要关注在组织内部层次没有或者无法解决的冲突。

策略选择范式 这范式认为，劳动关系的过程与演变能持续，关键是由"环境压力"和"组织响应"的互动作用所决定的，这意味着环境因素将影响组织的运作，组织也应该对环境的变迁提出应对之道。例如，科汉(Kochan)认为，美国的劳动关系活动已从中间层次的"协商层次"分别向上层次的"策略层次"和下层次的"工作场所层次"发展[①]。策略选择范式实际上与系统范式有着许多相似点，同样强调输入、过程和输出，只不过它认为的输出是劳动关系主体的"业绩表现"而不是规则，而这个劳动关系过程中，各主体的行动策略对于产出的影响至关重要。故而，在"冒烟经济"和集体劳动关系已经丧失主导地位的背景之下，各主体的策略选择是劳动关系研究的核心。

综上所述，有关就业/失业的理论大多倾向于从宏观层面来解释就业/失业问题，其出发点是西方社会经济发展过程中所遇到的现实问题；

---

① 托马斯·寇肯：美国产业关系的转型，朱飞等译，中国劳动社会保障出版社2008年版，第10—11页。

同时,有关劳动关系的理论则主要集中于从客观上解释劳动冲突的原因和应对。这些理论研究为理解我国劳动就业现状提供了理论视角,但由于较少立足劳动者微观层面的理论解释,因此本报告更多参考其他相关研究展开。

3. 劳动时间理论

关于劳动时间的理论,主要来自马克思的社会必要劳动时间概念。马克思曾两次界定过社会必要劳动时间。“时间Ⅰ”指“在现有的社会正常的生产条件下,在社会平均的劳动熟练程度和劳动强度下制造某种使用价值所需要的劳动时间”①;“时间Ⅱ”指社会按比例分配劳动时间,分配给某一生产部门的社会劳动时间量。“价值规律所影响的不是个别商品或物品,而总是各个特殊的因分工而互相独立的社会生产领域的总产品;因此,不仅在每个商品上只使用必要的劳动时间,而且在社会总劳动时间中,也只把必要的比例量使用在不同类的商品上……社会劳动时间可分别用在各个特殊生产领域的份额的这个数量界限,不过是整个价值规律进一步发展的表现,虽然必要劳动时间在这里包含着另一种意义。为了满足社会需要,只有这样多的劳动时间才是必要的”②。尽管学术界对两个“社会必要劳动时间”关系的理论争议从未停止过,但各个国家关于劳动时间的法律规定却是非常明确,并且有不断减少趋势。

(二) 国内相关研究

1. 有关劳动时间的相关研究

首先,已有研究者注意到我国超时劳动的现象。例如,王艾青(2009)运用访谈的方式调查了建筑工人、高校教师、民营企业中高层管理人员三类人群,结果显示均存在过度劳动状况。之后她又使用问卷调查了 8 个行业的劳动时间情况,结果显示“调查对象平均超过标准工作量(每周 40 小时)40.77%;超过单位所规定的工作时间 20.66%”,“过度劳动是非常明显的”。同时,超时劳动大多带来的是负向后果,对劳动者和用人单位

① 马克思:《资本论》第 1 卷,人民出版社 2004 年版,第 52 页。
② 《马克思恩格斯全集》第 25 卷,人民出版社 1975 年版,第 716—717 页。

都不利。例如,王丹(2010)发现,超时、超强度的工作负担让知识工作者有辞职的念头、感到身心疲惫、没时间陪伴或照顾恋人(家人)、放弃自己的业余爱好、健康受到影响等。近来也有研究者[①]从过度劳动的视角来看待我国劳动者超时工作现象及其前因后果,其中性别、年龄、教育程度、婚姻状况、行业、工作时间自由度和企业文化等都是造成劳动者超时工作的原因。

除了劳动超时外,有关劳动者的通勤时间也获得不少关注,但主要集中在地理学和城市规划学领域。例如,姜军等人[②]利用居民出行调查采集的职住关系数据和通勤行为数据发现,通勤时间更加适合用来表示通勤成本,通勤时间与通勤距离之间为幂函数关系。大规模集中的居住导致的职住不平衡状态将会造成通勤距离、通勤时间的迅速增加。孟斌、郑丽敏、于慧丽[③]采用统计分析和地理信息系统技术,以 2005 年和 2010 年两次问卷调查数据为基础发现,北京市区居民的通勤时间从 2005 年 38 分钟增加到 2010 年的 43.6 分钟,通勤时间增长显著。同时,通勤时间受居住空间、年龄、学历等因素的影响显著。

2. 有关劳动关系的相关研究

首先,关于我国劳动关系的现状,有研究者[④]聚焦劳动关系问题最为严重的私营企业;有研究聚集集体劳动关系争议问题[⑤],还有研究关注弱势群体,尤其是农民工[⑥]。为评估劳动关系的现状,针对具体的地区、行业、企业等,许多研究者进行了小规模的实证数据调查。总体上来说,随着市场化改革的推进,我国的劳动关系已完成从计划经济体制到市场经济

① 孟续铎:《"劳动者过度劳动的成因研究":一般原理与中国经验》,首都经济贸易大学 2013 年博士学位论文。

② 姜军、段进、陈沧杰、曹国华:"通勤距离、通勤时间及其与职住平衡的关系研究",《现代城市研究》2015 年第 7 期。

③ 孟斌、郑丽敏、于慧丽:"北京城市居民通勤时间变化及影响因素",《地理科学进展》2011 年第 10 期。

④ 徐吉平:"我国私营企业劳动关系研究:现状、原因及对策",《特区经济》2010 年第 6 期。

⑤ 谢天长:"集体劳动关系抑或群体劳动关系:现状、根由与进路",《中南学术》2012 年第 6 期。

⑥ 李珂:"论劳动关系状况对农民工融入城市的制约",《中国劳动关系学院学报》2007 年第 6 期。

体制的根本转变,但依然存在着劳动关系不规范、雇主组织发育缓慢、劳动关系紧张、劳动关系三方机制不健全等问题①。为此,有研究者从收入保障、劳动环境、权益实现、技能发展四个维度构建出综合评价劳动关系的指标体系。从我国劳动关系发展趋势来看,我国劳动关系发展主要表现为类型多样、形式灵活;内容各异、格局复杂;主体明晰、利益分化;法律体系基本形成。今后一段时期,我国劳动关系的发展变化会呈现六个方面的趋势:一是经济发展方式转变使劳动关系处于多变状态;二是国外经济运行态势影响劳动关系运行稳定性;三是劳动关系主体结构变化增加劳动关系波动风险;四是劳动关系运行对法制的依存度提高;五是新兴媒体对劳动关系的影响日渐深远;六是劳动关系开始直接受到国际经贸规则和国际劳工标准的制约②。

同时,针对我国劳动关系的现状及问题,研究者们也提出了自己的对策建议。例如:有人提出③,构建社会主义和谐劳动关系拟采取加快劳动关系契约化和制度化进程、加快工会改革和雇主组织建设进程、加快经济发展与改革进程、加快协调劳动关系三方机制建设进程等对策;有人提出,④要化解这些问题,国家及社会各相关方面应携手合作,着力做好以下几方面的工作:一是持续加大教育方面的投入;二是完善劳动立法并以此为契机大力推进普法宣传教育工作;三是加大劳动保障监察及业务指导的力度;四是建立健全务实、高效的劳动保障监察监督与制约机制,同时从多个方面着手建立健全国家劳动就业保障机制并努力贯彻实施;五是相关企业要转变观念,切实加强企业劳动规章制度建设。这些研究为本报告进一步针对上海劳动关系问题提出对策建议提供了很好的参考作用。

3. 有关就业状况的相关研究

就我国目前的重点就业群体来说,大学生、农民工等群体毫无例外地

①③ 徐长玉:"和谐社会视域下的中国劳动关系现状、问题与对策",《中国劳动关系学院学报》2010年第6期。

② 王阳:"我国劳动关系发展趋势研究",《劳动经济评论》2012年第3期。

④ 徐吉平:"我国私营企业劳动关系研究:现状、原因及对策",《特区经济》2010年第6期。

成为学者关注的对象。例如，成长群[1]借助中国教育部学生司的统计数据、麦可思中国大学生就业研究课题组的调查数据，发现中国大学毕业生总体就业情况在1999—2009年处于“中警情就业”和“重警情就业”区间；专科生比本科生更难，教育学、法学、医学的毕业生“就业特别困难”；一般本科院校和高职高专院校的大学毕业生“就业严重困难”；地处京津沪地区大学的毕业生就业“一般困难”，其他地区大学的毕业生就业“严重困难”；男性大学毕业生与女性大学毕业生的就业程度大致相当，均为“就业严重困难”的程度，因此中国大学生的就业问题主要是结构性问题和制度性问题，而非总量性问题。

关于农民工的就业现状，国家统计局每年会发布一次全国农民工监测调查报告，是最大型和最权威的调查报告。根据2014年的报告，我国农民工的总量继续增加，但增速有所下降，西部地区农民工数量增长快于其他地区；六成以上为男性农民工，而年轻农民工比重逐年下降；农民工进入中西部地区第三产业的比重提高；同时，尽管农民工的收入增长较快，但他们的生活消费支出也较多；同时与雇主或单位签订劳动合同的农民工为38%，与上年基本持平；尽管拖欠工资比例有所下降，但拖欠额上升较多。总体来说，农民工的就业环境有所改善，但不利的就业地位却一直存在。

此外，还有学者从就业平等的视角，对女性、残疾人等进行专门的研究。例如，吴愈晓[2]利用“中国城镇居民收入调查”数据发现，在1995—2002年教育对女性就业的影响力下降，但婚姻和家庭经济状况对女性就业的影响力上升；对照1995年，2002年时家庭收入高的已婚妇女更有可能不工作，表明这是城镇女性就业决策走向理性化的一个过程。赖德胜[3]对第二次全国残疾人抽样调查数据进行的分析表明，我国残疾人与非残疾人之间的就业率存在明显差距；在已实现就业的残疾人内部，城乡、地

① 成长群：《大学生就业问题研究——以湖北京大学生就业调查为例》，武汉大学2010年博士学位论文。

② 吴愈晓：“影响城镇女性就业的微观因素及其变化：1995年与2002年比较”，《社会》2010年第6期。

③ 赖德胜：“我国残疾人就业及其影响因素分析”，《中国人民大学学报》2008年第1期。

区、性别、不同残疾类型之间也存在着较大的就业差异;残疾人的身体状况、受教育水平、社会保障状况、地区经济发展水平是影响其就业的主要原因。

二、劳动就业调查的分析框架

从已有理论和研究来看,劳动就业是一个范畴很大的概念,内容十分丰富,但由于本研究并不是劳动就业的专项研究,测量指标数量有限。在本研究中,劳动就业主要集中在劳动时间、劳动关系和就业状况三个维度。其中,劳动时间包括工作时间、加班时间、上班时间等,并同时考察了工作关系;劳动关系,主要包括合同签订情况、加班费、体检、劳动歧视等;就业状况,主要围绕就业过程展开和发展,包括失业情况、求职时间、求职渠道和晋升机会等。(见表 2-1)尽管整体调查对象包括退休人员、无业/失业人员等未劳动就业的群体,但本章分析结果并不包括这部分群体。

表 2-1 从业人员劳动就业调查的维度与内容设计

劳动就业	劳动时间	工作时间、加班时间、上班时间、工作关系等
	劳动关系	合同签订情况、加班费、体验、劳动歧视等
	就业状况	失业情况、求职时间、求职渠道和晋升机会等

三、上海从业人员劳动就业调查的主要结论

(一) 上海从业人员的工作状况

1. 仅四成从业人员工作时间符合《劳动法》,其中,低学历,已婚,非本地出生,无本地户籍,在体制外单位,从事管理工作的从业人员,超负荷工作的比例明显多于其他群体

根据《劳动法》第 36 条的相关规定,国家实行劳动者每日工作时间不超过 8 小时、平均每周工作时间不超过 44 小时的工时制度。调查结果显示,仅有四成从业人员的每周劳动时间在 40 小时以内(43.8%),有四成从业人员每周为 41—50 小时(42.8%),每周工作达 51—60 小时的不到一成

(9.8%),另有少数从业人员的每周工作时间超过 60 小时及以上(3.5%)。从中可以看出,仅四成从业人员的工作时间符合《劳动法》,超过法定劳动量的从业人员占大多数。

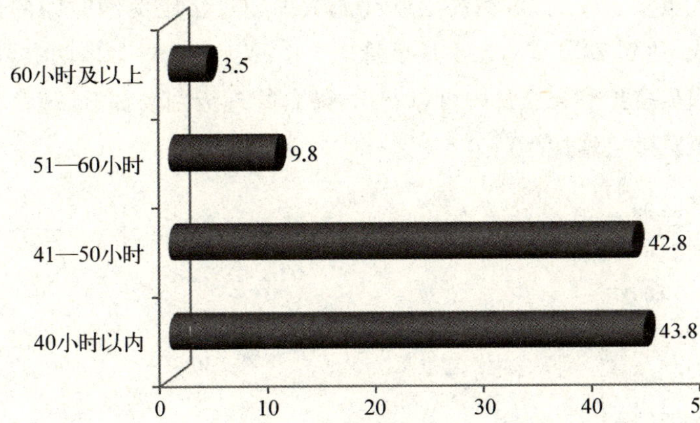

图 2-1　上海从业人员每周工作时间(百分比)

进一步的分析表明,在单位性质方面,机关事业单位从业人员每周工作时间超过 50 小时的仅为 3.70%,国有企业单位为 5.70%;而私/民营企业为 16.80%,是机关事业单位从业人员的 4 倍多,是国有企业单位从业人员的近 3 倍;三资企业为 14.10%,是机关事业单位的 3.8 倍,是国有企业单位的 2.5 倍。从中可以看出,每周工作时间超过 50 小时的主要集中体制外单位,包括民营企业和三资企业。

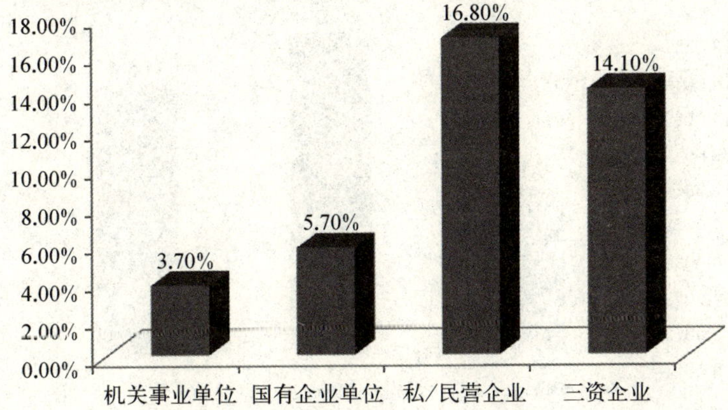

图 2-2　上海不同单位从业人员每周工作时间超过 50 小时的情况

在管理级别方面，不从事管理工作的从业人员，超过法定劳动时间的比例为超过五成(51.90%)，基层和中层管理人员分别为66.30%和62.30%，两者的比例相对比较接近，并且超过了六成，比不从事管理工作的从业人员多了一成多；而高层管理人员中超过法定劳动时间的比例则超过七成，达到74.10%，比不从事管理工作的从业人员多出两成，也比其他管理人员多出一成。从中可以看出，随着管理级别的提升，超负荷工作的比例也会随之增加。

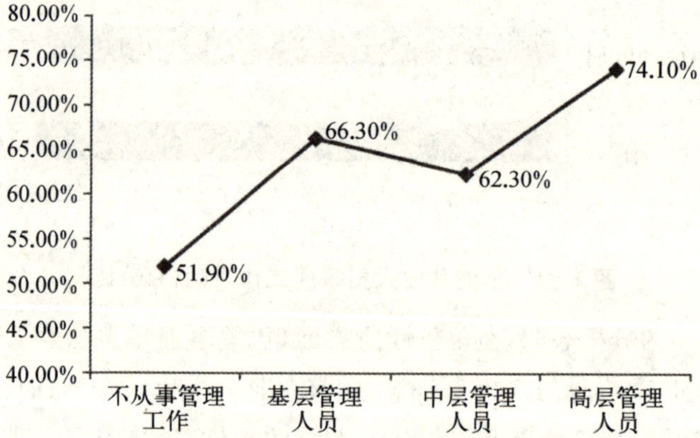

图 2-3　上海不同管理级别从业人员每周工作时间超过 40 小时的比例

从婚姻状况来看，未婚从业人员中每周工作时间超过50小时的为8.50%，已婚但无子女从业人员为17.30%，而已婚有子女从业人员为

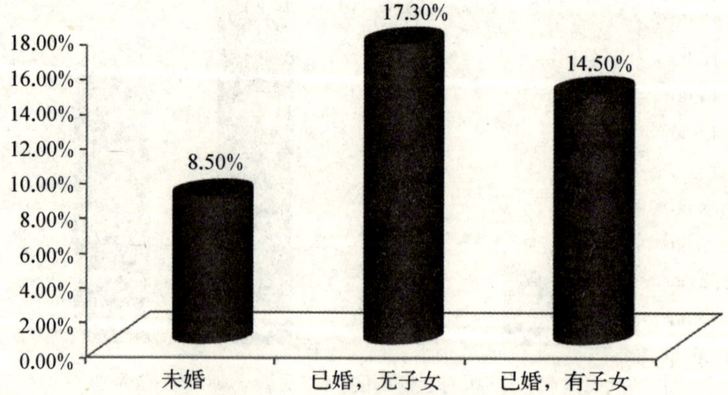

图 2-4　上海不同婚姻状态从业人员每周工作时间超过 50 小时的比例

14.50%。这表明，已婚无子女从业人员的超负荷工作比例最高，其次为已婚有子女者，而未婚者最低。从中可以看出，未婚的从业人员更不愿意超负荷工作，成家的经济压力可能导致从业人员更愿意加班，而有孩子后，陪伴的压力又可能迫使他们减少工作，但仍明显高于未婚从业人员。

从教育程度来看，初中及以下教育程度从业人员每周超过40小时工作的比例接近七成(69.10%)，高中/中专/职校/技校教育从业人员接近六成(58.60%)，大专教育从业人员接近五成(49.20%)，本科及以上教育从业人员接近六成(58.50%)，与高中/中专/职校/技校教育从业人员的比例接近。从中可以看出，随着教育程度的升高，从业人员超负荷工作比例明显下降，但到大专教育水平出现转点，最高教育程度(本科及以上)负荷工作比例明显上升。

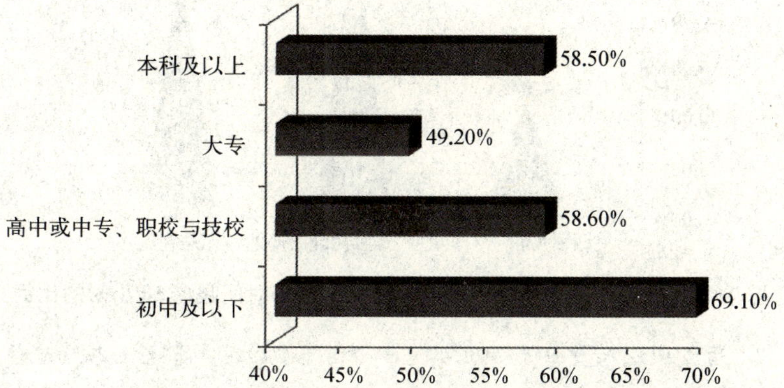

图2-5　上海不同教育程度从业人员每周工作时间超过40小时的比例

从出生地来看，出生于上海本地的从业人员，每周工作时间超过50小时的比例仅为9.10%，不到一成；而非本地出生从业人员为25.60%，是前者的2.8倍。这表明，非本地出生从业人员的工作压力明显高于上海本地出生从业人员。值得注意的是，对户籍状况的分析表明，有上海本地户口从业人员每周工作时间超过50小时仅为9.30%，而无本地户籍但有居住证从业人员为26.60%，无本地户籍也无居住证从业人员为23.80%；其中后两者的比例相差不大，但明显高于有本地户籍的从业人员。因此，非本地出生，也无本地户籍的从业人员，工作压力最大。

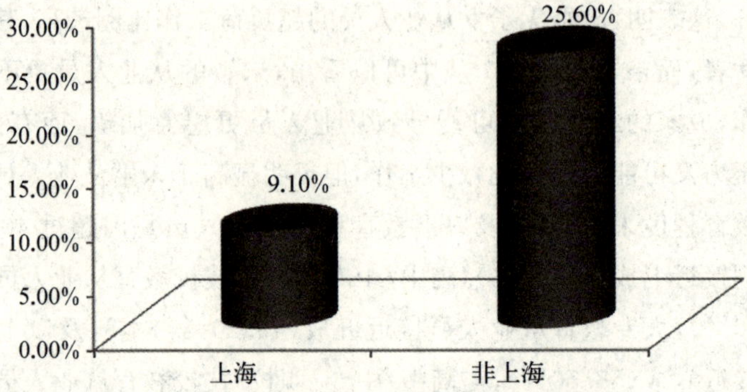

图 2-6　上海不同出生地从业人员每周工作时间超过 50 小时的比例

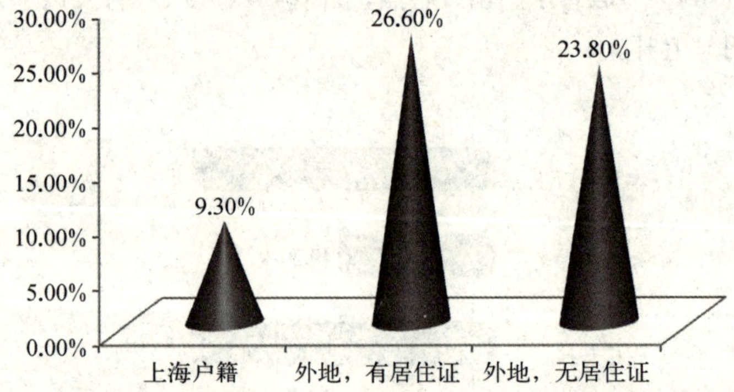

图 2-7　上海不同户籍状况从业人员每周工作时间超过 50 小时的比例

2. 两成从业人员每天加班超过 1 小时，无上海户籍也无本地居住证，成家但无子女，高层管理人员，体制外单位的小业主/自雇者加班都最多，其中加班时间与收入的关系可能是重要原因

加班时间，指劳动者正常工作时间以外被延长的工作时间，是加班费的计算基础。调查结果表明，在过去 1 个月里平均每天加班时间在半小时以内的从业人员有五成(50.5%)，接近三成从业人员表示加班时间在半小时到 1 小时之间(28.1%)，另有超过两成从业人员平均每天加班超过 1 小时(21.4%)。

进一步分析表明，在加班与从业人员收入的关系方面，平均每天加班时间在 0.5 小时以内的从业人员，平均月收入为 4 814 元；加班时间在 0.5—1 小时的从业人员，平均月收入为 5 185 元；加班时间在 1—2 小时的

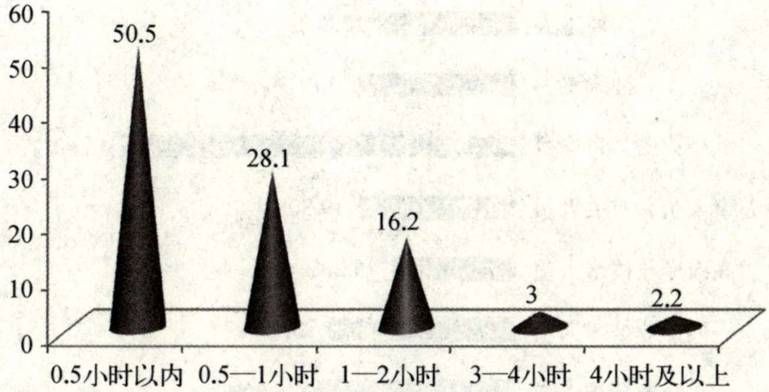

图 2-8　上海从业人员过去 1 个月平均每天加班情况(百分比)

从业人员，平均月收入为 5 591 元；加班时间在 3—4 小时的从业人员，平均月收入为 7 388 元，加班时间在 4 小时及以上的从业人员，平均月收入仅为 5 564 元。这表明，从业人员的收入与其每天加班时间存在一定的关系，具体表现为：每天加班 4 小时内的从业人员，工资性收入随加班时间的增长而有所提高，但加班时间最长的从业人员，收入却出现显著降低趋势。

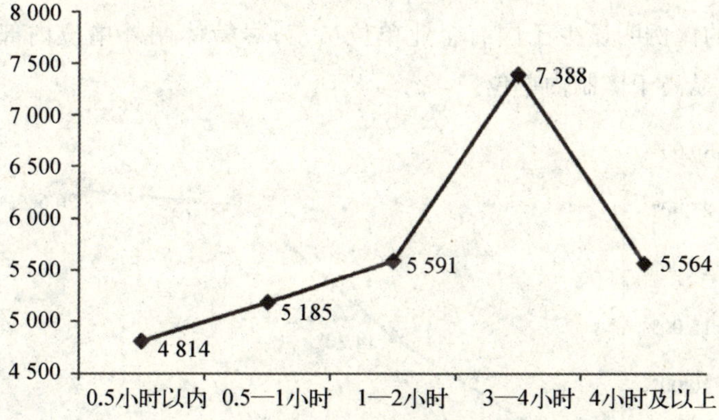

图 2-9　上海从业人员平均每天加班时间与月平均收入的关系

在职业方面，小业主/自雇者加班超过 1 小时的比例最高，达到近五成(48.6%)；国家机关/党群组织/事业单位负责人最少，仅为 1.6%；其他职业类型从业人员均在两成左右，其中企业管理人员(25.0%)和一般专业技术人员最高(23.1%)，其次为技术工人(20.1%)和办事人员及有关人员(19.3%)，最后为一般工人(17.0%)和中/高级专业技术人员(15.2%)。从中可以看出，党政府领导加班最少，小业主/自雇者加班最多。

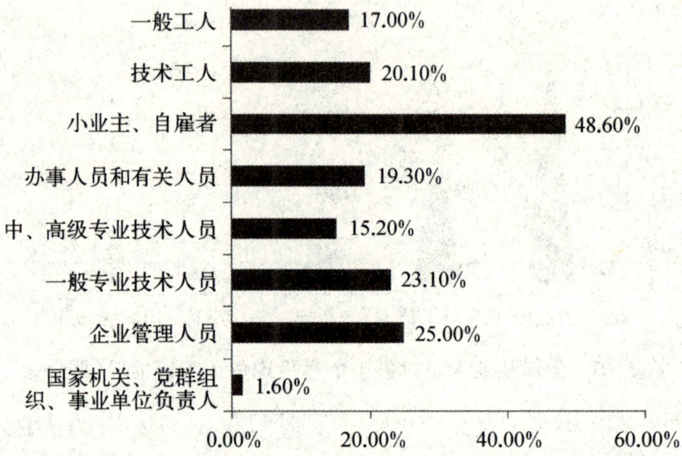

图 2－10　上海不同职业从业人员每天加班超过 1 小时的比例

在单位性质方面，机关事业单位从业人员每天加班超过 1 小时的比例为 6.2%，国有企业单位从业人员为 14.3%，私/民营企业为 25.5%，三资企业为 26.6%。从中可以看出，同样是体制内单位，机关事业单位员工需要加班的比例明显少于国有企业单位员工；尽管体制外单位内部差异不大，但明显高于体制内单位。

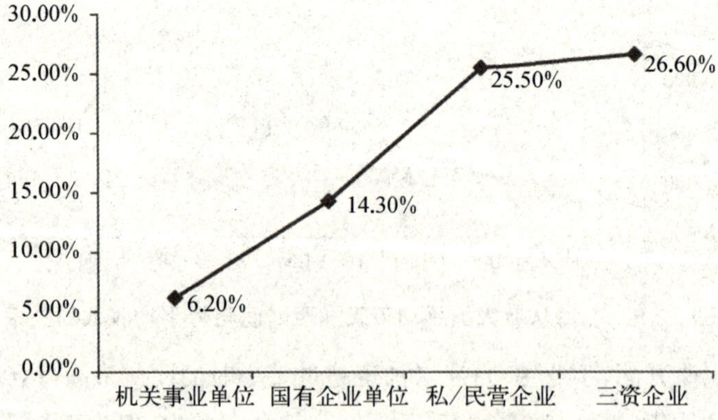

图 2－11　上海不同单位从业人员每天加班超过 1 小时的比例

在管理级别方面，不从事管理工作从业人员加班 1—2 小时的比例(14.0%)明显低于从事管理工作的从业人员，在从事管理工作的从业人员中，具体级别之间的差异很小，均在两成左右；然而高层管理人员加班在 3

小时及以上比例均显著高于其他管理级别的从业人员。这说明，加班时间最长的是高层管理人员，其次为基层和中层管理人员，最后为不从事管理工作的从业人员。

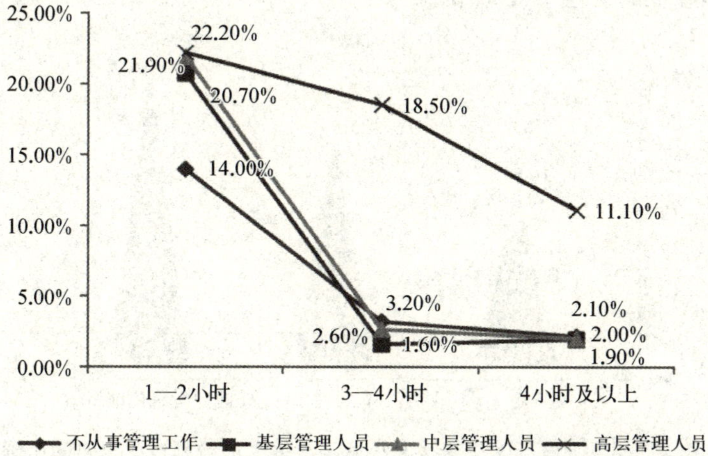

图 2－12　不同管理级别从业人员每天加班超过 1 小时的比例

从婚姻状况来看，未婚从业人员每天加班时间超过 1 小时的比例为两成(19.9%)，已婚但无子女从业人员则上升到三成(30.9%)，而已婚有子女从业人员又下降到未婚从业人员的比例水平(20.8%)。这表明，成家但无子女的从业人员最愿意加班。

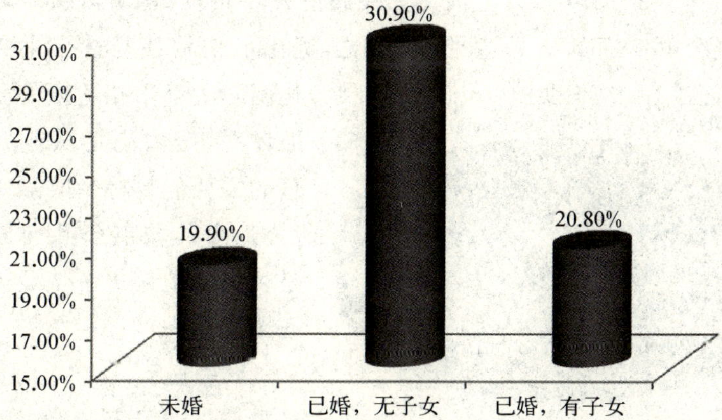

图 2－13　上海不同婚姻状况从业人员每天加班超过 1 小时的比例

从户籍状况来看,有上海户籍从业人员每天加班超过1小时的比例为两成(19.8%),外地但有上海居住证从业人员上升为25.5%,而外地也无上海居住证从业人员超过三成(33.4%)。从中可以看出,无上海户籍也无上海居住证的从业人员,加班比例最高。

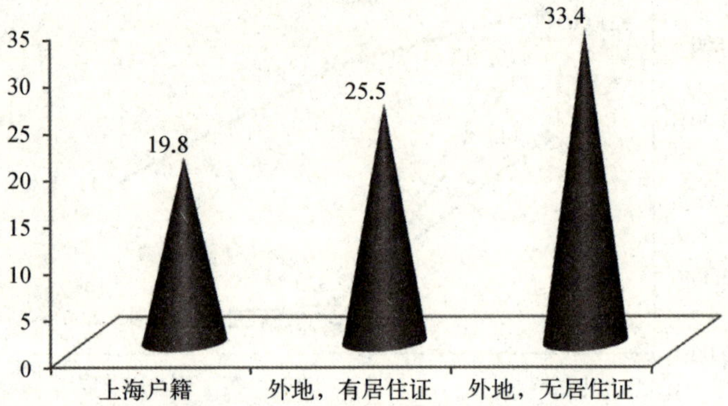

图2-14　上海不同户籍状况从业人员每天加班超过1小时的比例

3. 五成从业人员通勤时间在30分钟之内,性别、年龄、户籍、社会地位、收入和房价对从业人员的通勤时间有明显影响作用

通勤时间指从业人员从居住地到工作地点所需花费的时间,是衡量生活质量的重要维度。随着城市扩张、交通拥挤、房价攀升等多种因素的叠加效应,"舟车劳顿"已成为城市大多数从业人员共同面临的生活负担。2013年6月上海市人民政府发布贯彻《国务院关于城市优先发展公共交通的指导意见》的意见,提出加快构建与社会主义现代化国际大都市相适应的公共交通体系,努力满足从业人员群众的需要的目标。时隔一年半后,上海的城市公共交通发展是否有效地缩短了从业人员的通勤时间呢?

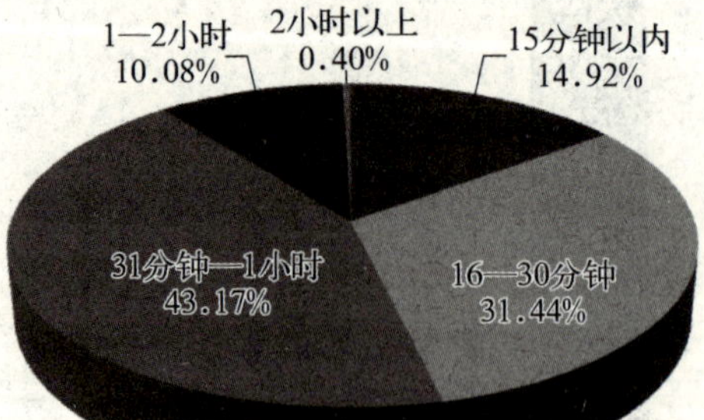

图2-15　上海从业人员的通勤时间分布

调查显示,当前上海从业人员中,五成人上班通勤时间在30分钟之内;四成人上班通勤时间

在半小时到一小时;另有近一成人每天上班通勤花费1—2小时。换言之,"从业人员"中九成人每天上班单程时间在1小时之内,仅一成人超过一小时。这一结果从侧面说明目前上海地铁十分便捷,大大节省了人们的通勤时间。同时,这也说明为何每天上下班时间段,上海的地铁会如此拥挤。

调查显示,社会地位与通勤距离明显相关。具体表现为:职业地位属于上层、中上层、中层、中下层和下层从业人员中,通勤时间低于30分钟的比例分别是为35.3%、34.6%、55.4%、46.3%和88.9%,可以看出社会地位与通勤时间基本呈现负相关关系,可以推测社会地位越低,选择就近就业比例越高。这可能是因为无力承受购房与每日交通费共同影响的结果。

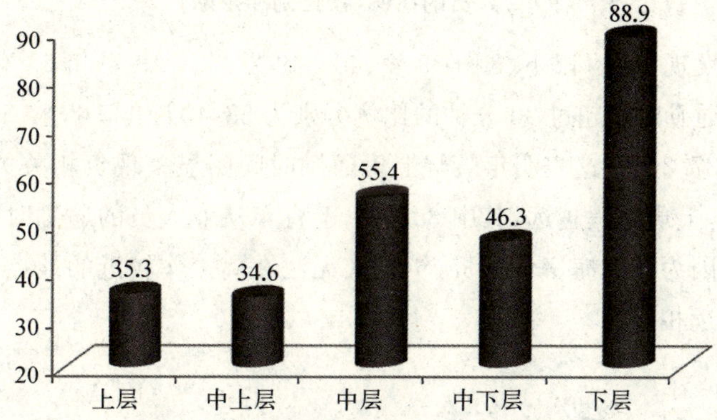

图2-16 上海通勤时间低于30分钟的从业人员的比例(按社会地位)

调查显示,男性在未婚、已婚无子女、已婚有子女时选择通勤时间在30分钟以内的工作的比例分别为44.0%、31.7%和46.5%,这表明结了婚的男性更愿意选择更远距离的工作,而未婚和已婚有子女的男性选择较近距离工作的比例相关不大;而女性在未婚、已婚无子女、已婚有子女状态时选择通勤时间在30分钟以内的工作的比例分别为35.2%、43.6%和53.1%,其比例越来越高,这表明结婚和孩子都会让更多女性选择较近的工作。这可能是因为在平衡家庭与工作关系时"男主外、女主内"观念依然存在。

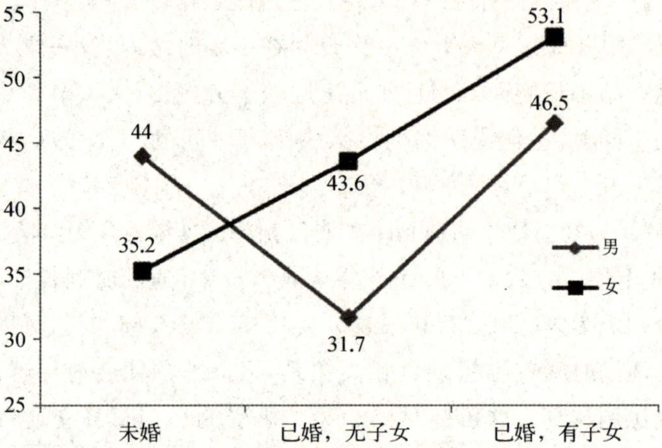

图 2－17　上海通勤时间低于 30 分钟的从业人员的比例(按性别和婚姻)

调查发现，30 岁以下、30—39 岁、40—49 岁、50—59 岁和 60 岁以上从业人员中通勤时间超过 30 分钟的比例分别为 58.40％、56.60％、50.40％、46.90％、27.30％，这表明年龄与上班通勤时间明显呈现负相关关系，即，年纪越轻，上班路程越远，其中 30 岁以下青年从业人员的通勤时间最长。这可能是因为与上海房价较贵，年轻人无法在离工作较近的地点买房，普遍居住较远相关。

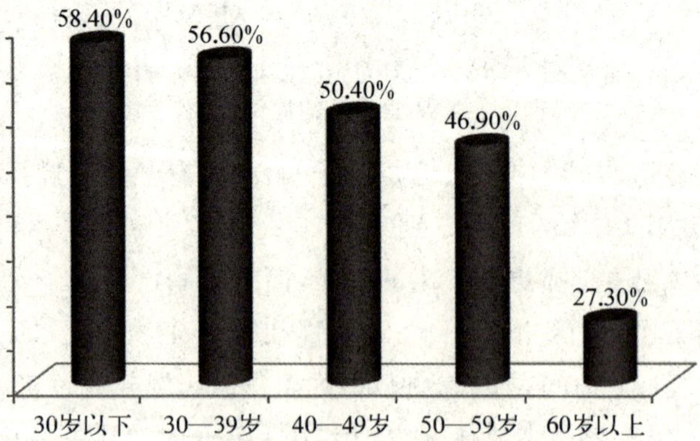

图 2－18　上海通勤时间高于 30 分钟的从业人员的比例(按年龄)

调查发现，上海户籍和非上海户籍从业人员中通勤时间在 30 分钟以内的比例分别为 44.4％和 52.5％，这表明非上海户籍的从业人员更不愿意从事较远距离的工作。

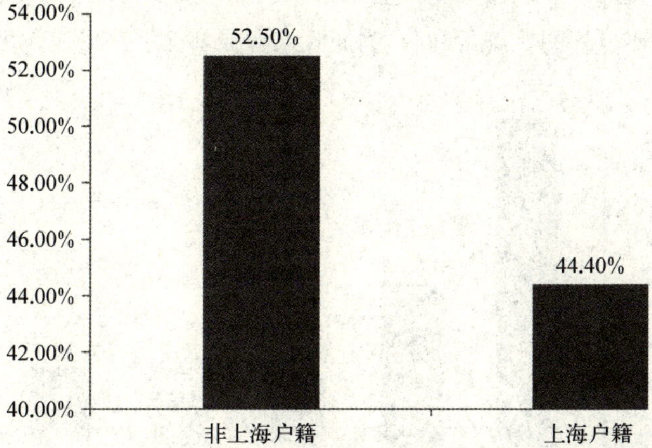

图 2－19　上海通勤时间低于 30 分钟的从业人员的比例(按户籍)

调查显示，年收入与从业人员的居住地基本呈现反比关系，即收入越低，居住地离市中心区越远，住在上海外环以外比例越高。具体表现为：年收入在 3 万元以下、3 万—5 万、5 万—7 万、7 万—10 万和 10 万元以上的从业人员中，居住在外环以外的比例分别为 38.1％、28.00％、15.80％、20.80％和 12.60％，其中年收入 3 万元以下的比例是年收入 10 万元以上的 3 倍之多。

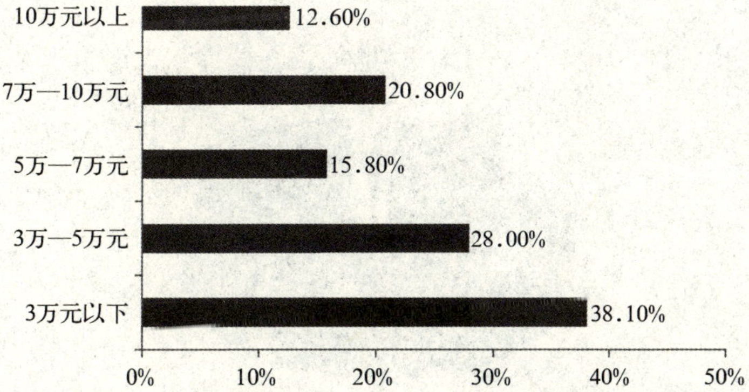

图 2－20　上海不同收入从业人员住在外环以外的比例

调查显示,年收入在3万元以下、3万—5万、5万—7万、7万—10万和10万元以上的从业人员中,通勤时间在30分钟以内的比例分别为74.2%、51.7%、39.5%、36.3%和39.8%,这表明收入与上班距离基本呈现负相关关系,即收入越低者,上班距离反而越近。结合不同收入从业人员住在外环以外的比例,可以推测低收入者在郊区上班的比例更高。

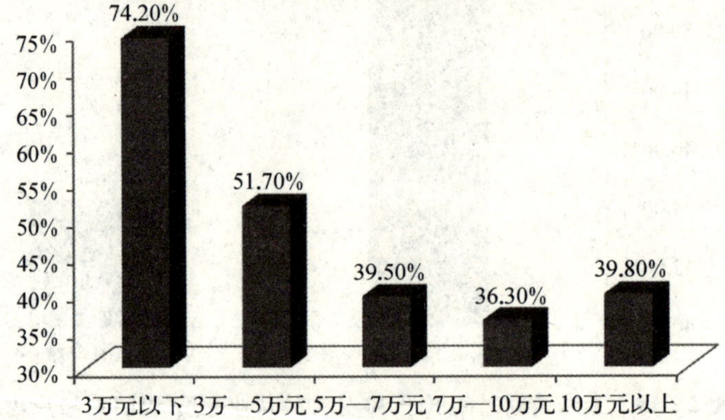

图2-21 上海通勤时间低于30分钟的从业人员的比例(按年收入)

4. 近九成从业人员表示与同事和上下级关系融洽

调查显示,17.4%的上海从业人员表示与上级和同事关系"非常融洽",70.0%表示与上级和同事关系"比较融洽",表示"一般"的为11.6%,另有共计不到2%的从业人员表示不太融洽或很不融洽。这反映出上海的职场中劳动关系总体上比较和谐。这有利于企业在沪投资与个人来沪创业发展。

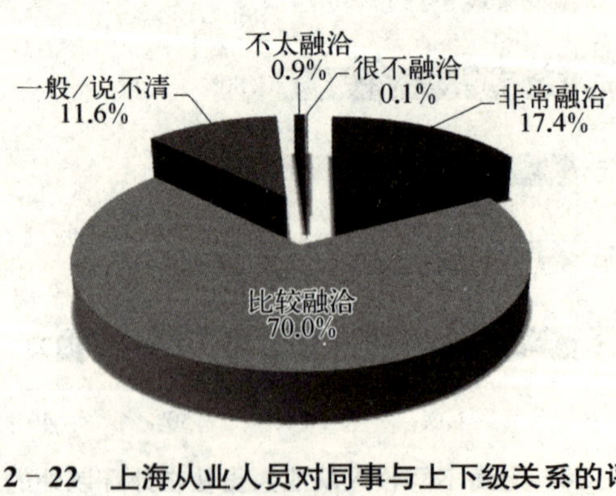

图2-22 上海从业人员对同事与上下级关系的评估

(二) 上海从业人员的劳动关系

1. 民营企业在吸收劳动力就业方面贡献最大，但不规范用工情况较为严重；教育、户籍能提升从业人员进入正规劳动力市场机会，但高层管理人员会主动放弃签订固定期限合同

调查数据显示，在职被访问对象43.4%在私/民营企业工作。可见上海私/民营企业在吸收劳动力就业方面作用是明显的。其次国有企业单位是重要的劳动力使用单位。在职被访问者27.1%在国有企业工作。与往年数据对比发现，外资企业员工占比有所下降。在职的被访问者中18.0%在三资企业工作。

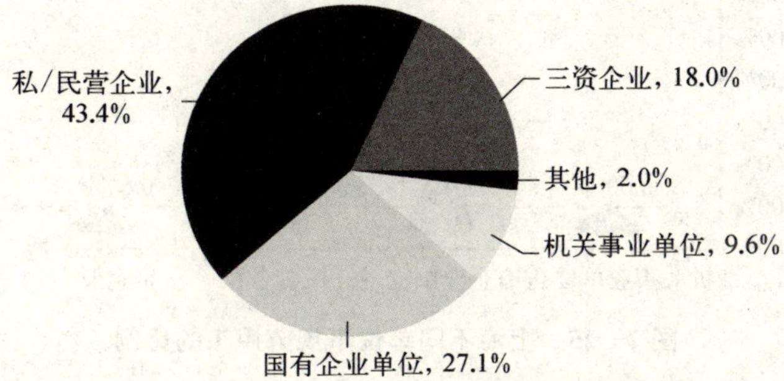

图2-23 上海从业人员目前就职的单位性质

根据《劳动法》和《劳动合同法》的要求，用工单位需要与劳动者签订正式的劳动合同。数据结果显示，有签订劳动合同(包括固定期限合同、不固

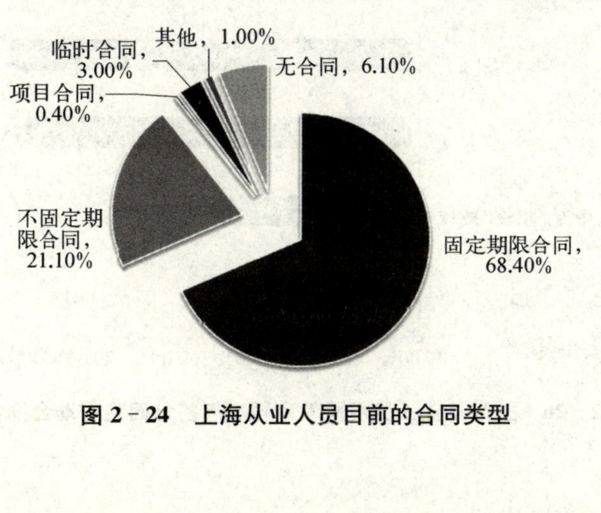

图2-24 上海从业人员目前的合同类型

定期限合同、项目合同、临时合同和其他合同类型)的比例超过 93.9%,6.1%的从业人员表明未与企业签订劳动合同。说明绝大多数企业单位能做到规范用工,但仍有少数企业存在不规范用工情况。

通过进一步分析表示,私/民营企业不规范用工的比例最高,达到9%;其次为国有企业单位(1.9%),机关事业单位和三资企业的比例一样(0.6%)。从中可以看出,不规范的用工主要发生在民/私营企业中,但其他类型组织中也或多或少地存在着不规范的用工行为。

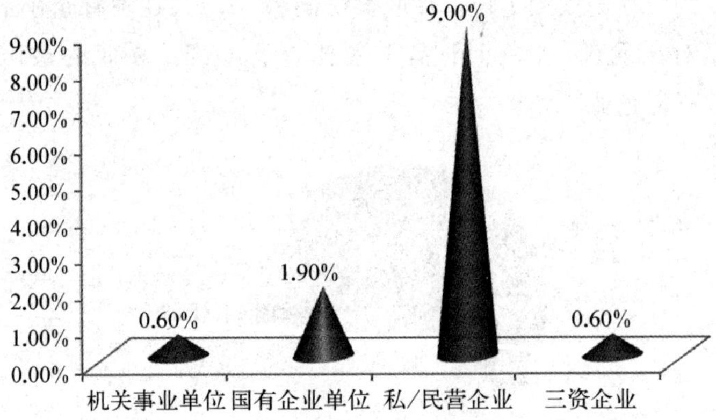

图 2-25 上海不同单位不规范用工的比例

调查发现,教育程度高和拥有上海户籍的从业人员进入正规劳动力市场的比例更高,主要体现为签订固定期限合同的比例更高。初中及以下从业人员中签订固定期限合同的仅有四成(43.2%),而本科及以上从业

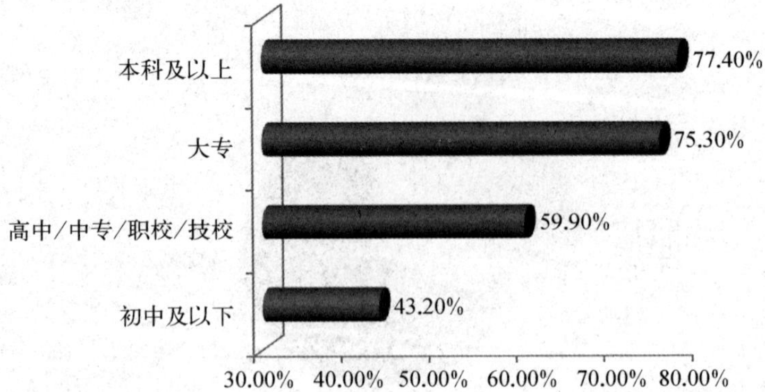

图 2-26 上海从业人员不同教育程度与签订固定劳动合同比例

人员则有近八成(77.4%),是前者的近两倍。同时,上海户籍从业人员签订固定期限合同的(72.8%)明显高于非上海户籍从业人员(57.1%);体制内从业人员签订固定期限合同的高于体制外从业人员10%。

调查结果显示,不从事管理工作从业人员中签订固定劳动合同的比例为65.9%,基层管理人员为73.9%,中层管理人员为82.1%,但高层管理人员仅为25.9%。从中可以看出,随着管理级别的提升,从业人员进入正规劳动力市场的比例越高,但高层管理人员的比例却有显著下降。这可能是,高层管理人员主动选择的结果,因为高层管理人员大多人力资本较高,有更多就业机会,他们自己可能并不想签订固定期限合同来限制自己的发展。

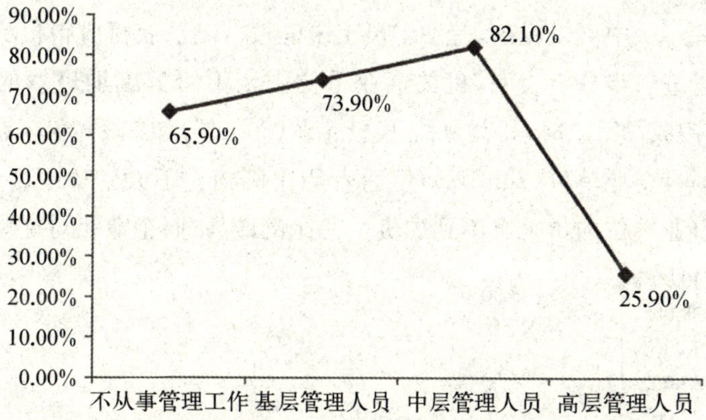

图2-27 上海从业人员不同管理级别与签订固定劳动合同比例

2. 仅半数从业人员能获得全额加班费,其中无上海户籍者,在机关和事业单位工作者、高管拿不到加班费的比例最高,而教育对劳动补偿的效果差异较大

根据《劳动法》规定,加班费是指劳动者按照用人单位生产和工作的需要在规定工作时间之外继续生产劳动或者工作所获得的劳动报酬。劳动者加班,延长了工作时间,增加了额外的劳动量,应当得到合理的报酬。对劳动者而言,加班费是一种补偿,因为其付出了过量的劳动;对于用人单位而言,支付加班费能够有效地抑制用人单位随意地延长工作时间,保护劳动者的合法权益。本次调查结果显示,51.2%的从业人员表示能够全额拿到加班费,13.6%表示能拿到部分,7.2%表示很少拿到,28.1%表示

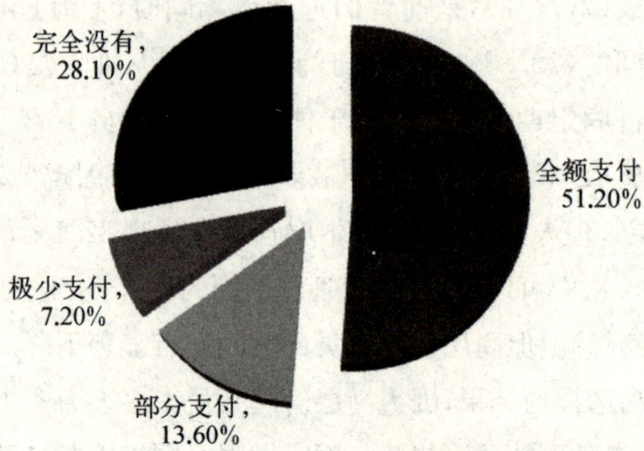

图 2－28　上海从业人员获得加班费的状况

完全没有。从中可以看出，有一半员工未能按劳动法获得应得报酬。

通过进一步分析表明，机关事业单位完全不给员工加班费的比例最高，接近四成(38.5%)；其次为私/民营企业(26.3%)和三资企业(25.4%)，最后为国有企业单位(24.7%)；但后者的比例相差不大。从中可以看出，机关和事业单位的员工拿不到加班费的比例最高，而企业相对更规范些。

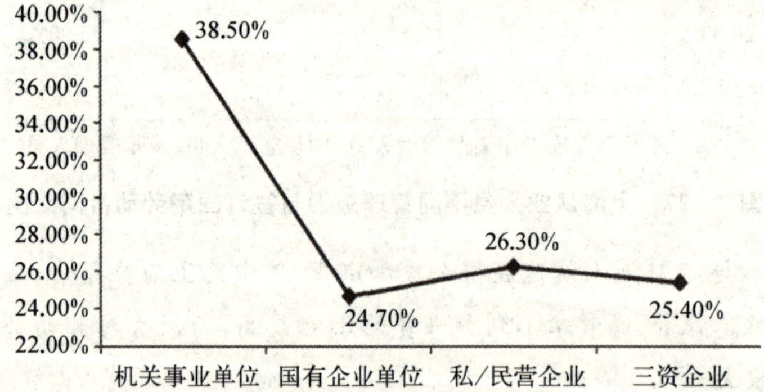

图 2－29　上海不同单位完全不给员工加班费的状况

特别值得注意的是，从管理级别来看，不从事管理工作员工拿不到加班费的比例为三成(29.5%)；基层管理人员(23.9%)和中层管理人员(21.2%)的比例最低，仅为两成；但高层管理人员却高达六成(63.0%)。从中可以看出，高层管理人员加班最多，但无加班费的比例却最高。当前社会上普遍存在着对高管高收入的羡慕与不满情绪，但却少有人注意到他们的真实劳动付出。

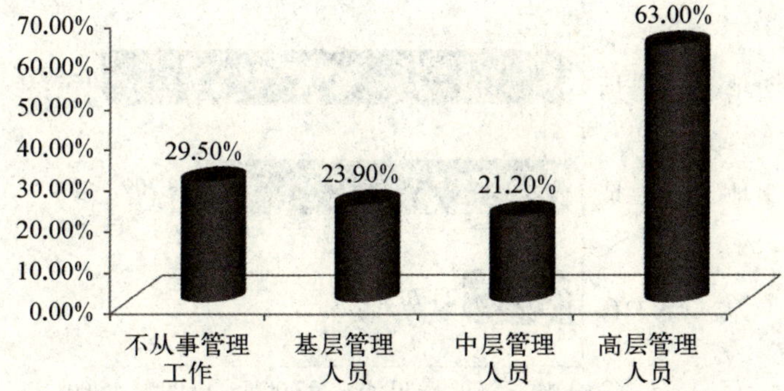

图2-30　上海不同级别从业人员完全拿不到加班费的状况

从教育程度来看，初中及以下教育程度从业人员完全拿不到加班费的比例为三成(32.4%)，高中/中专/职校/技校教育程度从业人员为两成(23.8%)，大专教育程度从业人员为34.5%，本科及以上教育程度从业人员为23.5%。从中可以看出，初中及以下和大专教育程度从业人员的比例接近，而高中/中专/职校/技校和本科及以上的比例接近。换句话说，教育对劳动补偿的影响效果差异较大。

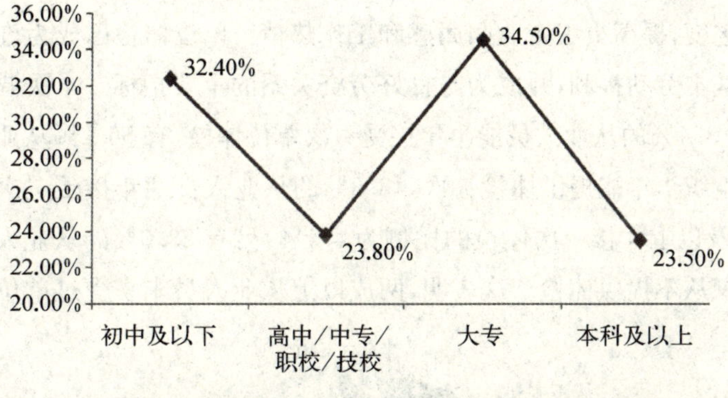

图2-31　上海不同教育程度从业人员完全拿不到加班费的状况

从户籍状况来看，有上海户籍从业人员完全拿不到加班费的比例为24.7%，而外地有居住证从业人员的比例为38.2%，外地无居住证从业人员的比例为42.9%，后两者的比例相差不大。从中可以看出，没有上海户籍会显著降低从业人员的劳动合法劳动报酬。结合前文的结果，无上海户籍的从业人员加班最多，但拿不到加班费的比例也最高。这一结果提示，无上海户籍的从业人员在劳动力市场中处于不利的竞争地位。

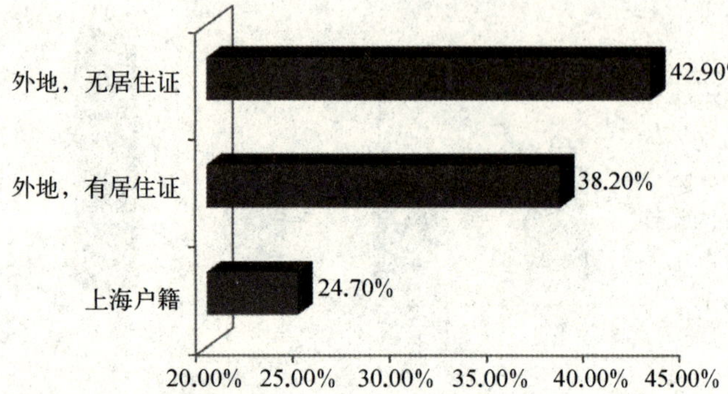

图 2－32　上海不同户籍从业人员完全拿不到加班费的状况

3. 两成以上从业人员未享受过单位组织的体检，主要集中在民营企业就业者的和非正规就业者当中，但教育能有效帮助从业人员获得这一劳动福利

单位体检，指根据从业人员所从事的工作或者所在的岗位来对身体进行针对性的体检。一般来说，为员工安排体检不但可以通过健康干预降低发病率，减少病假和健康事假，降低病假工时和事假工时，减少人力资源损失，保证企业的正常运转，而且可以减少因生病缺勤等产生的工作不协调影响工作进度，提高员工企业归属感和工作热情。单位体检已成为许多用人单位的基本劳动福利，并成为与良好劳资关系的重要指标。本次调查结果显示，仅 3.4%的从业人员能半年接受一次单位体检，有 56.2%从业人员表示所在组织 1 年能提供体检一次，13.3%的从业人员两年接受一次单位体检，3 年及以上才接一次体检的比例为 4.1%，另有 23.0%的从业人员表示所在组织从不提供体检。这表明，两成以上从业人员未享受过单位组织的体检。

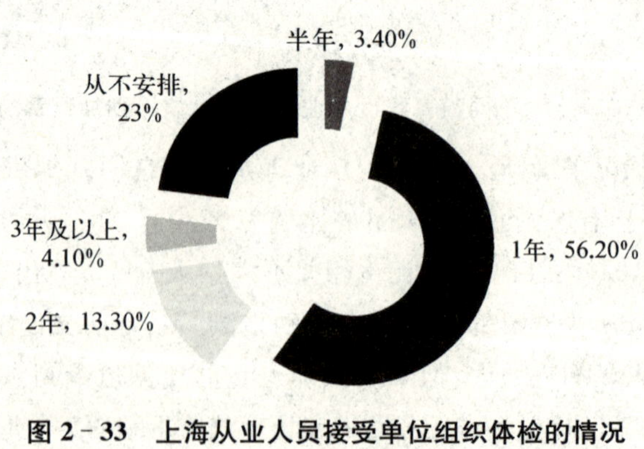

图 2－33　上海从业人员接受单位组织体检的情况

进一步分析发现，机关事业单位员工中有 3.1%从未接受过单位体检，国有企业单位员工的比例为 7.0%，私/民营企业则高达 38.4%，而三资企业也有 11.0%。从中可以看出，不提供体检的单位主要是民营企业，但在机关事业单位、国有企业和三资企业也存在着不提供体检的情况。

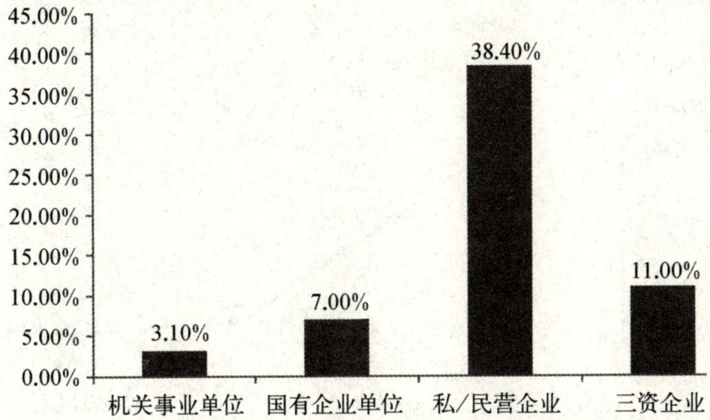

图 2－34　上海不同单位员工从未接受单位体检的情况

特别值得注意的是，合同类型对员工是否能获得单位体检有非常显著的影响作用。具体表现为：签订固定期限合同员工从未接受单位体检的比例为 12.8%，签订不固定期限合同员工的比例为 29.1%，签订项目合同员工的比例为 14.3%，均显著低于无合同(79.4%)或签临时合同(73.6%)员工的比例。这表明，单位在安排员工体检时，劳动合同的类型是其主要考虑因素。尤其是体制内单位，非正规就业者常常享受不到这一劳动福利。

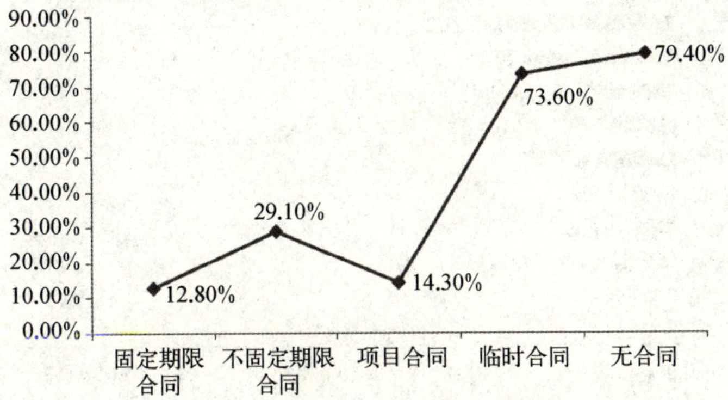

图 2－35　上海不同合同类型员工从未接受单位体检的情况

进一步的数据分析表明，初中及以下教育程度员工从未接受单位体检的比例接近六成（58.3%），高中/中专/职校/技校教育程度员工为35.5%，大专教育程度员工的比例下降为12.7%，而本科及以上教育程度员工的比例最低为10.4%。从中可以看出，教育程度越高，员工能接受体检的比例越高。

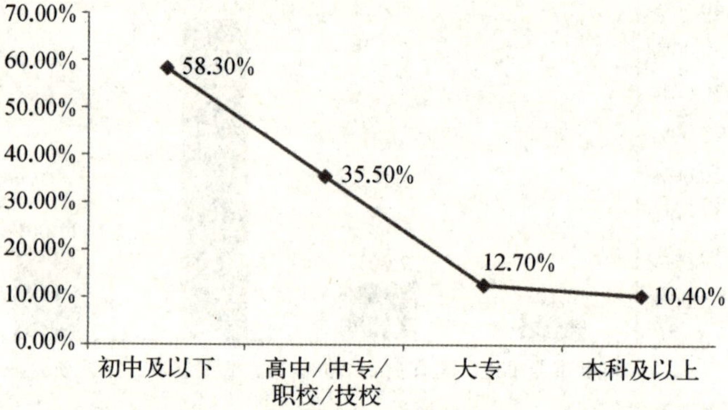

图 2－36　上海不同教育程度员工从未接受单位体检的情况

4. 两成就业人员遭遇过职业歧视，其中学历是最关键因素

职业歧视指在劳动力市场上，某些劳动力即使完全有能力胜任，却因非经济的个人特征而导致被限制或禁止进入某些职业，或者被排挤到同一职业中的过低档次的位置上。造成职业歧视的原因主要包括年龄、学历、性别、户籍、民族、信仰、背景、疾病、专业、残疾、外貌等。调查显示，

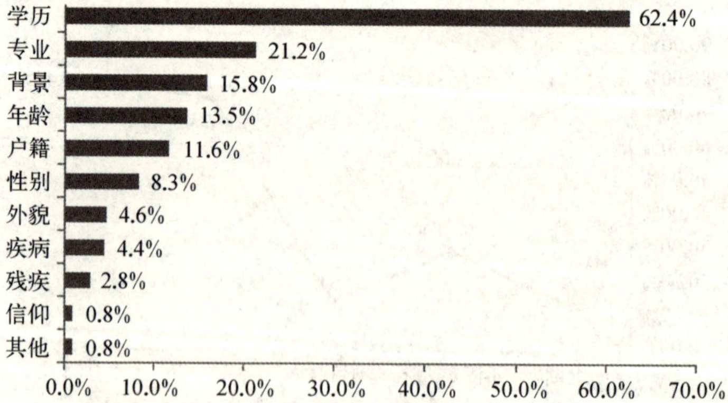

图 2－37　上海从业人员遭遇职业歧视的原因分析

78%的从业人员表示在工作中并没受到过职业歧视，而 22.0%的从业人员表示受到过不公平对待，这一结果表明，上海劳动市场的公平程度较高。进一步分析表明，在受到过不公平对待的原因中，学历（占 62.4%）所占比重最多，其次为专业（占 21.2%），最后为背景（占 15.8%）、年龄（占 13.5%）、户籍（占 11.6%）、性别（占 8.3%）和外貌（占 4.6%）。

(三) 上海从业人员的就业状态

1. 超过一半从业人员有过失业经历，其中体制内的，本科及以上教育程度的、有上海户籍的、中高管理人员的职业稳定性相对较高

在经济学范畴中，一个人愿意并有能力为获取报酬而工作，但尚未找到工作的情况，即认为是失业。调查发现，46.7%的从业人员表示从未有过失业经历；有过 1 次失业经历的比例为 32.9%，有过 2 次失业经历的比例为 17.0%，另有 3.4%的从业人员有过 3 次及甚至更多的失业经历。从中可以看出，超过一半从业人员有过失业经历。

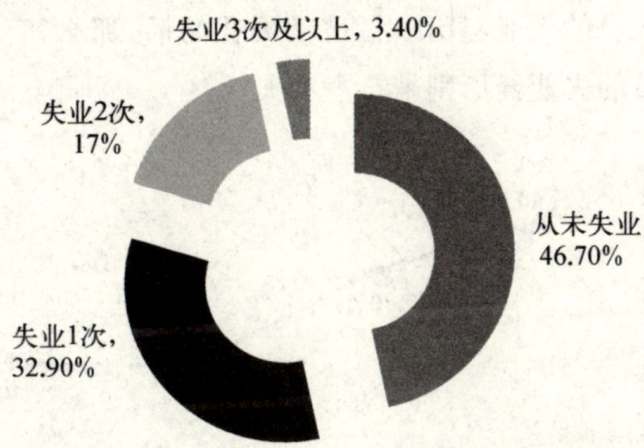

图 2 - 38　上海从业人员有过失业经历的情况

哪些人群更可能有失业经历呢？从单位性质来看，机关事业单位员工有过失业经历的比例最低，仅为两成（22.4%）；国有企业单位的比例明显高于前者，达到近四成（38.9%）；而私/民营企业（63.2%）和三资企业（63.9%）的比例相差不大，但却明显高于机关事业单位和国有企业单位。从中可以看出，机关事业单位的职业稳定性最强，其次为国有企业单位，而私/民营企业和三资企业的稳定性最差。

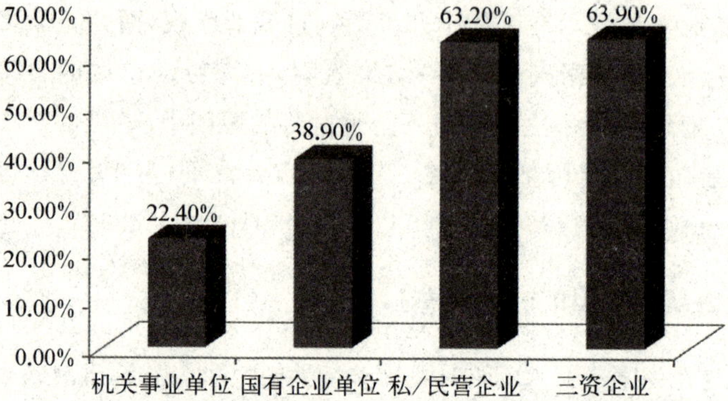

图 2-39 单位性质与失业经历的关系分析

从管理级别来看,不从事管理工作人员中有过失业经历的比例为 54.9%,基层管理人员为 49.7%,中层管理人员为 40.4%,高层管理人员为 40.7%。从逻辑上来说,失业经历包括主动失业与被动失业两种。从人力资本来说,管理级别越高,人力资本也越高,失业的可能性越小。但调查却表明,管理人员中有失业经历的比例也很高,达到四成甚至更多。如果不从事管理人员的失业经历来自被动失业的话,那么,管理人员尤其是中高级管理人员的失业经历则来自主动失业。

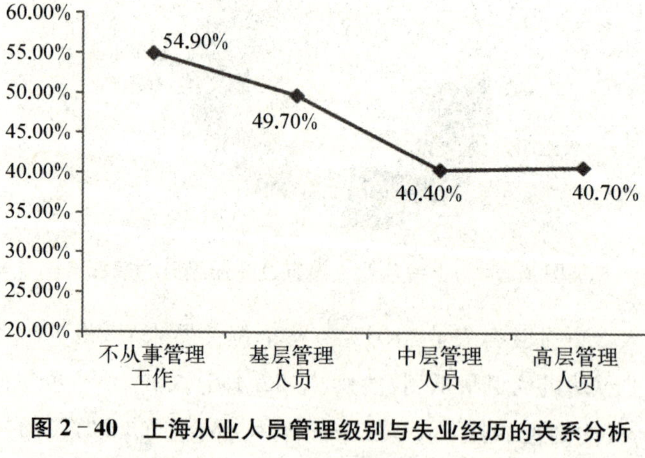

图 2-40 上海从业人员管理级别与失业经历的关系分析

在人力资本中,教育是最重要的指标。本次调查结果表明,初中及以下教育程度员工中有过失业经历的比例为 54.4%,高中/中专/职校/技校教育程度员工为 61.3%,略有上升;而大专教育程度员工的比例又降回初中及以下教育程度员工的比例(53.9%),本科及以上教育程度员工的比例则有明显的下降(42.2%)。从中可以看出,受过本科及以上教育的员工获得稳定性工作的可能性更高。

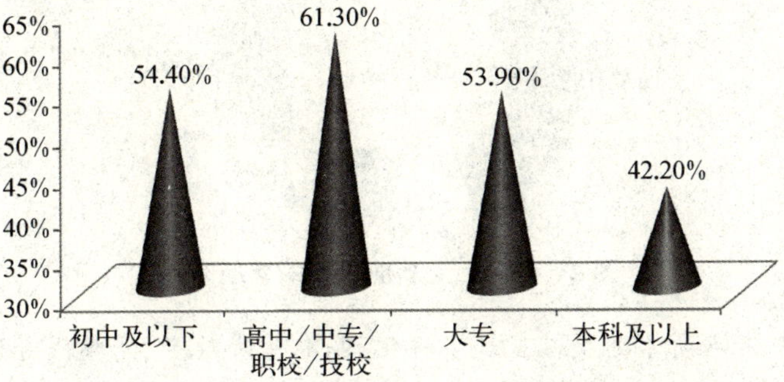

图2-41 上海从业人员教育与失业经历的关系分析

最后,从户籍状况来看,有上海户籍从业人员中有失业经历的比例为49.7%,有居住证从业人员的比例为64.0%,无居住证从业人员的比例为69.8%。这表明,没有上海户籍从业人员的职业稳定性更差。

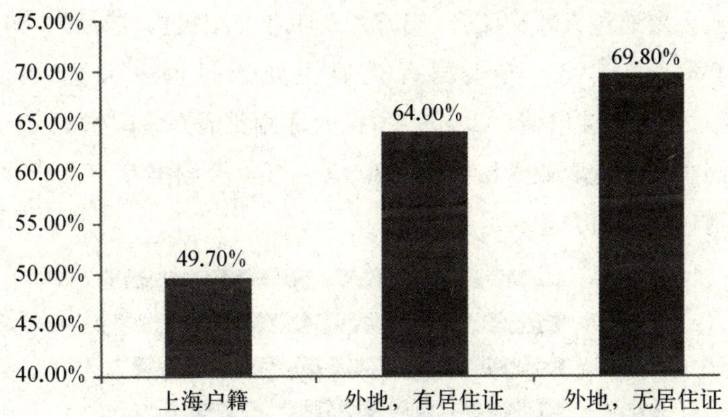

图2-42 上海失业人员户籍与失业经历的关系分析

2. 近九成从业人员能在半年内找到工作

调查结果显示,在2个月内就找到新工作的从业人员比例为54.5%,花费3—6个月找到最新工作的为34.0%,超过半年的为11.5%。从中可以看出,近九成从业人员能在半年内找到工作。

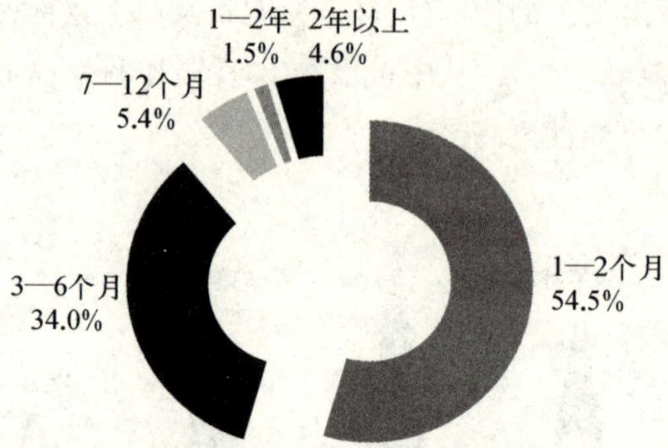

图 2-43 上海从业人员的求职时间

3. 从业人员求职渠道呈现多样化，高职业阶层者、高学历者选择自由劳动力市场的比例更高

调查显示，24.2%的上海从业人员进入目前组织是通过“职业介绍机构”，23.6%是通过“托人介绍推荐”，22.7%是通过“个人直接申请”。进一步分析发现如下差异：(1) 进入机关事业单位的主要通过国家分配/组织调动(34.1%)、个人直接申请(30.3%)和人才交流会(20.0%)；(2) 进入三资企业主要通过人才交流会(33.8%)、职业介绍机构(25.8%)和个人直接申请(22.6%)；(3) 进入国有企业主要通过国家分配/组织调动(26.6%)、个人直接申请(23.4%)和托人介绍推荐(22.3%)；(4) 进入民营企业则主要通过职业介绍机构(28.8%)、托人介绍推荐(28.7%)和个人直接申请(20.7%)。

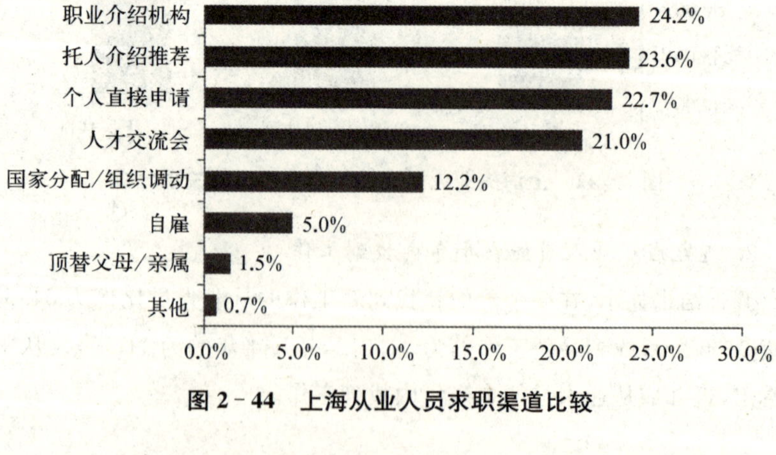

图 2-44 上海从业人员求职渠道比较

进一步的数据分析表明，国家机关、党群组织、事业单位负责人通过职业介绍机构和人才交流会求职的比例分别为1.60%和22.60%，企业管理人员分别为17.90%和38.80%，中、高级专业技术人员分别为18.20%和43.90%，一般专业技术人员分别为21.90%和31.20%，办事人员和有关人员分别为22.50%和19.00%，小业主、自雇者分别为7.60%和2.30%，技术工人分别为33.10%和24.20%，一般工人分别为36.00%和11.90%。从中可以看出，就受雇用职业群体而言，职业阶层越高，通过人才交流会求职的比例越高，但地位最高的国家机关、党群组织、事业单位负责人的比例却明显下降；而职业阶层处于中下层的技术工人和一般工人则通过介绍机构求职的比例更高。一般办事人员和有关人员选择两种渠道的比例差异不大。换句话说，职业介绍机构主要针对的是技术工人和一般工人的低端从业人员，而人才交流会针对的是中上端从业人员，最高端从业人员较少通过自由劳动力市场求职。

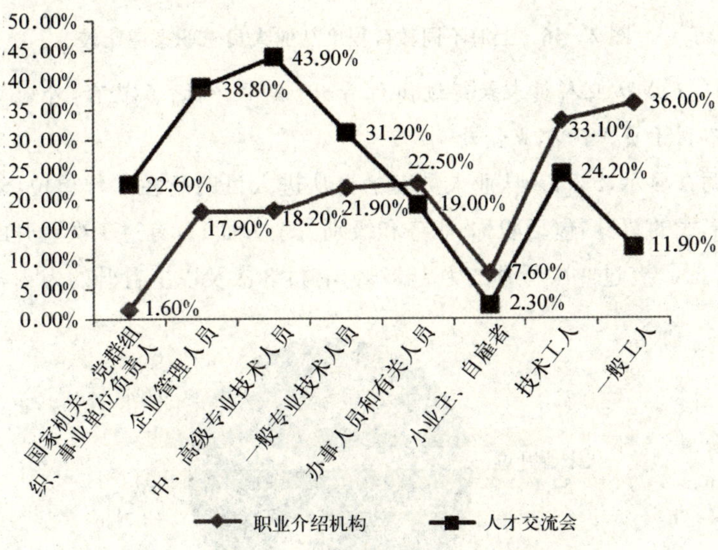

图2-45 上海不同职业员工求职渠道比较

同时，从教育程度来看，初中及以下教育程度从业人员选择人才交流会和托人介绍推荐的方式来求职的比例分别为2.70%和45.60%，高中/中专/职校/技校教育程度从业人员分别为8.70%和26.70%，大专教育程度从业人员分别为25.50%和20.00%,本科及以上教育程度从业人员分别为37.10%和17.00%。从中可以看出,低教育程度从业人员会更多依靠个人社会关系求职,而大专及以上教育程度从业人员选择自由劳动力市场的比例更高。

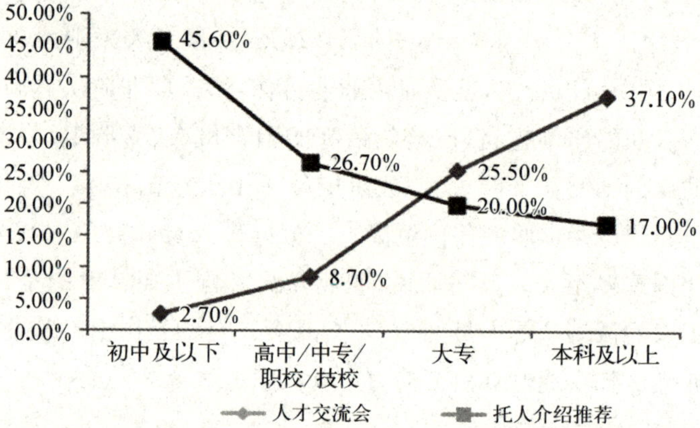

图2-46 上海不同教育程度从业人员求职渠道比较

4. 五成从业人员未获得过岗位晋升,其中女性,低教育,外地户籍等因素不利于员工的职业晋升

调查显示,53.4%从业人员表示自从进入目前所在工作单位,未获得任何形式的晋升(包括职称、职务和级别三个方面)。有过1次晋升的比例为20.6%,有过2次晋升的为18.7%,有过3次及以上晋升的为7.3%。

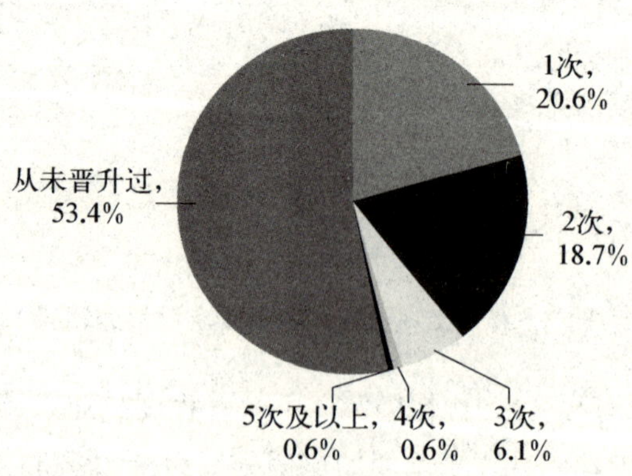

图2-47 上海从业人员进职场后的晋升次数

进一步的数据分析表明,男性从业人员从未有晋升的比例为47.7%,女性从未有晋升的为59.0%,后者的比例明显高于前者。说明女性职业发展的压力明显高于男性。

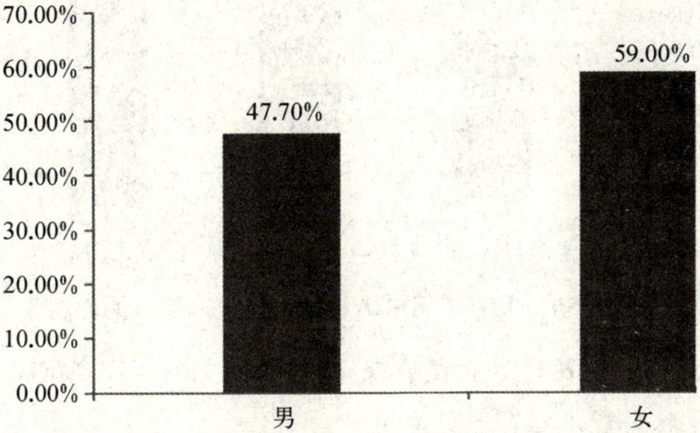

图2-48 上海不同性别从业人员从未晋升的比例

从教育程度来看,初中及以下从业人员从未获得晋升的比例高达83.5%,高中/中专/职校/技校从业人员为60.4%,大专从业人员为55.8%,而本科及以上从业人员仅为32.4%。从中可以看出,随着受教育程度的提高,员工获得晋升的比例逐渐增加。换句话说,教育是影响员工晋升的重要因素。

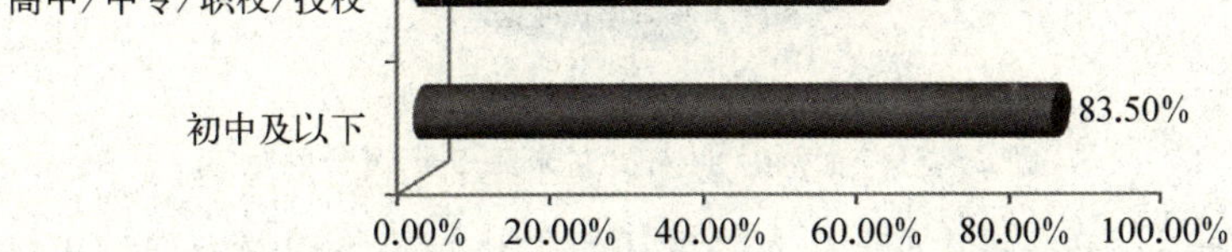

图2-49 上海不同教育程度从业人员从未晋升的比例

从户籍状况来看,有上海户籍从业人员从未获得职业晋升的比例为46.2%,有居住证从业人员为74.7%,无居住证从业人员高达90.5%。从中可以看出,户口是影响从业人员职业发展的重要因素。

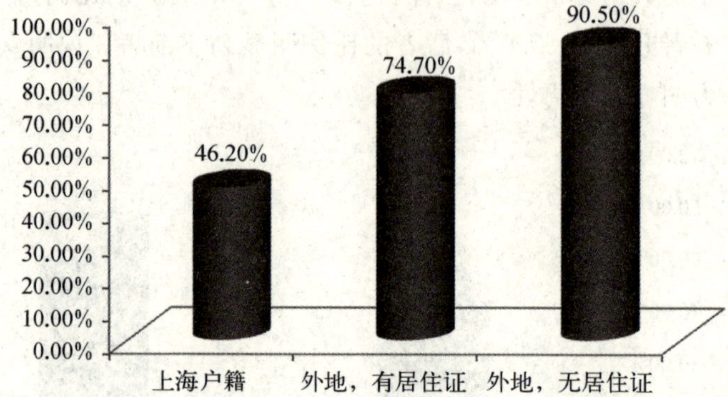

图 2－50　上海不同户籍从业人员从未晋升的比例

5. 四成从业人员对职业发展表示乐观，年龄、单位、职位、教育、户籍与从业人员职业晋升之间呈明显相关

调查显示 14.4%的从业人员表示未来 5 年完全没有晋升机会，13.2%的从业人员表示未来 5 年不太可能升迁，30.9%则表示说不清。认为有可能升迁的为 37.0%，而表示肯定会升迁的仅为 4.5%。这表明，上海从业人员对未来职业发展前景并不乐观。

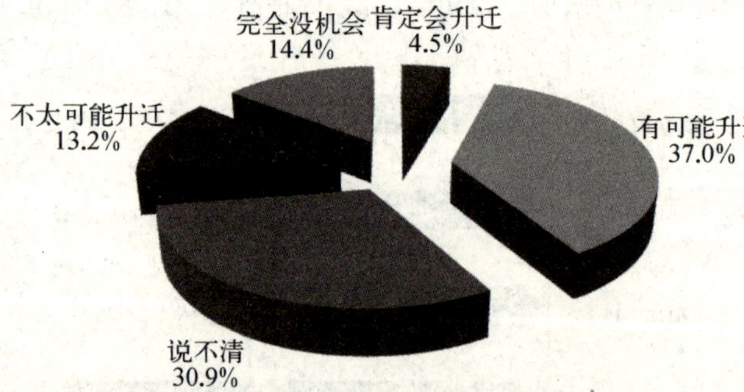

图 2－51　上海从业人员对未来 5 年晋升的预期

进一步的分析表明，30 岁以下从业人员对未来职业发展持乐观态度（表示肯定会晋升或有可能晋升）的比例为 42.8%，30—39 岁从业人员持乐观态度的为 52.4%，40—49 岁从业人员持乐观态度的则为 36.4%，而 50—59 岁从业人员持乐观态度的仅为 21.5%。从中可以看出，40 岁以下的青年人对职业发展更为乐观。

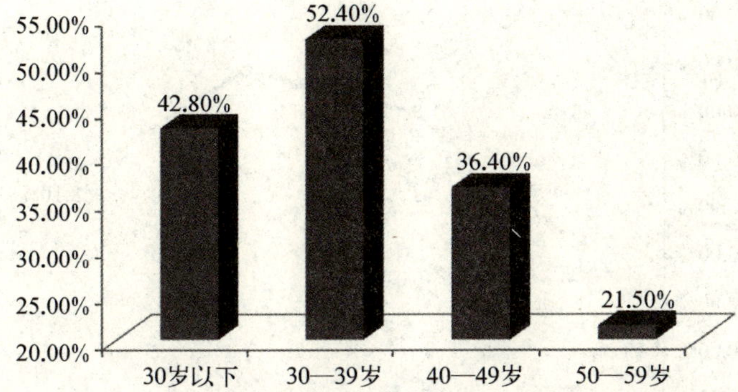

图 2-52　上海不同年龄段从业人员认为未来有可能晋升的比例

从单位性质来看，三资企业从业人员对未来职业发展持乐观态度的比例最高，接近六成(57.0%)；其次为机关事业单位，持乐观态度的接近一半(49.0%)；私/民营企业(36.6%)和国有企业(38.0%)的比例最低，均不到四成。从中可以看出，三资企业未来的职业发展空间最大。

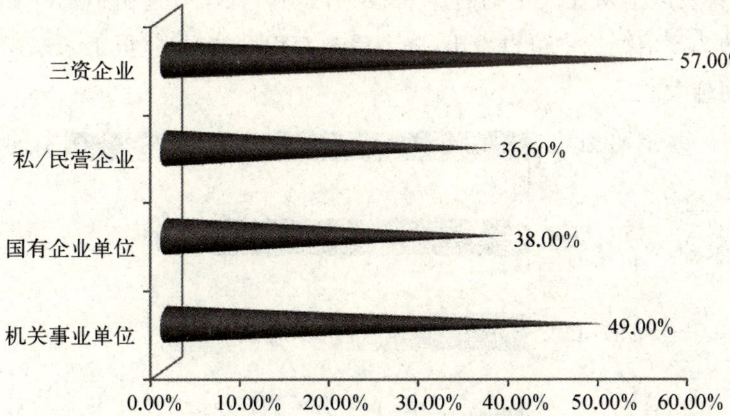

图 2-53　上海不同单位从业人员认为未来有可能晋升的比例

从职位来看，不从事管理工作从业人员对未来职业发展持乐观态度的比例仅为三成(32.3%)；基层管理人员持乐观态度的比例为 60.1%，翻了近一倍；中层管理人员持乐观态度的比例为 68.8%，接近七成；而高层管理人员持乐观态度的比例有明显下降，不到五成(48.1%)。从中可以看出，管理人员对未来晋升更为乐观，但高层大多达到职业发展的“天花板”，晋升机会有所下降。

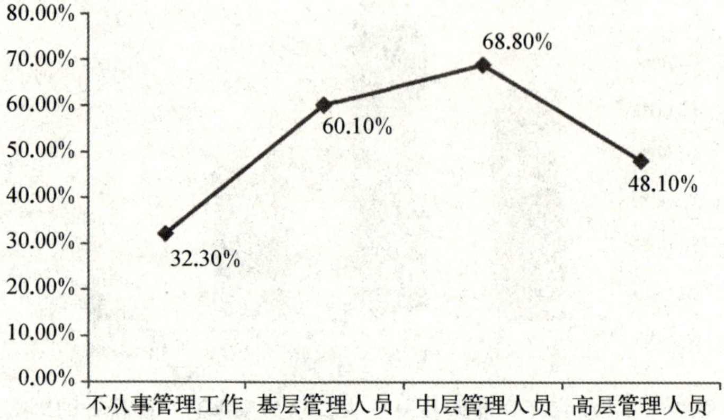

图 2-54　上海不同管理级别从业人员认为未来有可能晋升的比例

从教育程度来看,初中及以下从业人员对未来职业发展持乐观态度的比例仅为 8.6%,不到一成;高中/中专/职校/技校从业人员为 27.4%,是前者的 3.2 倍;大专从业人员为 44.8%,是初中及以下从业人员的 5.2 倍;本科及以上从业人员则高达 64.8%,达到六成半,是初中及以下从业人员的 7.5 倍。从中可以看出,随着受教育程度的提高,员工未来职业发展空间越大。

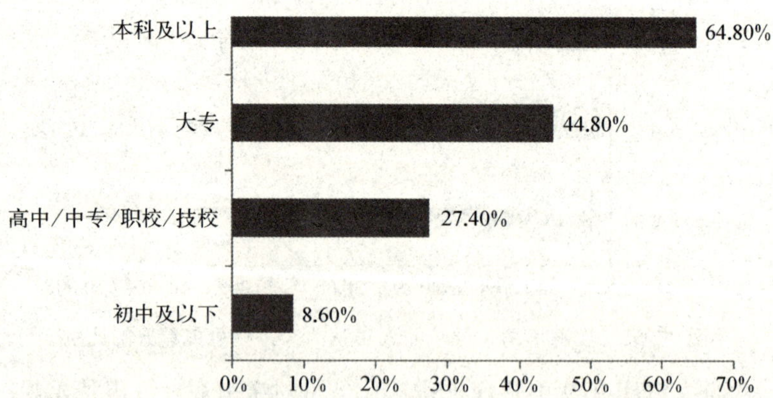

图 2-55　上海不同教育程度从业人员认为未来有可能晋升的比例

最后,从户籍状况来看,上海户籍从业人员对未来职业发展持乐观态度的比例最高,达到 44.9%;有居住证从业人员为 32.1%,比前者下降一成;无居住证从业人员为 21.4%,比上海户籍从业人员低出两成多。从中可以看出,有上海户籍从业人员有更强的晋升优势。

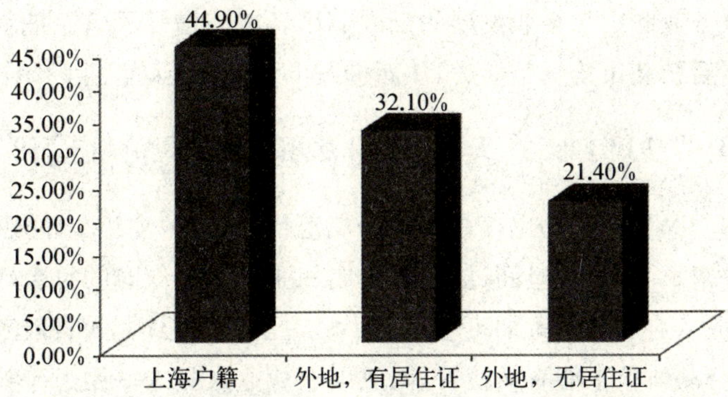

图 2-56　上海不同户籍从业人员认为未来有可能晋升的比例

四、对 策 建 议

(一) 坚持市场导向的就业机制

当前上海劳动力市场已经形成，自由择业成为市民选择工作机会的主要途径，求职渠道呈现多样化，居民职业流动符合市场规律，超过一半从业人员有过失业经历，但近九成从业人员能在半年内重新找到工作。总体上，多数居民对劳动力市场持肯定态度，对职业发展前景表现出一定的乐观心态。因此，要坚持市场导向的就业机制不动摇，尊重劳动者和企业的市场供求主体地位，消除城乡、行业、身份、性别等影响平等就业的制度障碍，形成有利于劳动力要素自由流动、平等交换的市场体系，提高人力资源配置效率和公平性。

(二) 进一步增强民营经济和小微企业吸纳就业的能力

当前上海非公经济在吸纳劳动力上发挥重要作用，尤其是民营企业、小微企业在吸收劳动力就业方面贡献最大。因此，政府应继续高度重视对民营经济和小微企业发展的扶持，认真落实国务院常务会议扶持小微企业的相关精神，对鼓励发展的行业和企业提供税收优惠政策，包括对吸纳就业的税收减免和经费补偿政策，扩大小微企业所得税减半征收范围，清理不合理收费，切实减轻企业负担。加大金融体制改革步伐，尽快形成有利于服务业和中小企业发展的金融制度环境。增强民营企业和小微企业的发展后劲和市场竞争实力,从而进一步发挥其吸纳就业的积极作用。

(三) 健全劳动用工制度,大力惩处非法用工和不规范用工行为

上海居民就业劳动也存在一些不规范行为,如劳动用工不规范,劳动合同签订率不高;劳动时间过长,仅四成从业人员工作时间符合《劳动法》规定,两成从业人员每天加班超过 1 小时,且仅半数从业人员能获得全额加班费;劳动体检未能有效执行,两成以上从业人员未享受过单位组织的体检;市民在就业中遭遇一定职业歧视,其中最主要的是学历歧视;民营企业在劳动用工上存在一些问题,如劳动时间过长、发放加班费、职工体检、职业歧视等;非上海户籍在劳动用工中处于弱势地位,在签订劳动合同、加班无报酬、岗位晋升、就业歧视等方面较为严重,等等。因此,要在全社会开展就业观和法治理念教育,加强用人单位和劳动者的法制意识;企业要依法规范用工,健全劳动用工管理制度;加大劳动与社会保障部门、工会等机构的劳动监察力度,进一步规范上海劳动用工市场秩序,大力惩处非法用工和不规范用工行为;进一步保障外来就业人员的合法权益,在劳动合同签订、合法用工、体检、公平就业等方面给予平等对待。

(四) 加强就业培训,提高劳动者技能素质

应进一步整合现有教育培训资源,减少行政体制壁垒和掣肘,集中优质资源和力量提升劳动力就业技能。加快构建劳动者终身职业培训体系,充分运用职业培训补贴和高技能人才补贴政策,鼓励企业、职业院校和培训机构广泛开展各类职业培训,创新培训方式,提升培训质量。重点实施好农民工职业技能提升计划,使新生代农民工都能享有免费培训机会。尊重劳动、尊重技能,完善有利于技术技能型人才成长的引导机制、培养机制、评价机制和激励机制,营造全社会关心和支持技术技能型人才成长的良好氛围。

(五) 积极帮扶就业困难群体,充分挖掘现有劳动力资源

首先,要动态了解掌握化解产能过剩等工作涉及的职工人数和就业

需求，细化完善职工安置方案，并密切跟踪动态变化。其次，要主动将就业扶持政策送到企业，为转岗职工提供个性化职业指导、免费职业介绍和有针对性的职业培训，充分发挥政策促就业的实效。第三，要积极稳妥地做好劳动关系处理、社会保险转移和接续工作，落实各项社会保障待遇，解除职工的后顾之忧。

第3章　收入消费

居民的收入与消费水平是衡量个体或家庭生活水平的重要指标。宏观经济学认为，消费是经济发展的根本动力之一，收入是消费的先决条件。消费的结构变化可以促进经济增长，而经济发展的最终目的，是为了提高居民收入，促进人民充分享受物质和精神文化生活，从而进一步维护社会稳定，促进社会和谐发展。当前，我国的经济社会正面临着深刻转型，业已进入改革的“深水区”。国家主席习近平在出席2014年APEC会议时指出，目前中国经济呈现出“新常态”，其关键特征就是经济结构不断优化升级，第三产业消费需求逐步成为主体，城乡区域差距逐步缩小，居民收入占比上升，发展成果惠及更广大民众。在十八大报告所勾画的宏伟蓝图中，亦将2020年实现国内生产总值和城乡居民人均收入比2010年翻一番作为全面建成小康社会的重要标志。并且，报告还明确提出要调整国民收入分配格局，着力解决收入分配差距较大的问题。可见，要适应经济的新常态，也就是要适应经济增长速度放缓，其关键是要增加中国服务市场的需求，而这就需要提高城乡居民的实际收入。因此，考察居民收入和消费的基本特征，对于提高居民收入，缩小收入分配差距，解决消费需求中存在的问题，顺利实现全面建成小康社会的目标意义重大。

一、收入与消费的相关理论

(一) 绝对收入理论[①]

1936年,英国经济学家凯恩斯(John Maynard Keynes)在其代表作《就业、利息和货币通论》中提出了绝对收入理论。他提出,消费与收入之间具有一种稳定的函数关系,人们的消费支出取决于收入的绝对水平,这一理论因而被称为绝对收入理论。绝对收入理论的主要观点是,当人们的可支配收入增加时,其中用于消费的数额也会增加,但消费的增加幅度小于收入的增加幅度,因此随收入的增加,人们的消费在收入中的比重是下降的,而储蓄在收入中所占的比重则是上升的。凯恩斯认为,改变消费倾向的主观和社会的动机一般说来变动迟缓,而利息率和其他客观因素变动的短期影响又往往具有次要的地位,因此,消费的改变主要取决于收入的多寡,而不取决于消费倾向的改变。

(二) 相对收入理论[②]

1949年,美国经济学家杜森贝里(James Stemble Duesenberry)基于消费者行为分析,提出相对收入理论。不同于绝对收入理论,相对收入理论认为,人们的消费主要不是取决于绝对收入水平,而是取决于相对收入水平。人们的消费行为受到过去的消费习惯以及周围消费水准的影响,因此消费是相对地决定的。相对收入理论论证并揭示了消费所存在的两种效应。一是"棘轮效应",是指人们的消费支出不仅受本人当前收入的影响,而且受过去收入和消费水平的影响,特别受到过去"高峰"时期的收入和消费水平的影响。故依照人们的习惯,增加消费容易,减少消费则难。二是"示范效应",指人们的消费行为不仅受到自身收入的影响,还要受到他人消费行为的影响,与绝对消费水平相比,人们更关心自己与他人相比

---

① 凯恩斯:《就业、利息和货币通论》,李欣全译,南海出版社2010年版。

② 托马斯·梅耶、詹姆斯·杜森贝里、罗伯特·阿利伯:《货币、银行与经济》,林宝清等译,上海人民出版社2007年版。

的相对消费水平。

(三) 生命周期假说①

生命周期假说是以莫迪利亚尼(Franco Modigliani)为代表的美国经济学家在1954年提出的。生命周期假说的核心观点是,个人的消费不是取决于当前收入,而是取决于个人的当前收入、预期收入以及家庭所获得的财产数量。一般而言,一个人在年轻时和年老时的收入水平相对较低,而在中年时的收入水平相对较高。换言之,个体在生命的早期需要借款来维持消费,壮年时期不仅要归还少年时期的借款还要进行储蓄,老年时期则靠提取壮年时期的储蓄来维持消费。因此,人们总是试图会尽可能使自己在一生中的消费保持恒定,从而获得最大效用。那么,在人的一生中,虽然收入是不稳定的,但消费会保持相对的稳定。

(四) 持久收入假说②

1957年,美国经济学家弗里德曼(Milton Frideman)提出了持久收入假说。他把收入和消费分为两类,即暂时收入和持久收入,暂时消费和持久消费。暂时收入是指短时的、非连续的、带有偶然性的收入;持久收入是指可以预料到的长久性的、较稳定的收入。暂时消费是指非经常性的消费;持久消费则是具有经常性质的消费。弗里德曼指出,人的消费取决于持久收入,持久收入是稳定的,消费也是稳定的,只有持久收入与持久消费之间存在固定的比例关系。

(五) 国内相关研究

近年来,随着中国社会收入差距日益拉大,居民消费倾向呈现下降趋势,越来越多的研究者开始关注收入分配与消费的关系,将收入分配问题作为解释消费水平不高的重要因素。一些研究者从国民收入分配的视角展开分析,认为由居民向企业和政府倾斜的国民收入结构是中国内需不

---

① 弗兰科·莫迪利亚尼:《不曾停歇的思维》,黄秀蓉等译,华夏出版社2010年版。
② 米尔顿·弗里德曼:《价格理论》,华夏出版社2011年版。

足的主要动因。例如，常兴华等认为，当前我国国民收入分配格局存在明显的“三个集中”倾向：从社会和政府角度看，财富不断向政府集中。从劳方和资方角度看，劳动报酬占比持续下降。从普通行业和垄断行业角度看，财富不断向垄断行业集中。①另外一些学者从居民收入分配的视角讨论了居民消费下降的原因，认为居民收入差距扩大是消费率下降的重要原因。例如，施雯认为，缩小收入差距是扩大内需的重要手段，因为收入水平和收入分配的差距是决定消费的最主要因素之一。②朱丽燕也认为，收入分配结构不合理，尤其是居民收入增长速度滞后与生产能力的扩张，是造成居民消费倾向下降的主要原因。③

二、上海市民的收入状况

(一) 调查框架

为了解上海市民的收入状况，本报告主要从三个维度对市民的收入水平进行衡量：实际收入、收入增长、工资收入比。同时，将收入来源作为备用指标，对市民收入状况作进一步的解释(见表3-1)。

表3-1 上海市民收入状况调查框架

	测量指标			备用指标
收入水平	实际收入	收入增长	工资收入比	收入来源

(二) 总体情况：稳中有升

随着经济的快速发展，上海居民更好地享受到经济发展带来的成果，这体现在过去一年居民的个人年收入呈现稳中有升的态势。从图3-1可以看出，与2014年相比，4.7%的居民的个人年收入有明显增长，59.8%的

① 常兴华等：“促进形成合理的居民收入分配机制研究(总报告)”，《经济研究参考》2010年第2期。

② 施雯：“收入分配对居民消费需求结构和倾向的影响”，《商业时代》2007年第6期。

③ 朱丽燕：“调整收入分配结构刺激消费需求增长”，《市场经济研究》1999年第5期。

居民的个人年收入略有增长，个人年收入没有变化的居民占33.7%，只有不足2%(1.8%)的居民收入下降。

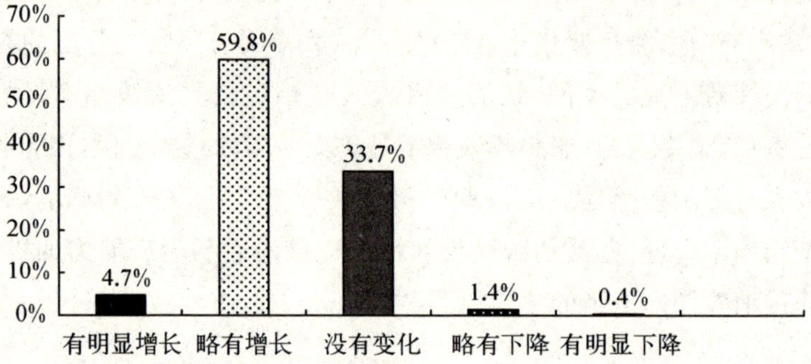

图3-1 2014年上海居民个人年收入变化情况

(三) 大部分市民拥有存款

居民储蓄量受很多因素的影响。根据经典西方宏观经济学理论，储蓄水平主要受收入、利息率、物价水平、食物支出、收入分配等的影响。收入是影响储蓄的首要因素。只有当收入超过最低生活需求后，储蓄才成为可能。自2003年以来，我国居民储蓄呈直线上升态势。据统计，2003年9月、2008年8月、2010年12月和2013年1月分别突破10万亿元、20万亿元、30万亿元和40万亿元大关，且每突破一个10万亿元大关所用时间不断缩短。到2013年8月，我国居民储蓄余额连续3个月突破43万亿元，位于历史最高位，成为全球储蓄金额最多的国家；人均居民储蓄超过3万元，是人均储蓄最多的国家；居民储蓄率超过50%，是全球储蓄率最高的国家。①

调查发现，当问及"如果您急需要50 000元钱，请问您会怎么做?"时，77.2%的居民表示会用自家存款，换言之，接近八成的居民拥有至少50 000元银行存款。这一方面说明，这些居民的收入保证了他们的基本生活，因此才有余钱可以存入银行。另一方面，这也暴露出居民对未来缺乏安全感，寄希望于增加储蓄防范风险。尤其是近年来物价上涨，居民在购

① 罗兰：《巨额居民储蓄折射社保不健全》，《人民日报》(海外版)2013年9月16日第2版。

房、教育、医疗等家庭大额支付领域的需求增多，也促发居民预防性储蓄行为的增加。过高储蓄率会引发消费低迷，内需乏力等经济问题，因此政府未来应在教育、医疗、养老等社会保障方面加大财政投入，减少居民预防性存款。

(四) 收入增长呈现人群差异

进一步分析发现，企业管理人员是收入增长人数比最高的群体。换言之，大多数企业管理人员的个人年收入都有所增长，其中有明显增长的比例为8.7%，略有增长的为71.9%，共计80.6%。其次是一般专业技术人员，个人年收入有增长的人数比例为77.0%，接下来依次是中、高级专业技术人员(75.8%)，国家机关、党群组织、事业单位负责人(70.9%)，办事人员和有关人员(69.9%)，退休人员(66.6%)，技术工人(66.1%)，一般工人(51.9%)，小业主、自雇者(46.2%)，农民(40.7%)，其他职业(31.6%)，失业或无业人员(10.8%)(见表3-2)。

表3-2　上海不同职业或身份人群过去一年个人年收入变化情况

	有明显增长	略有增长	没有变化	略有下降	有明显下降	合　计
国家机关、党群组织、事业单位负责人	3.2%	67.7%	22.6%	6.5%	0.0%	100.0%
企业管理人员	8.7%	71.9%	18.4%	1.0%	0.0%	100.0%
一般专业技术人员	6.2%	70.8%	22.3%	0.4%	0.4%	100.0%
中、高级专业技术人员	16.7%	59.1%	22.7%	1.5%	0.0%	100.0%
办事人员和有关人员	4.8%	65.1%	28.7%	1.2%	0.2%	100.0%
小业主、自雇者	3.8%	42.4%	52.3%	1.5%	0.0%	100.0%
技术工人	3.2%	62.9%	33.1%	0.8%	0.0%	100.0%
一般工人	2.0%	49.9%	47.2%	1.0%	0.0%	100.0%
农民	0.0%	40.7%	59.3%	0.0%	0.0%	100.0%
退休人员	4.0%	62.6%	32.8%	0.5%	0.0%	100.0%
失业/无业	0.0%	10.8%	56.8%	16.2%	16.2%	100.0%
其他	0.0%	31.6%	68.4%	0.0%	0.0%	100.0%

可见,不同职业或身份的居民在收入增长方面有所差异,相较其他人群,管理人员、专业技术人员是收入增长比较高的人群。这种情况的出现与当前的社会转型密切相关。随着传统计划经济体制逐渐被突破,市场经济的发展必然造成社会分工的高度发展和社会组织功能的不断分化,集中统一的行政组织模式被高度专业化、独立化和多样化组织模式取代,传统的生产和交换方式被现代化的、高科技的生产和交换方式所取代,因此,社会对于专业的管理人员和技术人员的需求达到前所未有的高度,必然给予他们相对较高的报酬。

社会保障是调节收入分配的综合性手段。努力完善社会保障,可以调节收入分配,保证人民分享社会经济发展成果。近年来,上海不断加大对低收入群体的社会保障力度,如完善城乡居民养老保险制度、提高最低工资标准等,使上海的社会保障制度不断完善。作为我国养老金调整的试点城市,从 2014 年 1 月 1 日起,上海对城镇企业退休人员、"镇保"、"城居保"和"新农保"按月领取养老金人员增加养老金。这一政策的成效如表 3-1 所示,近七成(66.6%)的退休人员表示自己过去一年的收入有所增长,其中 4%的收入增长明显。同时,从 2014 年 4 月 1 日起,上海调整最低工资标准,月最低工资标准从 1 620 元调整为 1 820 元。上海城镇居民最低生活保障标准从每人每月 640 元调整为每人每月 710 元,提高 10.94%;农村居民最低生活保障标准从每人每月 500 元调整为每人每月 620 元,提高 24%。不过,这一政策对失业、无业人员群体的影响有限,调查发现只有约十分之一(10.8%)的失业、无业人员的收入略有上升,大多数人的收入没有变化或有所下降。由此可见,当前和今后一段时期内,改革与完善社会保障制度仍是上海面临的一项十分重要的任务。

(五) 受教育程度是制约个人收入的重要因素

教育社会学认为,民众接受教育的程度越高,其收入也就越高。调查显示,上海居民的受教育程度与个人年收入呈正相关关系。在最高只接受过初中教育的居民中,个人年收入在 4 万元以下的占了七成以上(71.0%),年收入超过 8 万元以上的只占 4.8%。在接受过高中、中专、职校、技校教育的居民中,近半数(46.1%)的人年收入在 4 万元以下,年收入超过8万元的只占7.7%。而在具有本科学历的居民中,年收入超过8万元的高达42.9%,年收入低于4万元的只有7.5%(见表3-3)。

表3-3 上海不同受教育程度居民的个人年收入情况

	初中及以下	高中或中专、职校与技校	大专	本科及以上	合 计
4万元以下	71.6%	46.1%	18.8%	7.5%	31.8%
4万—5万元	15.9%	21.1%	25.5%	8.8%	19.0%
5万—6万元	4.8%	16.2%	23.3%	15.6%	16.9%
6万—8万元	3.6%	8.9%	19.9%	25.3%	15.5%
8万元以上	4.8%	7.7%	12.5%	42.9%	16.9%
合 计	100.0%	100.0%	100.0%	100.0%	100.0%

并且,相较于高学历居民,低学历居民收入增长较慢。在受教育程度最低的居民中,过去一年收入有增长的不到一半(47.9%),这一比例在受本科教育的居民中达到78.8%(见图3-2)。学历与收入的高度相关表明,随着知识经济时代的到来,智力资源已经成为参与社会分配的重要因素。这也从侧面证明,在经济全球化和产业高科技化的当下,就业市场对高学历的专业管理人才、技术人才的重视程度提高,受教育程度不高的居民虽然可以在劳动密集型产业中获得就业机会,但其竞争力和经济产值远远无法与高学历居民抗衡。

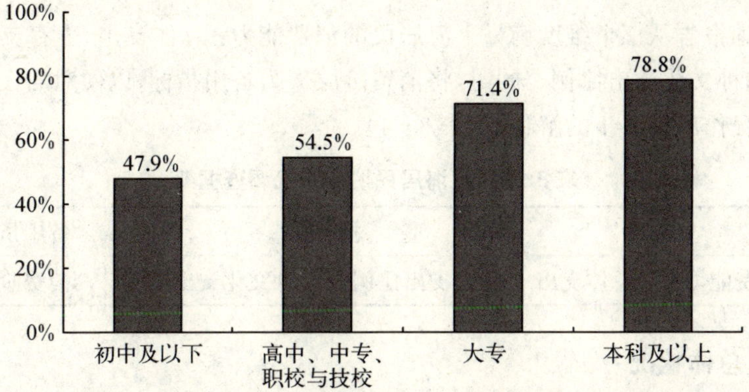

图3-2 上海不同受教育程度居民过去一年的收入增长情况

(六) 市民经济来源渠道有待拓宽

人均可支配收入分为四个部分：工资性收入、经营性收入、财产性收入、转移性收入。就收入来源来看，工资性收入仍是上海居民的主要经济来源。数据显示，84.3%的上海市民表示主要经济来源渠道是工资。但是，在当前经济新常态下，靠劳动密集型产业推动经济的优势日趋减弱，经济发展需要依靠新的增长点。2014年，我国为鼓励创业出台了很多政策措施。仅在税收优惠上，财政部、国税总局、人社部等就连续出台了一系列支持政策。2015年，GDP增长目标下调至7%。在投资驱动后继乏力、就业压力日渐增大之时，创业更成为经济领域新的刺激点。李克强总理在政府工作报告中指出，推动大众创业、万众创新，既可以扩大就业、增加居民收入，又有利于促进社会纵向流动和公平正义。国务院办公厅随后印发《关于发展众创空间推进大众创新创业的指导意见》，部署推进大众创业、万众创新工作，并在公共服务、财政支持、投融资机制等方面予以支持。可见，如何拓宽人民收入来源渠道，促进工资性收入以外的其他收入的增长，已经成为我国政府着力改革的方向。

三、上海市民的消费状况

(一) 调查框架

本报告从三个维度衡量上海居民的消费能力：总体支出、生存支出比例、精神文化支出比例。同时，将消费阶层作为备用指标，以便对居民的消费状况作出进一步的解释(见表3-4)。

表3-4　上海居民消费状况调查框架

	测　量　指　标			备用指标
消费能力	总体支出	生存支出比例	精神文化支出比例	消费阶层

(二) 总体状况

前文的理论回顾已经提到，居民消费水平受到当前收入、预期收入、他人消费、人生阶段等多种因素的影响。调查发现，在过去一年，大部分上海居民的家庭总消费占总收入的比例在 30%以上。其中，31.5%的居民家庭总消费占总收入的 51%—60%，26.7%的居民家庭总消费占总收入的 41%—50%。换言之，近六成(58.2%)居民的家庭总消费占总收入的 41%—60%。家庭总消费占总收入的比例在 21%—30%和 20%及以下的居民分别只占 5.9%、0.6%。

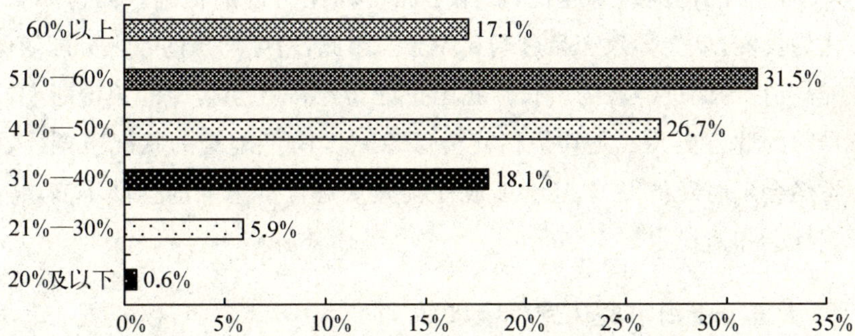

图 3－3　上海居民家庭总消费占总收入的比例

绝对收入理论认为，随着人们收入的增加，其消费在收入中的比重是下降的。从调查的数据来看，在家庭总消费占总收入比例大于 60%的居民中，的确存在这样的趋势(见图 3－4)：这些居民中家庭年收入不超过 8 万元的占 31.4%，而家庭年收入超过 15 万元以上的只占 12.7%。另一方

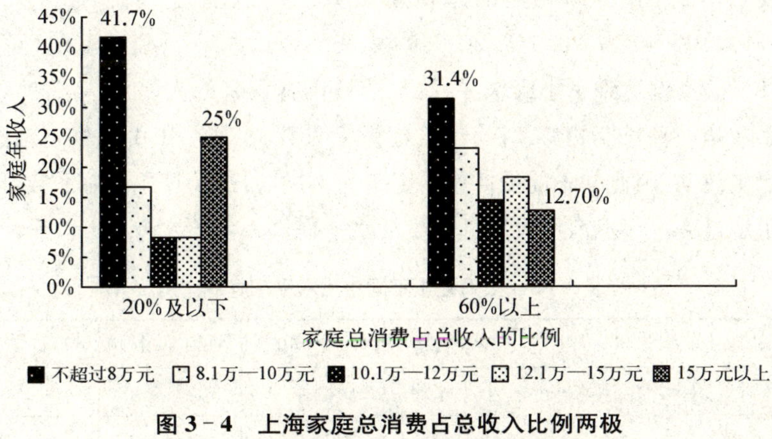

图 3－4　上海家庭总消费占总收入比例两极居民中不同收入家庭的分布情况

面,家庭总消费占总收入比例小于20%的市民中,呈现较为明显的两极分化趋势:家庭年收入不超过8万元的占41.7%,家庭年收入超过15万元以上的占25%。这种两极分化的原因,可能是因为低收入居民在经济方面比较拮据导致消费占收入比很低,而高收入居民因为收入非常高以致消费占收入比很低。这说明,上海居民的收入水平存在着巨大差距。

根据绝对收入理论,边际消费倾向是递减的,即随着收入的增加,收入用于消费的比例越来越低,而用于储蓄的比例逐渐提高。储蓄如果不转化为投资,就会导致产品过剩和失业。因此,适度均衡的收入分配,有利于提高消费,促进经济的增长。我国正处于经济社会转型的关键时期,收入悬殊的危害更大。尤其是在社会保障制度尚不健全的状况下,收入差距不但会阻碍经济发展,还会造成社会公众对贫富悬殊的强烈不满,势必影响社会和谐稳定。

(三) 大部分上海家庭达到小康水平

恩格尔系数是衡量一个家庭或国家消费水平的重要指标,在一定程度上反映了一个家庭的生活水平和国家生产水平和经济状况。根据联合国对消费水平的规定标准,恩格尔系数在59以上为绝对贫困,50—59为温饱水平,40—49为小康水平,20—40为富裕水平,20以下为极度富裕。按照这一标准,通过调查询问近一年来上海市民家庭的食物支出占家庭总支出的比例,得出相应的恩格尔系数:59以上占3.4%,50—59占11.7%,40—49占26.6%,20—40占55.9%,20以下占2.4%。可见,84.9%的家庭达到了小康水平,占整个被调查家庭的大多数。当然,恩格尔系数是一种长期趋势,时间越长趋势越明显,在某一年份恩格尔系数可能产生波动,因此并不能据此作出定论。不过,通过计算恩格尔系数,可以为了解过去一年上海居民家庭的生活水平提供一定的参考。

表3-5　上海处于不同生活水平家庭的比例　单位:恩格尔系数

59以上	50—59	40—49	20—40	20以下	合 计
绝对贫困	温饱水平	小康水平	富裕水平	极度富裕	
3.4%	11.7%	26.6%	55.9%	2.4%	100%

(四) 上海市民的文化消费

一般而言,随着经济的发展和人们收入水平的提高,人民群众的温饱问题基本解决,对文化的消费需求就会日益凸显。前已述及,恩格尔系数显示大部分上海居民已经解决温饱问题,并且达到小康水平,甚至有相当一部分居民已经进入富裕和极度富裕阶层。那么,与之相应的文化消费状况又如何?就上海来说,随着人口规模急剧增长,人口层次更趋复杂化,情况可能更为复杂。从人口来源的空间分布来看,上海居民可分为三种来源:城市原居民、外来城市居民以及农村转入城市居民。这三类市民不仅都经历了地域空间的转变,更经历了生产方式、生活方式、行为方式的现代化转变。不同的区域文化身份的群体共存于同一城市空间,必然产生不同的文化需求,形成复杂的城市文化生态圈。如何满足市民多样化、多层次、多方面的文化需求,是在新的社会形势下必须研究的重要问题。

在文化消费水平方面,近一年文化消费占家庭总年收入比重不超过1%的居民占12.2%,在1%—5%的占41.2%,在6%—10%的占38.6%,在11%—15%的占5.5%,超过15%的占2.4%(见表3-6)。可见,九成(92.0%)上海居民用于文化休闲方面的消费占家庭总年收入的比重不超过10%。

表3-6　上海居民用于文化休闲方面的消费占家庭总年收入的比例

	不超过1%	1%—5%	6%—10%	11%—15%	超过15%	合　计
人　　数	246	829	776	111	48	2 010
百分比(%)	12.2	41.2	38.6	5.5	2.4	100.0

进一步的分析发现,居民文化消费水平受到家庭年收入与受教育程度的影响。过去一年的文化消费在家庭总收入中的比例不到1%的家庭中,半数以上(52.9%)是年收入在8万元以下的家庭;而在文化消费占家庭总收入比例超过15%的家庭中,则有半数以上(53.2%)是年收入在12万元以上的家庭。居民受教育程度也对文化消费水平有明显影响。在文化消费占家庭总收入比例最低的居民中,近八成(76.4%)是没有接受过大

学教育的居民,接受过高等教育的居民不足两成,其中本科及以上学历者只占7.7%。而在文化消费占家庭总收入比例最高的居民中,约有三分之二(66.7%)是大专以上学历的居民。

市民文化消费水平还与其可支配的闲暇时间有关。如表3-7所示,无论在文化消费水平的哪一个层次,每周工作时间在50小时以内的人数都比工作时间超过50小时的人数多。尤其能体现差异的是文化消费水平最高的人群,几乎都是由每周工作时间在50小时以内的居民构成。其中,工作时间少于40小时的市民占42.5%,41—50小时的市民占50%,51—60小时的市民只占7.5%,而工作时间在60小时以上的市民的比例为0。

表3-7 上海不同工作时长的市民文化消费占家庭总年收入的比重

	不超过1%	1%—5%	6%—10%	11%—15%	超过15%
40小时以内	53.6%	45.1%	41.8%	33.7%	42.5%
41—50小时	26.2%	40.6%	47.0%	52.9%	50.0%
51—60小时	10.1%	10.5%	8.9%	12.5%	7.5%
60小时以上	10.1%	3.8%	2.4%	1.0%	0.0%
合　计	100.0%	100.0%	100.0%	100.0%	100.0%

充分的闲暇时间是人们消费文化产品及服务从而实现文化需求的最基本条件。当前,上海正在向世界性大城市迈进,生活节奏快,工作竞争激烈,市民更需要有参加文化活动的时间,让压力与紧张情绪得到排解。如何让市民拥有更多的闲暇时间,满足市民的文化需求,将是亟须解决的重要议题。

文化产品的价格也是影响市民文化消费的重要因素。目前,上海文化市场所提供的文化产品价格与居民的经济能力和期望之间存在较大差距。调查发现,电影院和剧院是上海市民最喜欢去的文化休闲场所,但超过四成(42.8%)市民认为上海的电影院、文艺演出场馆等的价格比较贵。上海电影院新上映的电影票价一般在80—120元之间,一张演唱会门票通常至少要花180元,买一张话剧或歌剧的门票至少要花120元,各类音乐会、魔术杂技表演门票也在80元以上,这些都远远超过了市民的期望价格。由于供给价格与居民收入的不匹配，导致许多居民的文化需求得不到满足，而他们大多数是低收入人群。42.1%的低收入家庭（年收入8万元以下）认为这些商业文化场馆价格非常贵，而这一比例在高收入家庭（年收入15万元以上）中只占8.4%。可见，这些文化场馆所提供的大多数文化产品与服务的价格脱离了大众的消费能力，致使看演出成为一种贵族消费，低收入居民只能敬而远之。

总体而言，上海居民文化消费的整体水平还有待提高。正如以上调查分析所示，这一状况诚然与居民收入多寡、闲暇时间有无、受教育程度高低等因素相关；但是，也应当看到，在降低文化服务价格方面，上海免费开放了非常丰富的公共文化资源，特别是近年来，为促进公共文化资源的普遍共享，上海的博物馆、展览馆、美术馆等都陆续实现了免费开放。在降低时间成本方面，上海打造"15分钟公共文化服务圈"成效显著，多数居民可以比较便捷快速地到达社区文化活动中心。44%的居民表示自己在15分钟内就能从居住小区步行到社区文化活动中心，需要花16—20分钟的居民占32.4%。这些说明，上海在社区文化基础设施方面已经为居民提供了比较便利的条件。促进市民的文化消费，今后还必须从提升居民的文化品位、繁荣文化市场、创造文化产品精品等方面着手。

四、上海市民对自身经济水平的评价

（一）对家庭综合社会经济地位的评价

调查要求受访者对自己的家庭综合社会经济地位进行评价。结果发现，认为自己的家庭处于中下层的人数比例最高，为43.6%，其次是中层和下层，人数比例分别为31.6%、17.7%。只有2.7%的居民认为自己的家庭处于中上层，没有一位市民评价自己的家庭综合社会经济地位处于上层。可见，目前上海居民的社会经济地位结构虽然具有"两头小、中间大"的趋势，但还不完全符合"橄榄形"特征，而更像"水滴形"。

改变经济地位是社会大众梦想的核心组成部分。不可否认，我国社会存在着明显的贫富差距，虽然政府已经采取各种措施千方百计地缩小贫富差距,但真正意义的"均富"是不可能实现的。事实上,衡量一个社会经济是否朝着有利于民生的方向发展,其主要标准是民众是否能够通过公平的竞争机会获得经济地位的改变。简言之,就是要看生活在穷人家庭的孩子通过自己的勤奋努力过上中产阶级甚至富人的生活的机会有多大。这种经济地位的改变除了指下一代人与父辈相比经济地位的变化外,还指人在一生当中的经济地位变化,包括收入上的变化和拥有财富上的变化。在一个社会中,人的社会经济地位变动性越高,对贫富差距的不满也会越低。

就上海市民的情况而言,当问及"您觉得一个人是否有可能通过自己的努力获得更高的社会或经济地位"时,15.3%的居民回答"非常有可能",55.9%的居民回答"有可能",17.5%的居民表示中立,回答"不大可能"和"根本不可能"的分别为8.8%、2.5%。可见,约七成(71.3%)居民对通过自身努力获得社会或经济地位的改变的可能性持乐观态度,仅有约一成(11.3%)居民对此比较悲观(见表3-8)。

表3-8 上海居民对"一个人是否有可能通过自己的努力获得更高的社会或经济地位"的态度

	非常有可能	有可能	中立	不大可能	根本不可能	合计
人　数	308	1 123	352	176	51	2 010
百分比(%)	15.3	55.9	17.5	8.8	2.5	100.0

(二) 对自身收入与劳动(能力)付出对等性的认同度较高

劳动者提供的劳动数量和质量(劳动贡献),是决定工资报酬水平的核心要素。技术含量高的复杂劳动比简单劳动的报酬高;生产中责任大的岗位比责任轻的岗位报酬高;强度大的劳动要比强度轻的劳动报酬高;工作环境条件艰苦的劳动要比工作环境条件较好的劳动工资报酬高,这是人民群众的一般共识。改革开放后,政策允许一部分人先富起来,劳动者的收入差距开始拉大。合理的差距有利于激励劳动者提高劳动效率,不合理的差距会激化矛盾,损害效率。尤其是当劳动者感到自己的收入与劳动(能力)付出不对等时,社会矛盾就会凸显。

为了了解居民对自身收入与劳动(能力)付出对等性的认同度,调查询问受访者是否同意"我觉得我的收入与劳动(能力)付出基本一致"这一说法。结果显示,三分之二(66%)的市民表示"比较同意"或"完全同意",表示"说不清"的居民占24.3%,"不太同意"的居民占8.9%,"很不同意"的市民占0.8%。换言之,仅近一成的居民认为自己的收入与付出(能力)不对等(见表3-9)。可见,上海居民对自身收入与劳动(能力)付出的对等性的认同度是比较高的。

表3-9 上海居民对"我觉得我的收入与劳动(能力)付出基本一致"的认同度

	很不同意	不太同意	说不清	比较同意	完全同意	合 计
人 数	16	179	489	1 061	265	2 010
百分比(%)	0.8	8.9	24.3	52.8	13.2	100.0

(三) 大部分人评价自己的消费水平处于社会中层和中下层

从消费水平来看,45%的居民认为自己处于社会中下层,33%的居民认为自己处于社会中层,18.1%的居民认为自己处于社会下层,评价自己处于中上层和上层的居民分别只占3.8%、0.1%。可见,大部分居民对自身消费水平的评价是社会中层和中下层。进一步的分析发现,如果将消费水平与家庭收入水平相对照,家庭收入较高的居民对自身的消费水平评价普遍存在下移现象。例如,家庭年收入在15万元以上的市民有366人,占调查总人数的18.2%,但只有1人评价自己的消费水平处于社会上层,占该人群比例的0.3%,其他大部分人评价自己的消费水平处于社会中层(59.8%)和中下层(23.8%)。家庭年收入在12万—15万元的居民有379人,占总人数的18.9%,但只有13人(3.4%)评价自己的消费水平处于社会中上层,大多数人认为自己处于中层(46.4%)和中下层(42.2%)。按照相对收入理论,人们消费行为不仅受到自身收入的影响,还受到过去的消费习惯以及周围消费水准的影响。这可能解释了这种评价"下移"的现象。与西方发达国家不同,我国的富有人群是在最近二三十年才大量涌现的,由于财富积累过程相对较短,消费观念与消费习惯尚未与收入水平相匹配。其次,社会中大部分人的消费水平不高,由此形成一种不鼓励消费的社会文化,导致较高收入人群的消费水平下移。

另一方面,根据持久收入假说,人们对未来收入的预期也会影响当下的消费水平。调查发现,对未来五年内个人经济收入信心较低的居民,其中大部分对自身消费水平评价也较低。在对未来五年内个人经济收入"毫无信心"的居民中,自评消费水平处于社会中下层和下层的占80%,在"不太有信心"的居民中,这一比例为88.5%。此外,由于我国的社会保障体系尚不够完善,虽然人们的手中比过去更加有钱,但却日渐变得越来越不敢花钱,原因在于没有明确而稳定的社会保障制度能够为他们的未来"兜底",因此只能通过增加个人储蓄来积攒应对风险的"安全感"。

五、结论与建议

调查数据反映出上海居民的收入消费状况。总体而言,上海居民更好地享受到经济发展带来的成果,工资性收入仍是上海市民收入的主体,大部分上海家庭达到小康水平。过去一年居民的个人年收入稳中有升,其中,现代社会生产中最为重视的管理人员和专业技术人员、高学历人群的收入增长较快。调查也发现一些问题:收入水平的两极分化问题比较明显;在大部分居民达到小康、一部分市民已经进入富裕和极度富裕阶层的情况下,居民对自身的家庭社会经济地位的评价不高,整体的消费水平、文化消费水平也有待提升。对此,提出如下建议:

(一) 深化收入分配制度改革与收入均衡发展

一是继续严格实行最低工资制度。初次分配是收入分配公平与否的关键。在绝大部分居民的收入来源都是工资性收入的情况下,收入分配制度改革的关键,就是以工资改革为核心提高劳动所得在初次分配中的比重。我国已出台最低工资制度,但实施情况并不尽如人意;工资增长机制也不健全,具有较大的随意性。要改变这种现状,必须依赖强有力的法律和制度保障,建立职工工资正常增长机制和支付保障机制,即按照GDP增长比例确定劳动者报酬调整的幅度和频率,确保职工工资增长与国民经济增长同步。

二是适当提高个人所得税起征点。收入分配改革不能只考虑工资，工资属于第一次分配范畴，而个人所得税属于第二次分配范畴。在第一次分配中出现的差距，要在第二次分配时进行调节，最后达到分配公平，使全体人民走向共同富裕。可依据"调高、扩中、提低"的原则，将个人所得税的征管重点转向高收入阶层。加大对高收入群体征税力度，适当降低中低收入者的税率，提高个税起征点。同时，个税征收还应充分考虑到家庭、婚姻状况和实际负担水平。

三是为居民提供更多的财产性收入渠道。进一步完善资本市场运行机制，通过发展多种形式的员工持股、股权激励制度，以及划拨国有股做实个人养老金账户等方式，提高居民参与资本分配的程度，使社会各阶层能更加均衡地享受企业利润增长的收益和经济发展的成果。

(二) 完善社会保障体系与降低市民消费风险

一是进一步完善养老、医疗保险和社会救助制度。首先建立多元化的养老保险制度，针对不同收入层次人群，采取不同的养老保险方式。鼓励高收入人群参加商业保险，以满足他们在老年时拥有较高生活水平的要求；中等收入群体参加由政府主导并负责管理的基本养老保险，企业员工可以加入由企业自主发展的企业或职业年金系统；针对低收入群体和大部分农民，可以考虑建立低水平的养老金制度。其次要发展补充性医疗保险。对于高收入人群，鼓励购买商业医疗保险，获取高层次医疗待遇，使潜在消费成为实际消费；对于中低收入人群，也可以通过企业补充医疗保险来填补低水平的基本医疗保险与实际医疗消费需求之间存在的差距。

二是切实落实各项房地产市场调控措施。首先一步规范房地产市场秩序，持续控制房价非理性上涨，满足人们对商品房的居住需求。加强保障性住房建设。进一步改进和规范经济适用房制度，增加对中小户型、中低价位、廉租房和经济适用房的土地和银行资金供给，加大此类住房的建设力度；尽快从制度层面建立良好规范的保障性住房管理市场，完善保障性住房建设制度。严格开展居民收入和住房需求统计，明晰保障性住房真实需求。尽快明晰保障性住房的准入资格，一方面避免"夹心层"群体不能享受政府优惠政策,另一方面加强申请、公示的透明度,严堵政策漏洞形成全社会共同监督的公正基础和良好氛围。

三是建立综合性社会救助体系。社会救助应是一个综合体系,其救助对象不仅应覆盖最低收入者,也应包括濒临贫困边缘的人群。目前我国的低保对象既有无劳动能力的贫困人群,也有有劳动能力却临时或长期失业的人。对这两种人群的救助应该有所区别。对于前者,可通过救助金的形式加以长期救助;对于后者,则应突出救济的临时性,可整合已有的失业扶助政策,通过帮助就业、技术培训等形式,构建独立的失业救助制度。对于低保制度之外的低收入人群,则可以通过在住房、教育、医疗、司法等方面的救助,帮助他们找到摆脱贫困的途径。

(三) 多渠道满足市民文化消费需求

一是促进经营性文化产品价格理性回归,降低居民文化消费门槛。减免文化产业相关税费,降低文化产品生产、宣传、演出成本,增强电影院、剧院等经营性文化单位提供低价、廉价服务的承受力,鼓励其向社会提供低价票,降低文化消费门槛。逐步打破某些文化机构在产品、渠道等方面的垄断地位,引入竞争机制。发挥文化行业协会及文化中介组织作用,促进文化领域专业化服务外包,降低文化产品生产成本,从而促进文化产品价格理性回归。

二是完善公共文化服务供给机制,保障居民基本文化权利。首先以基层社区为重点,大力推进社区信息化,加快建设电子图书、艺术、知识讲座和影视节目等数字资源库,通过数字化方式,缩短居民获取文化资源的时空距离,让不能实地参与活动的市民实现远程参与,弥补居民闲暇时间不足的缺憾。优化调整公共文化服务的供给时间。根据需求和服务对象的不同特点,有针对性地延长公共文化设施的开放时间,确保居民在8小时以外仍能获得服务。文化服务从“计划分配”向“按需选择”转变。通过“政府主导、社会参与、市场运作”等方式,帮助、支持社会群众组织,把文化活动与社会群众组织结合起来,坚持基层文化活动的经常化、阵地化,使文化服务供需之间实现无缝对接,真正满足群众内在的文化需求。

三是普及精品文化演出,培养居民文化消费习惯。在上海大剧院、上海音乐厅等机构举办系列大众文化普及活动，让居民只花很低的费用就可欣赏一场高雅文艺演出。除每月推出低票价的市民音乐会外，还可以推出“免费参观日”活动，在免费参观艺术场所设施的同时，向广大市民普及高雅艺术，宣传音乐专业常识以及礼仪修养，全面提升广大市民的艺术欣赏水平与综合审美品位。努力将社会对高雅艺术的欣赏需求，逐渐培养成人们日常生活中的一种重要休闲方式和审美习惯。

第4章　公共文化服务与教育发展

文化与教育为社会发展提供重要的精神动力和智力支持，相互依存、相互制约。文化本身作为一种教育力量，一方面通过特定时空中的文化构成文化环境、文化氛围，对个体产生着潜移默化的教育作用；另一方面，一定社会的文化以不同的方式影响着学校文化、班级文化和课堂文化，对教育活动起着无形又强大的影响作用。教育本身亦是一种特殊的文化现象。一方面，文化通过教育活动得以传递和深化；另一方面，文化通过教育发展得以丰富和提高。

因此，一个社会的公共文化服务水平和教育发展水平表征了社会的文明程度。公共文化的发展得益于教育的普及和民主化进程。同时，随着居民教育程度的不断提高，对公共文化的发展提出了更高的要求。本报告通过分析居民对公共文化服务的参与和评价，以及对教育公平优质内涵式发展的需求与评价，反映上海市文化服务和教育发展领域的现状、趋势和问题。

一、市民公共文化服务评价调查

(一) 研究背景

改革开放以来，随着社会主义市场经济不断发展，我国社会从一般温饱型向全面发展型转变，人民群众的文化需求日益增长，消费方式发生深刻变化，这给文化发展注入了新的活力，也必然对公共文化服务的提供提出新的要求。在公共文化服务的提供中，政府的作为是影响公共文化服务提供数量和质量的最重要的因素，如何最大化地发挥政府的作用是解决当前公共文化服务中存在问题的关键。

基本公共文化服务是公共服务的重要内容，以保障公民的基本文化生活权利为目的。2005 年，《中共中央关于制定国民经济和社会发展第十一个五年规划的建议》就正式提出了“公共文化服务”这一概念。2011 年，中共十七届六中全会通过的《关于深化文化体制改革、推动社会主义文化大发展大繁荣若干重大问题的决定》，又进一步提出按照公益性、基本性、均等性、便利性的要求，让群众广泛享有免费或优惠的“ 基本公共文化服务”。2013 年，十八届三中全会《关于全面深化改革若干重大问题的决定》，明确提出要构建“现代公共文化服务体系”，“促进基本公共文化服务标准化均等化”成为推进文化体制机制创新的重大命题。在这一背景下，我国公共文化服务研究重点转向“基本公共文化服务”。2015 年 1 月中共中央办公厅、国务院办公厅印发《关于加快构建现代公共文化服务体系的意见》，指出，“在新的形势下，构建现代公共文化服务体系，是保障和改善民生的重要举措，是全面深化文化体制改革、促进文化事业繁荣发展的必然要求，是弘扬社会主义核心价值观、建设社会主义文化强国的重大任务”。“到 2020 年，基本建成覆盖城乡、便捷高效、保基本、促公平的现代公共文化服务体系。公共文化设施网络全面覆盖、互联互通，公共文化服务的内容和手段更加丰富，服务质量显著提升，公共文化管理、运行和保障机制进一步完善，政府、市场、社会共同参与公共文化服务体系建设的格局逐步形成，人民群众基本文化权益得到更好保障，基本公共文化服务均等化水平稳步提高。”

(二) 相关研究

对公共文化服务的研究涉及政治学、社会学、文化学、图书馆学等各学科，研究的问题集中于公共文化服务的内涵、主体定位、体系构建、绩效评价、模式探索及标准化、均等化与立法等相关领域。其中对公共文化服务评价既是政府公共文化服务工作的重要内容，也是公共服务研究的重要对象。

国内外对政府服务质量的研究数量众多,有研究者对此作了系统梳理。[①] 格朗鲁斯于 1982 年提出顾客感知服务质量的概念,PZB 开发了感知质量测评模型 SERVQUAL,包括有形性、可靠性、响应性、保证性、移情性五个维度[②]。政府服务质量的维度包括守法性、服务意识、创新、服务效率和透明性[③]。公众感知行政服务质量模型测评维度包括:便利性、响应性、透明性、守法性、实效性、保证性,尤其是守法性、实效性和透明性是政府机关特有的[④]。公民在评价一项服务时,除了要求服务过程的便利性、响应和移情以及服务结果的满意之外,还要求公共服务公平、透明、廉价等[⑤]。在公共文化服务评价方面,2001 年英国文化传媒体育部制定现代化公共图书馆标准,包括图书馆能方便到达、提供充足的开放时间、能够使用电子资源、满意的借阅与后续服务、充分利用图书馆、提供多样图书数据、提供相当水平的员工服务等。日本在美术馆评估方面,涉及投入、产出、成效、影响等指标。国内学者认为公共文化服务绩效评价指标包括公共图书馆年内人均流通次数,博物馆年内人均参观次数,免费的电台、电视台平均日播出时间,文化知识普及率,平均受教育程度等[⑥]。公共文化服务可以用指数进行评价,指标有两个维度,一个维度是经济发展,包括对 GDP 的贡献和劳动生产率的提高;另一个维度是社会公正,包括公众的易得性、公众参与性、政府成本、公众满意、社会效益等[⑦]。农村公共文化服务评价指标,包括政府投入、

---

① 董德民:“公众感知政府公共文化服务质量评价模型研究”,《产业与科技论坛》2014 年第 6 期。

② Parasuraman A., Zeithaml V A., Berry L. L. A Conceptual Model of Service Quality and Its Implication for future research. *Journal of Marketing*, 1985.

③ 袁岳:《新公道公共管理新视野》,北京大学出版社 2005 年版。

④ 吕维霞、陈晔、黄晶:公众感知行政服务质量模型与评价研究——跨地区、跨公众群体的比较研究,《南开管理评论》2009 年第 4 期。

⑤ 吕维霞:“论公众对政府公共服务质量的感知与评价”,《华东经济管理》2010 年第 9 期。

⑥ 蒋建梅:政府公共文化服务体系绩效评价研究,《上海行政学院学报》2008 年第 4 期。

⑦ 焦德武:公共文化服务体系的绩效评价,《安徽农业大学学报》(社会科学版)2011 年第 1 期。

队伍建设、社会参与、服务项目、服务绩效等五大部分①。借鉴已有公共文化服务评价体系指标，结合实际调查需求，本调查采用的公共文化评价指标主要包括三个维度，分别是优质、公平、便捷。为了更为全面考察公众对文化产品和服务的满意度，还增加了对商业性文化产品和服务的满意度评估，采用四个维度进行，分别是低廉、优质、公平和便捷。

表 4-1　市民文化需求调查维度及相关内容

文化	公益文化	优质（满足评价）	公平（资源均衡）	便捷（到达时间）	
	商业文化	低廉（收费）	优质（满足评价）	公平（资源均衡）	便捷（到达时间）

（三）调查结果

1. 市民文化休闲时间的支配状况

市民用于文化休闲的时间是衡量文化休闲生活的重要指标。调查结果显示，

（1）超过两成居民基本无文化休闲时间，男女所花时间无显著性差异

总体上，29.9%的居民每周文化休闲时间 1—3 小时，31.1%为 4—6 小时，9.6%为 7—9 小时，6.7%为 10 小时以上，有 22.8%的居民表示基本没有文化休闲时间。男性和女性在文化休闲上所花时间没有显著性。（$P=0.627>0.05$）

（2）不同年龄居民休闲时间有显著性差异，老年居民没时间文化休闲比例高

不同年龄段的居民休闲时间有显著性差异。其中，30 岁以下和 30—39 岁居民中，选择每周文化休闲 4—6 小时的比例最高，分别为 39%和 34.6%。50—59 岁以及 60 岁以上人群中，选择比例最高的是基本无时间，分别为 36.4%和 30%。（见表 4-2）

① 彭益民：农村公共文化服务评价指标体系的探讨，《湖南行政学院学报》2013 年第 6 期。

表 4-2　上海不同年龄段居民文化休闲时间

	基本无时间	1—3小时	4—6小时	7—9小时	10小时及以上
30岁以下	15.2	28.9	39.0	9.9	7.0
30—39岁	16.0	31.7	34.6	11.1	6.5
40—49岁	28.0	31.2	27.8	7.8	5.2
50—59岁	36.4	27.2	22.3	6.9	7.2
60岁以上	30.0	26.3	21.9	12.5	9.4

(3) 低收入、低教育程度和低职业阶层人群基本无文化休闲时间的比例高

从收入水平来看，低收入人群中，文化休闲时间少的比例高。月工资收入低于最低工资水平的人群中，基本无时间的为40.8%，1—3小时为18.4%。高于最低工资(2 080元)、低于平均工资水平(5 300元)的人群中，基本无时间为23%，1—3小时为35.6%。收入水平高于平均工资低于10 000元人群中，基本无时间为14.6%，1—3小时为25.8%。收入水平在10 000—15 000元人群中，基本无时间为5.4%，1—3小时为10.8%。收入水平在15 000—20 000元人群中，基本无时间为13.3%。(见表4-3)文化休闲不仅需要时间，同时也需要一定经济条件的保证。一方面，低收入人群的消费结构中，文化休闲所占比例较低，文化休闲活动安排较少。另一方面，低收入人群不得不投入更多的精力和时间挣钱生活，文化休闲时间相对较少。

表 4-3　上海不同收入居民文化休闲时间

	基本无时间	1—3小时	4—6小时	7—9小时	10小时及以上
<2 080元	40.8	18.4	27.6	3.9	9.2
2 080—5 300元	23.0	35.6	27.4	7.6	6.3
5 300—10 000元	14.6	25.8	41.1	13.1	5.4
10 000—15 000元	5.4	10.8	59.5	16.2	8.1
15 000元以上	13.3	0	66.7	16.7	3.3

从职业分层看，职业阶层下层的人群，即农民和一般工人没时间文化休闲的比例最高，占 50%。职业阶层上层的人群，即国家机关、党群组织、事业单位负责人和企业管理人员的文化休闲时间最为充裕，每周 10 小时以上的为 7.4%，7—9 小时为 11.6%，4—6 小时为 38%，1—3 小时为 26%，基本无时间为 17.1%。值得一提的是，退休人员中，每周基本无时间文化休闲的为 28.3%，这一比例仅次于职业下层人群。同时，退休人员的文化休闲时间也呈现两极分化，每周文化休闲 10 小时以上的为 12.1%，远远高于其他人群。（见表 4－4）这说明退休人员退休生活异质性高，一些退休人员需要帮助子女照看孩子，反而缺少文化休闲时间。

表 4－4　上海不同职业分层居民文化休闲时间

	基本无时间	1—3 小时	4—6 小时	7—9 小时	10 小时及以上
上　层	17.1	26.0	38.0	11.6	7.4
中上层	14.1	30.7	37.1	13.2	4.9
中　层	24.4	26.0	35.1	7.5	7.1
中下层	23.8	40.3	23.3	7.9	4.7
下　层	50.0	25.0	12.5	9.4	3.1
退　休	28.3	20.7	26.3	12.6	12.1

从受教育程度看，教育程度在初中及以下人群中，每周用于文化休闲的时间较少。46.7%的选择基本无时间。这与低职业阶层和低收入人群的文化休闲时间相一致。总体而言，教育程度低的人群往往处于较低职业阶层，收入也较低，在可支配的文化休闲时间和消费上都受到一定限制。（见表 4－5）

表 4－5　上海不同教育程度居民文化休闲时间

	基本无时间	1—3 小时	4—6 小时	7—9 小时	10 小时及以上
初中及以下	46.7	24.3	18.8	5.5	4.7
高中或中专、职校与技校	29.9	36.2	21.4	6.6	5.9
大　专	13.9	30.7	36.4	11.2	7.9
本科及以上	11.6	22.5	44.9	13.8	7.2

(4) 上海户籍居民文化休闲时间支出略高于非上海户籍居民

从户籍来看,上海户籍居民在文化休闲上支出的时间略高于非上海户籍居民。4—6 小时依然是选择比例最高的区间,其中选择此项的上海户籍居民为 31.7%,非上海户籍居民为 29.3%。7—9 小时的上海户籍居民为 10.6%,非上海户籍居民为 5.9%。基本无时间的上海户籍居民为 20.3%,非上海户籍居民为 31.8%。(见表 4-6)

表 4-6 上海不同户籍居民文化休闲时间

	基本无时间	1—3小时	4—6小时	7—9小时	10 小时及以上
上海户籍	20.3	30.6	31.7	10.6	6.9
非上海户籍	31.8	27.0	29.3	5.9	5.9

(5) 未婚居民用于文化休闲的时间明显高于已婚居民

从婚姻状况来看,未婚居民用于文化休闲的时间明显高于已婚居民。未婚居民基本无时间文化休闲的仅占 14.7%,低于已婚居民 10 个百分点。已婚居民中,已婚有子女居民每周用于文化休闲的时间略高于已婚无子女居民。(见表 4-7)

表 4-7 上海不同婚姻状况居民文化休闲时间

	基本无时间	1—3小时	4—6小时	7—9小时	10 小时及以上
未　婚	14.7	26.9	38.8	11.9	7.7
已婚,无子女	25.7	27.7	34.5	6.1	6.1
已婚,有子女	25.0	30.8	28.6	9.2	6.4

2. 市民常去的文化休闲场所

(1) 常去的文化休闲场所排名前三的是电影院剧院、公园/公共绿地、文化休闲广场

居民常去的文化休闲场所,排名前三的是电影院剧院、公园/公共绿地、文化休闲广场,分别是 51.6%、49.2%和 36.9%。其中,女性选择电影院、社区文化互动中心、书店音像店的比例略高于男性,分别为 53.3%、

36.7%、18.9%。男性为 49.9%、36.7%、18.9%。男性更为偏爱的文化休闲场所有酒吧、体院馆健身场所，分别有 19.4%和 23.3%的男性选择这两项，比女性高出 3 和 6.1 个百分点。（见表 4－8）

表 4－8　上海不同性别居民文化休闲时间

	书店、音像店、图书馆	电影院、剧院	博物馆、展览馆、美术馆	酒吧/KTV	体育馆、健身房	社区文化活动中心	公园/公共绿地	文化休闲广场
总体	16.8	51.6	11.7	17.8	20.0	34.0	49.2	36.9
男	14.4	49.9	12.3	19.4	23.3	30.9	48.9	36.6
女	18.9	53.1	11.2	16.4	17.2	36.7	49.5	37.2

（2）从年龄阶段来看，年轻居民更青睐去商业性文化休闲场所，老年居民更喜欢去就近的免费文化休闲场所

调查数据显示，40 岁以下居民中选择比例最高的是电影院、剧院，其中，30 岁以下选择电影院、剧院的比例为 67%，30—39 岁为 60.5%。40—59 岁居民中，选择去公园、公共绿地的占首位，40—49 岁为 48.8%，50—59 岁为 55.2%。60 岁以上选择最多的是社区文化活动中心，为 70.5%。（见表 4－9）

表 4－9　上海不同年龄居民文化休闲时间

	书店、音像店、图书馆	电影院、剧院	博物馆、展览馆、美术馆	酒吧/KTV	体育馆、健身房	社区文化活动中心	公园/公共绿地	文化休闲广场
30 岁以下	17.1	67.0	9.4	22.1	17.7	21.8	48.8	33.8
30—39 岁	18.1	60.5	13.8	22.1	26.8	32.3	45.2	38.4
40—49 岁	16.9	48.8	14.2	14.2	18.7	33.7	48.8	34.0
50—59 岁	14.9	23.7	9.8	12.9	16.5	42.3	55.2	42.8
60 岁以上	12.5	13.4	6.3	1.8	6.3	70.5	60.7	39.3

（3）高学历、高收入人群青睐时尚健康的文化休闲场所

高学历、高收入人群去得更多的是有消费门槛的更加时尚健康的文化休闲场所，例如月收入 10 000—15 000 元和 15 000 元以上的人群中有

45.7%和50%去体育馆、健身房,远远高于月收入10 000元以下人群。同样,高学历人群对健身的偏好也高于低学历人群,本科及以上、大专学历人群中,分别有31.2%、20.3%选择体育馆、健身房,而高中、初中及以下人群中选择的比例分别只有14.6%和4.4%。低收入人群去得更多的是传统的电影院、剧院,这与高收入人群并没有很大差异。这说明,电影院、剧院一类文化休闲场所,虽然花费不菲,但作为传统的主流的文化休闲方式,在市民中有非常高的消费潜力。(见表4-10)低学历人群经常更多去社区文化活动中心,公园、公共绿地等收费低门槛且对文化要求不高的休闲场所。例如,学历层次初中以下人群中,仅有19.9%选择电影院、剧院,5.9%选择博物馆、展览馆、美术馆,8.1%选择书店,远远低于这些选项的平均选择比例。

表4-10 上海不同学历、收入居民文化休闲时间

	书店、音像店、图书馆	电影院、剧院	博物馆、展览馆、美术馆	酒吧/KTV	体育馆、健身房	社区文化活动中心	公园/公共绿地	文化休闲广场
学　历								
初中及以下	8.1	19.9	5.9	5.1	4.4	49.3	65.4	46.3
高中或中专、职校与技校	16.6	40.4	13.3	14.8	14.6	33.3	47.3	35.5
大　专	19.0	61.1	12.1	19.0	20.3	36.6	48.4	32.4
本科及以上	17.1	62.4	11.4	23.8	31.2	26.2	47.0	41.6
收　入								
<2 080元	33.3	48.9	11.1	8.9	17.8	28.9	33.3	28.9
2 080—5 300元	18.2	56.9	12.7	17.5	17.5	32.0	46.8	34.6
5 300—10 000元	16.4	55.9	12.3	24.2	28.0	28.7	49.9	38.8
10 000—15 000元	11.4	60.0	17.1	22.9	45.7	11.4	40.0	42.9
15 000元以上	11.5	42.3	15.4	23.1	50.0	11.5	46.2	26.9

(4) 非上海户籍居民更偏好去绿地

从上海户籍居民与非上海户籍居民的比较来看，最大的差别表现在非上海户籍居民更偏好去绿地，上海户籍居民更偏好去健身房。上海户籍居民选择去体育馆健身房更多占 21.7%，非上海户籍居民选择此项的为 13%。上海户籍居民选择去公园和公共绿地的占 47.2%，非上海户籍居民选择此项的占 57.7%。(见表 4－11)

表 4－11　上海不同户籍居民文化休闲时间

	书店、音像店、图书馆	电影院、剧院	博物馆、展览馆、美术馆	酒吧/KTV	体育馆、健身房	社区文化活动中心	公园/公共绿地	文化休闲广场
上海户籍	13.0	54.0	9.0	15.7	13.0	32.0	57.7	34.3
非上海户籍	17.7	51.0	12.4	18.3	21.7	34.5	47.2	37.5

3. 市民对文化场馆和服务的评价

本调查对比了居民对公益性文化场所和商业性文化场所的评价。其中，对公益性文化场所及服务的评价从优质—满足需求、公平—分布均衡、便捷—离家距离三个维度评价，商业性文化场所及服务从优质—满足需求、收费、公平—分布均衡、便捷—离家距离四个维度评价。总体及不同居民的评分如表 4－4 所示。总体上，得分最高的是公益性文化场所对居民的需求满足，得分 3.88，分布均衡得分 3.84，离家距离得分 3.71。女性对公益性文化场馆的评价高于男性。满足需求上，女性给出的得分为 3.9 分，男性为 3.86 分，分布均衡上，女性得分为 3.86 分，男性为 3.81 分。(见表 4－12)

表 4－12　上海不同性别居民对公益文化场馆和服务的评价

	满足需求	分布均衡	离家距离
总体得分	3.88	3.84	3.71
性　　别			
男	3.86	3.81	3.69
女	3.91	3.86	3.73

从年龄阶段上来看,60岁以上居民给出的评价最高,三项得分分别为3.98分、3.98分和4.05分。40—49岁居民给出的评价最低,三项得分分别为3.76分、3.80分和3.64分。(见表4-13)结合前面对常去文化场馆的选择来看,60岁以上居民大多数常去的文化场馆为社区文化活动中心,因此对便捷性和均衡性的给分相对较高。同时由于社区文化活动中心标准化建设程度较高,老年人是其重要服务对象,因此满足需求程度较高。而对于40—49岁这一年龄段的居民来说,一方面他们不像30岁以下年轻人有较为充裕的时间和精力去了解和尝试不同的文化休闲活动,另一方面又并不满足于以社区活动中心为代表的就近文化场馆。他们给出的分数较低,恰恰反映了中年人对文化休闲场馆和服务的品质要求和缺乏高品质休闲文化生活体验之间的矛盾。也反映了公共文化休闲场馆除了要就近,用户体验的优化也应当引起重视。换言之,不仅要提供公共文化休闲的资源,还要增强资源的可及性、丰富性。

表4-13 上海不同年龄居民对公益文化场馆和服务的评价

	满足需求	分布均衡	离家距离
30岁以下	3.93	3.84	3.64
30—39岁	3.88	3.84	3.68
40—49岁	3.76	3.80	3.64
50—59岁	3.94	3.81	3.84
60岁以上	3.98	3.98	4.05

从收入来看,月收入5 000—10 000元的群体对满足需求和分布均衡的评分最高,分别为3.9分和3.84分,而对离家距离评分最高的是最低收入线以下的群体,为3.84分。由于低收入群体常去的文化休闲场所为社区活动中心和绿地公园,距离居住地较近,因此对便捷性的评价高。实际上经济收入也在一定程度上限制了他们进行休闲文化活动的外出距离。相比之下,高收入群体对便捷性的评价低。月收入10 000—15 000元和15 000元以上群体对便捷性的评分分别为3.29分和3.5分,这说明高收入群体对文化休闲场所和服务需求多元,更愿意选择适合自己的文化休闲对

象，因此文化休闲场所的选择很容易超出居住区域，便捷性上打了折扣。相似的情况也同样发生在不同受教育程度的人群评分中。（见表4-14）初中及以下学历人群对公益文化场馆的每项指标评分都相对较高，而大学本科及以上居民中对场馆便捷性的评价较低。（见表4-15）从户籍看，上海户籍居民对公益文化的评分高于非上海户籍居民。（见表4-16）

表4-14　上海不同收入居民对公益文化场馆和服务的评价

	满足需求	分布均衡	离家距离
2 080元以下	3.82	3.73	3.84
2 080—5 300元	3.88	3.82	3.73
5 000—10 000元	3.90	3.84	3.57
10 000—15 000元	3.77	3.83	3.29
15 000元以上	3.65	3.73	3.50

表4-15　上海不同学历居民对公益文化场馆和服务的评价

	满足需求	分布均衡	离家距离
初中及以下	3.99	3.95	3.93
高　　中	3.83	3.78	3.74
大　　专	3.87	3.84	3.71
大学本科及以上	3.92	3.85	3.59

表4-16　上海不同户籍居民对公益文化场馆和服务的评价

	满足需求	分布均衡	离家距离
上海户籍	3.89	3.85	3.76
非上海户籍	3.86	3.80	3.51

相比之下，商业性文化场馆和服务在满足需求、分布均衡、便捷性三项上的得分均低于公益性场馆，分别为3.63分、3.81分和3.54分。而收费低廉这一项的得分仅为2.56分。其中，评分略高的为60岁以上老人，评分为2.78分，月收入10 000—15 000元人群，评分为2.97分，（见表

4－17)这与 60 岁以上老人门票优惠以及高收入人群经济承受能力强有关。对满足需求的评分,最高的是月收入 15 000 元以上人群,为 3.89 分。(见表 4－18)这反映了在商业文化休闲消费谁买单、谁享受的原则下,经济实力强的群体能够选择到的优质文化产品和服务更多。

表 4－17　上海不同收入居民对商业文化场馆和服务的评价

	收费低廉	满足需求	分布均衡	离家距离
总　　体	2.56	3.63	3.81	3.54
<2 080 元	2.22	3.00	3.73	3.40
2 080—5 300 元	2.48	3.63	3.85	3.56
5 300—10 000 元	2.66	3.67	3.82	3.46
10 000—15 000 元	2.97	3.73	3.80	3.37
15 000 元以上	2.50	3.89	3.81	3.35

表 4－18　上海不同年龄居民对商业文化场馆和服务的评价

	收费低廉	满足需求	分布均衡	离家距离
30 岁以下	2.44	3.51	3.84	3.52
30—39 岁	2.63	3.66	3.83	3.54
40—49 岁	2.47	3.70	3.80	3.46
50—59 岁	2.62	3.69	3.81	3.60
60 岁以上	2.78	3.55	3.63	3.75

总体而言,对公共文化场馆的评价有如下结论:

其一,60 岁以上、退休人员对公益性文化休闲场馆及服务的评价较高。高收入人群对公益性文化休闲场馆及服务的评价较低。

其二,从公益性文化场馆来说,不同群体各取所需。低收入群体、年长者由于受经济条件和身体条件的限制,活动范围通常在社区提供的文化活动中心或者就近的免费公园绿地,满意度较高。而高收入、高学历人群对文化休闲活动的定位较高,一般的公益性文化场馆和活动不能满足其要求,其活动范围也大大超出居住地,因此对便捷性等指标的评分较低。

其三，商业性文化休闲场馆和服务的收费价格偏高，市民评价得分最低。但高收入人群对商业性文化服务“满足需求”的评价相对较高。

(四) 对策建议

1. 促进基本公共文化服务均等化，保障特殊群体基本文化权益

根据上海城市总体发展趋势和各区常住人口变化，统筹各区(县)公共文化设施布局、服务提供、队伍建设、资金保障，均衡配置公共文化资源。依托社区综合服务设施，加强社区文化设施建设。大力开展流动服务和数字服务，打通公共文化服务“最后一公里”。建立公共文化服务区域联动机制，发展完善内容配送机制，加强城市对农村文化建设的帮扶，形成常态化工作机制。将老年人、未成年人、残疾人、农民工、农村留守妇女儿童、生活困难群众作为公共文化服务的重点对象。积极开展面向老年人、未成年人的公益性文化艺术培训服务、演展和科技普及活动。加快将农民工文化建设纳入常住地公共文化服务体系，以公共文化机构、社区和用工企业为实施主体，满足农民工群体尤其是新生代农民工的基本文化需求。

2. 建立公共文化服务标准体系，提升公共文化设施建设、管理和服务水平

制定与上海经济社会发展水平相适应、具有地域特色的公共文化服务标准体系，按照城乡人口发展和分布，坚持均衡配置、严格预留、规模适当、功能优先、经济适用、节能环保的原则，合理规划建设各类公共文化设施。健全公共文化设施运行管理和服务标准体系，规范各级各类公共文化机构服务项目和服务流程，完善内部管理制度，提高服务水平。

3. 培育和促进消费，丰富优秀文化产品供给

公共文化服务体系建设中统筹考虑群众的基本文化需求和多样化文化需求，推动公共文化服务向优质服务转变，实现标准化和个性化服务的有机统一。应当广泛开展公益性文化艺术活动，扩大和提升文化消费需求。鼓励有条件的公共文化机构挖掘特色资源，加强文化创意产品研发，创新文化产品和服务内容。完善公益性演出补贴制度，通过票价补贴、剧场运营补贴等方式，支持艺术表演团体提供公益性演出。鼓励在商业演出和电影放映中安排低价场次或门票，积极发展与公共文化服务相关联

的教育培训、体育健身、演艺会展、旅游休闲等产业,引导和支持各类文化企业开发公共文化产品和服务,满足人民群众多层次的文化消费需求。

4. 营造城市公共空间文化氛围

突破现有公共文化场所限定,充分利用城市地铁、户外大屏、公园、文化创意园区、广场绿地和居住集聚区等开放的公共空间资源,实施文化氛围空间营造方略。进一步推动文化进校园、进医院、进小区、进楼宇、进农村、进外来人口聚集区等活动,并给予必要的政府资金支持。利用数字化技术拓展公共文化服务,加快推进公共文化数字化管理服务建设。利用有线电视传播文化信息资源共享工程,为群众提供点对点、个性化的公共文化服务。

二、市民对义务教育的评价

如果要选出当今中国最能体现民情民意的现象和话题,那么"教育公平"一定位列其中。教育公平是一个很古老的话题,早在我国古代,孔子就提出了"有教无类"(人人平等)和"因材施教"(差别对待)的观点,这是中国最早的对教育公平的描述。西方柏拉图、亚里士多德的教育思想中也都包含了教育公平的理念。近代以来,西方资产阶级思想先驱致力于推广"教育权利平等"来实现教育公平,马克思在 1886 年就提出"教育是人类发展的正常条件和每一个公民的真正利益"。其后,随着教育公平理论的不断发展,"教育起点平等"、"教育过程平等"、"教育结果平等"又不断成为中西方教育公平实践所追求的目标。

(一) 教育公平的相关理论

教育公平是具有综合性特征的社会问题,因此教育公平研究除了数量多之外,其研究的学科视角也多种多样。包括教育社会学、教育政策学、教育伦理学、教育法学、教育哲学、教育经济学等学科领域均对这一问题持续关注。

我国教育社会学对教育公平的关注深受科尔曼和胡森的影响。1966 年,科尔曼(Coleman, J. S.)主持了针对美国 4 000 所学校的 64 万名学生的调查，最终形成了著名的《教育机会均等的理念》(*Equality of Educational Opportunity*)报告(简称"科尔曼报告")。该报告的突出贡献之一便是重新界定了教育机会均等的内涵，并提出了教育平等的四条标准。(1) 进入教育系统的机会均等。(2) 参与教育的机会均等，即不同社会出身的组别，有相同比例的人数，能够得到同样的教育机会，并且在质和量上都得到相等的教育参与。(3) 教育结果均等。不同的社会群体都有一定比例的人，从每学年的教育进程和整体的教育经验中得到相似的教育成效。(4) 教育对生活前景机会的影响均等，指的是通过教育来克服人的出身、性别等自然不平等和社会经济等方面的差别，取得相近的社会成就。①

胡森(Torsten Husen)对教育平等的理论和发展过程进行了系统的整理，对教育平等的含义作了如下阐述：(1) 个体的起点平等，指每个人都有不受任何歧视地开始其学习生涯的机会；(2) 中介性阶段的平等，指的是以各种不同但都以平等为基础的方式来对待每一个人，不论其所属人种、阶级和社会出身等情况；(3) 个体最终目标的平等，指学业成就上的平等，也可以认为是上述三个方面综合的平等。② 胡森还指出，教育平等不仅指学校之间的平等，还指学生之间的平等。

国内对教育公平内涵的理论表达，更多的是与我国教育领域的实际问题联系在一起。教育公平研究数量的上升，很大程度上是教育公平引发社会问题凸显的结果。杨东平是国内较早关注教育公平并开展系统研究的学者之一。他提出教育机会均等有三个不同层面，即起点平等、过程或参与平等和结果平等。谢维和对教育公平的内涵界定具有一定的独创性。他以多学科视角来论证"教育公平"是一个包含价值判断的概念，认为不仅要关注教育公平的客观方面，还要从主观上加以衡量。根据国际上关于教育公平的各种基本属性的理论和分析，他提出了教育公平的三种基本形态：(1) 基本的教育平等。(2) 自由的教育平等。(3) 激进的教育平等。胡瑞文认为，可以将教育公平界定为"公民能够自由平等地分享当时、当地公共教育资源的状态"。"教育公平不是教育均等化，更不等于绝

---

① 袁振国：《论中国教育政策的转变：对我国重点中学平等与效益的个案研究》，广东教育出版社 1999 年版，第 67—69 页。

② 翁文艳：《教育公平与学校选择制度》，北京师范大学出版社 2003 年版。

对的平均。真正的教育公平必须在承认个体差异的同时允许非基本教育权利、非公共教育资源方面的不公平的存在。"①

从国内外对教育公平的表述来看,毫无争议的是,教育权利和教育机会的平等是教育公平的重要内涵。在制度化教育范畴,教育权利和机会的平等首先体现在义务教育阶段入学机会的平等。因此,本调查中以义务教育的公平为衡量指标。1986 年《义务教育法》中规定就近入学,以法律形式保障儿童义务教育权利和机会,并希望通过"就近入学"推动义务教育均衡化发展,实现教育公平。国家实行就近入学政策的初衷是很明确的,就是要打破学校和学生的身份界限,优化教育资源(如生源)配置,减轻学生过重的学习负担,实施素质教育,同时,大力加强基础薄弱学校建设,可是随之引发的却是择校现象的屡禁不止。选择就近入学还是择校,反映了市民对义务教育公平与质量的衡量和抉择,凸显了市民对优质义务教育资源的强烈需求和供给不足之间的尖锐矛盾。

(二) 市民对义务教育公平的总体评价

对义务教育的评价采用了优质、均衡、便捷三项指标。研究框架见表 4-19:

表 4-19 义务教育阶段教育公平研究框架

优 质	均 衡	便 捷
办学质量是否满足需求	是否择校	上学途中所花时间

1. 质量评价

质量评价是衡量教育公平的核心指标,对义务教育办学质量满足孩子需要的总体得分为 3.86 分。无人选择"完全不能满足",即最低分 1 分。其中,家长学历层次在大专及以上、职业阶层中层及以上,对教育质量的评分更高。上海户籍居民对教育质量的评价高于非上海户籍居民。

---

① 《政府与市场两条腿走路促教育公平》,《21 世纪经济报道》,http://www.21cbh.com/HTML/2013-6-15/3MNjUxXzcwNDk3Mw.html,2013-6-15。

表 4 - 20　上海居民对义务教育阶段教育质量的评分

教育程度	初中及以下	高中	大专	大学及以上	
	3.84	3.78	3.908	3.90	
职业阶层	上层	中上	中层	中下	下层
	3.90	3.998	3.84	3.76	3.8
户　　籍	非上海户籍	上海户籍			
	3.73	3.90			
月收入	2 080 元以下	2 080— 5 300 元	5 300— 10 000 元	10 000— 15 000 元	15 000 元 以上
	3.94	3.84	3.89	4	3.47

2. 上学时间

上学时间是反映义务教育是否便捷，也是真正反映是否就近入学的重要表现。26.3%的家长送孩子上学途中所花时间 15 分钟以下，50.4%在 16—30 分钟之间，21.4%在半小时到 1 小时之间，1.7%在 1 小时以上。超过 20%的学生上学时间超过半小时，上学路程超出了就近入学的距离。

3. 是否择校

是否择校是反映义务教育均衡，也是综合反映义务教育公平与否的重要指标。调查结果显示，义务教育阶段选择就近入学的占 79.2%，择校的占 20.8%。

此外，在教育支出上，33.2%的家庭孩子教育支出占家庭年收入的 15%以内，52.4%的家庭占 16%—30%，14.2%的家庭占 31%—50%，0.2%的家庭超过 75%。

(三) 义务教育阶段择校总体状况及群体差异

公众对义务教育评价从整体上反映了他们对义务教育的满意程度，他们对义务教育的选择行为则更加真实地反映了他们的真正诉求。择校现象是对义务教育公平的挑战，也反映了优质教育资源获得不平等背后的种种因素。择校现象可以说是义务教育公平中问题与矛盾的集中体现。

2015年教育部印发《关于做好2015年城市义务教育招生入学工作的通知》，要求各城市在择校冲动强烈的城区，实行划片招生，缓解“学区房”问题。与此同时，上海市静安区等五个区县推行“最严入学新政”，区内每户地址五年内只享受一次同校对口的入学机会。择校与就近入学再次引发公众高度关注。自1986年《义务教育法》规定就近入学以来，教育部多次颁布规定限制择校，但择校现象依然屡禁不止。推进就近入学、治理择校的关键首先在于厘清“谁在择校”、“择校”的主要渠道和方式、“择校”的成本和结果如何？对上述问题缺乏清晰的认识，会导致治理择校的手段错位，最终治标不治本。

1. 择校的制度背景及表现形式

20世纪50年代兴办重点小学的政策出台，奠定了我国基础教育阶段的精英导向。1978年教育部颁布《关于办好一批重点中小学试行方案》，要求在大中城市的市和区县两级举办重点学校，择优录取新生，并对重点学校的教育经费、师资条件等大力支持。由此形成了国家级、部委级、省市级、地市级、县区级的重点学校系列。相比之下，大部分城市还有20%—30%的薄弱学校，至于偏远农村的学校，有的可能连基本的办学条件都达不到。[①] 随着“重点学校”的兴起，教育领域被公立学校体制所垄断，并实施走精英教育道路的格局开始形成。由于“重点学校”在经费投入、教师分配、设施更新等方面占有“天时地利”的优势，因而一般学校与重点学校之间逐渐拉开了距离。教育资源的紧缺加上学生家长的一味追捧，使得“重点学校”成为教育领域的稀有资源。随着分级管理、地方负责(分权)教育管理体制以及校长负责制的确立，一部分公立学校在面临优质教育资源稀缺的情况下，采取计划外招生并变相收取高额学费的手段。这种以“钱”择校的现象引发政府的高度重视，由此出台了一系列的政策措施。

1995年、1996年和1997年中央政府连续三年相继颁布相关政策，表达中央政府治理义务教育择校高收费的坚决态度。然而，择校问题的本

① 程晓樵：“择校”政策对教育机会均等的影响：中国与欧美国家的比较，《江苏教育学院学报》(社会科学版)2002年第5期。

质并不在于“收费”，事实上，即使在禁止收费的政策措施下，择校现象依然存在，择校的等价交换物也早已突破了金钱的范畴。

进入21世纪以后，随着基础教育均衡发展的推进，通过改造薄弱学校及重新调整教育布局，以达到区域间教育资源均衡，成为消解择校所引发的教育不公平的新思路。

从上述历史可以看出，择校现象的出现是我国教育制度改革和发展的必然结果。效率优先原则下的精英教育和重点学校政策、教育财政对各级各类教育重点学校倾斜拨款制度、公立学校转制形成的双轨制等不良的教育政策，都在一定程度上造成教育资源配置有利于强势人群，不利于弱势人群；有利于重点学校，不利于非重点学校。优质教育资源不足，校际差距不断扩大。“一考定终身”的体制性弊端直接导致基础教育全面走向应试教育。由此，谁享受优质教育资源谁就能优先获得发展机会的现实，更激发了广大民众被唤醒的、期望自己子女接受高质量教育的内在需求。[①] 同时，随着市场经济体制在我国的确立，市场经济的发展促使个人对自身利益的主动追求与维护被最大激发，因此对“就近入学”带来的接受优质教育机会的剥夺，许多家长以“择校”来规避。

当前我国择校的现实状况有三种表现：

(1) 以分择校——以人才观为主导

以分择校是以学生考试分数为主要依据，决定其能否获得优质的教育资源，进入重点学校接受高质量的教育。这种择校方式从目前来看是最容易让人接受的，因为在大多数人的眼中，成绩是与自身努力成正比的，是自致性因素起决定作用，而且可以起到一种奖先惩后的激励性作用。但它隐含的两个引起争议的最基本的问题是：其一自致性因素与先赋性因素的相关程度如何？考试分数本身是否也受到学生家庭背景的影响？其二成绩好是否就具有教育资源选择的优先权？以成绩为标准是否算作真正的公平？成绩差的学生是否有接受高质量教育的权利？以分择

① 吴遵民、沈俊强：《论择校与教育公平的追求——从择校政策的演变看我国公立学校体制变革的时代走向》，《清华大学教育研究》2006年第6期。

校难逃诘问。

(2) 以钱择校——教育成为市场经济的商品

用货币来规范人们的择校行为，就是让“钱”在一定范围内发挥作用，使之多花钱便能接受高质量的教育。这样，富裕阶层家庭和中上阶层家庭的子女就可以通过缴纳巨额的“择校费”而进入重点中小学就读。这样做的结果，虽然可以缓解教育经费的不足，有助于遏制“以权择校”的现象，但是却把下层和贫困阶层的子女排斥在重点学校之外。在中国，虽然在制度上否定存在于西方国家的“学校分隔”现象，但是由于重点学校和薄弱学校的客观存在，由于“贵族学校”和“希望工程”的强烈对比，事实上，在重点学校和“贵族学校”就读的学生，其家庭背景大多数属于中上阶层。而下层和贫困阶层的子女，只好就读于那些办学条件很差的薄弱学校。

(3) 以权择校——公共权力的滥用

在就近入学的行政手段控制下，有权有势的家长，要么想方设法把孩子的户口迁移到重点中小学所在的地区，要么直接找到学校，千方百计向学校施加压力，使自己的孩子能够进入重点中小学。在这个择校的过程中，权力起着很大的作用。当前对以权择校的抗议最为严重，因为权力是公众赋予的，是为公众服务的，而不能滥用于为私人牟利。

当前对择校的关注往往聚焦于“学区房”、“择校费”一类的以钱择校，而对“以权择校”的现象往往避重就轻。而在教育民主化背景下，以权择校对教育权利和教育机会平等的破坏性无疑是巨大的。

2. 义务教育阶段择校的几个特点

对徐汇区、杨浦区、浦东新区、长宁区、闵行区、松江区常住人口调查结果显示，子女义务教育阶段择校呈现以下几个特点。

(1) 家长受教育程度、家庭收入和户籍是影响择校的重要因素

调查结果显示，家长学历为本科及以上的，子女择校的比例为39.5%；家长学历为大专的，子女择校比例为21%；高中学历的家长，子女择校占7.4%；初中及以下学历的家长，子女百分百就近入学。由此反映出，高学历家长对子女教育的高期望是促使择校的重要原因之一。

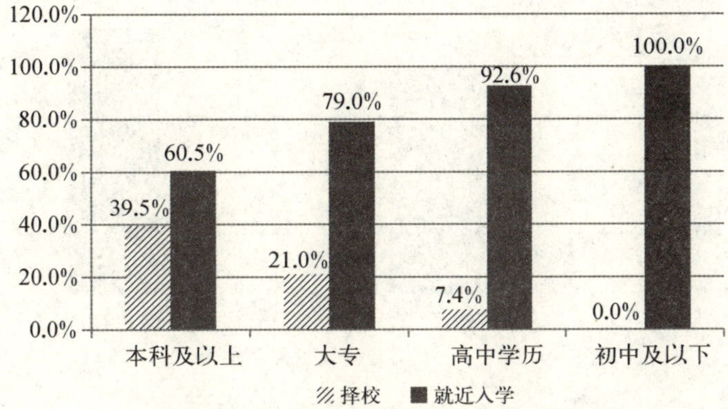

图 4-1　家长受教育程度与择校的关系

家庭收入水平与择校与否也有着密切的相关性。年收入 20 万元以上的家庭，子女择校占 41.4%；15 万—20 万元的家庭，择校占 29.8%；10 万—15 万元的家庭，择校占 21.1%；6 万—10 万元的家庭，择校占 13%；6 万元以下的家庭，择校占 3%。

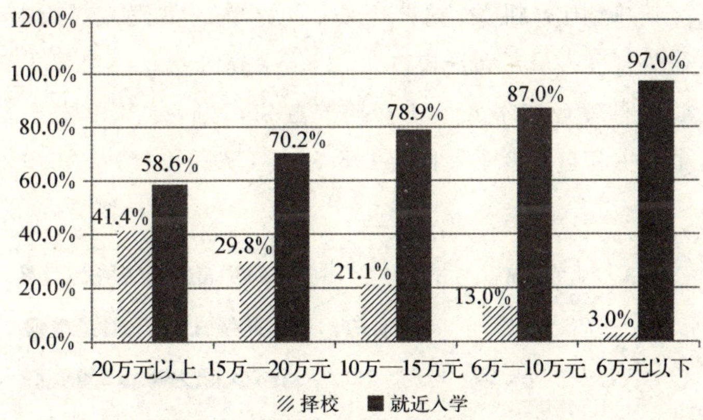

图 4-2　家庭年收入与择校的关系

调查结果还显示，本地户籍人口中子女择校的占 23.7%，非本地户籍人口中子女择校占 10.2%。其中，非本地户籍但有居住证的，子女择校占 10.6%；家长无居住证的，子女百分百就近入学。稳定的居民身份对子女择校亦有重要影响。

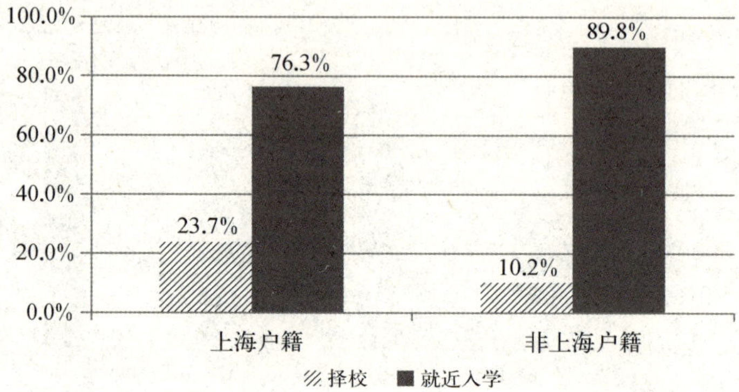

图 4-3　户籍与择校的关系

(2) 管理层和机关事业单位工作人员的子女择校比例高

a. 国家机关/党群组织/事业单位负责人、企业管理人员和中高级专业技术人员的子女择校比例居前三位

家长职业阶层越高,子女择校的比例也越高。调查结果显示,在不同职业群体的家长中,子女择校比例由高到低分别是管理层、专业技术人员、工人。其中,国家机关、党群组织、事业单位负责人子女择校的占42.4%,企业管理人员子女择校占39.1%,中高级专业技术人员子女择校占35.7%,一般专业技术人员子女择校占29.1%,办事人员子女择校占19.3%,小业主和自雇者子女择校占5.3%,工人子女择校占5.9%。职业

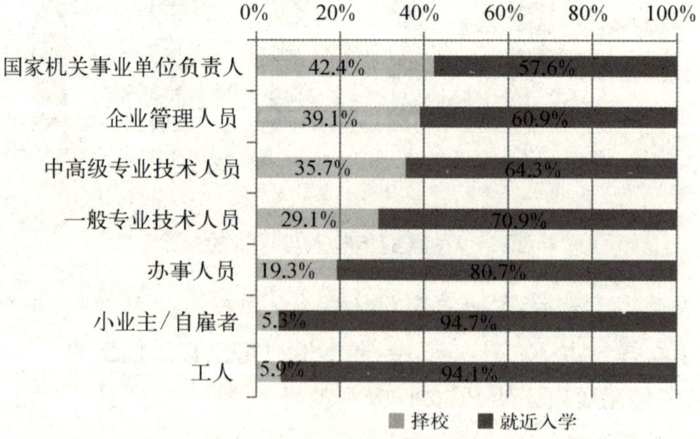

图 4-4　家长职业与择校的关系

阶层是家长政治资本的重要体现，职业阶层高的家长在子女择校过程中容易发挥政治资本的权力作用，为子女获得择校的机会。

b. 家长在机关事业单位工作，子女择校机会最大

“以权择校”通常与身居要职、手握重权挂钩。但调查结果显示，即使是普通办事人员，只要在机关事业单位工作，子女择校比例依然远远高于同一职业阶层的其他群体。

总体上，家长在机关事业单位工作，子女择校占 40.9%；家长单位为国有企业，子女择校占 25.2%；在私/民营企业工作，子女择校占 11.5%；在三资企业工作，子女择校占 26.5%。其中，家长为机关事业单位普通办事人员的，子女择校比例高达 45.5%。而国有企业、私/民营企业、三资企业普通办事人员的子女，择校比例分别为 18.4%、16%和 7.4%，远低于机关事业单位办事人员子女择校比例。相比之下，与办事人员属于同一职业阶层的私/民营小企业主的子女择校比例则更低，仅为 5.3%。尽管普通办事人员职业阶层不高，但由于其所在机关事业单位与公权力密切相关，其子女依然能获得更多的择校机会。如果说职业阶层对择校的影响是通过个人的权力运作来实现的话，那么单位性质则充分发挥了权力的整体效应以及社会网络作用，为员工子女择校提供便利。

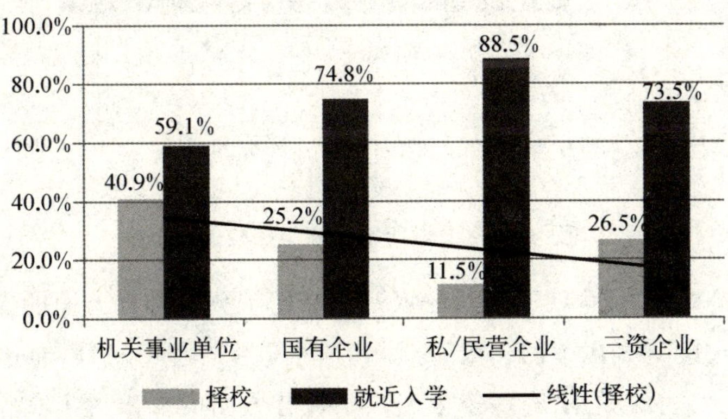

图 4－5　家长工作单位性质与择校的关系

c. 工作在机关事业单位和国企的员工，无房也不妨碍其子女择校

尽管“最严入学新政”进一步限制了“以房择校”，但事实上，对部分不

通过学区房也能为子女择校的家长而言，该政策并不产生实际影响。机关事业单位和国企工作人员，即使没有购买住房，其子女择校的比例依然高于全市平均择校比例。在机关事业单位工作的没有购买住房的家长，子女择校比例为26.7%；在国有企业工作的没有购买住房的家长，子女择校比例为25.8%；在三资企业工作的没有购买住房的家长，子女择校比例为20.8%；在私/民营企业单位工作的没有购买住房的家长，子女择校比例仅为5.1%。

(3) 择校家庭所花的时间成本和经济成本更高

对上学途中(单程)所花时间的统计结果显示，就近入学的孩子中，31.2%在15分钟以下，85.1%在半小时以下，14.5%半小时到1小时，1小时以上的仅占0.2%。择校的孩子中，上学单程15分钟以下的为7.3%，半小时以下的为44.7%，半小时到1小时之间的为37.4%，1小时以上的为7.3%。

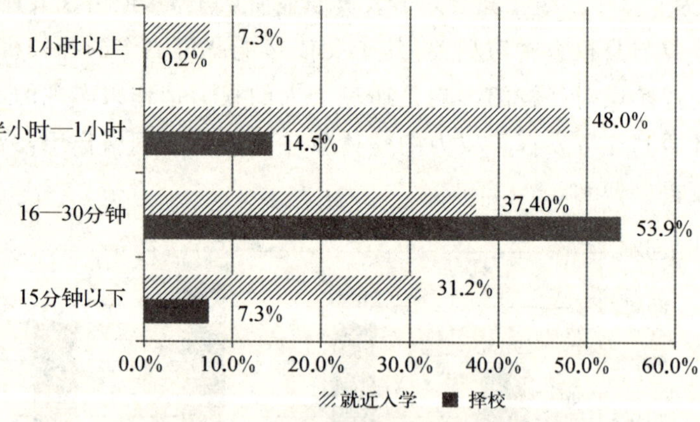

图4-6　上学所花时间与择校的关系

经济成本方面，就近入学的家庭每年用于孩子教育方面的支出占家庭收入比重15%以下的占37.6%，15%—30%的占48.3%，超过30%的占14.1%。择校的家庭每年用于孩子教育方面的支出占家庭收入比重15%以内的占17.1%，16%—30%的占67.5%，超过30%的占15.5%。据调查结果显示，选择择校的家庭年均收入为17.7万，就近入学家庭年收入为13.4万。因此，无论是实际教育支出还是教育支出占家庭收入比重，择校家庭都高于就近入学家庭。

（4）就近入学的家长更加认可学校的办学质量

调查结果显示，在孩子就近入学的家长中，79.9%表示学校的办学质量能满足孩子的需要，2.8%表示不太能满足。在孩子择校的家长中，83.7%表示学校的办学质量能满足孩子的需要，2.4%表示不太能满足。孩子择校和就近入学的家长对学校教育质量的评价没有显著性差异（$P=0.628>0.05$）。据早前对家长的一项调查显示，在考虑“哪些因素是选择学校时的重要因素”时，76.09%的家长表示会考虑“学校名气”。在择校过程中，存在家长因学校名气盲目跟风、舍近求远，但花费较大时间成本和经济成本换来的择校，事实上可能对孩子的教育成长并未有显著优势。

（5）义务教育资源均衡丰富的区域，家长对就近入学的满意度更高

随着上海义务教育均衡化的不断推进，新优质学校的推广，使得一些非名校的初中和小学在教育质量上有较大提升，并且由于更加宽松的学习氛围，获得了就近入学家长和学生较高的满意度。孩子就近入学、家住徐汇区的家长中有 97.5%表示学校的办学质量能满足孩子需要，这一比例在杨浦区为 91%，浦东新区为 88.4%，闵行区为 59.1%，松江区为 78.3%。徐汇区和杨浦区是上海义务教育资源丰富的区域，区内小学和初中教育水平普遍较高。因此义务教育资源的优质均衡是推动就近入学获得认可的重要前提。

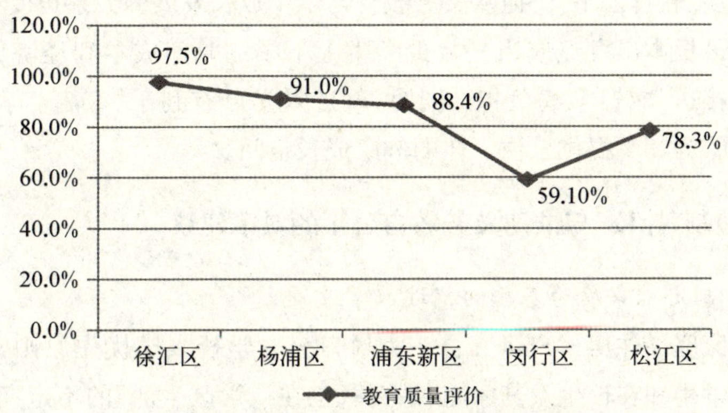

图 4－7　上海各区就近入学家庭对学校教育质量的评价

(四) 当前择校现象中存在的问题

1. 择校被标签化,简单等同于“以钱择校”、“以房择校”,公权力对就近入学政策的干预尚未引起足够重视

“最严入学新政”的目的是限制“以房择校”,对治理择校现象很难起到治本作用。事实上,能够承担每平方米 10 万元学区房的家庭在实际择校家庭中只占极少比例。在公办义务教育“择校”现象中,很大部分来自公权力作用下的“以权择校”。“以权择校”因其隐匿性使得在禁止择校的诸项规定下仍有操作空间,但对就近入学规定和教育部门公信力的破坏性远高于“以房择校”。

2. 治理择校思路“受制于房”,以家庭为基础的就近入学政策亟待出台

近期教育部和地方出台的各项就近入学政策都直指缓解学区房压力,以提高学区房落户年限来遏制择校的治理思路过于被动。检验是否择校的标准,不应仅限于户口挂满 3 年还是 5 年,而是学生及其家庭就学期间是否真正生活在所属学区。以此思路制定家庭为基础的就近入学政策,易于厘清以权、以钱、以房择校的乱象,政策扎紧口子、不留路子。

3. 就近入学完全等同于教育公平,淡化了就近入学“以人为本”的教育内涵

当前无论是政策定位还是媒体解读,就近入学的意义无一例外被诠释为推动“教育公平”。但从义务教育与学生成长发展的关系角度看,就近入学的最根本出发点应当是减少学生上下学的时间成本和经济成本,方便家长接送,减轻家庭负担。同时,就近入学更有利于“家庭—学校—社区”联动,为学生提供三位一体的健康成长空间。

(五) 遏制“择校”与推动义务教育公平的对策建议

1. 制定以家庭为基础的就近入学政策

以家庭—住房—户籍三合一为对口公办学校入学优先原则,增加对拟入学学生和在校生及其家庭“是否真正在该学区生活”的不定期抽查和评估,从源头上减少权力寻租空间。借鉴美国波士顿学校选择计划,学生

入学录取标准不但考虑家庭住所和步行上学的合理范围，更要以有利于亲子关系与家庭团聚为先。

2. 调动多元力量共同参与择校政策和法规的制定

“以权择校”所带来的公共危机，究其原因与没有明确的择校法规与制度不无关系，以权择校长期以来处于暗箱操作状态，没有得到任何的约束和监督。因此，要尽快制定有关学校选择的政策法规，对择校行为进行规范化管理，制定择校的具体操作规程等，这有利于社会力量和群众对政策实施进行有效监督，做到公平、公正与公开。

3. 疏堵结合，横向联手增加优质教育资源，拉动区域优质教育资源广覆盖

治理择校的根本在于能让学生就近上好学校。应当整合区域教育资源，鼓励名校办分校，新建城乡一体化学校，采取“学区制”、“一校多址”、“教育集团”等方式，拉动区域优质教育资源广覆盖。

4. 充分发挥学籍管理系统的监督作用，避免“权力任性”

通过小学和初中入学服务系统，将每一个学生的入学途径和方式全程记录，可公开查询，接受监督。根据学籍管理系统显示结果，凡机关事业单位工作人员子女通过择校进入公办学校就读的，本人将接受相关部门质询。

第 5 章　社会保障

一、研 究 背 景

作为保障人民生活、调节社会分配的基本国家制度，社会保障不仅是社会正常运行的“安全网”和“稳定器”，也是中国社会主义市场经济体制的重要组成部分。建立和完善与社会发展水平相适应的社会保障制度，对于保持经济改革和社会持续发展，全面实现小康社会，不仅具有十分重要的理论意义，也有着重要的战略价值。十八大提出，要统筹推进城乡社会保障体系建设，在坚持并巩固普惠性的基础上，进一步增强社会保障体系的公平性，让人民共享改革发展成果。从目前社会保障制度的整体发展状况看，一个具有中国特色、覆盖城乡居民的新型社会保障体系已经基本形成，然而，随着社会主义市场经济的不断深入发展，随之而来的问题也逐渐浮现，如保障水平存在差距、公平性和规范性有所欠缺、统筹层次不高、转移接续不畅等。作为对外开放的特大型国际化大都市，上海的社会保障体系建设同经济、社会发展一样，在全国都具有举足轻重的作用。通过实证调查，深入了解市民社会保障情况和面临的问题，对于进一步建设和完善社会保障体系具有积极的实践意义。

(一) 社会保障的基本概念

社会保障是一个非常古老的领域。因为自古以来，就总有一部分社会成员会因各种原因陷入生活困境，需要政府、社会或他人援助才能避免生存危机，各国政府为了维护社会稳定、缓和阶层矛盾，亦在很早以前就制定并实施过诸如救灾、济贫等方面的社会政策，如英国在 1601 年即颁布《济贫法》。19 世纪 80 年代，德国为适应工业社会的需要，率先建立现代社会保险制度。但“社会保障”一词的最早出现却是在美国 1935 年颁布的《社会保障法》中。此后，社会保障一词被国际组织及多数国家所接受，并逐渐成为以政府和社会为责任主体的福利保障制度的统称。由于社会保障受到政治、经济、社会乃至文化等诸多因素的影响，各国根据具体国情对社会保障的概念界定和实践落实也存在着很大差异。因此，当代世界对社会保障理论界定的多样化，同时也是各国国情差异与各国社会保障制度多样化相吻合的一种客观现象。有鉴于此，研究社会保障时，就很自然地需要综合运用政治学、经济学、社会学乃至哲学、伦理学等诸般知识①。

社会保障，由英语中“Social Security”翻译而来，亦可译为“社会安全”。对于什么是“社会保障”(Social Security)，学界历来存在着不同看法，一个主要的原因在于对这个词翻译上的不统一。和社会保障有关的词汇中，常见的有“社会保险”(Social Insurance)、“社会救助”(Social Assistance)、“社会福利”(Social Welfare)、“社会保障”(Social Security)和“社会保护”(Social Protection)等。

社会保险(Social Insurance)，是指国家通过立法确立的对社会成员给予物质帮助的各种措施的总称，主要包括对职工的工伤、残废、疾病、年老、失业、灾害等的保险。根据国家立法规定，每个参与社会劳动的人及其雇主都有义务缴纳法定数额的保险税，以便使他们在由于退休、失业、伤残、患病、灾害等原因丧失劳动能力或劳动机会时有资格领取保险金，从而维持和满足本人及其家人的基本生活需要。

社会救助(Social Assistance)，亦被译为“社会援助”，是指由国家主持并支付的慈善性保险项目。社会救助项目的受益者通常是那些无权享受社会保险的穷人，主要包括以下三类人群：由于各种原因从未参加过社会劳动的人群，享受社会保险后仍生活在贫困线以下的人群，残疾、高龄等特殊人群。在有些国家，社会救助项目的受益者是经过

① 郑功成：《社会保障学》，中央广播电视大学出版社 2004 年版，第 1 页。

收入调查而确定的贫困者。整体看,社会救助是一项社会的“兜底”计划,它的目的是使每个社会成员都能维持最低的生活水准,不致因贫穷而陷入绝境。

对社会福利(Social Welfare),有广义和狭义两种不同的看法。从广义看,社会福利和美国常用的“社会保护系统”(Social Protection System)有着类似之处,泛指由国家的社会政策决定的、包括非官方的一切具有福利性的服务在内的事业,如社会保险项目、社会救济项目、社会补助项目、社会服务项目、慈善事业、免费教育等。社会福利被看作包括社会各种因素的体系,或是一种社会状态。在欧洲和我国香港地区,比较通用的是上述广义的社会福利概念。从狭义看,社会福利是指由国家出资兴办的各项福利事业和发放的福利补贴,例如社会救助、社会补贴(包括老年服务等)。狭义的社会福利在社会保障的总支出中一般只占很小的比例。①

在中国,学者们基于中国的实际情况和各自的理解、认知对社会保障作了界定。陈良瑾立足于社会保障分配的方式和目的,认为社会保障是“国家和社会,通过国民收入的分配与再分配,依法对社会成员的基本生活权利予以保障的社会安全制度”②。郑秉文等从政治经济基础与社会保障的关系角度出发,将社会保障界定为“是与社会主义市场经济的体制基础相适应,国家和社会依法对社会成员基本生活予以保障的社会安全制度”③。郑功成等基于社会保障功能的视角,认为社会保障是“国家或社会依法建立的、具有经济福利性的、社会化的国民生活保障系统的统称,包括法定的社会救助、社会保险、社会福利、社会优抚系统和非法定的各种补充保障措施”④。

综合来看,社会保障主要包括以下几个要点:(1) 责任主体是国家和政府;(2) 目标是满足公民的基本生活需求;(3) 资金来源于国民收入的再分配;(4) 落实实施以相应的社会立法为保证和依据。

---

① 苏振芳:《社会保障概论》,中国审计出版社 2001 年版,第 1—3 页。
② 陈良谨:《社会保障教程》,知识出版社 1990 年版,第 5 页。
③ 郑秉文、和春雷:《社会保障分析导论》,法律出版社 2001 年版,第 3 页。
④ 郑功成:《中国社会保障演进的历史逻辑》,《中国人民大学学报》2014 年第 1 期。

(二) 社会保障制度的基本内涵

社会保障制度是从传统社会走向现代化国家的一种产物,是现代国家社会政策和社会立法的重要内容。由于社会制度、经济实力和文化背景等方面的差异性,各国的社会保障制度在政策取向、内容设计、衡量标准以及实施办法等均不尽相同,大致可以归为社会保险型模式、福利国家型模式、强制储蓄型模式、国家保障型模式等。

社会保险型模式,也称俾斯麦型社会保障模式,是最早出现的社会保障模式,因此也被称为传统型社会保障模式。这种模式以面向劳动者建立的各项社会保险制度为核心,以其他救助或福利性政策为补充,以此来构建满足社会成员需求的较完备的社会保障体系。此种模式的特点是重视权利与义务的对等,由国家、雇主、个人共同承担社会保障基金,有利于减轻政府财政负担;但因采取现收现付方式筹集社会保障资金,受人口年龄结构与人口就业比例等因素的影响大。采用这种模式的国家有德国、美国、日本、荷兰等。

福利国家型模式,也称贝弗里奇型社会保障模式,这种模式是由国家高度统一管理和支配社会保障体系,其特征是"三高""二性":高税收、高支出、高福利;全民性和公平性。此种模式强调了社会公平,促进了经济发展和社会稳定,但由于社会保障支出主要由国家财政负担,同时也面临着国家的财政负担过重的问题,并容易出现"养懒汉"现象。采用这种模式的主要是西欧、北欧国家,如英国、瑞典等。

强制储蓄型模式,也称储蓄保险模式,是一种个人缴纳保险费用的社会保险制度,在保险内容上主要是养老保障,退休者的养老保障权益来自其个人工作期间的缴费和积累。此种模式实际上是一种自助型的社会保障模式,强调自我责任,以个人负责制为基础,其长处是有利于激发劳动者的生产和保障积极性,既能减轻国家财政负担,也能避免人口年龄结构变化的困扰;然而,由于此模式缺乏互济性,不具备再分配和互助调剂的功能,也存在着难以落实社会公平原则的现实问题。采用这种模式的主要有新加坡等。

国家保障型模式,也称就业保障模式,是一种与就业相关联的社会保障制度模式。这种模式中国家保证全体劳动者享受社会保障,社会成员一旦就业就自动加入受保障的行列,其保障费用由国家和企业承担,个人无须缴费。此种模式是社会主义国家普遍采取过的保障模式,社会保障目标追求社会公平,但同时也存在明显缺陷,即此模式缺乏经济管理思路,庞大的社会保障支出成为国家与企业的巨大负担。采用这种模式的国家主要有苏联等。

从中国的具体情况看,20 世纪 50 年代初,国家颁布了《劳动保障条例》,实施了职工养老、医疗、工伤等制度,标志着我国社会保障制度的初步建立。之后,80 年代政府建立起较为完善的失业保障制度。进入 90 年代,随着社会主义市场经济体制的确立,政府进一步推进养老、失业、医疗保障制度建设,同时还设置下岗职工最低生活保障体系及社会离退休人员养老金按时发放制度,社会保障制度更加趋向完善。总体看,中国的社会保障制度属于国家保障型模式,但伴随社会的不断转型发展,内涵也有着变化的趋势。首先,1978 年以前,是社会保障制度初步建立时期,也是传统国家保障型阶段,这一阶段主要采取国家统一管理的模式。其次,80 年代中期至 90 年代中期,是社会保障制度全面改革时期,这一阶段,社会保障制度打破了传统“大锅饭”、“政府一揽子”的保障模式,建立了“以支定收,略存节余”的原则,社会保障制度由此进入社会统筹阶段。第三,90 年代中期以来,是社会保障制度的深入改革时期,这一阶段,结合国内经济、社会发展情况,社会保障制度过渡到“社会统筹或个人账户相结合”模式。

改革开放 30 年以来,中国的社会保障制度经历了从国家—单位保障制到国家—社会保障制的重要制度变革。在中国的改革发展进程中,社会保障改革既构成了整个改革事业的重要组成部分,同时也是维系整个改革事业顺利进行、国民经济持续发展和社会基本稳定的重要制度保障。[①]

我国社会保障制度的基本框架如图 5－1[②]。

---

① 郑功成:“从国家—单位保障制走向国家—社会保障制:30 年来中国社会保障改革与制度变迁”,《经济思想史评论》2009 年第 1 期。

② 郑功成:“中国社会保障改革与未来发展”,《中国人民大学学报》2014 年第 1 期。

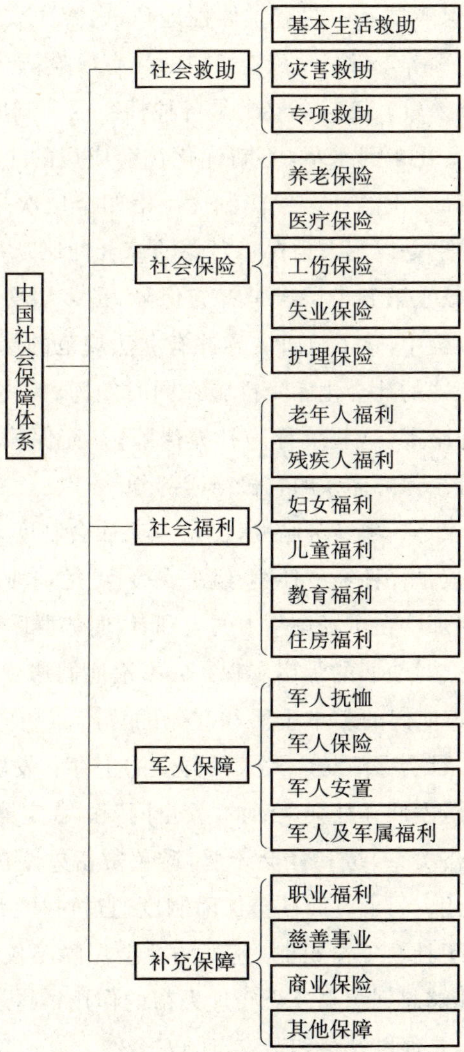

图 5－1　中国社会保障体系

总体看，我国的社会保障制度主要涵盖五个层次：第一个层次是社会救助制度，主要向因各种原因陷入生活困境的社会成员提供经济帮助，直接面向贫困或低收入阶层；社会救助制度是保证社会成员生存权利的基本防线，其资金来源主要是国家财政拨款。第二个层次是社会保险制度，主要面向劳动者，目的是减轻劳动者的负担，解除其后顾之忧；社会保险制度在中国社会保障体系中占有主体性地位,内容主要包括面向劳动者的五大基本保险,即养老、医疗、失业、工伤、生育保险;资金来源为政府、单位、个人三方共同筹资。第三个层次是各种社会福利制度,目的在于改善社会成员的物质文化生活水平,不断优化社会成员的生活质量,因此,社会福利制度是最高层次的社会保障制度。第四个层次是军人保障,是面向军人的特殊制度,是以军人为保障对象的综合性保障系统,资金主要来源于国家财政拨款。第五个层次是补充保障,是多层次社会保障体系的具体体现,现代社会中,除了政府主导并有立法规范的基本社会保障制度外,还有一些非正式的社会化保障措施在同时发挥着社会保障的作用,如企业年金、商业保险等,这些统称为补充保障;补充保障体系目前正在发展中,也是现代社会保障体系的有机组成部分。

社会保障不仅是一项经济制度,还是一项社会制度,是社会的基础建设。社会保障不仅是一种经济补偿、经济支援,更是一种社会补偿、社会关怀、社会支援。对那些在市场竞争中的失利者、弱势群体和边缘群体而言,社会保障表示社会对他们的承诺和保护:不论他们遇到多大的困难和风险,社会承诺保障他们的基本生活和起码的尊严。① 作为现代社会文明的重要标志之一,社会保障与广大人民群众的生存和发展密切相关,是一个国家或地区经济发展和社会生活的“安全网”和“稳定器”。一方面,社会保障可以调节经济关系,缓和社会矛盾,避免贫富差距过大,发挥着社会发展稳定器的作用。另一方面社会保障制度通过对社会成员基本生活需求的保障建立起了社会安全机制,完善的社会保障不仅具有抵御社会风险的功能,而且能够起到缓和公众心理失衡的作用,对提升公众的安全感受具有积极意义,是促进社会和谐安定的安全网。

二、调查框架设计

上海是我国社会保障制度相对比较完善的地区之一。在经济高速发

① 景天魁:“社会保障:公平社会的基础”,《中国社会科学院研究生院学报》2006 年第 6 期。

展的同时，上海坚持“全覆盖、保基本、多层次、可持续”的方针，不断扩大社会保障覆盖面，社会保障水平也在不断提高。然而，伴随城市转型发展而来的流动人口增加、贫富差距扩大等社会问题，也对上海的社会保障提出了新的挑战。为进一步了解上海市民的社会保障情况，本报告的民生民意调查特别对市民社会保障的覆盖率、使用情况以及市民对现有社会保障制度的主观评价等进行了调查。调查主要包括覆盖率、参与率、享受率和满意度四个维度。在覆盖率指标中，以基本社会保险为主线，具体测量“五险一金”，即养老保险、医疗保险、失业保险工伤保险、生育保险、住房公积金的覆盖比率；在参与率指标中，主要测量市民补充保障的参与率，具体包括补充社保和商业保险两个项目；在享受率指标中，实际使用行为为主线，具体包括社会保险、社会救济和住房保障三大类共 13 种社会保障类型；在满意度指标中，主要测量市民对现有社会保障制度的主观评价。

表 5-1　市民社会保障调查维度及相关内容

覆盖率	养老保险、医疗保险、失业保险、工伤保险、生育保险、住房公积金
参与率	补充社保、商业保险
享受率	社会保险、社会救济、住房保障
满意度	对现有社会保障制度的主观评价

三、主要调查结论

(一)“五险一金”覆盖率调查结论

1.“五险一金”的总体覆盖率较高；上海户籍居民的覆盖率明显高于非上海户籍居民

从整体看，与普通市民最为相关的社会保险制度是“五险一金”，即养老保险、医疗保险、失业保险、工伤保险、生育保险和住房公积金。调查结果显示，上海居民的基本养老和基本医保的参保率最高，分别达到 94.3%和 93.5%；其次为住房公积金交金率，为 86.1%；然后为失业保险和工伤保险，参保率分别为 83.3%和 70.0%，而生育保险的参保率最

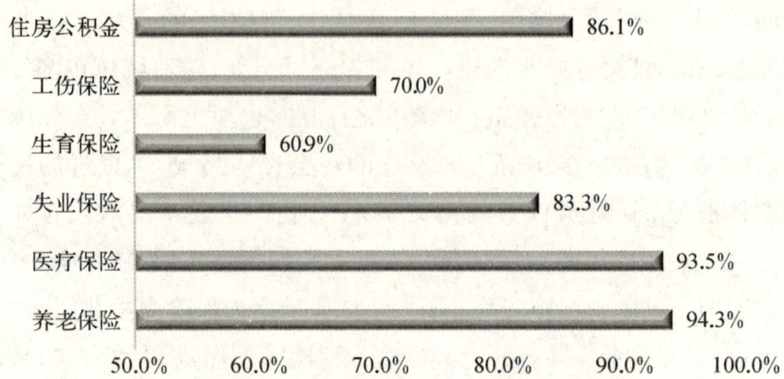

图 5-2 上海市民"五金一险"的覆盖率

低，为 60.9%[①]。上述数据显示，上海市民"五险一金"的覆盖率整体处于较高水平。

进一步分析数据发现，上海户籍居民的"五险一金"覆盖率明显高于外来人口。就上海户籍居民来看，其基本养老保险和基本医疗保险覆盖率达到 97%左右，住房公积金覆盖率达到 92.9%，几乎全覆盖上海户籍居民。然而，非上海户籍居民的"五险一金"覆盖率明显低于上海户籍居民，两者相差几乎在 20%以上，尤其是住房公积金的差距更达到 40%。这一

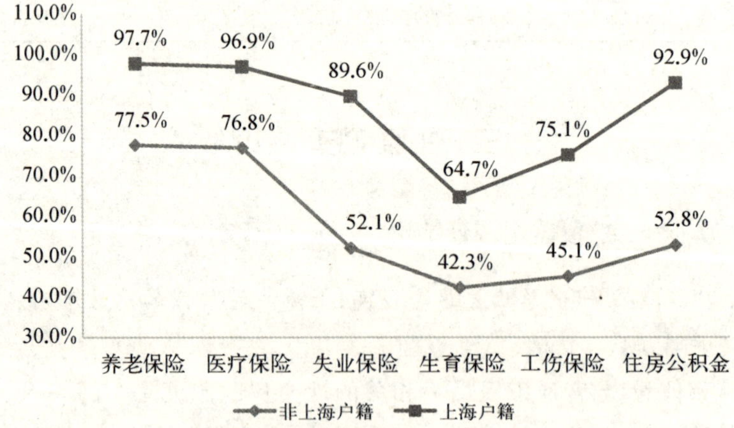

图 5-3 上海户籍居民与外来人口"五金一险"覆盖率比较

① 访谈发现，部分上海市民并不了解自己生育保险的加入情况，甚至有市民认为只有女性才需要交生育保险，因此此次生育保险参保率的数据可能低于实际水平。

差距可能是因为社保制度依然与户籍所在地挂钩有关，也可能与部分外来人口的流动性大，教育程度低，多就职于劳动保障差的非正规单位有关。

2. 私/民企职工的“五金一险”覆盖率明显低于其他单位职工

数据分析显示，不同性质单位职工的社保参保率有所不同，其中机关事业单位、国有企业单位和三资企业职工的“五金一险”覆盖率相差不大，但私/民营企业职工的参保率明显较低。具体来看，私/民营企业职工养老保险、医疗保险、失业保险、工伤保险、生育保险的参保率分别为88.6%、87.9%、73.0%、54.0%、57.5%，住房公积金的交金率为77.5%，相比其他机关事业单位、国有企业单位、三资企业平均要低10个百分点左右。这可能是由于私/民营企业大多为中小企业，为了减少企业支出，会有意回避职工的参保需求。因此，如何平衡中小企业的交金负担与职工的合法利益，将是未来社保制度改革的方向。

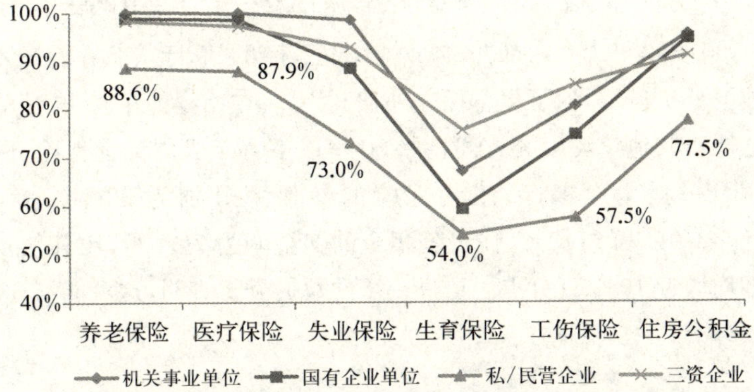

图5-4　上海不同单位职工“五金一险”覆盖率比较

3. 教育程度对“五险一金”的参保率有显著影响作用，高学历者群体的覆盖率明显高于低学历者群体

分析发现，高学历者（受过本科及以上教育的从业人员）的养老保险、医疗保险、失业保险、生育保险、工伤保险的参保率分别为100.0%、98.7%、90.7%、59.3%、74.2%，住房公积金的交金率为94.5%，而低学历者（教育程度为初中及以下的从业人员）的参保率仅为72.9%、72.9%、56.3%、43.8%、50.0%，住房公积金的交金率也仅为56.3%。从中可以看出，高学历群体中“五险一金”的覆盖率明显高于低学历群

体，两者间的差距颇大。造成如此结果的原因可能是，高学历者因人力资本较高而有更多职业选择机会，从而享有更好的劳动条件和劳动权益保障。

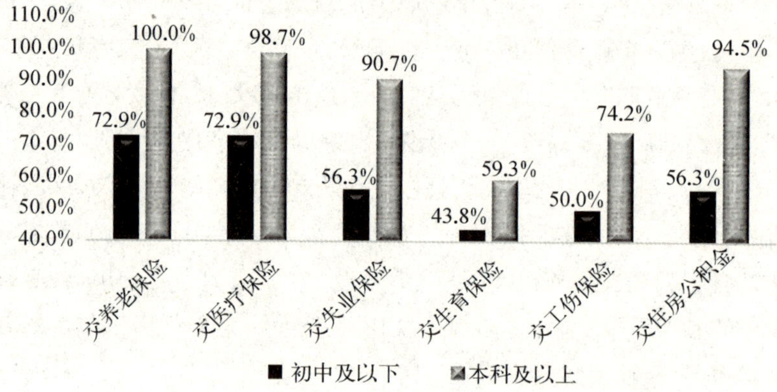

图 5－5　上海不同教育程度群体“五金一险”参保率比较

4. 30 岁以下青年人的“五险一金”覆盖率明显低于其他年龄段人群

数据分析显示，除了生育保险外，30 岁以下青年人“五金一险”的覆盖率明显低于其他年龄段的人群。如 30 岁以下青年人的养老保险、医疗保险、失业保险、生育保险、工伤保险的参保率分别为 88.5％、88.0％、73.4％、62.0％和 61.5％，住房公积金的交金率为 76.6％，比其他年龄段群体平均低近 10 个百分点。更进一步的数据分析表明，这可能与 30 岁以

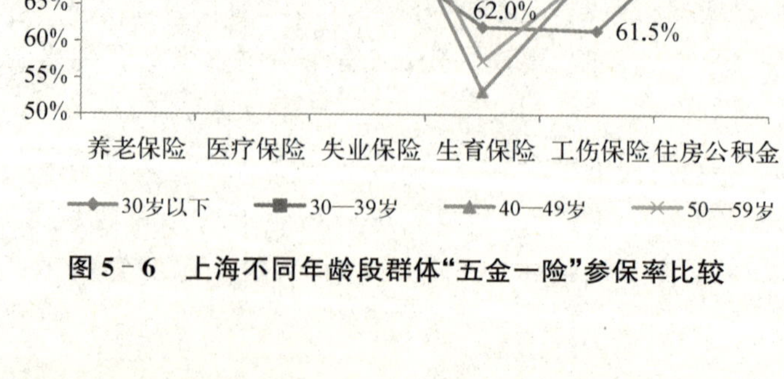

图 5－6　上海不同年龄段群体“五金一险”参保率比较

下的青年人，大多职业竞争力较弱，就业于私/民营企业，其合法权益受到侵害的比例相对较高有关。统计显示，30 岁以下青年人中有 52.5%在私/民营企业就职。

(二) 补充社会保险参与率调查结论

1. 约四分之一的职工拥有补充社保金

众所周知，除了基本社会保险(所谓“四金”或“五金”)以外，单位的隐性福利还表现为补充社保金，具体包括补充养老金、补充医疗保险、补充公积金等。调查显示，在职职工中表示没有任何补充社保金的群体比例为 75.4%，这表明，有四分之一的在职职工交纳了补充社保金。具体来看，有 19.8%的职工单位为其交纳了补充医疗保险，有 21.4%的职工单位为其交纳了补充公积金，单位缴纳补充养老金的职工比例也有 19.5%。

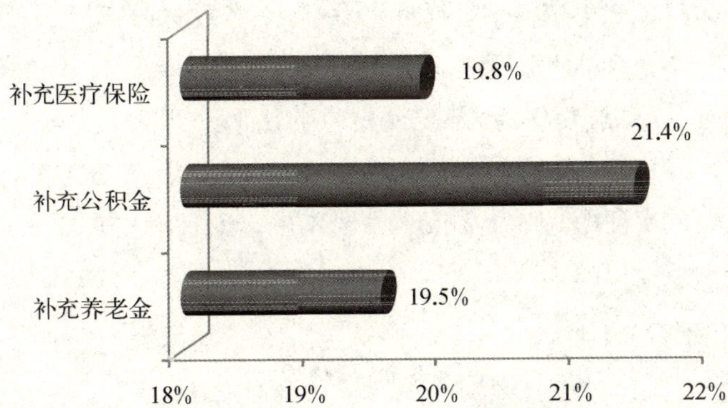

图 5－7　上海职工缴纳补充社保金的比例

2. 近半数三资企业职工享有补充社保金；高学历群体中约三成拥有补充社保金

对就职单位的比较分析表明，三资企业职工的补充社保拥有率最多，达到 44.4%，这也意味着近半数的三资企业职工享有补充社保金，平均高于其他单位的职工近 30 个百分点。这表明，三资企业职工不但工资性收入最高，其他的社保福利也最高，而机关事业单位和国有企业单位在这方面并无优势。

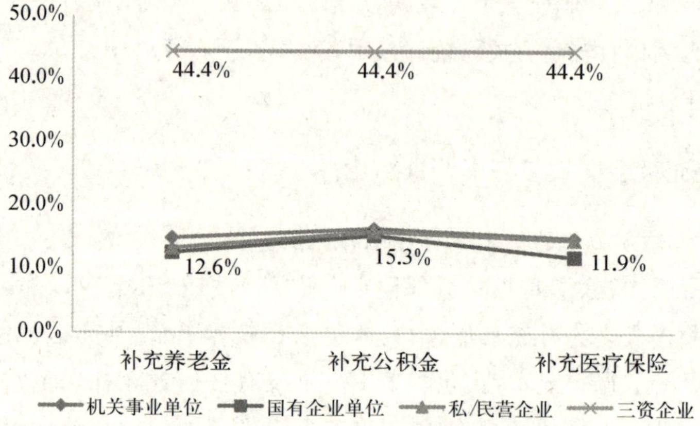

图 5-8 上海不同性质单位职工参与补充社保金的比较

分析发现,教育程度对拥有补充社保金具有显著影响作用,相比较低学历群体,高学历群体的补充社保参与率明显要高。如教育程度为初中及以下学历群体中单位缴纳补充养老金、补充医疗保险、补充公积金的比例为 4.2%、2.1%、2.1%,高中或中专、职校与技校学历群体中单位缴纳补充养老金、补充医疗保险、补充公积金的比例为 9.5%、10.6%、9.8%,而大专以上学历群体中单位缴纳上述补充社保金的比例基本上都在 25%左右。这也再次证明高学历者因人力资本较高而拥有更多职业选择以及更好的劳动权益保障。

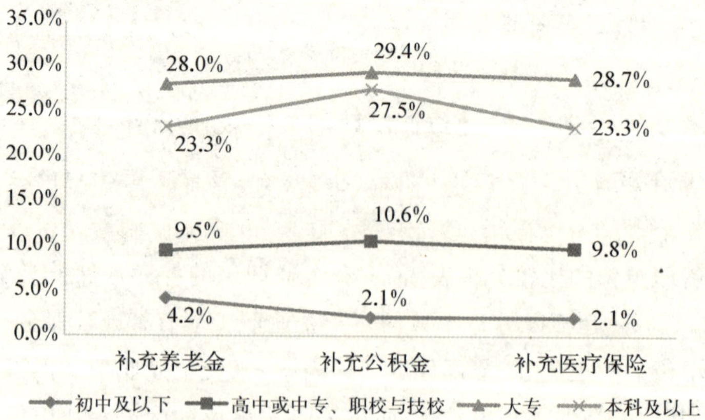

图 5-9 上海不同教育程度群体参与补充社保金的比较

3. 市民商业保险的参与比例不高

调查发现,上海市民主动购买商业保险的比例不高。数据显示,除了社会基本保险外,有79.5%的市民表示没有购买任何商业保险,即市民为自己购买商业保险的比例并不高。在购买过商业保险的群体中,购买养老(人寿保险)的比例相对较高,为14.7%;而购买医疗保险的比例相对较低,仅5.8%,远远低于发达国家的购买比例。这可能既与我国存钱养老、养儿防老的传统观念有关,也可能与目前我国商业保险业缺乏规范管理,市民对于商业保险带有一定“负面印象”有关。

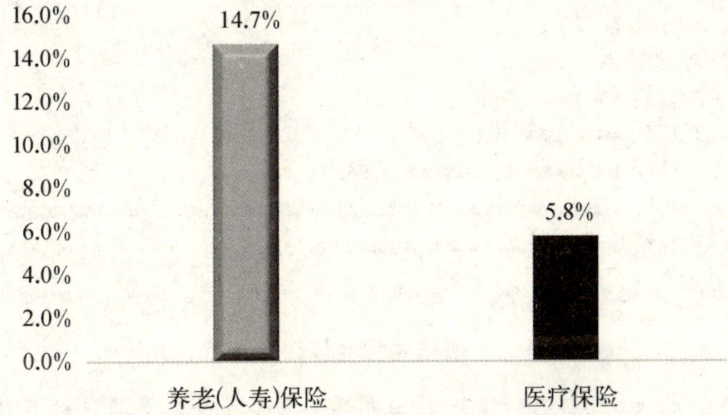

图5-10 上海市民购买商业保险的比例

(三) 市民社会保障使用率调查结论

1. 四分之一的居民从未使用过任何社会保障服务;“五金一险”中基本医疗保险的使用率最高,生育保险的使用率最低;两成居民使用过住房公积金

调查显示,有25%的上海居民从未使用过任何社会保障服务,这也表明有超过七成的市民使用过社会保障服务,可见社保制度在百姓生活中发挥着实质性作用。

具体分析发现,各类社会保障项目的使用率差别甚大。以“五金一险”为例,基本医疗保险的使用率最高,达到66.1%;其次是基本养老保险,为33.2%;第三是失业保险,为25.4%;然后是住房公积金,为21.5%;之后是工伤保险和生育保险,分别为10.0%和8.4%。

其他社会救助服务，如教育救助(助学金)、生活困难补助、大病医疗救助等的使用率都较低，主要是因为这些社保制度针对的是特殊人群。在住房保障项目中，有1.2%的居民表示使用了廉租房、公租房保障，有0.7%的居民表示使用了经济适用房制度。

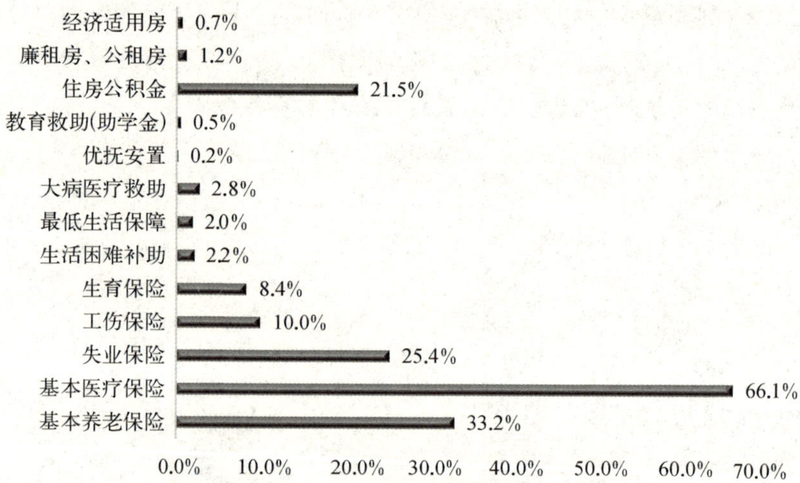

图5-11　上海居民社会保障服务的使用率

2. 年龄越大，基本医疗保险的使用率越高；上海户籍居民的基本医疗保险使用率明显高于外来人口；已婚群体的基本医疗保险使用率高于未婚群体

不同年龄群体对基本医疗保险的使用情况有一定差异。调查显示，年龄越大，基本医疗保险的使用率越高。60岁以上居民使用基本医疗保险的比例为80.0%，比30岁以下居民要高24.1个百分点。30—39岁、

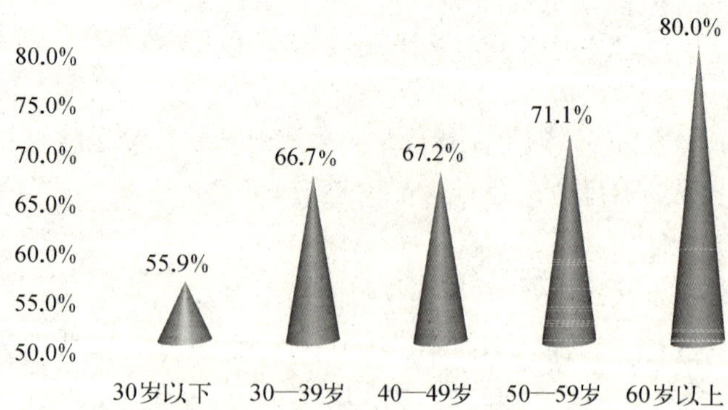

图5-12　上海不同年龄群体基本医疗保险的使用率比较

40—49 岁、50—59 岁居民的基本医疗保险使用率差别不大，基本在七成左右。伴随上海人口老龄化的加剧，医疗保险的负担增加也可以预见，妥善解决市民的医疗保障问题和健康服务问题将成为政府的一大课题。

数据分析发现，上海户籍居民的基本医疗保险的使用率要高于外来人口，如上海户籍居民基本医疗保险的使用比例为 70.3%，而非上海户籍居民基本医疗保险的使用例为 51.1%，两者相差 19.2 个百分点。这应该与非上海户籍居民的基本社保参与率低有直接关系。此外，已婚居民的基本医疗保险的使用率高于未婚居民，如已婚居民基本医疗保险的使用比例为 68.6%，未婚居民基本医疗保险的使用比例为 57.0%，两者相差 11.6 个百分点。这可能是与未婚居民的年龄普遍较低有关，一般而言，年轻人的身体状况相对会比较健康，去医院的比例也相对较低。

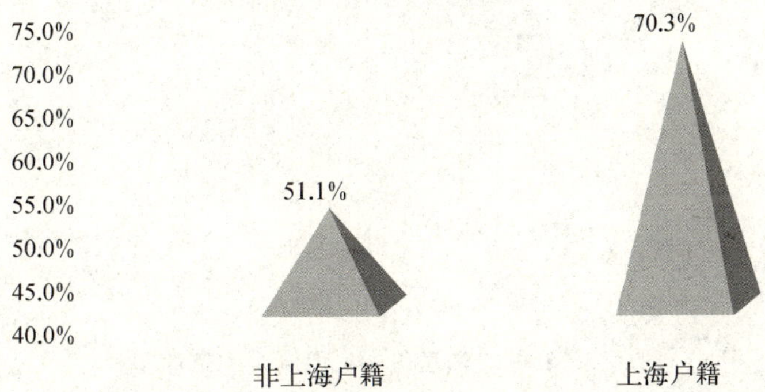

图 5－13　上海户籍居民与非上海户籍居民基本医疗保险的使用率比较

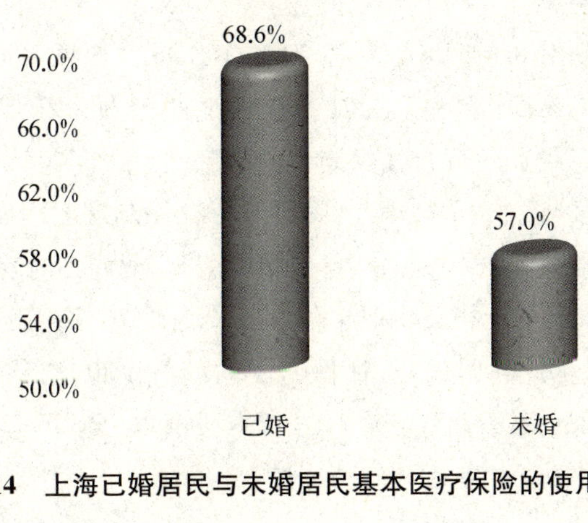

图 5－14　上海已婚居民与未婚居民基本医疗保险的使用率比较

(四) 社会保障制度满意度调查结论

1. 超七成居民认可现行社会保障制度

调查针对居民对于现行社会保障制度的主体评价进行提问。数据显示,上海居民对现行社会基本保障制度表示非常满意、比较满意、说不清、不太满意和很不满意的比例分别为5.9%、67.8%、18.9%、6.3%和1.1%,满意度为73.7%(非常满意+比较满意),不满意度为7.4%(不太满意+很不满意)。这也表明,超过七成居民认可现行的社保制度。

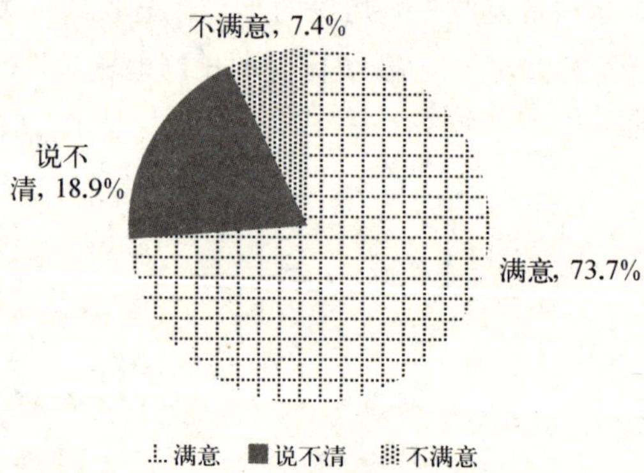

图 5-15　上海居民对社保制度的满意度

2. 非上海户籍、私/民营企业职工和低学历群体,成为对社保制度的不满意的主要群体

正由前文所分析的,因为户籍不同、工作单位性质不同、教育程度不同,居民的社保参保比例和享受补充社保金的比例有着明显差异,因此,这也直接影响着他们对现行社保制度的满意度。

数据分析发现,非上海户籍居民对现行社保制度的满意度是60.4%,低于上海户籍居民17.1个百分点;而私/民营企业职工对现行社保制度的满意度为71.7%,低于机关事业单位和三资企业10多个百分点。

此外,学历越低的居民,对社保制度的满意度也越低,如初中及以下学历群体对社保的满意度为54.6%,而本科及以上学历群体对社保的满意度为84.1%,两者相差近30个百分点。

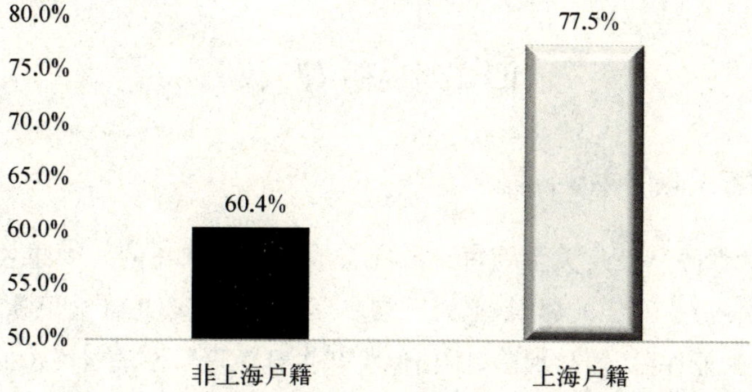

图 5－16　上海不同户籍居民对社保制度的满意度

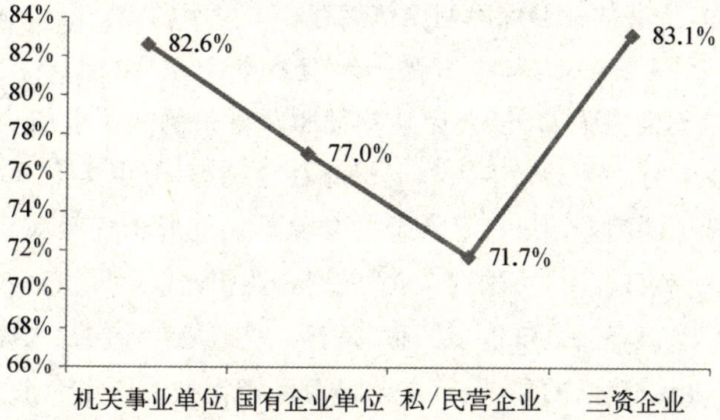

图 5－17　上海不同单位居民对社保制度的满意度

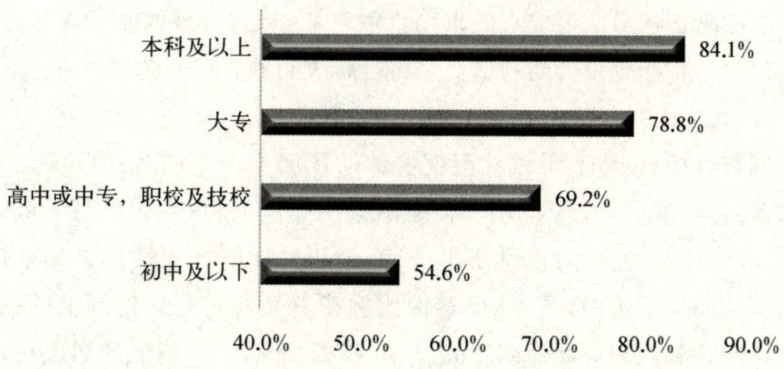

图 5－18　上海不同教育程度居民对社保制度的满意度

四、对 策 建 议

(一) 调查反映的主要问题

社会保障制度是关系到每一位社会成员切身利益的一项重要的社会制度。经过近30年的探索,上海已初步形成以城镇职工社会保险(包括养老保险、失业保险、医疗保险、工伤保险和生育保险),城镇居民最低生活保障和农村社会保障为主要内容的社会保障体系框架;与此同时,社会保障管理体制不断完善,社会保障的覆盖面不断扩大,社会保障的水平也不断提升。然而,上海的社会保障制度依然存在不少问题。

1. 私营/民营企业职工"五金一险"覆盖率低

1999年国务院发布《社会保险费征缴暂行条例》,要求加快把非公有制企业职工和外来劳动力纳入养老保险社会统筹,但事实上,由于种种制度上和管理上的问题,私/民营企业的参保率始终处于较低水平。调查结果显示,与机关事业单位、国有企业、三资企业相比较,私/民营企业职工的"五金一险"参保率明显低许多。私/民营企业拒绝参保的最大原因是为了减少企业支出。我国的私/民营企业以劳动密集型的中小企业为主,低廉的人工成本是其最大的竞争优势。社会保险费是企业人工成本的重要组成部分,企业参保必然加大人口成本开支,因此,不少私/民营企业依靠逃避社会保险责任换取低成本的市场竞争力①。通过合理的制度设计,构建社会保险与企业竞争力的和谐关系将是解决问题的唯一途径。

2. 低学历群体成为社会保障的弱势群体

调查分析显示,不同教育程度群体的社保参保率以及社保满意度具有显著差异,整体看,高学历群体中"五险一金"的覆盖率明显高于低学历群体;与此同时,相比较低学历群体,高学历群体的补充社保参与率也明显要高。而低学历群体在社保参保比例和享受补充社保比例上的劣势,也直接影响到他们对社保制度的态度,调查发现,学历越低的居民对现行

① 顾文静:"社会保险扩面对私营企业竞争力的影响",《当代经济研究》2006年第6期。

社保制度的满意度也越低。国内外的诸多研究结果显示，受教育水平越高的人收入越高，这是因为高学历带来的高素质能使个体在职业选择上更为广泛和高端，而此结果会直接关系到劳动权益。这也揭示了低学历群体之所以成为社会保障的弱势群体的原因：高学历者因人力资本较高而有更多机会从事正规职业，其劳动权益能得到较好的保障；而低学历者则因人力资本贫乏而大多只能进入非正规就业渠道，这也导致他们的正当劳动权益无法得到很好的维护。如何将教育保障引入社会保障体系，通过推进面向成年人的终身教育体系的构建，切实保障低学历群体的社会保障权益是政府必须推进的工作。

3. 非上海户籍居民的社会保险参保率普遍较低

一个值得注意的结果是，上海户籍居民的社保覆盖率明显高于非上海户籍居民。就上海户籍居民来看，其基本养老保险、基本医疗保险、住房公积金的覆盖率都达到九成以上，几乎实现了全覆盖。然而，非上海户籍居民的覆盖率明显低许多，尤其是住房公积金的差距更是几乎接近一倍。造成这一差距的原因有多种，一方面可能是因为目前社保制度依然与户籍所在地挂钩，社保跨区转移接续难，非上海户籍居民自身参与社保的积极性不高，如此政策设计得不合理导致部分非上海户籍居民的社会保障缺失；另一方面，非上海户籍居民中有相当部分属于流动人口，由于自身的高度流动性和低教育程度等客观因素，导致其工作稳定性差、劳动和生活条件差，普遍存在劳动合同签订率低、社会保险参加率低等问题。而社会保障作为经济社会的“安全网”、“稳定器”，是政府提供的公共产品之一，不论是上海户籍居民还是非上海户籍居民，都应成为享受的主体。把非上海户籍居民的社会保障问题纳入城市建设规划，积极构建全民基本保障是下一阶段社会发展的重点任务之一。

4. 上海市民商业保险参与率处于低迷状态

2010 年，温家宝总理在政府工作报告中提到，社会保障作为改善民生的一个关键环节，需要我们不断扩大社会保障的覆盖面，不断提高社会保障的程度，使社会保障主体和方式更加多元化，加快构建更加完善的社会保障安全网。而发挥商业保险的社会管理作用，将其作为社会保障体系的重要补充，则是推动社会保障体系良性发展的有效途径。但从实际情况看,我国居民购买商业保险的整体比例很低。2012 年,西南财经大学中国家庭金融调查与研究中心以全国 25 个省份为对象的调查结果显示,我国 90%以上的家庭未购买商业保险[①]。而本报告的调查数据也表明,八成的上海市民没有购买任何商业保险。通过政策引导等方式积极推动商业保险要在社会保障体系建设中发挥重要支柱作用,应成为上海社会保障体系建设的一个重点。

(二) 对策与建议

社会保障制度是考察和评价一座城市经济发展、制度环境建设和社会管理运作状况的重要指标。上海是较早尝试建立现代社会保障事业的城市之一,为中国探索构建社会保障体系提供了实践经验和发展思路,而上海社会保障事业的健康成长,也成为这座城市持续发展的有力见证。但同时,伴随着经济体制转轨、产业结构大幅度调整以及人口老龄化等趋势,随之而来的社会保障问题也逐渐浮现。进一步完善社会保障体系,建立和完善与经济发展水平相适应的社会保障制度,对于上海的经济改革和社会发展,不仅具有十分重要的理论和现实意义,也有着重要的战略意义。本报告基于调查的结果,对上海社会保障领域提出以下建议。

1. 进一步完善社会保障制度建设

到 2012 年,我国已开创性地实现城乡居民基本养老和基本医疗保障的制度全覆盖。但制度全覆盖不等于实际全覆盖,从实际情况看,在城镇广大地区仍有相当一部分群体游离于社会保障体系之外,如一些非公经济组织的从业人员、个体经营者、灵活就业者、农民工以及被征地的农民等[②]。而调查也发现,外来流动人口成为上海社会保障的弱势群体:覆盖率低、参与率低、满意度低。被社会保障排除在外的流动人口群体中很大部分是上述失业风险比较高的非正规部门的劳动者,其工作稳定性差,工资待遇低,劳动和生活条件差,普遍存在劳动合同签订率低、社会保险参加率低等问题,本应是最该予以社会保障的对象群体之一;然而,现有社

① 光明网:《〈全国首份中国家庭金融调查报告〉发布》. http://economy.gmw.cn/2012-05/14/content_4142290.htm.

② 韩玉玲:《社会保障如何缩小收入差距》,《光明日报》2015 年 2 月 25 日。

会保险覆盖面的有限性却把这部分群体摒弃在保障之外，极大削弱了社会保障对收入分配调节功能的发挥。为此，政府应该遵循公平、共享、统筹、渐进的原则，设计采取更加灵活便捷的参保方式，提高统筹层次，尽早实现“人人享有社会保障”。

首先，应淡化户籍制度与社会保险的挂钩，建立城镇流动人口规范的用工制度，将非户籍、有稳定工作的常住人口积极纳入基本养老及医疗、工伤保险、失业保险、生育保险和重大疾病等基本的社会保障体系。而对外来流动人口则可通过提供工伤保险、医疗保险及其他相应的社会救助方式保障其基本生存权利。其次，应积极推进流动人口的个人社保账户制度，加快推动构建流动人口个人账户与城市(农村)居民社会保障体系的合并使用机制，提高流动人口社会保险的参保率，提升流动人口的社会保障力度。第三，应进一步推进社保制度城乡一体化，合理统筹社会保障资金，让城乡居民享受平等的社会保障待遇。

2. 加大社会保障资金投入力度

伴随上海常住人口的持续增加以及市民对社会保障需求的不断提升，上海社会保障的压力也在不断的扩大。而另一个对上海社会保障提出巨大挑战的现实问题是，人口结构老龄化的不断加剧。上海是中国最早进入老龄化的城市，其过程主要呈现速度快、数量大、趋势显著和未富先老四大特征。如此的城市特征也为社会保障带来新的挑战，特别是面临养老、医疗等社会保障的巨大压力。根据卫生和计划生育委员会的数据显示，截至2014年底，我国65岁以上老年人达到1.3亿多，65岁老年人慢性病患病率达53%左右，医疗费用支出是年轻人的3倍，占医疗总费用的30%—35%。调查也发现，伴随年龄的增长，对医疗服务的需求和使用都呈上升趋势。在未来社会保障压力不断加大的社会背景下，如何切实保障社会保障体系的运作是政府必须面对的挑战。

任何一个保障体系的成功运行都离不开资金上的支持。社会保障资金是社会保障制度建立、发展和运行的基础，是社会保障制度实现其收入再分配功能的基础，也是社会保障制度运行的中心环节。政府在社保资金的筹集过程中具有导向作用，不仅要对公民收入进行合理分配，更应该选择适当的筹资模式，充分调动起民间筹资的积极性，拓宽政府的融资渠道，为社会保障体系提供一个强有力的支撑。一是加大政府投入，增加财政支出中用于社会保障支出的比例，努力实现社会保障资金稳步递增，改善因资金不足造成的政策优惠不够，社会福利不足，社会保险得不到保障的情况。二是拓宽资金渠道，政府应积极探索社保资金的多样化，制定切实可行的操作方案，通过融资筹资渠道等方式让社会资金进入相应的社保基金，丰富社会保障资金来源。三是加强社会保障基金筹集和监管。社保基金是社会保险体系的物质基础，政府应加强对基金的征缴责任和管理责任，发挥专门监督、社会监督和舆论监督多方位监督作用，防范和化解社保基金管理风险，确保社保基金运作的安全与完整。

3. 加强帮助弱势群体向上流动的继续教育

教育是民生之基础，教育程度不仅决定着个体的发展机会，也决定着国家未来发展的可能性。调查结果显示，个体的教育程度与基本社会保险的覆盖率、补充保险的参与率有着显著的相关关系，这可能与其从事的工作有关。换言之，教育程度越高，个体可能从事的工作层次就越高，其收入待遇也越高，而其享有的社会保障也越充分。

社会流动是一种普遍的社会现象。社会学上的社会流动一般是指社会成员或社会群体在社会分层结构中的地位变化和角色转换，即从一个阶级、阶层或职业转换到另一个阶级、阶层或职业的现象。教育是社会阶层向上流动的重要阶梯。现代社会的发展对生产劳动中技术和知识的要求越来越高，相应地，也要求劳动者必须具有更高的职业教育水平和技能，不符合者，则将在职场上处于不利地位，被迫选择一些层次低、待遇差的小企业或是非正规单位，面临着机会不平等和权利不平等。因此，通过职业教育、培训等继续教育使弱势群体获得知识和技能，是促进其获得合适的职业、实现向上流动的有效途径。从这一点来看，对弱势群体来说，职业教育和培训是一种生存教育，为弱势群体提供了生活的安全网。具体来看，应该从两个层面加强。第一，加强面向待业/失业人员、农民工、失地农民、低保人员等群体的免费职业培训和职业指导，并通过将积极求职和参加培训作为领取失业救济金等机制促进失业人员的主动参与；第二，通过构建政府、企业、社会、个人合理分担教育成本机制，鼓励一般劳动者主动参与职业教育和培训，投资终身学习，提升自身素养。

4. 进一步完善社会保险体系

由于我国人口众多,社会保障制度在建立初期遵循的主要原则是广覆盖和低水平,因此在一定程度上只能够满足基本的养老医疗等保障需求。作为社会生活的普遍性需求,社会保障应当多方面、多层次发展,在发展过程中要逐渐扩大覆盖面,满足多阶层、多样性的需求。对此,温家宝总理在2010年的政府工作报告中特别指出:要充分发挥商业保险在社会保障体系中的重要补充作用;基本需求层次的保障可以由社会保险覆盖,而有条件的人超过社会保险保障程度的需求则可以通过商业保险来实现。这也意味着,将商业保险、企业年金等补充保险制度积极纳入社会保险体系,将是进一步完善我国社会保障体系的重要步骤。

从国际上看,在美国的养老保险体系中,40%由社会保险负担,40%依靠企业年金,20%依靠个人购买商业保险,可见补充保险制度的普及性。以商业保险、企业年金为代表的补充保险是市场经济条件下风险管理的基本手段,也是我国金融体系和社会保障体系的重要组成部分。然而,从实际情况看,补充社会保险在我国的覆盖率还相当低。调查显示,即便上海这样的大城市,市民购买商业保险的比例也只有两成。积极推进保险事业的多元化健康发展,推动形成商业保险和基本社会保险的衔接互补,进一步推进多层系社会保险体系构建是未来政府需要着力的方向之一。一方面,中国的商业保险市场起步较晚,尚处于初级发展阶段,市场发育并不充分,不仅表现在消费者对于商业保险的认知度和认可度较低,也表现在商业保险的品种单一,条款设计的合理性欠缺、销售过程的规范性差等方面。因此政府应积极加强对保险市场的监督管理,为商业保险的运营创造良好的市场环境。另一方面,政府也可以通过积极的政策导向,如政府可以通过向个人养老保障、老年医疗保障等项目提供税收优惠等政策支持,对保险公司试行一定的宏观调控,有效推进其在社会保障体系中的地位和作用。

第 6 章　医疗健康

我国正在进入一个社会经济繁荣与居民健康退化如影相随的时期，人民群众看病难、看病贵的问题日益突出，以及由此而形成的"医生、医院、医药"的三医问题，已经成为不亚于"三农"问题的社会一大弊病。居民的健康，不仅关系到个人和家庭的生活质量，更是社会生产力的具体体现。居民的健康水平，一方面与社会医疗服水平高度相关，另一方面也与自身的健康意识高度相关。而公共医疗制度除了为居民提供最基本的医疗服务外，也应有增强居民疾病防治和健康保健意识的宣传功能。本报告中的医疗健康调查，既包括公共医疗服务，也包括个人健康意识和公共卫生服务三方面内容。

一、研 究 背 景

(一) 公共医疗卫生服务相关研究

公共医疗卫生服务的理论基础是公共产品理论。狭义的公共产品是指具有非竞争性和非排他性的产品。广义的公共产品是指具有非排他性或非竞争性的产品，包括纯公共产品、俱乐部产品与公共池塘资源三大类。萨缪尔森、布坎南和奥斯特罗姆等指出了广义公共产品面临的典型问题，如搭便车问题、排他成本问题、公地悲剧问题、融资与分配问题，并基于不同的产品分类及其面临的问题，提出了相应的理论模型，如纯公共产品理论、俱乐部理论和公共池塘资源理论。近期广义公共产品的研究重心转向了供给问题,政府供给、私人供给、自愿供给与联合供给及各供给方式的匹配与融合是广义公共产品的基本供给方式。基于公共医疗卫生服务理论的观点,政府应在医疗卫生服务供给中承担不可推卸的责任。这一点得到国内外研究者的一致认同。

在国外,学者聚焦政府应如何提供公共医疗卫生服务。例如,经济学家阿罗(Arrow,1963)提出,与理想市场模型相比,医疗服务行业的特殊性在于不确定性和信息不对称性,根本上来讲是一个信息的不完备问题。他认为由于医疗服务行业中的不确定性从而导致政府投入的更大不确定性。1974年著名学者马丁提出社会医疗保障支出与政府财政之间的关系是储蓄的"挤出"效应和传统赤字财政的关系,他依据所建立的模型指出如果社会的医疗保障资金不足会导致政府用负债的方式进行解决。到1993年,世界银行发表《世界报告——投资于健康(1993)》①,在报告中指出竞争会使得政府要么以高质量提供医疗服务,要么提供低成本的医疗服务,但是由于一般政府公共部门是在无竞争条件下供给公共医疗卫生服务的,所以不可能产生效益不佳或者服务质量较低的情况。同时,1997年世界银行在其发表的《世界发展报告——变革世界中的政府》②中又指出,在政府的基本的干预职能范围内,对医疗卫生的干预职能只是政府最小尺度、中间尺度的范围。2005年,谢勒(Scherrer)则提出,制定医疗卫生公共的政策是一个复杂的过程,政府作为决策者出台政策时必须均衡各方面利益,要充分考虑其他影响预算的约束条件,以达到医疗卫生服务的高效益和低成本③。

在国内,学者首先聚焦的也是政府在医疗卫生服务中的义务问题。例如,岳公正、杨燕绥等④讨论了在改革过程中,我国医疗卫生事业存在的问题,并指出政府在应当负责的领域缺位、在应交给市场的领域越位等是导致政府自己对公共卫生服务职能定位不准的主要原因,从而使得这些

---

① 世界银行:《1993年世界发展报告》,中国财政经济出版社1993年版,第15—16页。

② 世界银行:《1997年世界发展报告》,中国财政经济出版社1997年版,第23—24页。

③ 赵建辉:《我国政府的医疗卫生责任研究——一个伦理的视角》,西南交通大学2011年学位论文,第4页。

④ 岳公正、杨燕绥:"医疗服务治理、医疗行业监管与政府责任",《中国医院管理》2006年第11期。

问题产生。政府必须考虑将以何种方式和形式行使职责担负起医疗卫生方面的责任。张丽[①]则结合全球化运动、后医学时代和新公共管理等三个方面,以公共医疗卫生为例,分析我国的公共医疗卫生的现状及产生的原因,指出了政府和国有企业应当承担的责任,并指出公众参与也是相当重要的。提出在政府多元化治理的模式下,应当分清政府与公共医疗卫生两者之间的关系,注重公共医疗卫生结构的转型,等等。

同时,也有很多学者关注我国公共医疗服务中存在的不均等化问题。例如,邹文杰、蔡鹏鸿[②]借助我国 1995—2012 年省级面板数据,通过空间计量模型估计显示,公共卫生支出强度、政府转移支付力度以及人口聚集度不同是造成医疗卫生服务均等化时空分异的主要原因。艾丽[③]用 2010 年的各省份的截面数据,对我国公共服务均等化的情况进行评价分析发现,从全国范围的比较来看,目前在存量上,基础教育在各省区市的均等化水平要低于社会保障和医疗卫生;而在流量上,则社会保障提供的均等化水平要低于基础教育和医疗卫生;同时,在医疗卫生上,从流量效应的角度看,中部地区的均等化程度最高,东部地区的均等化程度最低,而从存量效应的角度看,东部地区的均等化程度最低,这种存量与流量的作用关系不利于东部地区最终均等化水平的提高。

(二) 个体就医行为与健康意识相关研究

1. 看病就医问题

在看病就医方面,目前研究最多的是就医行为和医疗问题。其中,就医行为指人们对医疗机构、医护人员、药品、治疗方式等的选择,对就医动机、看病预期目标和结果的内涵标定及意义设定和解释。例如:钱东福[④]通过对甘肃农民的调查发现,就诊者的年龄、疾病类型、疾病发生期间、就诊者的卧床天数、医疗机构的距离、就诊者的收入和医疗机构的价格都会

---

① 张丽:"新时期公共卫生治理结构的转型与重塑",《中国卫生事业管理》2010 年第 8 期。

② 邹文杰、蔡鹏鸿:"公共卫生支出、人口聚集与医疗卫生服务均等化",《上海财经大学学报》2015 年第 3 期。

③ 艾丽:《中国公共服务均等化研究》,武汉大学 2012 年博士学位论文。

④ 钱东福:《甘肃农村居民就医选择行为研究》,山东大学 2008 年博士学位论文。

影响农村居民对门诊卫生服务机构的选择。鲍勇、陶敏芳、刘威[①]对上海某社区居民就医意向和影响因素的研究表明，78.20%的居民选择综合性医院就诊，主要是医疗技术原因；不选择综合性医院的原因中“等候时间太长”占第一位，为45.51%；选择社区医院的原因中“交通便捷”是主要原因，占41.38%，其次为“价格便宜”，为25.23%；不选择社区医院的原因中认为“技术不够”的占72.77%。分层分析发现，60岁以上的老年人、大学以上学历人员就医选择综合性医院就诊的比例较高。同时，居民对医疗问题的不满也引起学者的关注。例如：有研究表明，当前居民医疗服务满意度水平较低，问题主要集中在医疗费用较高、过度医疗、服务态度不好、服务流程设计不当等方面；而且，看病贵、看病难的问题突出，对医疗服务的公平性和可及性的不满意程度较高，对医务人员的信任程度也不理想；影响患者评价医疗服务的因素主要是治疗效果、医护人员的服务态度、医疗收费的合理性、医护人员的专业技术能力、医疗服务程度等几个方面。

2. 健康保健意识

从个体层面来看，维护健康除了需要及时就医外，日常生活中的健康保健也很重要。其中，加强体育锻炼，养成良好生活习惯被提及最多。例如，李蓉蓉[②]的研究表明，从整体上看北京社区居民对体育锻炼作用的认知程度以及体育锻炼意识较高，但是居民对社区体育锻炼场地设施和社区体育组织的满意度较低，居民的年人均体育消费水平较低。张彦峰等人[③]对2007年中国城乡居民参加体育锻炼现状调查数据进行分析表明，中国城镇居民体育锻炼的参与程度高于乡村，城乡居民在参加体育锻炼的“传统”项目上存在趋同性、在“时尚、现代项目”上存在差异性，中国城镇居民在正规体育场所锻炼的人数比例高于乡村，城镇居民参加体育锻炼的实物性、观赏性消费高于乡村；在体育锻炼的意识方面，中国城乡居民

① 鲍勇、陶敏芳、刘威：“上海市社区居民就医行为和影响因素分析(一)”，《中华合科医学》2009年第6期。

② 李蓉蓉：“城市社区居民体育锻炼、组织与消费状况的研究——以北京市为研究个案”，《体育与科学》2011年第5期。

③ 张彦峰、江崇民、蔡睿、邹金辉、武东明：“中国城镇与乡村居民参加体育锻炼的差异分析”，《中国体育科技》2010年第3期。

在参加体育锻炼动机上具有人本化特征，在体育锻炼中断的年龄上具有年轻化特征、中断的理由呈趋同化；在体育锻炼的参与方式、兴趣形成的社会化程度上，城镇高于乡村；中国乡村居民对“群体活动组织、引导，科学健身方法”等需求高于城镇。其次，尽管保健品消费也成为居民健康保健意识中的重要组成部分，但仅有少数研究者关注居民保健品消费现象。例如，郑楠①的研究表明，保健品的消费比例和年龄、性别、职业有关；公务员、教师之类职业购买的人数相对较少，而像商人之类购买人数相对较多；保健品对人形象的改变以及对健康的影响是消费的主要因素；普通人群对保健品了解不够，识别能力不强；年轻人在购买时普遍存在盲从心理。

二、医疗健康调查的分析框架界定

看病难、看病贵问题一直都是百姓感受最深、议论最多、反映最强的社会民生问题。其中，由于医疗资源配置不均衡，居民就医无序带来的看病难问题已成为医改必须面对的顽疾。因此，建立分级诊疗制度，破除公立医院逐利机制，成为政府医疗改革新模式。目前，随着医疗改革的不断推进与居民经济生活水平的提高，人们对医疗服务的要求日益提升，自身的健康意识也不断增加。那么，在经济发展水平位居最前列的上海，居民的医疗健康状况如何呢？本次调查主要集中于医疗服务、健康保健和公共卫生三个维度展开。

表 6-1　上海居民医疗健康调查的维度与内容设计

医疗健康	医疗服务	看病情况、就医情况、就医问题等
	健康保健	体育锻炼时间、保健支出、个人健康程度
	公共卫生	防治开展率、途径便捷度、工作满意度

① 郑楠：“城市居民保健品消费情况及消费观念的调查研究”，《中国当代医药》2014 年第 11 期。

三、上海居民医疗健康调查的主要结论

(一) 上海居民的医疗服务

1. 八成居民健康状况良好，很少看病就医，其中私/民企业员工、中高层管理人员看病比例更少，但弱势群体(低收入、低教育、年龄大、非本地)健康状况相对较低，已婚有子女居民看病比例也有明显增加

调查显示，过去一年中从未曾去医院的居民比例为38.7%，偶尔(1—3次)去医院的比例为42.00%，另有近两成居民经常去医院看病(3次以上)，这表明八成居民健康状况良好，很少看病就医。这一结果从侧面体现了上海的整体医疗水平较高，居民的健康意识较强。

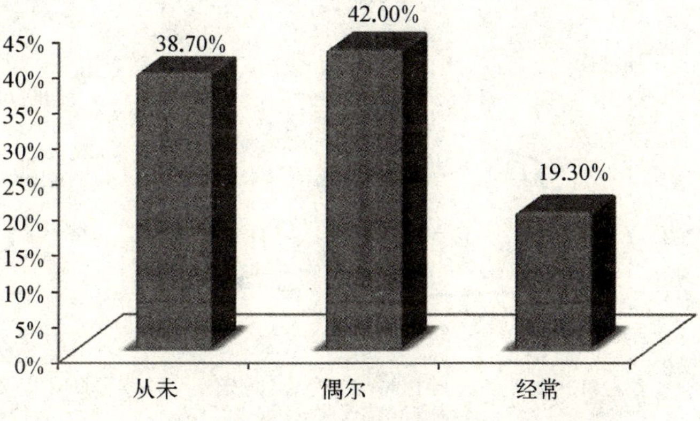

图6-1　2015年上海居民去医院看病的频率

调查发现，30岁以下、30—39岁、40—49岁、50—59岁和60岁以上居民未去医院看病的比例(健康比例)分别为53.70%、42.50%、38.00%、23.90%、11.30%，从中可以看出，居民年龄越大，健康程度越低。尤其值得注意的是，30岁以下的年轻人，也有近一半比例生病去过医院。这表明，呼吁居民尤其是年轻人关注健康也十分必要。

调查显示，初中及以下、高中/中专/职校/技校、大专和本科及以上居民未去医院看病的比例(健康比例)分别为35.70%、34.50%、37.30%、48.40%，从中可以看出教育与健康状况基本上呈现正相关关系，即教育程

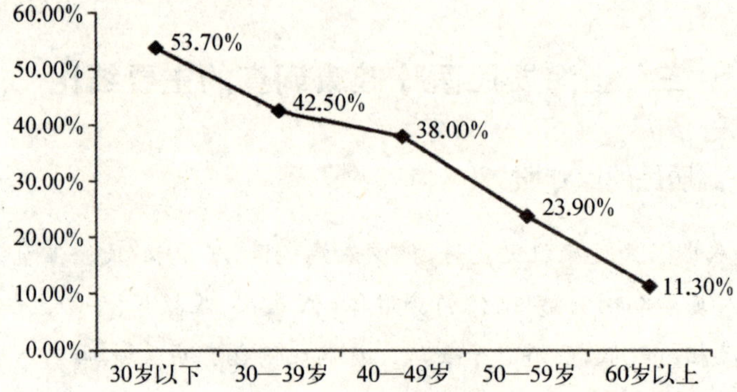

图 6-2 上海居民年龄与健康的关系

度越高,健康状况越好,尤其是本科以上居民的健康状况最好。这可能与高学历居民的健康意识更强有关。调查同时显示,学历越高的居民,锻炼身体的比例越高。

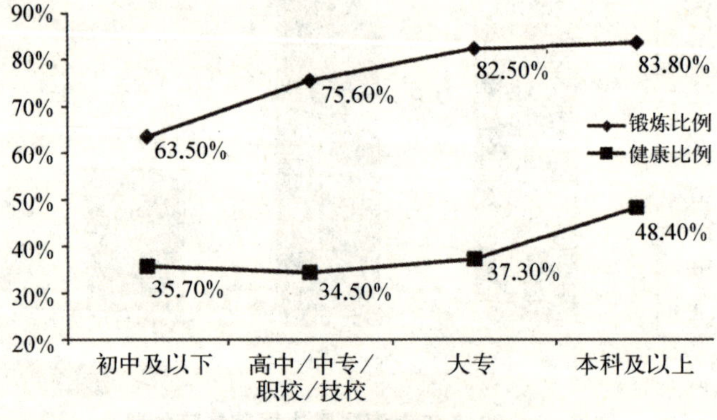

图 6-3 教育与健康和锻炼的关系

进一步的调查显示,本地户籍居民经常看病的比例是 22.8%,而非本地户籍居民的比例是 6.8%,前者是后者的近三倍。同时,30 岁以下、30—39 岁、40—49 岁、50—59 岁和 60 岁以上的居民经常看病就医的比例分别为 5.7%、11.9%、17.4%、33.4%、65.6%,这表明,年龄越大的居民,经常看病就医的比例越高。此外,初中及以下、高中/中专/职校/技校、大专、本科及以上的居民经常看病就医的比例分别为 37.3%、22.3%、14.8%、11.2%,这表明受教育程度越低的居民,经常看病就医的比例越高。最后,

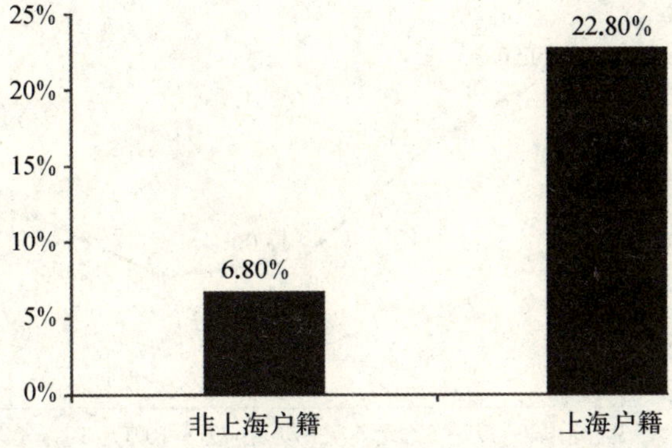

图 6－4　上海不同户籍居民经常去医院看病的比例

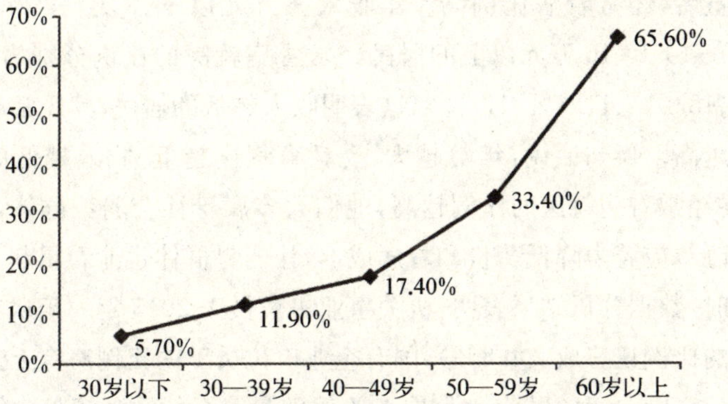

图 6－5　上海不同年龄居民经常去医院看病的比例

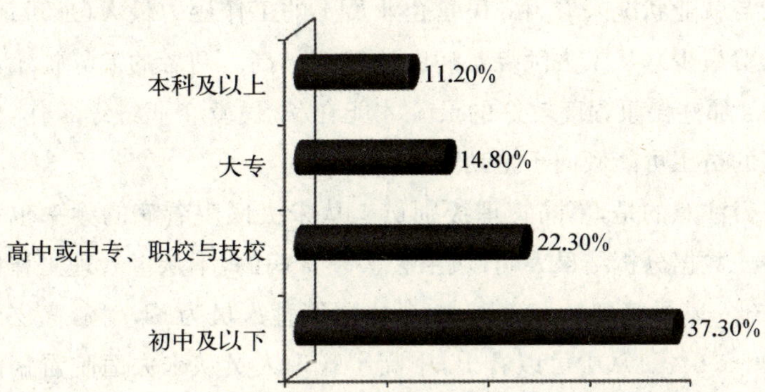

图 6－6　上海不同教育程度居民经常去医院看病的比例

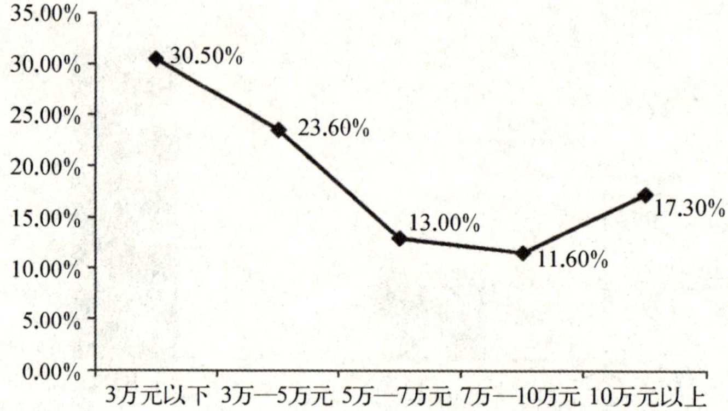

图 6-7　上海不同收入居民经常去医院看病的比例

收入最低者,经常看病比例高。年收入 3 万元以下、3 万—5 万、5 万—7 万、7 万—10 万、10 万元以上的居民经常看病就医的比例分别为 30.5%、23.6%、13.0%、11.6%、17.3%,这表明收入越低的居民,其经常看病就医的比例越高。换句话说,年龄越大、受教育程度越低、收入越低的本地居民,需要经常看病就医的比例越高,他们大多属于社会弱势群体,因此,未来医疗改革应着力降低药价和看病成本,让弱势群体也能看得起病。

同时,数据分析结果表明,机关事业单位员工 2015 年一年从未去过医院看病的比例仅三成(34.8%),国有企业单位员工的比例略有上升但未超过四成(36.8%),私/民营企业员工的比例最高(达到 46.8%),但三资企业员工的比例又有明显下降,与机关事业单位的比例相差不大。结合员工劳动与就业状况来看,私/民营企业员工的工作压力最大(加班最多,拿的加班费最少),从未去医院看病的比例却最高。两者的差异提示出可能的原因:那些健康程度较好的员工才能在私/民营企业继续工作,健康程度较差的员工可能倾向于主动选择离开。

值得注意的是,不同管理级别员工从未去医院看病的频率也有相似的趋势。数据分析结果表明,从未去医院看病的,不从事管理工作的员工为 42.3%,基层管理人员为 35.1%,中层管理人员为 51.0%,高层管理人员则为 55.6%。从中可以看出,中高层管理人员从未去医院看病的比例明显高于其他职位员工。结合员工劳动与就业状况来看,中高层管理人员,尤其是高层管理人员工作压力最大(加班最多),从未去医院看病的比

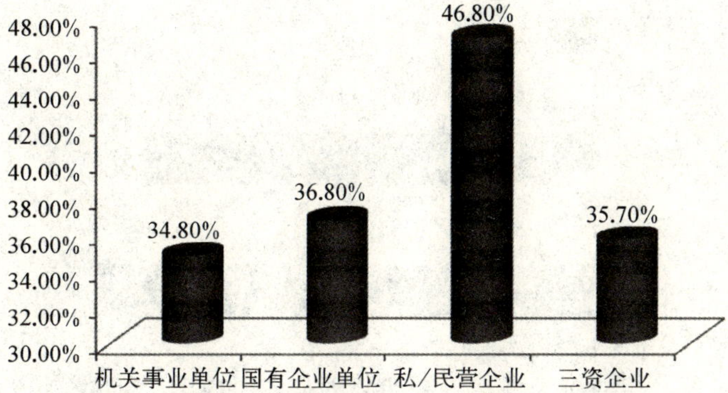

图6-8 上海不同单位员工从未去医院看病的频率

例却最高。两者的差异提示出可能的原因：那些健康程度较好的员工才能在较高职位上继续工作，健康程度较差的员工可能倾向于主动选择离开。

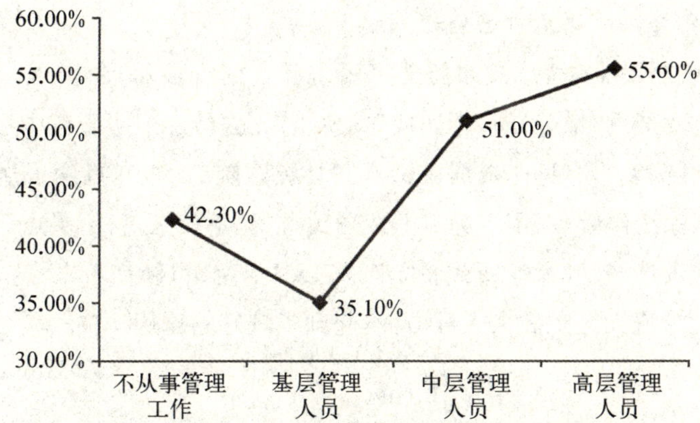

图6-9 上海不同职位居民从未去医院看病的频率

最后，不同婚姻状况居民从未去医院看病的比例也有较大差异。数据分析结果表明，未婚居民的比例最高，超过五成半(56.0%)；已婚无子女居民的比例也较高，超过五成(53.4%)，与未婚居民的比例相差不大；但已婚有子女居民从未去医院的比例则明显下降了(32.4%)。从中可以看出，已婚有子女居民去医院的比例最高。这一结果可能是因为幼小子女本来就更容易生病，也可能是子女增加了生活压力使父母的健康程度有所下降。

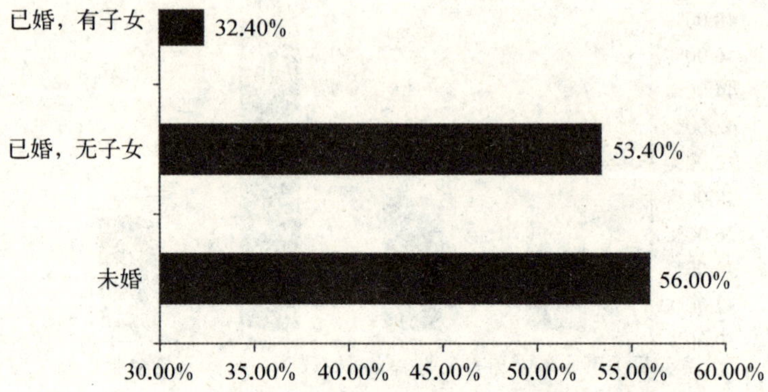

图 6－10　上海不同婚姻状况居民从未去医院看病的频率

2. 近四成居民首选社区医院，其中中层管理人员、有子女居民更倾向于首选社区医院；而收入越高的居民，内环内和外—郊环间的居民，职业地位越高的居民，教育程度越高的居民以及本地户口居民均更喜欢去大医院；但年轻人更愿意自己处理一般疾病

那么，居民生病后，会如何选择医院呢？调查显示，当出现一般疾病（如感冒、发烧、咳嗽等）时，近四成居民会首先去社区卫生服务中心或地段医院（社区医院），有近三成居民选择区县级医院（二级），近两成居民选择市级或国家级医院（三甲），另有一成居民选择“不就医，自己买点药吃”，另有极少数人选择“私人诊所或私立医院”或“不就医，硬扛着”。这表明，社区医院在分流大医院病人人数方面，起到了较好的作用。

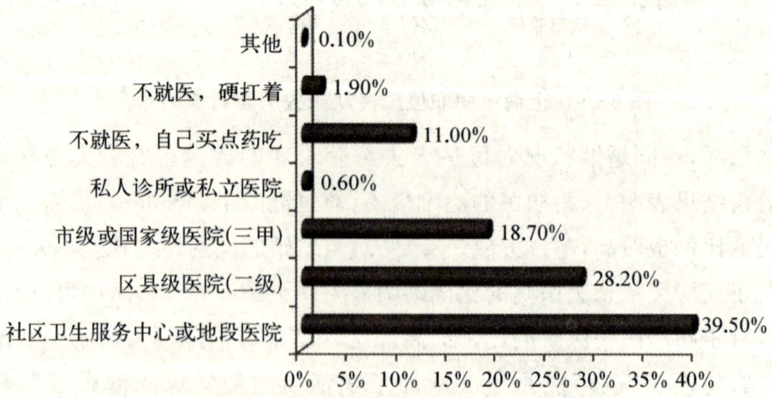

图 6－11　上海居民对一般疾病的处理方式

进一步的分析发现，面对一般疾病，个人年收入为3万元以下、3万—5万、5万—7万、7万—10万、10万元以上的居民首先选择社区医院的比例分别为65.90%、40.80%、31.30%、31.50%、28.70%，而首先选择三甲医院的比例分别为9.10%、17.40%、17.50%、26.00%、30.90%，从中可以看出，收入越高的居民，更愿意去大医院而不是社区医院。从中可以看出，分级诊疗制度有利于控制"有钱就任性"的大医院偏好。

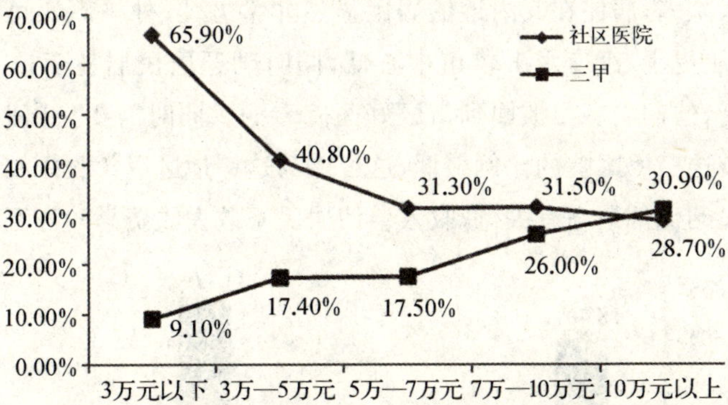

图6-12 上海不同收入居民对一般疾病的处理方式

进一步的分析发现，面对一般疾病，30岁以下、30—39岁、40—49岁、50—59岁和60岁以上居民首选社区卫生服务中心或地段医院（社区医院）的比例分别为26.20%、34.00%、39.90%、49.10%、57.00%，这说明年龄大的居民更愿意去社区医院，而年轻人更不愿意去社区医院，60岁以上居民的比例是30岁以下居民的两倍多。同时需要指出的是，年轻人更

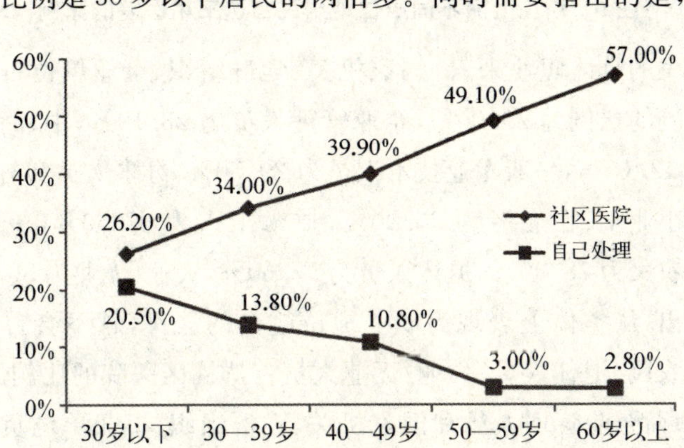

图6-13 上海不同年龄居民对一般疾病的处理方式

愿意选择“不就医,自己买点药吃”(自己处理)的比例,其中30岁以下居民的比例为20.5%,是60岁以上老年人的7倍多。这表明,年轻人更愿意自己处理一般疾病,而不愿意去社区医院。

调查显示,居民是否首选三甲医院,还与其居住地有关,具体表现为:内环内和外—郊环间的居民首选三甲医院的比例最高。这一状况可能既与上海市内医疗资源分布不均衡有关,也与居民的看病习惯有关:内环内的三甲医院多,居住在其附近的居民显然非常方便;外—郊环间的医院较少,好医院更少,医疗水平较市中心低,同时动迁居民居住于这一地区的比例更高,他们大多习惯回到市区好医院看病。同时需要指出的是,郊环外居民首选三甲医院的比例最低,这可能与这一地区以年收入在3万元以下的居民的比例最高有关,低收入会使居民不敢去收费高的好医院看病。

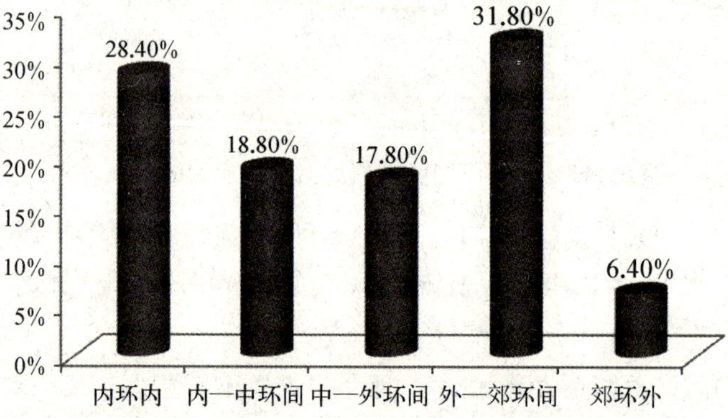

图6-14　上海不同居住地居民首选三甲医院的比例

从居民的具体职业来看,国家机关、党群组织、事业单位负责人中首选社区医院的比例为29.00%,企业管理人员为23.10%,中、高级专业技术人员为42.10%,一般专业技术人员为29.50%,办事人员和有关人员为37.10%,小业主、自雇者为30.00%,技术工人为37.50%,一般工人为42.30%,农民为78.90%,退休人员为57.60%,失业/无业为56.50%。从中可以看出,从整体上表现为职业地位越高的居民,越不会首选社区医院;其中,农民、退休人员、失业/无业人员首选社区医院的比例最高,均在半数以上;而企业管理人员和国家机关、党群组织、事业单位负责人的比例最低,均不到三成。

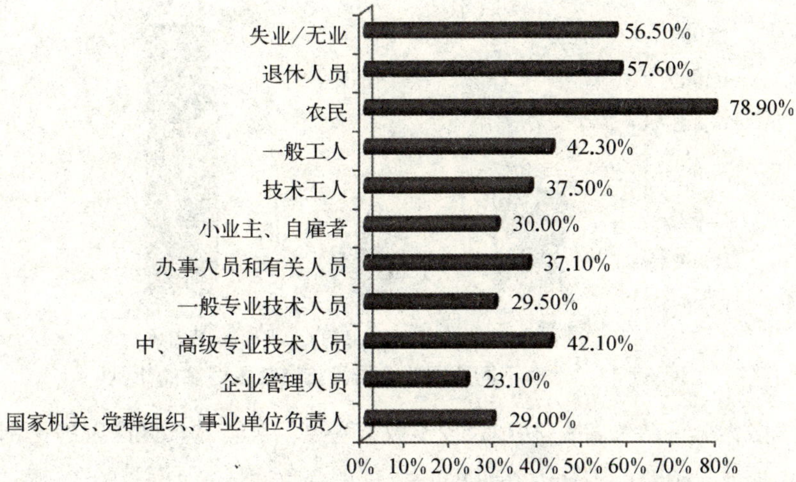

图 6－15 上海不同职业居民首选社区医院的比例

有意思的是，从管理级别来看，不从事管理工作的员工(36.1%)和基层管理人员(36.4%)首选社区医院的比例均在三成半左右；中层管理人员的比例则明显下降，仅两成多(24.3%)，高层管理人员的比例又回升到了四成(41.7%)。从中可以看出，中层管理人员最会首选社区医院。

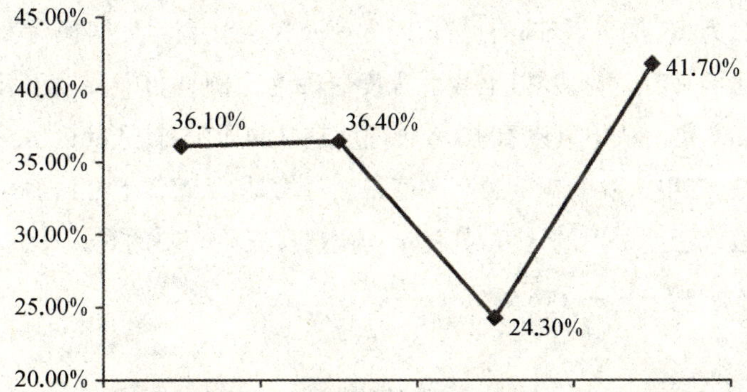

图 6－16 上海不同职位员工首选社区医院的比例

从婚姻状况来看，未婚居民首选社区医院的比例为 25.4%，已婚但无子女的居民为 20.3%，已婚有子女的居民为 43.2%。从中可以看出，有子女居民首选社区医院的比例几乎是其他两个群体的两倍，换句话说，有子女的居民更愿意首选社区医院。

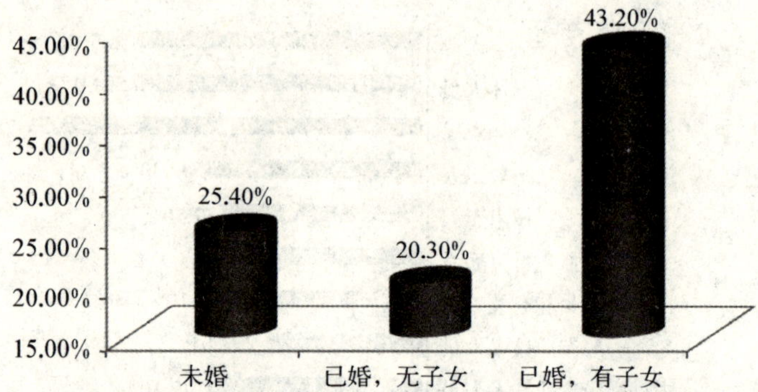

图 6-17　上海不同婚姻状况居民首选社区医院的比例

数据分析结果表明，初中及以下教育程度居民首选社区医院的比例接近七成(66.50%)，高中/中专/职校/技校教育程度居民为41.00%，下降了两成多；大专教育程度居民为33.40%，又下降了近一成；最后本科及以上教育程度居民仅为28.40%，不到三成，也不到初中及以下教育程度居民的一半。从中可以看出，教育程度越高的居民，越不愿意首选社区医院。数据同时表明，初中及以下教育程度居民首选三甲医院的比例仅为9.10%，不到一成；高中/中专/职校/技校教育程度居民为18.40%，上升近一半，大专教育程度居民为18.80%，仅略有上升，而本科及以上教育程度居民为25.40%。从相对比例来看，本科及以上教育程度居民的比例是初中及以下教育程度居民的2.8倍。从中可以看出，教育程度越高的居民，首选社区医院的比例越低，首选三甲医院的比例越高。值得注意的是，从整体上社区医院还是受到不同教育程度居民的认可，其比例均比选择三甲医院的高。

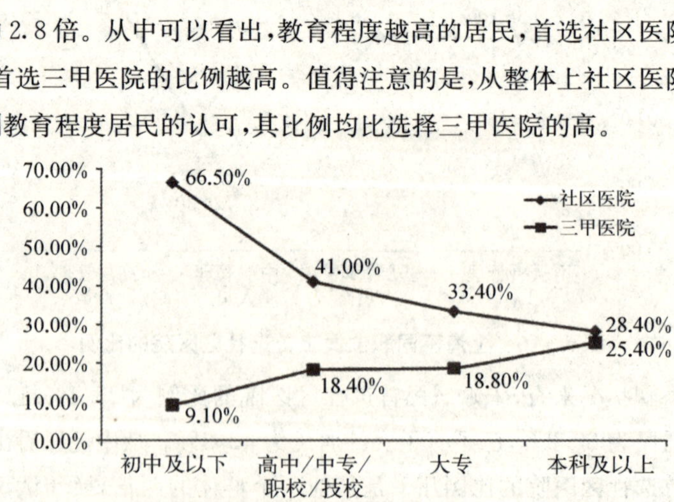

图 6-18　上海不同教育程度居民首选社区医院和三甲医院的情况

从户籍状况来看，有上海本地户籍居民首选三甲医院的比例为20.4%，而有居住证居民的比例为9.8%，不到前者的一半；同时，无居住证居民的比例更低，仅为8.3%。从中可以看出，本地户籍居民更倾向于首选三甲医院。

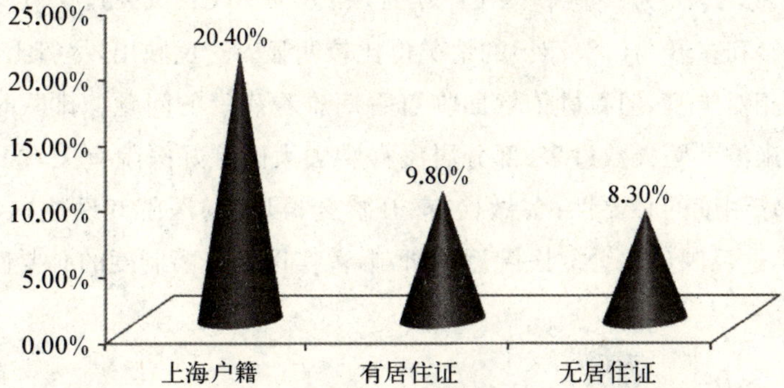

图6-19　上海不同教育程度居民首选三甲医院的情况

3. 九成居民认可医疗服务，但排队时间长、检查过多和开贵药仍是居民反映最多的医疗服务问题；其中年轻人和无居住证居民更多抱怨医生不耐心，有居住证居民更多抱怨多做检查，收入越高的居民，越会抱怨排队时间长

调查显示，在一系列医疗服务中，居民选择“不收礼”(99.7%)、“标识清楚”(97.9%)、“收费清楚”(97.4%)、“护士态度好”(95.9%)、“住/出院手续简便”(94.9%)、“咨询方便”(94.4%)和“检查集中”(90.4%)的比例

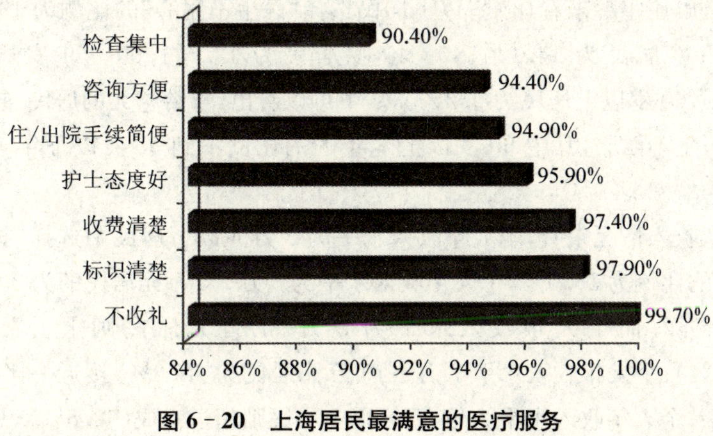

图6-20　上海居民最满意的医疗服务

均达到90%以上，这表明，九成居民认可的医疗服务包括不收礼、收费清楚、护士态度好等。这一结果直接反映上海医疗的法制化程度较高，秩序规范。

然而，也有部分居民遭遇医疗服务问题，其中以排队时间长(38.6%)最为严重，其次为多做检查(19.2%)和开贵药(16.2%)，医生不耐心(13.4%)和多开药(12.7%)的情况也比较明显。这反映出，尽管上海的医疗资源相对丰富，但百姓依然面临着看病难看病贵的问题。排队时间长，与外地来沪就医人数过多、部分居民喜欢去大医院好医院有关，这反映出分级诊疗制度的必要性；多做检查、开贵药，可能与医院和医生的收入利益挂钩，这反映破除公立医院逐利机制，落实医药分离制度的必要性。

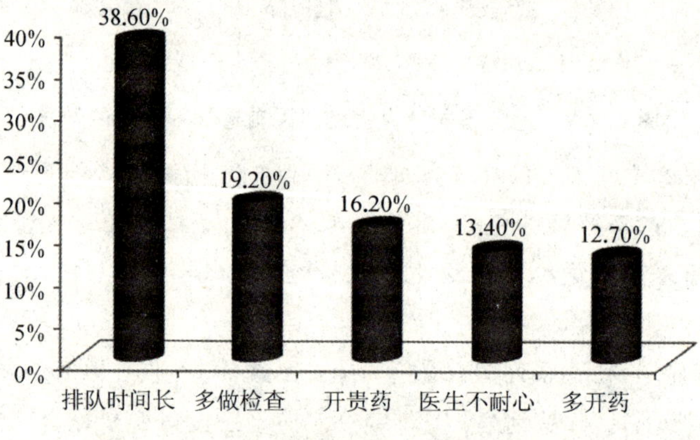

图6-21　上海居民遭遇最多的医疗服务问题

从居住年龄来看，30岁以下居民选择“医生不耐心”的比例为19.0%，30—39岁居民为14.1%，40—49岁居民为12.6%，50—59岁居民为10.8%，60岁以上居民为9.2%。从中可以看出，年龄越大的居民，越不会抱怨医生不耐心，其中60岁以上老年人的比例不到30岁以下年轻人的一半。

从收入情况来看，个人年收入水平为3万元以下居民中选择“排队时间长”的比例为36.0%，个人年收入水平为3万—5万元居民的为30.1%，略有下降；而个人年收入水平为5万—7万元居民则上升到四成(40.4%)；个人年收入水平7万—10万元居民为48.6%，接近一半，有较大升幅；个人年收入水平为10万元以上居民则超过六成(62.8%)，是5万

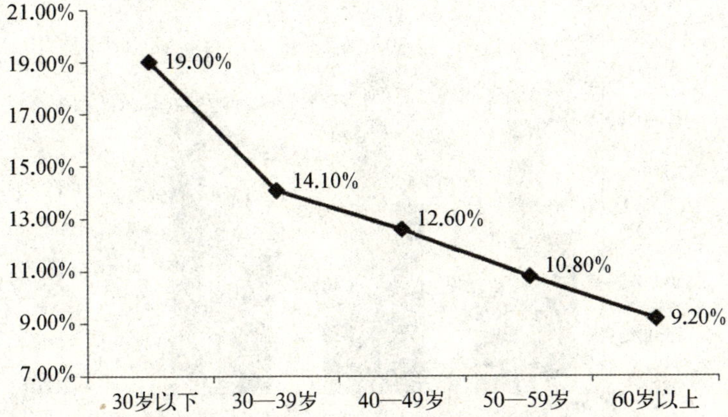

图6-22 上海不同年龄居民选择“医生不耐心”的比例

元以下收入水平居民的两倍左右。从总体趋势来看，收入水平越高的居民，对排队时间抱怨越多。

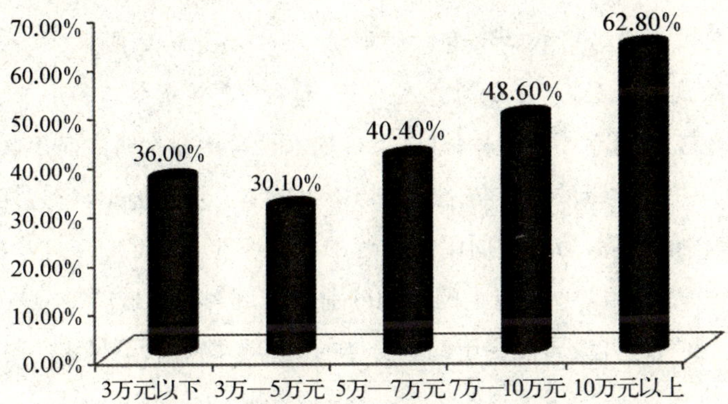

图6-23 上海不同收入居民选择“排队时间长”的比例

从户籍情况来看，上海户籍居民选择“开贵药”的比例为14.7%，有居住证居民为25.0%，无居住证居民为8.3%；上海户籍居民选择“多做检查”的比例为17.4%，有居住证居民为30.4%，无居住证居民为8.3%；上海户籍居民选择“医生不耐心”的比例为12.7%，有居住证居民为16.3%，无居住证居民为25.0%。从中可以看出，有居住证居民对开贵药和多做检查的不满率高于其他群体；而无居住证居民对医生不耐心的不满度明显高于其他群体。

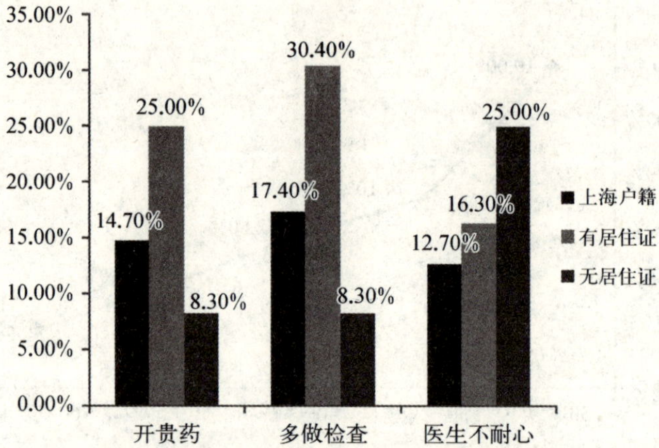

图 6－24　不同户籍状况居民选择医疗服务问题的差异

(二) 上海居民的健康保健

1. 超过两成居民表示没有时间锻炼,其中弱势地位居民(收入越低居民,教育程度越低居民,无上海户籍居民,私/民营企业员工和小业主/自雇者)的比例明显高于其他群体;但高层管理人员的比例也明显高于其他群体

众所周知,健康的身体与坚持锻炼不可分离。调查显示,超过两成居民表示没有时间锻炼,另有每周用于锻炼的时间少于 1 小时、1—3 小时、4—6 小时、7—9 小时和 9 小时以上的比例分别为 12.8%、33.1%、21.8%、7.6%、2.8%,这表明近九成居民用于锻炼身体的时间平均每天不足 1 小时。

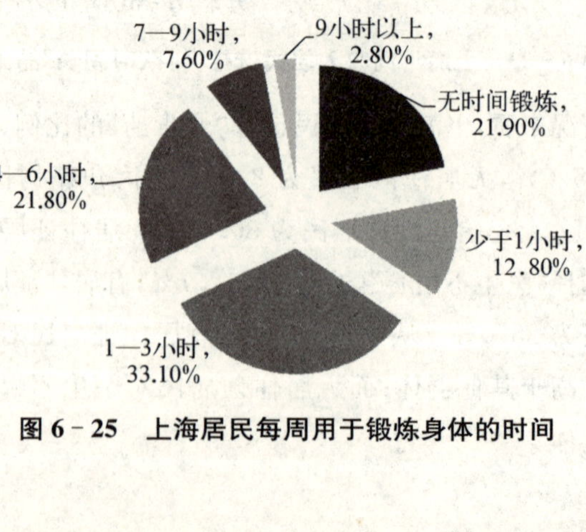

图 6－25　上海居民每周用于锻炼身体的时间

首先,从具体职业来看,国家机关、党群组织、事业单位负责人中表示没有时间锻炼的比例为8.10%,企业管理人员为16.80%,一般专业技术人员为22.70%,中、高级专业技术人员为18.20%,办事人员和有关人员为21.90%,小业主、自雇者为55.30%,技术工人为15.30%,一般工人为22.20%,农民为18.50%,退休人员为9.10%,失业/无业居民为43.20%。从中可以看出,小业主/自雇者无时间锻炼的比例最高,超过一半(55.3%),其次为失业/无业居民(43.2%),国家机关、党群组织、事业单位负责人的比例最低。从整体趋势来看,除了失业/无业居民和退休居民外,职业地位与无锻炼时间的比例呈现倒"V"趋势,即职业地位最低和最高者居民无时间的比例均最低,而处于中间阶层的比例相对较高。

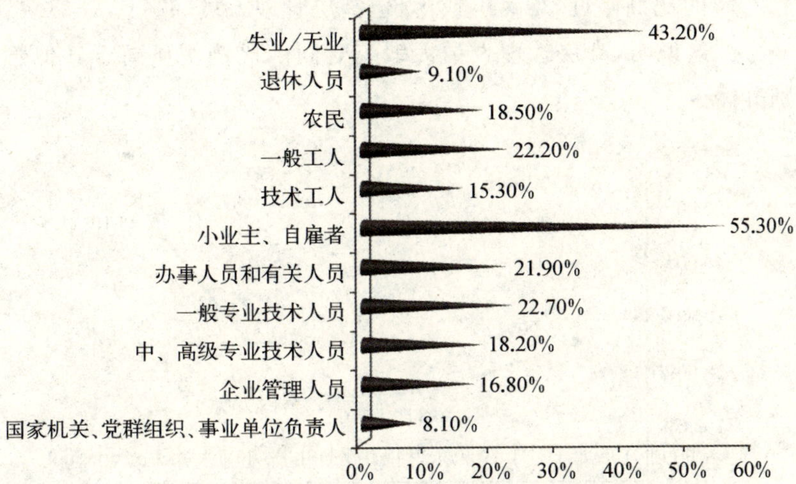

图6-26　上海不同职业居民无时间锻炼的比例

其次,从单位性质来看,机关事业单位员工无时间锻炼的比例为11.8%,国有企业单位员工为19.6%,有明显上升;私/民营企业员工为28.7%,又上升了近一成;而三资企业员工的比例与国有企业单位接近,为18.8%。从中可以看出,私/民营企业员工无锻炼时间的比例明显高于其他单位性质员工。

第三,从员工的管理级别来看,不从事管理工作员工无时间锻炼的比例为25.2%,达到1/4;基层管理人员(16.8%)与中层管理人员

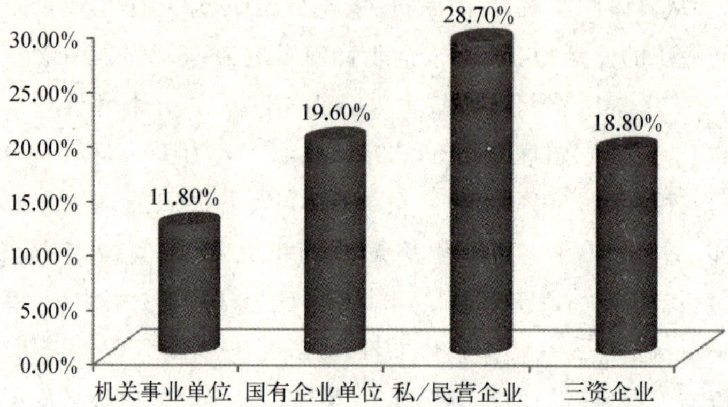

图 6－27　上海不同单位员工无时间锻炼的比例

(15.2%)的比例接近，均为一成半，但高层管理人员却高达 48.1%，接近一半。这说明，高层管理人员无锻炼时间的比例明显高于其他管理级别群体。

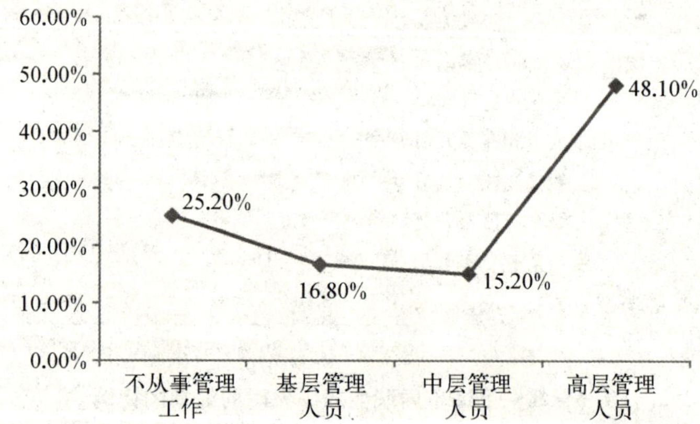

图 6－28　上海不同职位员工无时间锻炼的比例

第四，从教育程度来看，初中及以下教育程度居民无锻炼时间的比例为 36.5%，达到三成半；高中/中专/职校/技校教育程度居民为 24.4%，下降了一成；大专教育程度居民为 17.5%，不到两成，有较大幅度下降；本科及以上教育程度居民为 16.2%，仅有微小下降。这表明，从整体趋势上来看，教育程度越高的居民，参与体育锻炼的比例越高，体育锻炼的意识越强。

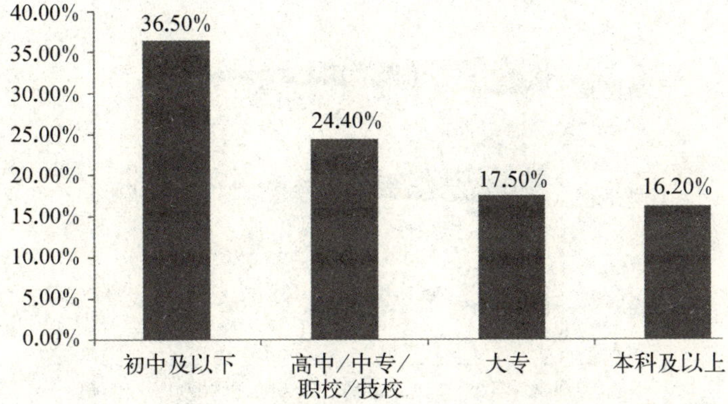

图 6－29　上海不同教育程度居民无时间锻炼的比例

第五，从收入水平来看，个人年收入 3 万元以下、3 万—5 万、5 万—7 万、7 万—10 万和 10 万元以上的居民不常去医院看病（健康状况良好）的比例分别为 35.9％、34.9％、39.9％、44.8％、44.0％，其参与身体锻炼的比例分别为 66.8％、77.4％、80.8％、80.8％、86.9％，这表明收入与居民的锻炼身体和保持健康的比例均呈现出正相关趋势，即收入越高，居民的健康意识和健康状况越好。

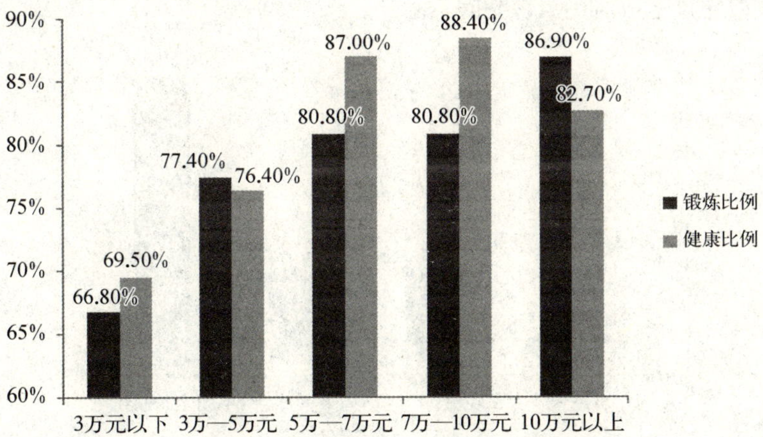

图 6－30　上海居民收入、健康和锻炼关系

最后，从户籍状况来看，上海户籍居民中无时间锻炼的比例为 17.3％，有居住证居民为 38.1％，无居住证居民为 40.9％。从中可以看出，上海户籍居民锻炼的比例明显高于非上海户籍居民。

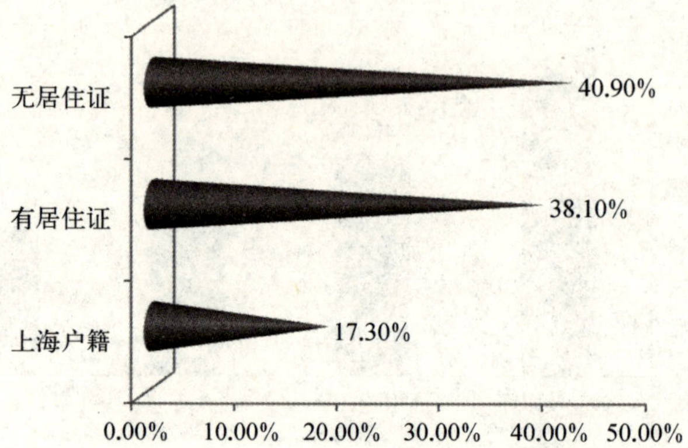

图 6-31　上海不同户籍居民无时间锻炼的比例

2. 超过七成居民锻炼时间不固定；年轻人喜欢周末锻炼，而老年人喜欢每天锻炼；体制内单位员工每天参与锻炼的人比体制外员工多，而体制外员工周末或不固定时间的人更多；教育程度越高，收入水平越高的居民，越不喜欢晨练，但却越喜欢周末锻炼

进一步分析表明，在有时间锻炼的居民当中，选择晨练、晚锻炼、周末锻炼和不固定时间的比例分别是为 17.41%、24.96%、22.02%、74.38%，这表明超过七成居民锻炼时间不固定。

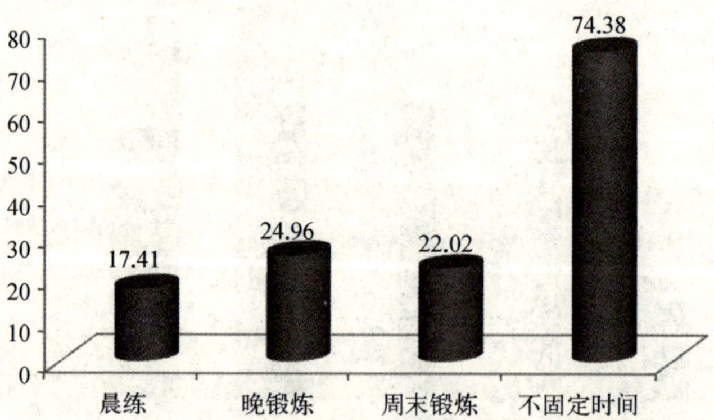

图 6-32　上海居民对锻炼的安排(百分比)

进一步分析表明，从年龄来看，30 岁以下、30—39 岁、40—49 岁、50—59 岁、60 岁以上居民中参与晨练的比例分别为 4.4%、9.4%、13.4%、24.6%和 35.6%，说明年龄越大的居民，参与晨练的比例越高；同时，30 岁

以下、30—39岁、40—49岁、50—59岁、60岁以上居民中参与晚锻炼的比例分别为11.9%、15.9%、20.2%、25.9%和40.6%，说明年龄越大的居民，参与晚锻炼的比例也越高；此外，就周末锻炼来看，30岁以下、30—39岁、40—49岁、50—59岁、60岁以上居民的比例分别为20.9%、20.3%、18.2%、9.2%和6.9%，说明年龄越大的居民，参与周末锻炼的比例越低。从中可以看出，年龄越大的居民越能坚持每天锻炼(包括晨练和晚锻炼)，而年龄越轻的居民则越倾向于周末锻炼。换句话说，年轻人喜欢周末锻炼，而老年人喜欢每天锻炼。

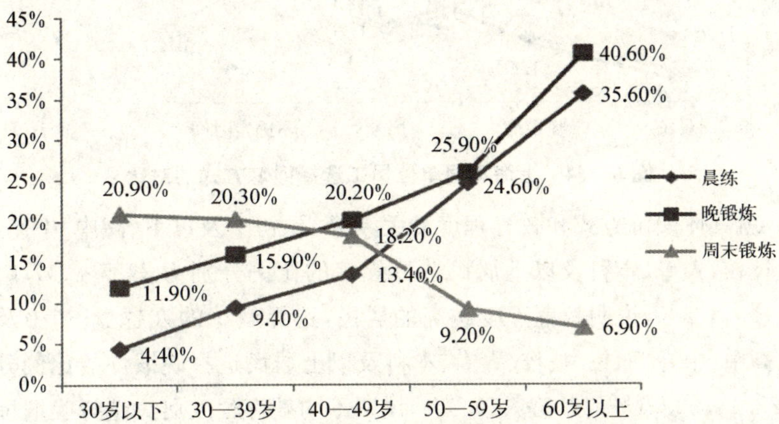

图6-33 上海不同年龄居民对锻炼的安排

从员工所在单位性质来看，机关事业单位、国有企业单位、私/民营企业和三资企业员工中参与晨练的比例分别为13.7%、19.4%、7.0%、4.7%，说明国有企业单位员工参与晨练的人多于其他单位；机关事业单位、国有企业单位、私/民营企业和三资企业员工中参与晚锻炼的比例分别为26.7%、23.4%、14.1%、12.9%，说明机关事业单位员工参与晚锻炼的人多于其他单位；机关事业单位、国有企业单位、私/民营企业和三资企业员工中参与周末锻炼的比例分别为17.4%、16.8%、18.1%、26.6%，说明三资企业员工参与周末锻炼的人多于其他单位；机关事业单位、国有企业单位、私/民营企业和三资企业员工中参与不固定时间锻炼的比例分别为49.1%、50.4%、66.8%、61.4%，说明私/民营企业员工中不固定时间锻炼的人多于其他单位。从中可以看出，机关事业单位、国有企业单位员工每天参与锻炼的人比私/民营企业和三资企业员工多，而私/民营企业和三资企业员工周末或不固定时间锻炼的人更多。

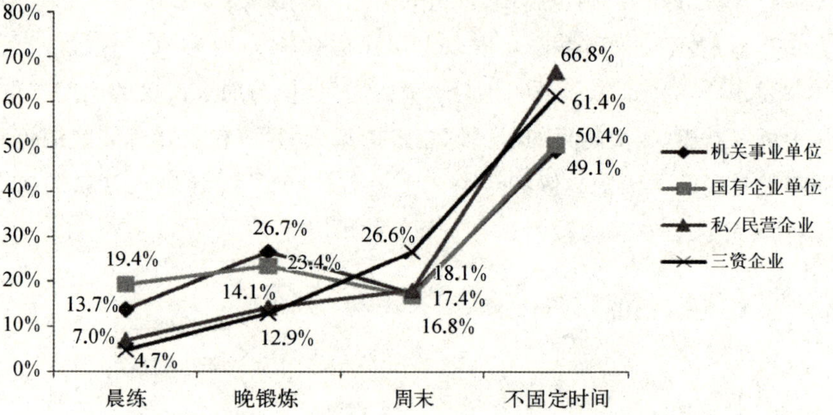

图 6－34　上海不同单位员工选择锻炼方式的对比

就具体锻炼方式和教育程度的关系来看，初中及以下、高中/中专/职校/技校、大专、本科及以上居民选择晨练的比例分别为 23.5％、17.6％、12.1％、4.2％，说明教育程度越高的居民，选择晨练的人越少；初中及以下、高中/中专/职校/技校、大专、本科及以上居民选择晚锻炼的比例分别为 22.4％、20.1％、17.3％、19.9％，说明不同教育程度居民选择晚锻炼的人差异不大；初中及以下、高中/中专/职校/技校、大专、本科及以上居民选择周末的比例分别为 4.7％、10.3％、21.1％、28.9％，说明教育程度越高

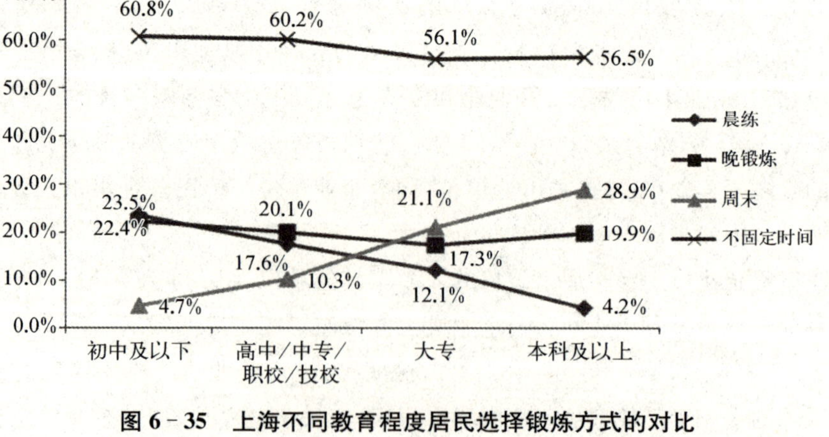

图 6－35　上海不同教育程度居民选择锻炼方式的对比

的居民，选择周末锻炼的人越多；同时，初中及以下、高中/中专/职校/技校、大专、本科及以上居民选择不固定时间的比例分别为 60.8%、60.2%、56.1%、56.5%，说明不同教育程度居民不固定锻炼时间的人差异不大。从中可以看出，教育程度越高的居民，越不喜欢晨练，但却越喜欢周末锻炼。

从收入水平来看，个人年收入水平为 3 万元以下、3 万—5 万、5 万—7 万、7 万—10 万、10 万元以上居民中选择晨练的比例分别为 20.3%、19.7%、9.1%、4.9%、6.0%，说明收入越高的居民，越不喜欢晨练；同时，个人年收入水平为 3 万元以下、3 万—5 万、5 万—7 万、7 万—10 万、10 万元以上居民中选择周末锻炼的比例分别为 3.1%、13.3%、21.7%、23.2%、31.5%，说明收入越高的居民，越喜欢周末锻炼。从中可以看出，收入越高的居民，越不喜欢晨练，但却越喜欢周末锻炼。

3. 居民家庭健康保健投入不多，但年龄越大、教育越少、收入越高、社会地位越差的居民，越不愿意健康投资

除了锻炼身体方面的时间投资外，健康投资还包括资金投资。调查显示，近一年，家庭用于健康保健的支出（如，保健品、健身设备、健康保险等）在 1 000 元以内、1 001—3 000 元、3 001—5 000 元、5 001—10 000 元、超过 1 万元的比例分别为 55.10%、28.60%、13.20%、2.50%和 0.60%，这表明超过一半居民的家庭健康保健投入不足 1 000 元。

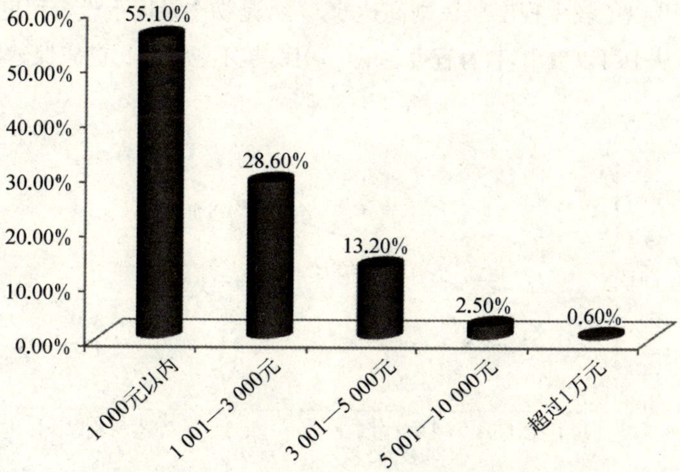

图 6-36　上海居民的家庭健康保健的支出

从年龄来看,30 岁以下居民的年家庭健康保健的支出超过 1 000 元的比例为 46.5%,30—39 岁居民为 51.9%,略上升,并超过了五成;40—49 岁居民的比例为 45.1%,有所下降;50—59 岁居民的比例为 37.0%,又有较多下降;而 60 岁以上居民的比例仅为 27.5%,下降至不到三成。从总体上来看,年龄越大的居民,越不愿意进行健康保健投资。

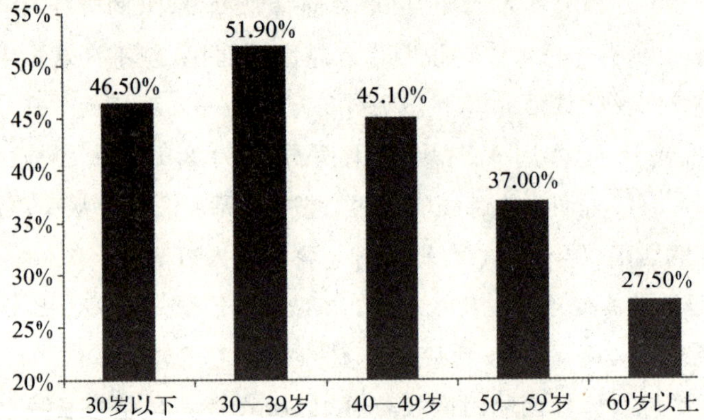

图 6-37 上海不同年龄居民家庭健康保健支出超过 1 000 元的比例

从教育程度来看,初中及以下教育程度居民的年家庭健康保健的支出超过 1 000 元的比例仅为 19.2%,不到两成;高中/中专/职校/技校教育程度居民为 37.4%,上升近 1 倍;大专教育程度居民为 48.5%,又上升了一成;本科及以上教育程度居民则高达 65.2%,是初中及以下教育程度居民的 3.4 倍。从中可以看出,教育程度越低的居民,越不愿意进行健康保健投资。

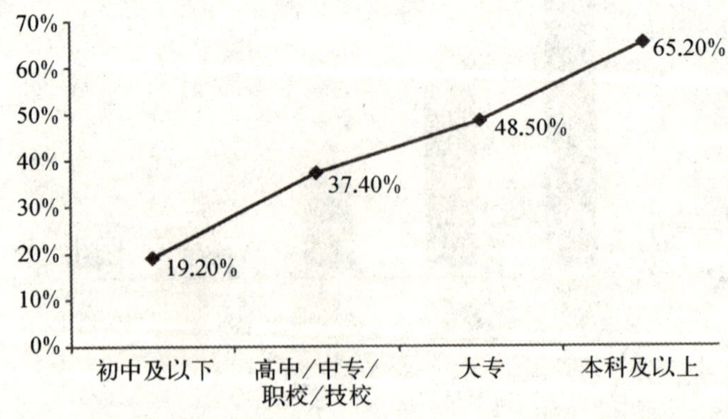

图 6-38 上海不同教育程度居民家庭健康保健支出超过 1 000 元的比例

从收入水平来看，个人年收入水平在3万元以下的居民，年家庭健康保健的支出超过1 000元的比例仅为两成(20.7%)，个人年收入水平为3万—5万元的居民为38.4%，几乎是前者的两倍；个人年收入水平为5万—7万元的居民为49.0%，接近五成，比前者又上升了一成；个人年收入水平为7万—10万元的居民为58.8%，接近六成；最后个人年收入水平为10万元以上居民达到最高，超过七成(72.6%)。从中可以清楚地看出，个人年收入与家庭健康保健投资的影响作用非常明显，即收入水平低的居民，越不愿意进行健康投资。

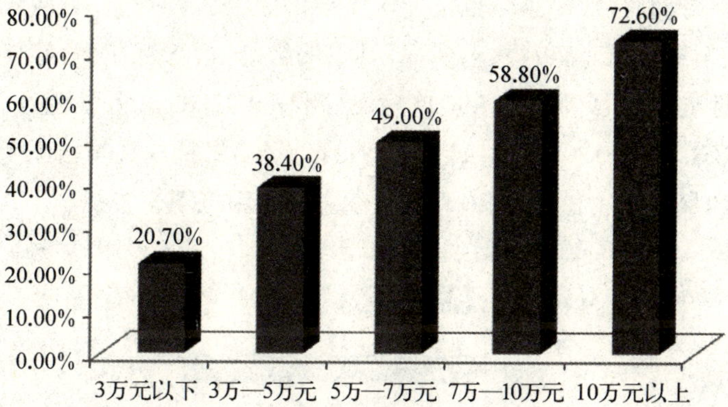

图6-39　上海不同收入居民家庭健康保健支出超过1 000元的比例

最后，从综合社会地位来看，认同属于上层的居民，其年家庭健康保健的支出超过1 000元的比例最高，达到近六成半(64.7%)，认同属于中

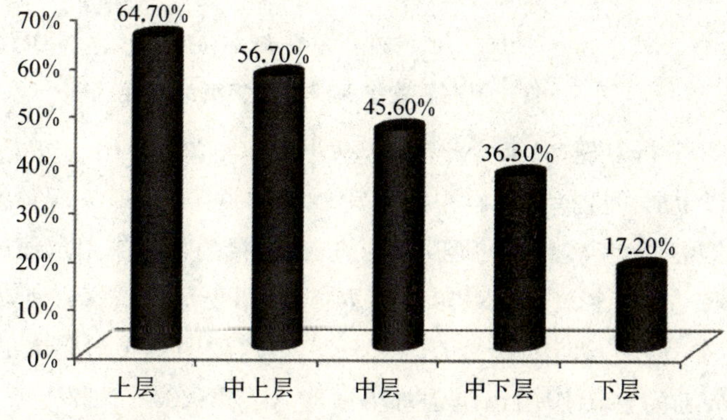

图6-40　上海不同职业阶层居民家庭健康保健支出超过1 000元的比例

上层的居民为56.7%，下降近一成；认同属于中层的居民为45.6%，也有一成的下降幅度；认同属于中下层的居民为36.3%，下降幅度也为一成；最后认同属于下层的居民仅为17.2%，达到最低，不到两成。从中可以明显地看到，社会地位越低的居民，越不愿意进行健康投资。

(三) 上海居民的公共卫生

1. 广播电视是居民了解流行性疾病的最重要途径；年轻人、高学历和高收入居民偏爱网络新媒体，老年人、低学历和低收入居民偏爱传统媒体

要保持健康，疾病预防也是非常重要的途径。调查显示，居民通过广播电视、报纸杂志、黑板报/电子显示屏、网络、微博/微信等新媒体平台获知流行性疾病(如禽流感、手足口病、流感等)信息的比例分别为72.5%、47.6%、23.1%、51.0%、28.1%，从中可以看出，广播电视是居民了解流行性疾病的最重要途径，而网络和报纸杂志的作用也不容忽视。

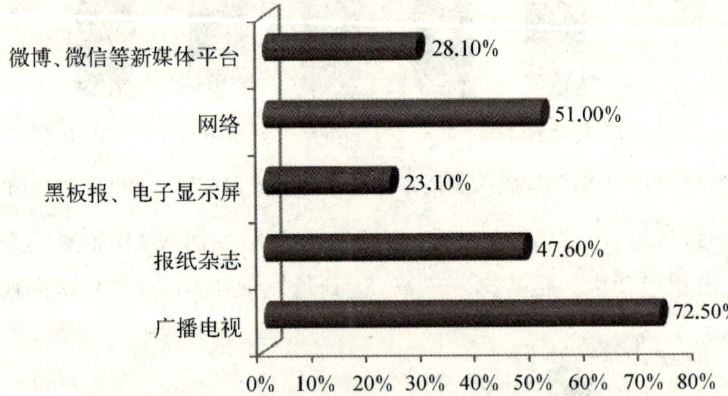

图6-41　上海居民了解流行性疾病的途径

进一步分析发现，从年龄来看，30岁以下、30—39岁、40—49岁、50—59岁、60岁以上居民选择广播电视的分别为56.8%、66.3%、79.8%、85.9%、91.3%，这说明对年龄越大的居民来说，广播电视的宣传作用越强；同时，30岁以下、30—39岁、40—49岁、50—59岁、60岁以上居民选择报纸杂志的分别为32.6%、47.6%、54.7%、57.0%、51.9%，这说明对年龄越大的居民来说，报纸杂志的宣传作用也越强；此外，30岁以下、30—39岁、40—49岁、50—59岁、60岁以上居民选择板报、电子显示屏的分别为17.4%、20.5%、

25.8%、27.9%、32.5%，这说明对年龄越大的居民来说，板报、电子显示屏的宣传作用也越强；第三，30岁以下、30—39岁、40—49岁、50—59岁、60岁以上居民选择网络的分别为70.0%、66.3%、45.1%、23.6%、5.6%，这说明对年龄越大的居民来说，网络的宣传作用也越弱；最后，30岁以下、30—39岁、40—49岁、50—59岁、60岁以上居民选择微博、微信等新媒体平台的分别为35.0%、35.4%、28.6%、14.1%、5.0%，这说明对年龄越大的居民来说，新媒体平台的宣传作用越弱。从中可以看出，关于流行性疾病信息的获得途径，年龄越大的居民，选择广播电视、报纸杂志和黑板报/电子显示屏等传统信息媒体的比例越高，而选择网络、微博、微信等新媒体平台的比例越低，这说明年轻人偏爱网络新媒体，老年人偏爱传统媒体。

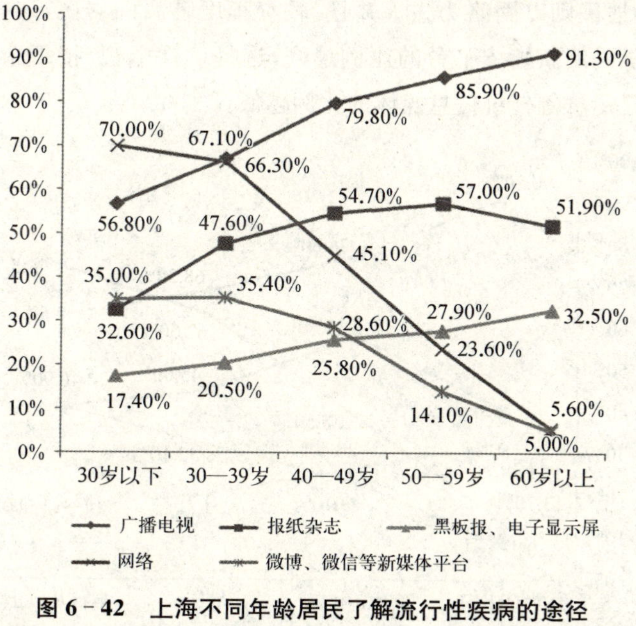

图6-42 上海不同年龄居民了解流行性疾病的途径

调查显示，从教育程度来看，初中及以下、高中/中专/职校/技校、大专、本科及以上教育程度居民选择广播电视的比例分别为90.2%、76.6%、68.3%、62.4%，这说明对教育程度越高的居民来说，广播电视的宣传作用越弱；同时，初中及以下、高中/中专/职校/技校、大专、本科及以上教育程度居民选择报纸杂志分别为40.4%、57.5%、45.0%、40.9%，这说明对高中/中专/职校/技校教育程度的居民来说，报纸杂志的宣传作用最强;此外,初中及以下、高中/中专/职校/技校、大专、本科及以上教育程度居民选择板报、电子显示屏分别为32.5%、26.5%、20.2%、16.8%,这说明对教育程度越高的居民来说,板报、电子显示屏的宣传作用也越弱;第三,初中及以下、高中/中专/职校/技校、大专、本科及以上教育程度居民选择网络的分别为13.7%、38.5%、62.5%、74.0%,这说明对教育程度越高的居民来说,网络的宣传作用越强;最后,初中及以下、高中/中专/职校/技校、大专、本科及以上教育程度居民选择微博、微信等新媒体平台的分别为8.2%、23.1%、32.1%、40.9%,这说明对教育程度越高的居民来说,新媒体平台的宣传作用越强。从中可以看出,关于流行性疾病信息的获得途径,教育程度在大专以下的居民均以广播电视为主,而本科及以上教育程度的居民则以网络为主。并且,教育程度越高的居民,选择网络、微博、微信等网络新媒体平台的比例越高,选择广播电视、报纸杂志和黑板报/电子显示屏等传统信息媒体的比例越低。

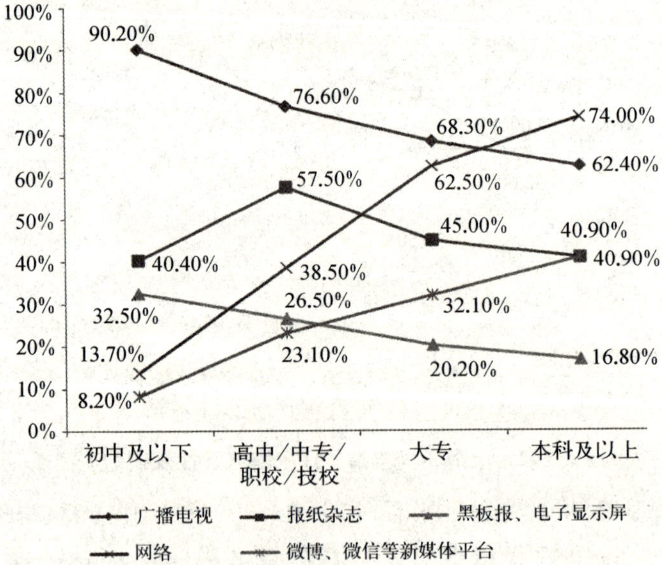

图6-43　上海不同教育程度居民了解流行性疾病的途径

调查结果显示,从收入水平来看,个人年收入为3万元以下、3万—5万、5万—7万、7万—10万、10万元以上居民选择广播电视的比例分别为85.2%、73.8%、65.4%、69.8%、73.2%,这说明对收入水平越高的居民来说，广播电视的宣传功能越低；同时，个人年收入为3万元以下、3万—5万、5万—7万、7万—10万、10万元以上居民选择报纸杂志的分别为43.8%、51.7%、44.7%、45.1%、48.2%，这说明对不同收入水平的居民来说，报纸杂志的宣传作用相差不大；此外，个人年收入为3万元以下、3万—5万、5万—7万、7万—10万、10万元以上居民选择黑板报、电子显示屏的分别为30.9%、22.8%、22.3%、22.3%、17.3%，这说明对收入水平越高的居民来说，黑板报、电子显示屏的宣传作用有所下降；第三，个人年收入为3万元以下、3万—5万、5万—7万、7万—10万、10万元以上居民选择网络的分别为27.0%、43.0%、60.1%、65.9%、67.3%，这说明对收入水平越高的居民来说，网络的宣传作用越强；最后，个人年收入为3万元以下、3万—5万、5万—7万、7万—10万、10万元以上居民选择微博、微信等新媒体平台的分别为13.3%、21.7%、35.0%、35.7%、44.6%，这说明对收入水平越高的居民来说，网络新媒体的宣传作用也越强。从中可以看出，关于流行性疾病信息的获得途径，收入越低的居民，选择广播电视、报纸杂志和黑板报/电子显示屏等传统信息媒体的比例越高，而选择网络、微博、微信等新媒体平台的比例越低，这说明高收入居民偏爱网络新媒体，而低收入居民偏爱传统媒体。

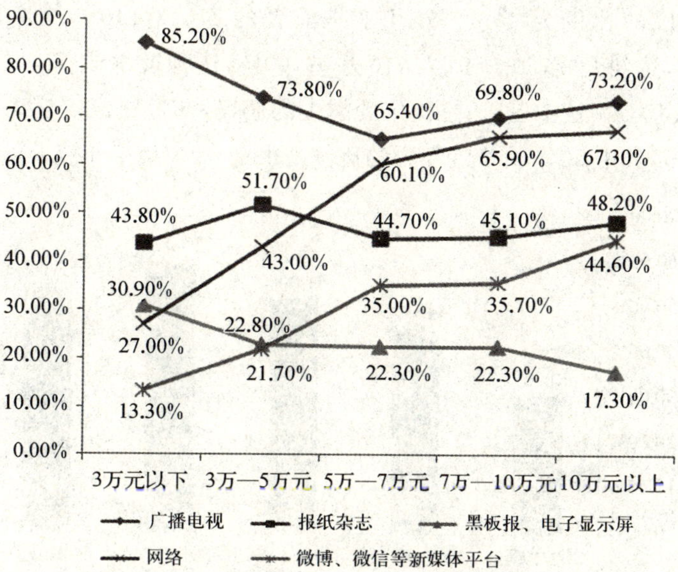

图6-44 上海不同收入水平居民了解流行性疾病的途径

2. 不到半数居民知道社区疾病防治工作，其中年轻人、高学历者、高收入者和无居住证者的知晓率明显低于其他人

调查结果显示，居民对您所在社区是否开展春季流行性疾病(如禽流感、手足口病、流感等)的宣传与防治的知晓率还不够高，具体表现为：表示知道的比例为45.5%，不到半数；表示不知道，但认同社区肯定在做的为31.2%，达到三成；明确表示完全不知道的超过两成(23.3%)。也就是说，社区疾病防治工作的知晓率仅为45.5%。

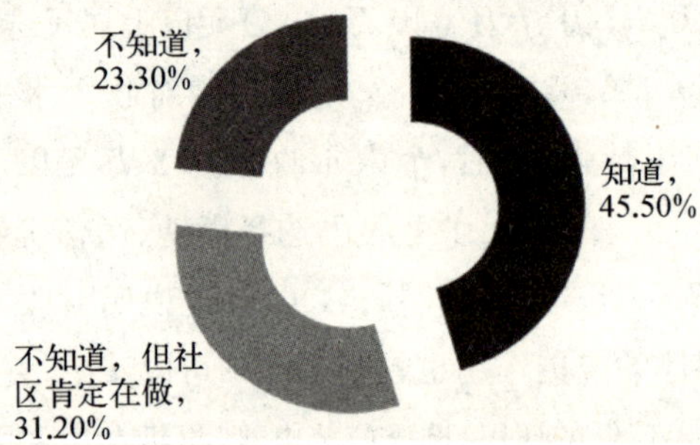

图6-45　上海居民对社区疾病防治工作的知晓情况

从年龄来看，30岁以下居民表示知道的比例仅为三成(30.0%)；30—39岁居民的比例为44.10%，几乎是前者的1.5倍；40—49岁居民为51.00%，达到五成；50—59岁居民为59.00%，达到近六成，60岁以上居民为53.10%。从中可以看出，年龄越大的居民，知道社区疾病防治工作的人越多，其中50—59岁老年人的比例几乎是30岁以下年轻人的两倍。

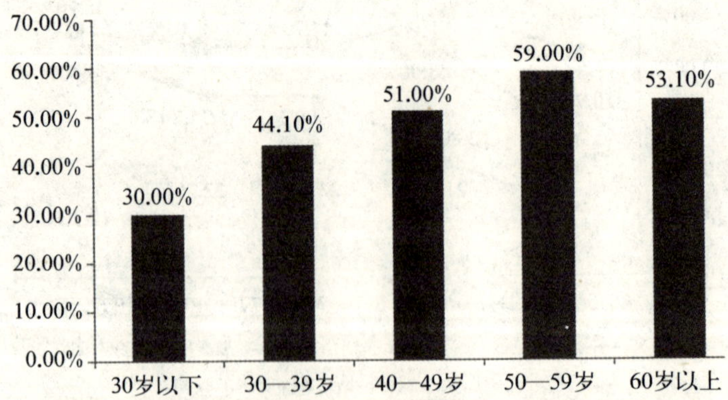

图6-46　上海不同年龄居民对社区疾病防治工作的知晓率

从教育程度来看，教育程度为初中及以下居民的比例为52.20%，超过五成，比例最高；其次为教育程度为高中/中专/职校/技校居民，为49.90%；然后为教育程度为大专居民，为46.90%；最后为教育程度为本科及以上居民，其比例有较大下降幅度，仅为33.30%。从中可以看出，教育程度越高的居民，知道社区疾病防治工作比例越小，尤其是本科以上教育程度的居民。

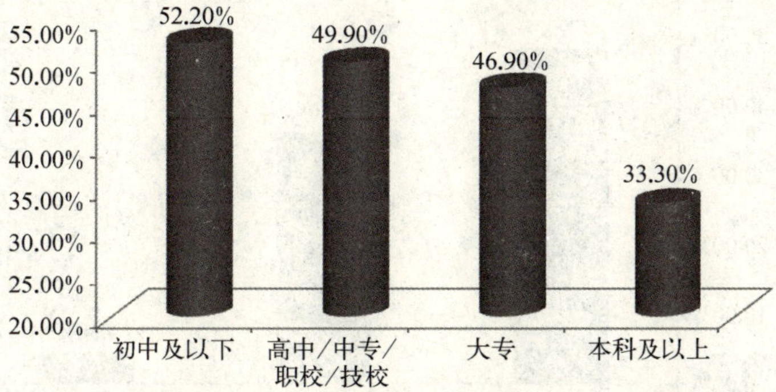

图6-47 上海不同教育程度居民对社区疾病防治工作的知晓率

从收入水平来看，个人年收入水平为3万元以下居民的比例为52.00%，个人年收入水平为3万—5万元的居民为51.40%，两者非常接近，均达到五成；个人年收入水平为5万—7万元的居民为40.70%，比前者少一成；个人年收入水平为7万—10万和10万元以上的居民均为38.10%。从总体上来看，收入水平越高的居民，对社区疾病防治工作的知晓率越低。

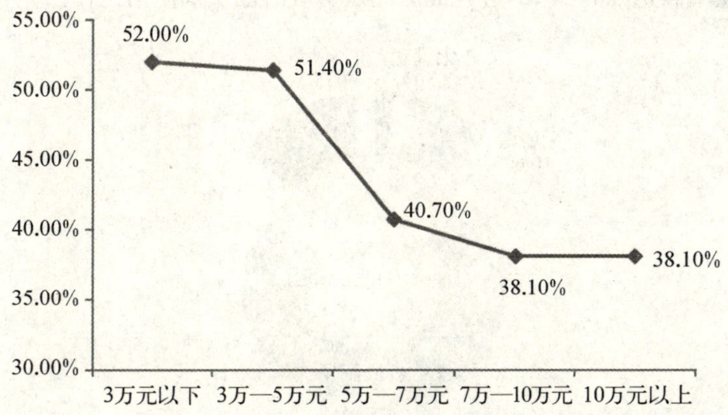

图6-48 上海不同收入水平居民对社区疾病防治工作的知晓率

从户籍状况来看，上海户籍居民对社区疾病防治工作知道的比例为48.90％，有居住证的居民为36.60％，有明显下降；而无居住证的居民仅为4.50％，有非常大的下降。这说明，无居住证居民对社区疾病防治工作的知晓率极低，他们是社区疾病防治工作宣传的重点人群。

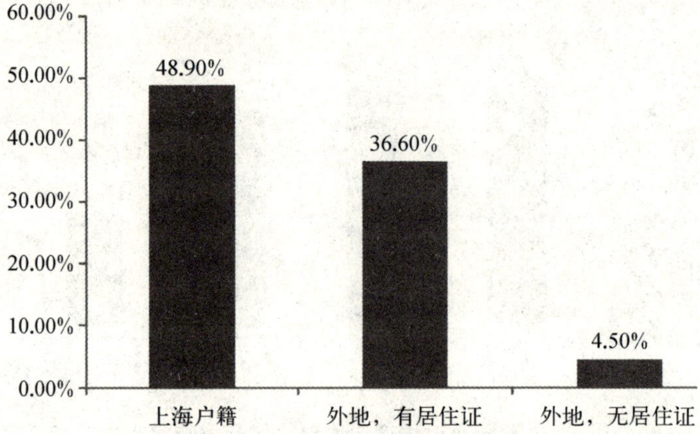

图 6－49　上海不同户籍居民对社区疾病防治工作的知晓率

3. 近九成居民认可政府的疾病防治工作

关于对上海流行性疾病(如禽流感、手足口病、流感等)防治工作的评价，表示非常满意、比较满意、无所谓、不太满意的居民比例分别为16.10％、70.70％、10.60％、2.50％，并且没有居民表示很不满意，从中可以看出居民的满意率高达86.8％，即近九成居民认可政府的疾病防治工作。

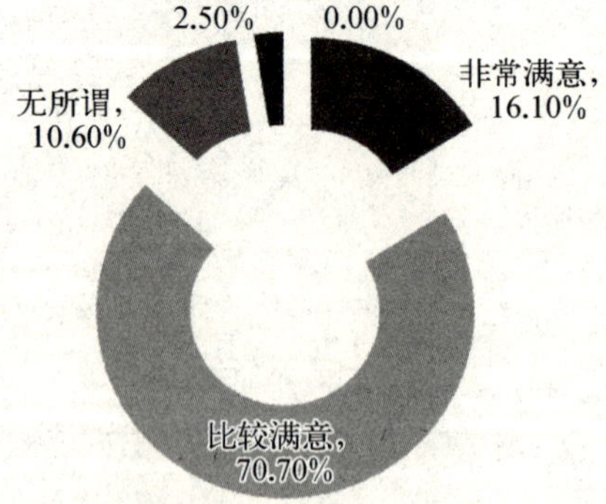

图 6－50　上海居民对政府疾病防治工作的满意度

四、对策建议

(一) 做实社区医院,保障好基本医疗

总体上,当前上海医疗状况比较好,九成居民认可的医疗服务,社区医院在市民医疗救治、疾病防治上发挥重要作用,近四成居民生病首选社区医院。如果政府对医疗卫生事业投入不足,医疗卫生机构尤其是基层医疗卫生机构普遍生存困难,导致医疗机构公益性质淡化,利益性明显增强。因此,医疗卫生事业应该得到更多的政府投入,才能进一步发挥社区医院在市民医疗救治、疾病防治上的重要作用,在社区医院医生培训、药物配给等方面给予足够的资源支持。要加强政府对医疗卫生事业的投入,尤其要向基层医院、社区医院在医生培训、药物配给等方面的倾斜,保障好市民基本医疗服务水平。

(二) 加强政府监管,健全药品监管法制建设

市民反映"看病难、看病贵"问题突出,不仅反映在开贵药,而且还反映在排队时间长、检查过多等医疗服务上。这需要研究可行的医药改革思路,解决"看病难、看病贵"等长期存在的难题,加大力度解决市民反映强烈的排队时间长、检查过多和开贵药等医疗服务问题。从实践上看,政府对医疗机构的监督不完善是群众"看病贵、看病难"的重要原因之一。医疗行为的欠规范主要表现在医院开大处方、随意增加收费项目、提高收费水平以及拿药品回扣等。政府应该加强对医疗体系中医患双方的监督,坚决杜绝医生滥开检查单、大处方、收受贿赂等行为。另外,要加强药品监管法制建设,建立完善的药品流通领域监管机制,制定科学合理的价格政策,遏制药品虚高定价是解决"看病难、看病贵"的重要环节。政府应尽快出台关于平定药品价格相关的法律,将这一问题提高到法律约束上来,对于一些特殊药品应该给予强制性介入,控制其价格稳定。政府有关部门应协调配合,制定统一的行内操作规程。对于药品的招标采购,建议取消可报销的药品招标,有些可以招标采购,有些不应该招标采购,纪检部门应该

介入听证,出问题的要追究其相关责任。

(三) 加大宣传教育力度,加强身心健康教育

上海市民健康保健中存在一些问题,如保健意识不强,家庭健康保健投入不多;体育锻炼时间少,锻炼时间不规律、不系统,超过两成居民没有时间锻炼,超过七成居民锻炼时间不固定。因此,要加强宣传,通过多种方式、手段、途径等,切实提高市民的健康保健意识,养成科学的健康保健行为。通过媒体和其他方式获得市民对身心健康危机研究与干预工作的支持,提高公众的精神卫生意识,促进有身心问题的人尽早寻求帮助。通过建立医疗、卫生、公安、教育、消防等部门共同参与的救助网络,设立专门网站,定时通告社会注意和帮助高危人群。有计划、有组织、有系统地对市民进行健康教育,促使人们自愿地改变不良的健康行为和影响健康行为的相关因素,消除或减轻影响健康的危险因素,预防疾病,促进健康和提高生活质量。

(四) 完善健康消费的保障机制,推进健康管理信息化工作

完善健康消费的保障机制,积极发展商业健康保险。鼓励商业保险公司提供多样化、多层次、规范化的产品和服务,推行医疗责任保险、医疗意外保险等多种形式的医疗执业保险。建立商业保险公司与医疗、体检、护理等机构合作的机制,探索健康管理组织等新型组织形式。充分挖掘信息化潜力,为健康管理工作开展提供技术支撑。加快实现信息共享,积极发展网络健康服务和远程医疗,探索发展药品和医疗器械电子商务平台等。加强诚信体系建设,引导企业、相关从业人员增强诚信意识,以行业自律和社会监督为主,加快建设诚信服务制度,同时要加强健康服务业统计监测工作。

(五) 建立工作保障机制,保障健康管理工作有序开展

健康管理是一项经过长期、持续开展方可得到成效、回报的民生工程。一是建立稳定的财政投入机制。前期的健康管理体系建设、期间的健康管理人员培养培训、日常的运作运转投入等都需要一定的资金予以保

障，由于健康管理提供的基本都是免费服务，因此，有必要建立财政投入机制，保证资金来源的稳定，可在卫生投入经费中设置健康管理专项资金或适当提高人均基本公共卫生服务经费补助标准，并在社区基本公共卫生服务经费中单独列支。二是加大医保政策支持力度。尽快建立社区首诊制度，发挥全科医生“守门人”的作用，提高健康档案的利用率和功效，方便健康管理工作的有效开展；将健康营养咨询等服务项目纳入医保个人历年账户余额支付范围，鼓励居民更多地了解健康知识，接触健康管理。

第 7 章　居住环境

恩格斯的《论住宅问题》揭示了住房具有十分重要的社会、经济和政治功能。近年来，我国加快市场经济建设，实行住房商品化由市场自由配置资源，同时国家对住房两极化现象高度重视，用保障房等保障住房困难群体的切身利益。当前，住房问题既是重要的民生问题，又是关系经济健康发展、关系社会稳定和谐的经济问题和社会问题。中共十八大报告明确提出，要建立市场配置和政府保障相结合的住房制度，加强保障性住房建设和管理，满足困难家庭基本需求。住房成为国家最重视、社会最关心、市民最能感知的社会民生之一。

自推行"房改"以来，尽管国家不断规范住房市场，加大住房保障力度，实行住房"托底"保障，满足困难家庭基本住房需求，但民众对住房问题的反应愈发强烈，住房问题成为中国社会关注的热点。人们把改革过程中住房问题称为"新三座大山"之一，出现"买房把家底掏空"之说，甚至对住房问题的现状之不满达到了非理性、极端化的程度，以至于那些公开为现状辩护的人往往遭到互联网网民的尖锐批评被斥为"代言人"或"房托"。可见，民众的住房"痛苦指数"在住房商品化后达到一个新的峰值。作为"改革开放排头兵"，上海的市场化程度较高，在住房制度改革中作出一系列大胆探索，"房改"工作一直走在全国前列，居民对住房问题的切身感受较其他城市更为强烈。因此，通过实证调查，研究上海市民住房、居住问题更有典型意义。

一、住房属性及相关概念

(一) 住房属性

1. 作为日常生活的场所

住房是人类栖息和生活的重要场所，是日常生活中“住”的基本载体。从一般意义上看，住房是可以供人居住、生活或是工作的房子。在人类发展过程中，住房已经不仅是一种作为居住、生活或工作的物理空间，而且衍生为社会的基本单元——家，成为人类情感的重要载体。从社会价值上看，“成家立业”是中国普通老百姓生命中的两件大事，甚至是他们为之奋斗的人生目标。

2. 作为社会关系的联系纽带

住房不仅有“冬避寒焉，夏避暑焉”的功能，还体现“室以为男女之别也”的社会关系(《墨子》卷十二)。住房是社会关系尤其是初级社会关系开展和延续的重要场所，儿童在家庭获得关爱、学习社会知识、传承社会习俗、经历社会化等。住房也是一种社会身份与社会地位的象征，“朱门”、“深宅”、“豪门”成为社会上层、贵族的象征。住房还承载了社会财富分配的意义，在中国社会中，“分家”是一项极其隆重的社会仪式，是家庭繁衍的过程，是家庭财产的重新组合。

3. 作为商品的市场资源

恩格斯的住房阶级分析建立在住房商品属性之上。在任何一个国家，住房消费都对整个国民经济发展产生深刻影响，房地产业被作为推动GDP和经济发展的支柱产业受到政策鼓励。在美国，超过20%的GDP是由住房消费创造的，与房产有关的商品和服务也比其他工业部门多①。我国“房改”政策是认可住房的商品属性，住房商品化是利用市场优化配置住房资源的一种方式。

---

① Seiders, D. F. “Trends and Cycles in Housing Production.” *Business Economics* 1997, 32(3).

(二) 住房相关概念及理论

从我国住房制度发展的历程看,相关概念代表了不同时代的内涵和性质,住房的相关概念主要有:

(1) 公有住房,也称公房,是指由国家、事业单位以及国有企业投资兴建、销售的住房,在住房未出售之前,住宅的产权归国家所有。在我国计划经济时代,公有住房是城市住房供给的主要形式。

(2) 商品住房,是指由政府或房地企业建造,由市场直接销售的住房。商品住房是由市场配置住房资源的一种有效方式,住房商品化是其主要特征,被视为改善居民居住条件的重要手段。主要是通过产权改革,改变计划经济体制下微观层面资源配置效率低下、个体选择性丧失以及单位对资源的垄断等问题。目前我国已基本实行住房商品化。

(3) 保障性住房,是指在住房商品化中,为解决和改善中低收入住房困难家庭的基本需求,政府为其提供限定标准、限定价格或租金的住房,这有别于完全由市场形成价格的商品房,一般由廉租住房、经济适用住房和政策性租赁住房构成,是一项重要的社会民生保障。

恩格斯的《论住宅问题》是较早研究住房问题的经典之作,他通过对当时德国住房的阶级分析,奠定了住房理论阶级分析的基础。恩格斯的住房思想主要是:(1) 资本主义生产方式是住房短缺的根本原因;(2) 不可能让每个工人拥有自己所住住房的所有权;(3) 工人拥有住房所有权也不能由"无财产者阶级"上升为"有财产者阶级";(4) 现代产业工人即使无房也比小农经济条件下有房的农民要幸福;(5) 租金是建房成本及利息和土地租金增值的合理回报。恩格斯的住房思想对正确认识我国住宅问题,制定正确的住房政策,指导房地产健康发展具有重大的指导意义。

此外,大多数学者注重对住房政策的研究,代表性观点有:(1) 阿瑟·奥沙利文认为:现行的美国住房状况使阶层隔离加重,要消除隔离和贫困状况,应直接支付现金而不是提供公共住宅。[①] (2) 哈斯曼等认为住

---

① 阿瑟·奥沙利文:《城市经济学》(第4版),苏晓燕等译,中信出版社2003年版,第53页。

房政策应看作对某一预期目标而采取的有计划行动，在工业化社会中住房政策的基础是效率性、公平性和社会政治性，即政府实施住房政策需遵循效率政策、公平政策和社会政治政策的基础。①

(三) 我国住房改革历史

1949年新中国成立后实行计划经济，城市住房作为生活资料也被纳入国家计划的范畴，建立了国家统建统分的公有住房模式，私有住房在城市中所占比例很低。这一时期城市居民的基本住房需求得到满足，但随着社会发展、人口增加，加之极端的计划经济和城市住房的严重紧缺，城市住房供给矛盾严重，1949—1979年的三十年内，中国城市人均住房面积从4.5平方米下降到3.6平方米，公有住房制度难以维系。

1978年改革开放以后，国家逐渐从直接投资建设和分配城市住房的活动中退出，鼓励单位、私人、外国资本参与住房建设。邓小平认为，私营和外资企业的增多并不会导致公有制的解体，国有和集体经济占据大多数是公有制主导地位的保障。中国对城市公有住房实行市场化改革，城市住房制度发生了很大变迁，但直到90年代末期，公有住房在所有住房中依然占有优势地位，单位制成为住房供给的主要模式。1998年，国务院出台《关于进一步深化城镇住房制度改革加快住房建设的通知》，宣布从1998年下半年开始，全国城镇停止住房实物分配，实行住房分配货币化。之后，市场成为住房建设和配置的主体，我国才真正形成以市场经济为特征的住房制度。1999年12月，上海出台深化房改综合配套改革方案，于2000年起实施，这标志着上海住房制度改革已开始全面建立与社会主义市场经济相适应的住房新制度。

从住房属性、概念、理论和我国住房改革历史看，虽然我国住房制度、住房类型具有很大的复杂性，但在分析住房问题时不能回避两个基本问题：一是住房的商品属性，这是分析住房问题的基础；二是住房的阶级分析或阶层分析，这对深入了解住房问题具有很大的意义。

---

① Harsman B. & Quigtey J. M. Housing Markets and Housing Institutions: An International Comparison. Boston: Kluwer Academic Publishers, 1991.

二、上海居民居住基本状况

从总体上了解把握上海居民的居住情况，有助于形成我们对居民居住质量和品质的印象和认识。在住房状况的基本因素中，首要因素是居住方式，其中最重要的是住房自有率(即产权概念)，这一点对于中国人而言具有极其重要的意义；其次是居住面积，这是反映居住质量和品质的重要指标；第三是公共交通的便利，在上海这样的特大型城市，公共交通便利程度不仅在住房价格上得到直接体现，而且可以直观反映居民居住质量和品质。

调查显示，上海居民以商品房为主要的居住方式，保障性住房在解决居民住房问题上发挥了一定作用，住房自有率较高，但居住状况不理想，人均居住建筑面积不大，且上班路途耗费时间较长。

(一) 居住方式

1. 商品房是解决居民住房问题的主要方式

调查显示，上海居民目前的主要居住方式是购买商品房占 57.5%，租住商品房占 13.1%，保障性住房占 12.3%，租住单位宿舍占 4.8%，与亲友同住占 5.4%，其他占 7.0%。从调查结果看，可以得出以下两点认识：

(1) 上海已初步解决居民的基本居住问题。通过买房、分房、租房等方式解决住房问题的居民达到 87.6%，而借住、其他等方式的比例只有 12.4%。

(2) 商品房成为居民解决住房问题的主要途径。商品房在居民居住上所占比重很高，购买商品房和租住商品房比例达到 70.6%。可见，商品房成为解决居民基本居住问题的主要方式。这与上海住房改革比较早，住房商品化程度较高有直接关系。

2. 市民住房自有率较高，为 69.8%

自有住房是产权概念，是指居民占有或部分占有住房的产权。在中国，住房的产权属性历来是一直沿用“房产”来指称，可见自有住房在公众心目中的重要分量，这也成为我国解决住房问题思想认识上的障碍，形成“宁可负债买房，也不愿租房生活”的固有观念。我国正努力改变公众的这一认识，比如在一些地区实行“以房养老”政策，但其施行效果不得而知。可以预见，在今后相当长的时期内，住房的产权概念在公众的思想认识中仍将持续存在。

当前上海居民住房自有率为 69.8%。住房自有率分布特征为：(1) 年龄越小，住房自有率越低，30 岁以下的居民住房自有率只有 48.9%；(2) 上海户籍居民的住房自有率远高于非上海户籍居民，非上海户籍居民住房自有率只有 18.9%；(3) 出生地为上海的居民住房自有率远高于非上海出生地的居民，非上海出生地居民住房自有率只有 25.4%。

表 7－1　上海居民住房自有率(年龄)

居住方式	年龄				
	30 岁以下	30—39 岁	40—49 岁	50—59 岁	60 岁以上
租住单位宿舍	12.1%	4.3%	2.0%	1.3%	0.6%
租住商品房	23.6%	15.2%	9.8%	4.6%	0.6%
与亲友同住	9.0%	7.9%	2.8%	1.3%	0
自有住房(已购商品房、保障性住房)	48.9%	67.6%	76.6%	81.3%	96.3%
其他	6.4%	4.9%	8.9%	11.5%	2.5%

表 7－2　上海居民住房自有率(户籍)

居住方式	户籍	
	非上海户籍	上海户籍
租住单位宿舍	17.0%	1.3%
租住商品房	50.2%	2.7%
与亲友同住	6.1%	5.2%
自有住房(已购商品房、保障性住房)	18.9%	84.1%
其他	7.7%	6.8%

表 7-3 上海居民住房自有率(出生地)

居住方式	出生地	
	上海	非上海
租住单位宿舍	1.5%	15.5%
租住商品房	3.1%	45.8%
与亲友同住	5.3%	5.7%
自有住房(已购商品房、保障性住房)	83.4%	25.4%
其他	6.8%	7.6%

3. 保障性住房在解决市民居住问题上发挥一定作用

保障性住房在解决居民居住问题上产生一定作用,以保障性住房为主要居住方式的居民比例为 12.3%,这一比例比较高,而且和租住商品房的比例(13.1%)基本接近。可见,虽然上海住房问题比较突出,但是保障性住房在解决居民居住问题上发挥了一定作用。在住房商品化中,政府无法过多干预市场在配置住房资源上的作用,但通过保障性住房对居民的居住问题进行"托底"保障,政府对住房市场进行了有效干预,发挥了一定的积极作用。

4. 居住方式的阶层分析

通过对居住方式的阶层分析,可以得出以下结论:

(1) 对任何社会阶层而言,购买商品房是解决住房问题的主要方式。其中社会上层购买商品房解决住房问题占 75.2%,社会中上层占 60.1%,社会中层占 48.5%,社会中下层占 48.8%,社会下层占 62.5%。(表 7-4)这里需要深入分析为什么下层居民购买商品房比例高于中上层、中层及中下层,以及中下层居民购买商品房比例高于中层?这与下层、中下层居民的出生地有关,由于社会的正常流动,上海下层、中下层市民中出生地在上海的人口占比达到 75%以上,他们可以通过继承、无偿转让等形式从父母、亲属手中获得商品住房。而中层居民中出生地在上海的人口仅占 65%左右,他们缺乏继承、无偿转让等获得商品住房的渠道。所以社会中层往往被称为住房问题的"夹心层",经济上缺少购买商品房的足够实力,又达不到享有社会保障性住房的要求,处于购买商品房与申请保障性住房的两难境地。

(2) 保障性住房在解决社会中下层、下层及中上层住房问题上发挥重要作用。其中社会中下层通过保障性住房解决住房问题占16.3%，社会下层占12.5%，社会中上层占14.1%，而处于住房问题“夹心层”的社会中层居民，通过保障性住房解决住房问题只占9.3%。可见，当前通过保障性住房解决“夹心层”住房问题仍然存在。

(3) 社会下层、中下层居民的自有住房率比中层居民高得多。因此，在社会主义的市场经济体制下，中下阶层及下层居民拥有住房所有权可成为“有财产者阶级”。这是与恩格斯住房理论的根本性差别。

表7-4　上海居民居住方式1(社会阶层)

居住方式	社会阶层				
	上层	中上层	中层	中下层	下层
租住单位宿舍	3.9%	3.7%	7.6%	4.5%	1.6%
租住商品房	5.4%	12.6%	20.1%	13.4%	14.1%
与亲友同住	3.1%	8.9%	8.8%	2.8%	0
已购商品房	75.2%	60.1%	48.5%	48.8%	62.5%
保障性住房	9.3%	14.1%	9.3%	16.3%	12.5%
其他	3.1%	0.6%	5.7%	14.2%	9.4%

表7-5　上海居民居住方式-2(社会阶层)

居住方式	社会阶层				
	上层	中上层	中层	中下层	下层
租住单位宿舍	3.9%	3.7%	7.6%	4.5%	1.6%
租住商品房	5.4%	12.6%	20.1%	13.4%	14.1%
与亲友同住	3.1%	8.9%	8.8%	2.8%	0
自有住房(已购商品房、保障性住房)	84.5%	74.2%	57.8%	65.0%	75.0%
其他	3.1%	0.6%	5.7%	14.2%	9.4%

(二) 人均建筑面积

1. *居民居住状况不理想,人均居住建筑面积仅为24.74平方米*

居住面积是反映居住质量和品质的重要指标。根据国际惯例,本报告主要采用人均居住建筑面积来反映上海居民居住状况。调查显示,当前上海居民人均居住建筑面积为24.74平方米。具体住房的人均建筑面积为:15平方米以下占21.4%,15.1—25平方米占42.2%,25.1—40平方米占27.9%,40.1平方米以上占8.5%。从调查结果看,在25平方米以上的居民只有36.4%。可见,较大一部分居民住房人均建筑面积均在平均数25平方米以下,大部分居民的居住状况不理想。

2. *自有住房居民人均居住建筑面积高于租房等其他居住方式的居民*

从不同居住方式看,自有住房居民人均居住建筑面积最大,为27.4平方米,其他依次为其他居住方式22.7平方米,租住商品房18.1平方米,与亲友同住17.7平方米,租住单位宿舍14.7平方米。从居住面积上看,无住房的居民的居住面积都在25平方米以下。可见,提高住房自有率是改善和提高居民居住质量和品质的根本途径。

3. *居住面积的阶层分析*

从社会阶层上看,社会上层居民的人均居住面积最大,人均居住建筑面积为27.9平方米,其他依次是下层25.6平方米,中上层23.9平方米,中下层23.9平方米,中层22.6平方米。可见居住状况最好的是处于社会上层和下层两端的居民,而处于社会中层的居民居住状况最不理想,主要原因在于出生在外地,自有住房率低。

表7-6 上海人均居住建筑面积(社会阶层)

人均居住建筑面积	职业分层				
	上层	中上层	中层	中下层	下层
15平方米以下	7.4%	20.9%	26.0%	28.6%	15.6%
15.1—25平方米	41.5%	48.8%	41.3%	40.7%	43.8%
25.1—40平方米	38.0%	22.7%	27.2%	23.5%	28.1%
40.1平方米以上	13.2%	7.7%	5.5%	7.2%	12.5%

进一步分析发现，从住房面积上看，社会中层、中下层、中上层居民中有20%以上的人均居住建筑面积在15平方米以下，也就是说，这三个阶层的居民居住面积在15平方米以下的比例相对较高。

(三) 公共交通

1. 居住地与工作地距离远，一半以上居民单程上班时间在半小时以上

本报告将公共交通纳入居住质量的考量，主要是基于对于上海这样的特大型城市而言，既是永恒的主题，也是永恒的难题；既是复杂的经济问题，更是迫切的民生问题。调查显示，居民花费在上班途中(单程)的时间仍然较长，一半以上居民单程上班时间在半小时以上。(注：这里只统计劳动工作者，离退休、无业失业人员未纳入统计)具体为上班途中(单程)时间为15分钟以内占15.0%，16—30分钟占31.4%，31分钟—1小时占43.0%，1—2小时占10.1%，2小时以上占0.4%。尽管上海公共交通体系比较完备，有15.0%的居民单程上班时间在15分钟以内，但总体上居民花费在上班途中(单程)的时间仍然较长，甚至有10.5%的居民单程上班时间在一小时以上。可见，居民居住地点与工作地点的距离比较长，但这符合大城市人群与产业集聚相一致的“晨聚夕散”的特征，即早晨人口向市区、中心城区的商贸服务业集中，傍晚后再向周边卫星城、大型居住区分散。

2. 公交体系发达，87.8%的市民上下班候车时间在10分钟内

特大型城市居民居住分散、居住地与工作地距离远，这是正常的普遍现象，因此，公共交通的效率显得尤为重要。调查显示，上海公交体系发达，87.8%的居民上下班候车时间在10分钟内。具体为上下班候车时间在5分钟以内占26.9%，5—10分钟占60.8%，11—20分钟占11.2%，21—30分钟占0.8%，半小时以上占0.3%。调查结果与实际情况基本一致，在上海的公交运营设置中，上下班高峰时段轨道交通的间隔时长一般在6分钟内，地面交通的间隔时长在15分钟内。可见，在居住地的公共交通设置上，设置比较合理，运营效率比较高。

3. 居住地公共交通的阶层分析

从社会阶层上看,社会中层、下层居民的上班路途花费时间比较少,在15分钟以内的比例分别为22.9%、71.9%,在1小时以上的都在10%以下;而社会上层、中上层、中下层的时间花费相对比较多,在1小时以上的都在10%以上。这与社会中层市民租房比例大,下层市民获得工作便利、选择就近工作有关。

表7-7 上海居民单程上班时间(社会阶层)

单程上班时间	社会阶层				
	上层	中上层	中层	中下层	下层
15分钟以内	5.8%	5.5%	22.9%	12.7%	71.9%
16—30分钟	29.5%	29.1%	32.5%	33.6%	12.5%
31分钟—1小时	49.2%	53.1%	37.3%	42.5%	14.1%
1小时以上	15.5%	12.3%	7.3%	11.2%	1.6%

三、上海居住地的配套服务

居住地配套服务是居民生活必需的基本条件,如果配套服务不完备,将会给基本生活带来很大的不便。配套服务主要有商业设施圈、公共服务设施圈、公益文化设施圈。对配套服务的测量主要有两种方式:一是配套设施的完备情况,即有无问题;二是配套设施的便利情况,即远近问题。本报告的调查是围绕基础性的商业设施圈、公共服务设施圈、公益文化设施圈的便利情况展开。

调查显示,目前上海居住区已建成"20分钟基本商业设施圈",初步建成"20分钟基础公共服务设施圈",预计即将建成"20分钟基础公益文化设施圈"。

(一) 基本商业设施圈

1. 菜场便利,94.7%的市民在20分钟内可步行到达

菜场是居住区最必需的基本商业设施。调查显示,94.7%的居民能够

在20分钟内步行到最近的菜场,具体为步行15分钟以内占80.1%,16—20分钟占14.5%,21—30分钟占3.8%,31分钟以上占1.5%。可见,目前居民居住区菜场非常便利,菜场布置已符合"20分钟基本商业设施圈"的要求。

从不同居住区域看,菜场布点最为便利(在15分钟可步行达到)的是居住区域在内—中环间,比例达到95%以上,而外—郊环间相对不便利,在15分钟可步行达到只占55.4%。一般而言,内环内、中心城区因地段、租金等因素影响,在菜场布点上受到较多制约,而在外环、郊区等菜场布点较为方便可行。但调查发现外—郊环间反而相对不便,这可能与外—郊环间的人口分布密度有关。

表7-8 上海居民步行至菜场时间(居住区域)

步行时间	居住区域				
	内环内	内—中环间	中—外环间	外—郊环间	郊环外
15分钟以内	74.0%	95.6%	77.7%	55.4%	84.7%
16—20分钟	20.3%	4.1%	15.4%	41.5%	7.1%
21—30分钟	5.6%	0.3%	5.0%	3.1%	3.5%
31分钟以上	0	0	1.9%	0	4.7%

2. 超市与大卖场完备,86.8%的居民在20分钟内可步行到达

超市、大卖场是居住区非常重要的商业设施。调查显示,86.8%的居民可在20分钟内步行到最近的超市、大卖场,具体为步行15分钟以内占52.9%,16—20分钟占33.9%,21—30分钟占10.5%,31分钟以上占2.7%。可见,居住区超市、大卖场配备比较完善,已达到"20分钟基本商业设施圈"的要求。

从不同居住区域看,超市、大卖场配备比较完善(在15分钟可步行达到)的是居住区域在内—中环间,比例为60.1%,而外—郊环间相对不便利,在15分钟可步行达到只占33.1%。外—郊环间、郊环外因人口分布密度相对较低,相应地超市、大卖场等商业配置比中心城区要低。

表 7-9 上海居民步行至超市、大卖场时间(居住区域)

步行时间	居住区域				
	内环内	内—中环间	中—外环间	外—郊环间	郊环外
15 分钟以内	57.4%	60.1%	55.0%	33.1%	42.2%
16—20 分钟	31.9%	38.7%	26.0%	35.4%	47.8%
21—30 分钟	10.8%	0.8%	14.5%	22.3%	8.0%
31 分钟以上	0	0.5%	4.4%	9.2%	2.1%

从菜场、超市、大卖场的布点看，居住区基本上都配有较为便利的基本商业设施，85%以上的居民能够在 20 分钟内步行到最近的菜场、超市、大卖场。因此，可以认为上海居住区已建成“20 分钟基本商业设施圈”。

(二) 基础公共服务设施圈

1. 公交换乘站点布局合理，92.5%的居民在 20 分钟内可步行到达

公交换乘站点是一项非常重要的公共服务设施，公交换乘站点布局合理是居民出行的必备条件。调查显示，92.5%的居民可在 20 分钟内步行到达最近公交换乘站点，具体为步行 15 分钟以内占 77.0%，16—20 分钟占 15.6%，21—30 分钟占 6.5%，31 分钟以上占 0.9%。可见，居民居住区的公交换乘站点布局合理，已达到“20 分钟基础公共服务设施圈”的要求。

表 7-10 上海居民步行至公交换乘站点时间(居住区域)

步行时间	居住区域				
	内环内	内—中环间	中—外环间	外—郊环间	郊环外
15 分钟以内	57.4%	60.1%	55.0%	33.1%	42.2%
16—20 分钟	31.9%	38.7%	26.0%	35.4%	47.8%
21—30 分钟	10.8%	0.8%	14.5%	22.3%	8.0%
31 分钟以上	0	0.5%	4.4%	9.2%	2.1%

从不同居住区域看，公交换乘站点最为方便的是内—中环间居住区域，60.1%的居民可在 15 分钟以内步行到达，相对不便的是外—郊环间居住区域，只有 33.1%的居民可在 15 分钟以内步行到达。一般而言，越接近郊区，公交换乘站点越少，相应地距离也越远。在调查中，郊环外比外—

郊环间相对更为方便，这可能与抽样区域的特殊性有关。

2. 地段医院或社区医院设置较完备，79.9%的居民在 20 分钟内可步行到达

地段医院或社区医院是最基层公立医疗机构，可保障居民在最近时间、最短距离内享有基本医疗服务，在保障居民身体健康上发挥重要作用。调查显示，79.9%的居民可在 20 分钟内步行到达地段医院或社区医院，具体为步行 15 分钟以内占 40.8%，16—20 分钟占 39.1%，21—30 分钟占 16.5%，31 分钟以上占 3.6%。可见，地段医院或社区医院设置较完备，初步达到"20 分钟基础公共服务设施圈"的要求。

从不同居住区域看，地段医院或社区医院最为方便的是内环内居住区域，51.7%的居民可在 15 分钟以内步行到达，相对不便的是外—郊环间居住区域，只有 23.1%的居民可在 15 分钟以内步行到达。

表 7-11　上海居民步行至地段医院或社区医院时间(居住区域)

步行时间	居住区域				
	内环内	内—中环间	中—外环间	外—郊环间	郊环外
15 分钟以内	51.7%	35.8%	42.6%	23.1%	36.3%
16—20 分钟	34.3%	43.0%	36.1%	30.8%	50.1%
21—30 分钟	14.0%	20.9%	15.4%	28.5%	12.1%
31 分钟以上	0	0.3%	5.9%	17.7%	1.5%

从公交换乘站点、地段医院或社区医院的分布看，目前居住区基本上都配有较为便利的基础公共服务设施，90%以上的居民能够在 20 分钟内步行到最近的公交换乘站点，近 80%的居民能够在 20 分钟内步行到地段医院或社区医院。因此，可以认为当前上海居住区已初步建成"20 分钟基础公共服务设施圈"。

(三) 基础公益文化设施圈

1. 绿地、广场、公园等较为便利，76.0%的居民在 20 分钟内可步行到达

绿地、广场、公园等是居民进行文体康乐活动和休闲放松运动的重

要场所,已经成为居民精神生活中不可或缺的部分。调查显示,76.0%的居民可在20分钟内步行到达绿地、广场、公园等,具体为步行15分钟以内占44.3%,16—20分钟占31.7%,21—30分钟占18.0%,31分钟以上占6.0%。可见,绿地、广场、公园等较为便利,但距80%的标准尚有较小的差距,预计即将达到"20分钟基础公益文化设施圈"的要求。

从不同居住区域看,绿地、广场、公园等最为方便的是郊环外居住区域,53.1%的居民可在15分钟以内步行达到,相对不便的是外—郊环间居住区域,只有29.2%的居民可在15分钟以内步行到达。

表7-12　上海居民步行至绿地、广场、公园等时间(居住区域)

步行时间	居住区域				
	内环内	内—中环间	中—外环间	外—郊环间	郊环外
15分钟以内	48.5%	49.7%	37.7%	29.2%	53.1%
16—20分钟	35.0%	35.3%	28.2%	28.5%	32.4%
21—30分钟	15.9%	14.4%	24.7%	13.1%	11.8%
31分钟以上	0.5%	0.5%	9.4%	29.2%	2.7%

2. 社区活动中心、图书馆较为健全,72.8%的居民在20分钟内可步行到达

社区活动中心、图书馆是基层社区重要的文化活动场所,在开展文化艺术活动、满足居民文化需求上发挥重要作用。调查显示,72.8%的居民可在20分钟内步行达到社区活动中心、图书馆,具体为步行15分钟以内占40.4%,16—20分钟占32.4%,21—30分钟占23.1%,31分钟以上占4.0%。可见,社区活动中心、图书馆较为健全,但距80%的标准尚有较小的差距,预计即将达到"20分钟基础公益文化设施圈"的要求。

从不同居住区域看,社区活动中心、图书馆最为方便的是郊环外居住区域,44.8%的居民可在15分钟以内步行到达,相对不便的是外—郊环间居住区域,只有30.8%的居民可在15分钟以内步行到达。

表7-13 上海居民步行至社区活动中心、图书馆时间(居住区域)

步行时间	居住区域				
	内环内	内—中环间	中—外环间	外—郊环间	郊环外
15分钟以内	41.7%	44.3%	37.3%	30.8%	44.8%
16—20分钟	34.8%	22.2%	34.0%	36.2%	36.6%
21—30分钟	22.1%	29.6%	22.3%	29.2%	16.5%
31分钟以上	1.5%	3.9%	6.4%	3.8%	2.1%

从绿地、广场、公园等及社区活动中心、图书馆的分布看，目前居住区基本上都配有较为便利的基础公益文化设施，70%以上的居民能够在20分钟内步行到最近的绿地、广场、公园等及社区活动中心、图书馆。因此，可以预计上海居住区即将建成“20分钟基础公益文化设施圈”。

四、上海居住地的社区环境

社区环境是居民生活的重要场所，也是居民社会参与的主要平台。一个环境洁净卫生、治安稳定安全、邻里和谐共处、居民互动参与的社区对市民发展具有积极意义。本次调查主要从社区生态、文明、管理、参与等因素，来测量上海民居住地的社区环境。

调查显示，当前上海居住区垃圾分类工作尚未完全落实，停车、宠物乱跑、保洁、保绿等社区管理问题亟待解决，社区参与意愿不高，行动不足。

(一) 环境卫生

1. 垃圾分类工作未完全落实，32.1%的居住区从未实行垃圾分类

垃圾分类是做好社区环境卫生的基础工作。调查显示，当前上海居住区的垃圾分类工作未能完全落实，只有6.5%的居住区已完全分开垃圾，28.6%的居住区实行了部分分类，32.8%的居住区仅有分类垃圾桶，还有32.1%的居住区从未实行垃圾分类。可见，上海垃圾分类工作在社区

未完全落实,近1/3社区从未实行垃圾分类,社区环境卫生工作需进一步落实与提高。

2. 内环、内—中环外等中心城区居住区垃圾分类工作较好,外—郊环间以外居住区垃圾分类工作不够理想

从居住区域看,中心城区垃圾分类工作做得比较好,调查显示,内环内居住区完全垃圾分类占11.0%,部分分类占39.0%,两项合计达到50%,也就是说,内环内一半居住区实行了垃圾分类工作,从未进行垃圾分类的只占15.2%;内—中环间居住区实行垃圾分类工作(包括全部实行和部分实行)的比例有55.9%,从未进行垃圾分类的只占16.2%。而近郊区、远郊区垃圾分类工作不够理想,调查显示,外—郊环间居住区实行垃圾分类工作(包括全部实行和部分实行)的比例只有20%,从未实行比例达到65.4%;郊环外居住区垃圾分类实行情况也不够好,大多数只是有分类垃圾桶(56.0%),实行垃圾分类工作(包括全部实行和部分实行)的比例也只有15.9%。

表7-14　上海垃圾分类工作(居住区域)

垃圾分类	居住区域				
	内环内	内—中环间	中—外环间	外—郊环间	郊环外
从未实行	15.2%	16.2%	45.8%	65.4%	28.0%
仅有分类垃圾桶	34.8%	27.8%	26.8%	14.6%	56.0%
实行了部分分类	39.0%	51.5%	18.8%	18.5%	15.3%
已完全分开	11.0%	4.4%	8.6%	1.5%	0.6%

(二) 社区管理

1. 停车、宠物乱跑、保洁、保绿等社区管理问题亟待解决

社区管理的顽症在不同时期具有不同的外在表现形式。调查显示,当前上海居住区管理存在的主要问题是停车(40.4%)、宠物乱跑(33.7%)、保洁(31.1%)、保绿(30.2%),这些问题亟待解决。此外,保安、群租、物业服务等问题也比较突出,需要加以解决。

表7-15　上海社区管理难题

序　　号	问　　题	频　　次	比　　例
1	保　　绿	607	30.2%
2	保　　洁	626	31.1%
3	保　　安	516	25.7%
4	停车难	813	40.4%
5	群　　租	528	26.3%
6	宠物乱跑	678	33.7%
7	物业服务	420	20.9%

2. 不同居住区域的社区管理难题有所差别

从居住区域看，不同居住区域的社区管理难题有所差别。调查显示，内环内居住区的社区管理难题主要是保洁(46.3%)、停车(39.5%)、宠物乱跑(38.0%)、保绿(35.8%)；内—中环间居住区的社区管理难题主要是停车(45.4%)、群租(38.9%)、宠物乱跑(33.0%)、保洁(29.6%)；中—外环间居住区的社区管理难题主要是停车(38.8%)、保绿(36.1%)、宠物乱跑(36.1%)、保安(29.9%)；外—郊环间居住区的社区管理难题主要是保安(34.6%)、宠物乱跑(32.3%)、保绿(30.0%)、停车(29.2%)；郊环外居住区的社区管理难题主要是停车(44.0%)、群租(34.5%)、保洁(27.1%)、保安(25.1%)。

表7-16　上海社区管理难题(居住区域)

序号	问题	内环内		内—中环间		中—外环间		外—郊环间		郊环外	
		频次	比例	频次	比例	频次	比例	频次	比例	频次	比例
1	保绿	146	35.8%	77	19.8%	269	36.1%	39	30.0%	76	22.4%
2	保洁	189	46.3%	115	29.6%	214	28.7%	16	12.3%	92	27.1%
3	保安	117	28.7%	46	11.9%	223	29.9%	45	34.6%	85	25.1%
4	停车	161	39.5%	176	45.4%	289	38.8%	38	29.2%	149	44.0%
5	群租	77	18.9%	151	38.9%	168	22.6%	15	11.5%	117	34.5%
6	宠物乱跑	155	38.0%	128	33.0%	269	36.1%	42	32.3%	84	24.8%
7	物业服务	108	26.5%	100	25.8%	110	14.8%	23	17.7%	79	23.3%

(三) 社区参与

1. 社区参与意愿不高,行动不足

社区参与是指社区居民通过一定的途径和形式参与社区的各种组织和集体活动,参与社区事务的决策、管理和监督等,社区参与是社会治理的重要基础。调查显示,居民社区参与意愿不高,愿意参与社区事务的只有66.0%,具体为非常愿意占7.8%,比较愿意占58.2%,无所谓占23.8%,不太愿意占8.1%,很不愿意占2.1%。调查还显示,居民社区参与行动不足,参与过社区的公益或志愿者活动只占41.1%,其中经常参加占7.2%,偶尔参与占33.9%,从未参加占58.9%。

2. 社区参与意愿的分布特征是:年龄越大,参与意愿越高;社会阶层参与意愿是“中间低,两头高”;上海户籍居民参与意愿高于非上海户籍居民

不同居民的参与意愿有很大差别。调查显示,年龄越大的居民,社区参与意愿越高,具体为30岁以下为56.4%,30—39岁为64.1%,40—49岁为65.9%,50—59岁为75.7%,60岁以上为81.9%;不同社会阶层居民社区参与意愿呈现“中间低,两头高”的特征,具体上层为67.4%,中上层为65.6%,中层为61.7%,中下层为66.4%,下层为67.2%;上海户籍居民参与意愿高于非上海户籍居民,具体上海户籍为70.4%,非上海户籍为50.0%。

表7-17　上海社区参与意愿(年龄、社会阶层、户籍)

类　别	非常愿意	比较愿意	无所谓	不太愿意	很不愿意
年　龄					
30岁以下	3.1%	53.3%	29.5%	10.6%	3.5%
30—39岁	5.6%	58.6%	24.9%	9.0%	1.9%
40—49岁	7.8%	58.1%	24.3%	8.2%	1.5%
50—59岁	9.8%	65.9%	17.0%	5.6%	1.6%
60岁以上	26.3%	55.6%	15.0%	1.9%	1.3%

续　表

类　　别	非常愿意	比较愿意	无所谓	不太愿意	很不愿意
社会阶层					
上　层	11.6%	55.8%	26.7%	4.3%	1.6%
中上层	3.7%	62.0%	23.9%	8.0%	2.5%
中　层	4.9%	56.8%	23.1%	12.0%	3.2%
中下层	4.7%	61.6%	25.3%	7.2%	1.1%
户　籍					
非上海户籍	2.0%	48.0%	32.0%	13.0%	5.0%
上海户籍	9.4%	61.0%	21.5%	6.8%	1.3%

3. 社区参与行动的分布特征是：年龄越大，参与行动越高；社会阶层参与行动是“中间低，两头高”；上海户籍人口参与行动高于非上海户籍人口

不同居民的参与行动有很大差别。调查显示，年龄越大的居民，社区参与行动越高，具体为30岁以下为24.9%，30—39岁为37.8%，40—49岁为41.2%，50—59岁为55.1%，60岁以上为73.1%；不同社会阶层居民社区参与行动呈现“中间低，两头高”的特征，具体上层为49.2%，中上层为34.7%，中层为36.5%，中下层为35.5%，下层为37.5%；上海户籍居民参与意愿高于非上海户籍居民，具体上海户籍为46.4%，非上海户籍为22.3%。

表7-18　上海社区参与行动(年龄、社会阶层、户籍)

类　　别	经常参与	偶尔参与	从未参与过
年　　龄			
30岁以下	1.5%	23.3%	75.1%
30—39岁	4.4%	33.3%	62.2%
40—49岁	4.6%	36.7%	58.8%
50—59岁	14.4%	40.7%	44.9%
60岁以上	28.1%	45.0%	26.9%

续 表

类　别	经常参与	偶尔参与	从未参与过
社会阶层			
上　层	5.0%	44.2%	50.8%
中上层	4.6%	30.1%	65.3%
中　层	5.0%	31.5%	63.5%
中下层	3.2%	32.3%	64.5%
户　籍			
非上海户籍	1.1%	21.1%	77.7%
上海户籍	8.9%	37.5%	53.6%

五、对策与建议

(一) 发挥市场配置机制和政府保障机制在解决居民住房需求中的重要作用

当前上海居民住房总体状况较好,通过买、租等形式初步解决基本居住问题。商品房是解决居民住房问题的主要方式,但只有约六成居民购买商品房,还有13.1%租住商品房。虽然中国人有买房产的传统思维,但在住房市场化的条件下,房价居高不下,并不是所有居民都具有足够的商品房购买能力。因此,租住商品房成为居民解决住房问题的一个重要途径,而且可以预计这一解决住房问题的方式将长期存在。另外,政府保障性住房对解决居民住房问题发挥重要作用。政府在解决居民住房问题中发挥了非常重要的"托底"保障作用,目前以保障性住房为主要居住方式的居民比例达到12.3%,与租住商品房的比例(13.1%)基本接近。市场配置机制和政府保障机制是住房宏观调控的有机组成部分,其中,保障是未来几年住房政策热点关注和制度创新的重点领域,市场则是需要规范和引导的重要手段。保障与市场双轨启动,对于解决不同阶层的住房需求,减少住房结构的两极分化都有重要的作用。

(二) 提高居民住房自有率,解决“夹心层”的住房问题

产权意识在居民住房观念中占有非常主要分量。当前解决居民住房问题,应以提高居民住房自有率为基本目标,这不仅是基于居民需求与认识,而且是对恩格斯住房理论的重要补充。中国的住房改革比较复杂,住房政策经历了计划体制向市场体制的巨大转变,因此,居民获得住房的途径多样。在这样复杂的社会条件下,调查表明社会中下阶层及下层居民拥有住房所有权可成为“有财产者阶级”。这表明在社会主义的市场经济体制下,社会中下阶层及下层居民拥有住房所有权可成为“有财产者阶级”。另外,尽管上海居民住房自有率较高,达到69.8%,但在社会阶层上分布不均,其中社会中层的住房自有率比较低,只有57.8%。社会中层被称为“夹心层”,经济上缺少购买商品房的足够实力,又达不到享有社会保障性住房的要求,处于购买商品房与申请保障性住房的两难境地,需重点关注“夹心层”的住房问题。建议政府在社会保障性住房政策上对社会中层有所倾斜,降低社会中层购买社会保障性住房的准入线,鼓励社会中层通过购买社会保障性住房解决住房需求。

(三) 进一步加强居住配套设施建设,满足居民日益增长的生活需求

以提升综合服务功能为目标,加快完善居住区的基础服务设施。尽管上海居住区已建成“20分钟基本商业设施圈”,初步建成“20分钟基础公共服务设施圈”,预计即将建成“20分钟基础公益文化设施圈”,居民在购买、出行、看病等较为便利,居住地周边设施能够满足基本生活需要。但是在调查中也反映一些较为突出问题,比如居住地与工作地距离远,路途花费时间长;基础公益文化设施建设不足等,甚至在部分地区存在一定程度的交通基础设施不完善、教育资源配置不足、医疗卫生机构设置不够合理、商业服务设施不配套、文化体育设施建设滞后等一系列问题。因此,政府要把加强配套服务设施建设作为重点工程,在教育、医疗、交通、环卫、水电气热等基础设施建设方面持续加大投入,不断完善基础设施,优化居民生存与发展环境,满足居民日益增长的生活需求,尤其是加快社区文化活

动中心、图书馆等基础公益文化设施建设，尽快建成“20分钟基础公益文化设施圈”。

(四) 加强社会管理，着力解决社区管理顽症

着力解决社区管理顽症，是加强社会管理工作的基本要求，也是塑造城市良好形象、提升城市综合管理水平、增强城市核心竞争力的重要举措。上海社区管理问题较为突出，停车、宠物乱跑、保洁、保绿等问题亟待解决；垃圾分类工作需狠抓落实，尤其是外—郊环间、郊环外的垃圾分类工作需进一步提高。加强社会管理，解决社区管理顽症，一要市、区县和街镇相关单位和部门齐抓共管、上下联动，形成社会治理整体格局；二要坚持综合施策、系统治理，疏堵结合、源头治理，狠抓落实、注重实际效果，做到确保各项制度执行到位；三要发挥媒体监督、居民热线的重要作用，加大对正面典型案例的宣传力度，对顽症陋习坚决予以曝光查处，在全社会中营造文明和谐的良好氛围，广泛发动居民群众参与社区顽症治理，齐抓共管，发动社会居民共同治理。

(五) 加大社会宣传教育，鼓励居民广泛参与社区建设

居民的广泛参与是社区建设的基本要求，在社区建设中具有很重要的作用，是社区建设的重要环节和长久动力。虽然上海政府非常重视居民参与社区建设，但调查显示当前居民缺乏社区意识，社区参与意愿不高，行动不足。鼓励居民广泛参与社区建设，需要加强社会宣传教育，在社区中营造和谐的良好氛围，同时要加强引导，通过开展丰富多彩的社区活动，尤其以开展志愿者活动为契机，为居民提供互动交流平台，增进居民之间、居民与居委会之间的了解，培养居民社区意识，吸引居民参与社区活动、社区建设中，尤其是吸引年轻居民、社会中层居民、非上海户籍居民参与社区活动、社区建设，提高居民社区参与意愿，增强居民社区参与行动，共同建设与治理生活共同体。

第 8 章　幸福感调查

随着社会生活自主度的扩大，公众的主体意识也日益苏醒。生活得怎么样成了公众普遍关心的问题，于是“幸福感”就成了一个回避不了的话题。但是当前我国正处在政治、经济转型的关键时期，政治、经济、文化等方面在取得显著发展的同时还面临着一些矛盾和问题。对于居民而言，无论是物质上还是精神上，都存在着困扰和不满足，于是出现了一种前所未有的幸福焦灼感。追求幸福是每个人的权利，也是实现人生价值的驱动力。不断改善和提升居民的幸福感应该是政府的重要使命，也是衡量一个社会和谐稳定的重要标准。习近平总书记指出“实现中华民族伟大复兴的中国梦，就是要实现国家富强、民族振兴、人民幸福”。因此对居民幸福感的调查是反映民情民意的重要途径，是反映公众心态的重要方式。

一、幸福感的相关研究

作为心理学术语，幸福感是人类个体认识到自己需要得到满足以及理想得以实现时产生的一种情绪状态，是由需要（包括动机、欲望、兴趣）、认知、情感等心理因素与外部诱因的交互作用形成的一种复杂的、多层次的心理状态。它实质上是外在的良性刺激所诱发的一种具有动力性和依赖性的积极情绪体验。幸福感是人们对客观现实的主观反映。它既与人们生活的客观条件密切相关，又体现了人们的需求和价值取向。①

① 李焰等：“幸福感研究概述”，《沈阳师范大学学报》（社会科学版）2004 年第 2 期。

在心理测量中，幸福感是反映某一社会中个体生活质量的重要心理学参数①。幸福感专指评价者根据自定的标准对其生活质量的整体性评估。它包括三方面的内容：(1) 积极情绪，如愉快、高兴、兴奋、精神饱满等情绪体验。(2) 消极情绪，如忧虑、抑郁、悲伤、厌烦等情感体验，但并不包括重性情感障碍和神经症。(3) 认知评价，即生活满意度，指个体构建出一个适合自己的标准，并将生活的诸多方面作为一个整体来评定自己的满意感程度。其中，认知评价是主观幸福感的关键指标，作为认知因素，它是更有效的肯定性衡量标准，是独立于积极情感和消极情感的另一个因素。②

概括地说，幸福感具有三个明显的特点：(1) 主观性。是指它的评定完全依赖于个体本人的标准。(2) 整体性。它是一种综合评价，包括对情感反应的评估和认知判断，是对生活的总体满意感。(3) 相对稳定性。主观幸福感主要测量长期而非短期情感反应和生活满意度，是一个相对稳定的值。它不随时间的流逝或环境的一般性改变而发生重大变化。③ 例如，个体在遇到积极或消极的事件时的积极或消极情绪体验，会在一段时间内，回复到个体的幸福感的基线水平。

已有研究一般认为，文化因素、家庭环境因素、生活事件因素、经济因素、社会支持因素等是影响幸福感的客观因素。

(一) 社会文化因素

处于不同社会环境中的人，会将所在社会特有的文化特征内化为自身观念，从而影响其评价和判断，主观幸福感也会因不同的文化背景而产生差异。邹琼综合国内外主观幸福感与文化关系研究成果，指出主观幸福感的实现既有文化共性也有文化特殊性，国家之间的平均主观幸福感存在着稳定的差异，此外，同一国家内不同民族间幸福感的差异也得到了

---

① 汪向东、王希林、马弘："心理卫生评定量表手册"，《中国心理卫生杂志》1999 年 12 月。

② 吴明霞："30 年来西方关于主观幸福感的理论发展"，《心理学动态》2000 年第 4 期。

③ Diener E. Subjective well-being. *Psychological Bulletin*. 1984，95(3)：542 - 575.

研究证实。[①]

(二) 家庭因素

王芳、陈福国归纳指出，从对青少年的研究中发现，他们的满意感或不幸福的感觉与他们所体会到的家庭气氛相关。[②] 家庭的稳定、成员间的相互关怀、没有明显的家庭矛盾是青少年总体满意度的预期因素，而家庭结构松散、父母关系欠佳和严重的家庭矛盾，都是他们产生不幸福感觉的预期因素。周建初等人将不良的家庭气氛视为一种持续性应激性生活事件。家庭气氛对幸福感的影响是从属于婚姻质量的，对大多数人来说，婚姻关系是最重要的人际关系，也是影响主观幸福感的一项因素。邢占军的研究发现，从总体上看，城市居民中未婚群体的主观幸福感高于已婚群体，婚姻状况对男性主观幸福感的影响基本上是正向的，而婚姻状况对女性主观幸福感的影响总体上是负向的。[③]

(三) 个体心理因素

我国学者从心理健康、应激水平、时间管理、自我概念、抑郁情绪、人格特征、应对方式等方面探讨了对主观幸福感的影响。肖建伟和石国兴调查发现，高中生的主观幸福感与心理健康状况存在着相关关系，[④]刘仁刚和龚耀先对老年人的研究发现，老年人的应激水平与主观幸福感存在着显著性的相关，[⑤]张志杰等人对初中生的调查发现，时间管理倾向各维度与积极情绪之间存在显著正相关，与消极情绪之间存在显著负相关，时间管理的好坏可能是影响主观幸福感的一个重要因素，[⑥]王极盛和丁新华采用自编主观幸福感量表对初中生的调查指出，初中生的总体幸福感及各

---

① 邹琼："主观幸福感与文化的关系研究综述"，《心理科学》2005 年第 3 期。

② 王芳、陈福国："主观幸福感的影响因素"，《中国行为医学科学》2005 年第 6 期。

③ 邢占军："主观幸福感研究：对幸福的实证探索"，《理论学刊》2002 年第 5 期。

④ 肖建伟、石国兴："高中生生活事件与心理健康及主观幸福感的相关研究"，《河北师范大学学报》(教育科学版)2005 年第 2 期。

⑤ 刘仁刚、龚耀先："老年人主观幸福感与应激水平的相关性研究"，《中国心理卫生杂志》2001 年第 1 期。

⑥ 张志杰、黄希庭、凤四海、邓麟："青少年时间管理倾向相关因素的研究"，《心理科学》2001 年第 6 期。

因子与精神质和神经质显著负相关，与内外向显著正相关，他们的主观幸福感与人格特征关系密切。[①]

(四) 社会支持因素

社会关系包括婚姻关系、家庭关系、朋友关系、邻里关系等，是影响幸福感的主要因素之一。社会关系具有重要的社会支持作用。社会支持可以提供物质或信息上的帮助，增加人们的喜悦感、归属感，提高自尊感、自信心。当人们面临应激性的生活事件时，还可以阻止或缓解应激反应，从而增加正性情感并抑制负性情感。良好的社会关系可以增加人们的幸福感，而劣性的社会关系则会降低幸福感。一种社会关系是否有建设性，很大程度上依赖于个体的个性心理特征如个人控制感。个体在此种关系中投入社会支持的作用也可能部分或全部归因于能力或社会性等与社会支持有较高相关的人格变量。[②] 克劳斯等研究了提供支持给他人与老年人幸福感的关系，[③]结果表明，提供非正式帮助给他人可能提高控制感，而高控制者的抑郁症状较少。

(五) 健康状况

拉森的研究结果表明，在老年人生活状况诸因素中，健康状况与生活满意度最为密切。[④] 很多研究均证实了身体健康状况对老年人的幸福感有显著影响。[⑤] 而且随着年龄的进一步增大，健康的影响力也越来越大。鲍林研究表明，85 岁以上的老年人，只有健康状况对幸福感(以 LSR 评定的生活满意度为指标)有显著影响，而社会支持网络和非正式帮助的影响

---

① 王极盛、丁新华："初中生主观幸福感与人格特征的关系研究"，《中国临床心理学杂志》2003 年第 2 期。

② 苗江元："幸福感：研究取向与未来趋势"，《社会科学》2002 年第 2 期。

③ Krause N, Herzog AR, Barker E. Providing support to others and well-being in later life. *Journal of Gerontology: Psychological Science*, 1992, 47(5): 300－301.

④ Larson, Reed. Thirty Years of Research on the Subjective Well-Being of Older American, *Journal of Gerontology*, 1978, 33: 109－125.

⑤ Wood V, et al. An analysis of a short self-report measure of life satisfaction: Correlation with rater judgments. *Journal of Gerontology*, 1969, 24: 465－468.

均不显著。[1] 其中，自我评价的健康状况对幸福感的影响更大。但郭晋武的研究(1992)不支持这一观点，其研究显示身体健康状况对幸福感影响并不显著。有学者认为，老年人对健康状况的自我评价不仅包括生理上的健康观，而且也包括心理上的感受。[2]

(六) 经济状况

很多研究发现，收入与幸福感呈正相关。其原因在于较高的收入会带来更多的物质享受、更高的权利和地位，伴有更高的自尊心和自信心。经济收入高的老年人生活满意程度高于低收入者。[3] 当然，也有研究表明：收入与幸福感无关。例如，1946—1978年间，美国的人均收入增加了很多。但平均的快乐水平没有增加。这表明收入的影响是相对的，它依之于社会比较，分配偏差和相对的剥夺感是收入与幸福感之间的中介变量。此外，收入增加也可能意味着交通拥挤、噪声、污染等导致负性情感的应激事件的增加。也有研究发现：收入仅在非常贫穷时有影响，一旦人们的基本需要得到满足，经济的影响就很小了。[4]

二、调查结果

如前所述，幸福感包括积极情绪、消极情绪和认知评价三部分。根据已有研究成果，本报告的问卷主要从认知评价角度考察幸福感。根据已有理论，结合实际调查需求，从身心健康、家庭和谐、工作满意、人际融洽四个方面考察居民的幸福感。

---

① Bowling A, Browne P; D. Social networks, health, and emotional well-being among the oldest old in London. *Journal of Gerontology: Social Science*. 1991, 46(1): 22-32.

② Kaplan G. Subjective state of health and survival in elderly adults. *Journal of Gerontology* 1988, 43: 114-119.

③ 杨彦春："老人幸福度与社会心理因素的调查研究"，《中国心理卫生杂志》1988年第2期。

④ 苗江元："幸福感：研究取向与未来趋势"，《社会科学》2002年第2期。

表8-1 上海居民幸福感调查维度及相关内容

幸福感	身心健康	我经常感到自己身体某些部位特别不舒服。 我很少自己的健康状况感到苦恼。 大多数情况下,我都处于情绪良好状态。 碰到不开心的事情时,很长时间我都打不起精神来。
	家庭和谐	和家人在一起,我感到特别愉快。 家人总能在我最困难的时候给予支持。 我宁愿待在单位,也不愿意回家。 我有时感到很难与家人(包括父母、爱人、孩子等)沟通。
	工作满意	我经常感到自己只是在混日子。 我不清楚自己所做的工作有什么意义。 我觉得目前的工作能很好地发挥自己的才能。 我对目前的工作非常满意。
	人际融洽	有朋友　支持网　参与社会组织　聚会次数

(一) 身心健康状况

1. 两成以上居民担忧身体健康

多项已有研究表明,身心健康对于个体幸福感有着重要影响。调查显示,对问题"我经常感到自己身体某些部位特别不舒服"的回答,选择"非常符合"、"比较符合"、"说不清"、"不太符合"、"很不符合"的比例分别为3.5%、17.1%、19.1%、48.5%和11.8%。有超过20%的居民身体出现不舒服状况。对问题"我很少为自己的健康状况感到苦恼",选择"非常符合"、"比较符合"、"说不清"、"不太符合"、"很不符合"的分别为12%、52.1%、14.1%、18.7%和3.1%。这一结果与前一问题基本一致,超过20%的居民有为自己的健康状况担心和烦恼。

2. 大多数人日常情绪良好,但消极情感的持续影响明显

"大多数情况下,我都处于情绪良好状态",选择"非常符合"、"比较符合"、"说不清"、"不太符合"、"很不符合"的比例分别为18.9%、66.1%、10.0%、4.6%和0.3%。85%的人认可自己情绪良好。但是29.5%的人认为"遇到不开心的事情时,很长时间都打不起精神来"。

3. 不同居民身心健康自我评价存在差异

根据身心健康自我评价,计算得分显示,所有居民平均得分3.55

分。[①] 不同类别居民存在明显差异。从婚姻状况看，已婚无子女居民得分高于未婚及已婚有子女居民。已婚有子女居民通常经济压力和生活压力较大，未婚居民生活规律性较差，影响了其对身心健康的自我评价。从教育程度看，本科及以上教育程度居民身心健康得分明显高于其他居民，为3.71分。初中及以下学历居民得分最低，仅为3.43分。从月收入来看，月收入高的居民分数更高。月收入15 000元以上居民得分3.91，收入低于最低工资水平和平均工资水平居民的得分仅为3.57和3.49。从职业阶层来看，处于职业阶层上层的居民得分最高，为3.68分，处于职业阶层下层的居民得分仅为3.33分。从年龄段来看，30岁以下居民得分最高，为3.59分，60岁以上居民由于年龄增大，身体机能衰退，得分降低为3.32分。由此可见，年龄和社会阶层对身心健康状况有重要影响。

表8-2 上海居民身心健康得分

性 别	男 3.58	女 3.52			
婚姻状况	未婚 3.61	已婚无子女 3.72	已婚有子女 3.52		
教育程度	初中及以下 3.43	高中 3.53	大专 3.50	本科及以上 3.71	
月收入	低于 2 000元 3.58	2 000— 5 300元 3.55	5 300— 10 000元 3.61	10 000— 15 000元 3.81	15 000元 以上 3.91
年龄段	30岁以下 3.59	30—39岁 3.57	40—49岁 3.57	50—59岁 3.53	60岁以上 3.32
职业阶层	上层 3.68	中上层 3.59	中层 3.52	中下层 3.59	下层 3.33

① 正向问题，非常符合计5分，比较符合计4分，不清楚计3分，不太符合计2分，很不符合计1分。负向问题，非常符合计1分，比较符合计2分，不清楚计3分，不太符合计4分，很不符合计5分，下同。

(二) 家庭和谐状况

家庭亲密度本身就是指家庭成员间的情感联系，与幸福感的情感成分有内在一致性。家庭关系和谐，情感联系亲密，自然能其乐融融。家庭关系是最重要的人际关系，个体长时间地生活在这种关系中，规划和建构这种关系。反过来，这种关系又作用于个体心理，尤其是各种情感体验，从而显著影响幸福感。

1. 良好的家庭关系是幸福感的重要来源

良好的家庭关系对个体情绪有重要的积极影响。“和家人在一起，我感到特别愉快”，选择“非常符合”、“比较符合”、“说不清”、“不太符合”、“很不符合”的比例分别为 48.2%、49.0%、2.1%、0.7%和 0.1%。97.2%的居民认可与家人相处带给自己幸福感和愉悦感。

2. 近九成居民在困难时能得到家人支持

“家人总能在我最困难的时候给予支持”，选择“非常符合”、“比较符合”、“说不清”、“不太符合”、“很不符合”的比例分别为 33.8%、54.2%、8.9%、2.7%和 0.3%。对绝大多数市民而言，家人支持是困境中的重要支撑力量。

3. 外因影响家庭归属感

但也有部分居民的选择结果表明，家庭的归属感受到外因影响有所削弱。对问题“我宁愿待在单位，也不愿意回家”，选择“非常符合”、“比较符合”、“说不清”、“不太符合”、“很不符合”的比例分别为 1.3%、9.6%、16.8%、37.9%和 34.4%。至少有超过 10%的居民家庭归属感疏离。年龄、有无住房、户籍、婚姻状况影响家庭归属感。调查结果显示，30 岁以下、30—39 岁年龄段居民宁愿待在单位的比例分别为 13.4%和 11.9%，40—49 岁、50—59 岁居民的比例分别为 10.4%和 7.8%。有住房居民为 8.4%，无住房居民为 16.7%，后者几乎是前者的两倍。是否拥有住房这一物质条件对个体的家庭归属感产生一定影响。上海户籍人口这一比例占 9.7%，非上海户籍人口占 15%。从婚姻状况看，已婚无子女居民这一比例最低，占 6.1%，未婚居民这一比例最高占 13.2%，已婚有子女次之，占 10.7%。

4. 不同家庭和谐程度得分差异

从表8-3可知，家庭和谐得分最高的居民是高收入、高教育程度、高职业阶层居民，即高社会阶层居民。但低学历和低收入居民的家庭和谐度高于中等学历和中等收入居民。年长居民的家庭和谐度高于年轻人。已婚无子女的得分高于已婚有子女和未婚居民。上海户籍人口高于非上海户籍人口，有住房居民高于无住房居民。

表8-3　上海家庭和谐得分

性　别	男 4.07	女 4.06			
婚姻状况	未婚 4.03	已婚无子女 4.18	已婚有子女 4.07		
教育程度	初中及以下 4.11	高中 4.04	大专 4.01	本科及以上 4.16	
月收入	低于 2 000元 4.19	2 000— 5 300元 4.07	5 300— 10 000元 4.06	10 000— 15 000元 4.20	15 000元 以上 4.22
年龄段	30岁以下 4.05	30—39岁 4.05	40—49岁 4.09	50—59岁 4.12	
职业阶层	上层 4.17	中上层 4.07	中层 4.03	中下层 4.08	下层 3.97
户　籍	非上海户籍 3.98	上海户籍 4.09			
住　房	无住房 3.96	有住房 4.12			

(三) 工作满意状况

1. 一成半左右的人感到工作无目标无意义

目标是情感系统重要的参照标准，它影响情绪，影响主观愿望和快乐。研究表明，当一个人能以内在价值和自主选择的方式来追求目标并达到可行程度时，主观幸福感才会增加，即目标必须与人的内在动机或需要相适宜，才能提高主观幸福感。[①] 就工作领域而言，是否有明确的工作目标是影响工作状态的重要因素。“工作时，我经常感到自己只是在混日子”，选择“非常符合”、“比较符合”、“说不清”、“不太符合”、“很不符合”的比例分别为2.9%、14.7%、21.0%、44.1%和17.3%。

“我认为自己的工作没啥意义”，选择“非常符合”、“比较符合”、“说不清”、“不太符合”、“很不符合”的比例分别2.0%、12.2%、25.2%、43.8%和16.8%。其中，30—39岁年龄段居民认为工作没意义的比例最高。众所周知，这一年龄段居民不仅遭遇了高房价，其中大多数人子女尚幼，家庭负担重，生活压力大。同时在职场上，这一年龄段往往处于“不上不下”，产生蹉跎多年、前途未明之感。从不同职业阶层来看，职业上层和中上层居民对自己工作的意义认可度更高。处于职业下层居民，认为自己工作没意义的比例为18.8%，上层和中上层职业居民这一比例分别为8.9%和12.6%。

2. 六成人觉得工作与能力匹配

“我觉得目前的工作能很好地发挥自己的才能”，选择“非常符合”、“比较符合”、“说不清”、“不太符合”、“很不符合”的比例分别19.6%、54.3%、19.8%、4.7%和1.6%。职业上层居民更认可工作发挥了自己的才能。职业阶层为上层、中上层、中层、中下层、下层居民，认为工作很好地发挥自己才能的比例分别为85.2%、86%、75%、75.9%和28.2%。这一比例与教育程度和收入相符，教育程度高、收入高居民更加认可工作和能力之间的匹配。

3. 不同居民工作满意状况得分差异

从工作满意的总体得分来看，分数最高的是月收入15 000元以上居民，平均分数为4.14分。在现代职场和市场经济的作用下，高收入往往与个体自身的高能力挂钩，是工作高回报的体现。因此，在一定意义上，高收入人群因为胜任工作，其能力得到认可，因此具有较高的自我效能感，同时高收入保证了较好的生活质量，从而更好地激发了工作信心。低收入、

① 陈姝娟等：“主观幸福感研究综述”，《心理与行为研究》2003年第3期。

低教育程度、低职业阶层居民得分低，其中低职业阶层居民的工作满意度最低，仅为 3.12 分。这是因为低职业阶层往往是工作环境差、工作强度大、职业发展前景差、收入低的缩影。低职业阶层居民是真正意义上的弱势阶层，其幸福感的提升需要加强。此外，已婚已育居民得分低于未婚和已婚未育居民，这一状况在家庭和谐和身心健康两个维度的得分结果中亦有体现，已婚已育居民不仅家庭经济压力大，而且需要承担照顾子女的责任，在平衡家庭和工作之间面临更大的挑战。如果纳入户籍变量，可以发现，非上海户籍人口中，已婚未育居民对工作满意度的得分为 3.71，已婚已育居民为 3.65，上海户籍已婚未育居民得分为 3.96，已婚已育居民得分为 3.74。从户籍状况看，非上海户籍人口对工作满意的得分为 3.62，上海户籍人口得分 3.77。上海户籍人口由于父母亲友都在身边，生活中往往能得到较多支持和帮助，在一定程度上有利于他们更全身心投入工作，获得更好的职业报酬并建立起职业信心。

表 8-4　上海不同居民工作满意得分

性　别	男 3.77	女 3.7			
婚姻状况	未婚 3.69	已婚无子女 3.90	已婚有子女 3.72		
教育程度	初中及以下 3.51	高中 3.68	大专 3.68	本科及以上 3.96	
月收入	低于 2 000 元 3.54	2 000— 5 300 元 3.71	5 300— 10 000 元 3.86	10 000— 15 000 元 4.14	15 000 元 以上 4.14
年龄段	30 岁以下 3.69	30—39 岁 3.74	40—49 岁 3.74	50—59 岁 3.8	60 岁以上 3.43
职业阶层	上层 3.99	中上层 3.82	中层 3.68	中下层 3.69	下层 3.12
户　籍	非上海户籍 3.62	上海户籍 3.77			

表 8-5 上海不同居民身心健康、家庭和谐、工作满意的得分情况

维度	内容	单项得分	平均得分
身心健康	我经常感到自己身体某些部位特别不舒服。	3.48	3.55
	我很少自己的健康状况感到苦恼。	3.51	
	大多数情况下,我都处于情绪良好状态。	3.99	
	碰到不开心的事情时,很长时间我都打不起精神来。	3.22	
家庭和谐	和家人在一起,我感到特别愉快。	4.44	4.07
	家人总能在我最困难的时候,给予支持。	4.18	
	我宁愿待在单位,也不愿意回家。	3.94	
	我有时感到很难与家人(包括父母、爱人、孩子等)沟通。	3.7	
工作满意	我经常感到自己只是在混日子。	3.58	3.74
	我不清楚自己所做的工作有什么意义。	3.62	
	我觉得目前的工作能很好地发挥自己的才能。	3.85	
	我对目前的工作非常满意。	3.72	

总体而言,从身心健康、家庭和谐、工作满意三个维度来看,家庭和谐的得分最高,为 4.07 分,工作满意的得分次之,为 3.74 分,身心健康的得分最低为 3.55 分。从以上三个维度来看,居民的幸福感还是比较高。三个维度 12 个问题的测试结果显示,11 个题目的中值为 4 分,只有问题"遇到不开心的事情时,很长时间我都打不起精神来"中值为 3 分。也就是说,在所有问题的回答中,超过一半以上居民选择了积极的答案。

(四) 人际融洽状况

个体与周围他人相互作用,形成各种人际关系,这对个体幸福感的获得有更重要的影响,这种人际关系是多层面的。从家庭关系的角度讲,体现为家庭功能;从更广泛的社会关系的角度讲,体现为社会支持。有关社会支持的研究①表明,一定的社会支持将减少个体对压力事件严重性的感

① Cheung Chau-Kiu. World understanding and well-being in a Hong Kong Chinese marital context. *Journal of Geneti c Psychology*, 1997, 158, 41-58;崔丽娟、李虹:城市老年人社会支持网络与生活满意度的研究,《心理科学》1997 年第 2 期。

知，减少负向情感，降低压力事件对个体身心健康的危害性；而且，社会支持可提供应对压力的策略，减轻压力的危害性。这些研究似乎都在暗示社会支持可能对幸福感有重要影响，但是还远远不能系统地说明两者的关系。有研究者采用社会支持评定量表测量社会支持的三个维度，以考察其与幸福感的关系。社会支持的三个维度分别是：支持源的广泛性，指社会支持来源的多少，它是对社会支持范围的测量；人际支持，即来自家庭成员、朋友、邻里、同事等各种人际关系的支持程度；支持利用度，即对各种支持的利用程度和团体参与程度。① 本报告也沿用上述三个维度。

1. *社会支持范围较广泛*

本报告对个体社会支持范围的测量主要通过以下两个指标：朋友数量和聚会次数。

"目前，您有多少个可以称得上朋友的人"，选择"基本没有"占2.0%，1—5人占42.6%，6—10人占36.3%，11—15人占12.4%，16人及以上占6.7%。不同性别居民中拥有朋友数量没有显著性差异。男性选择"基本没有"占2.4%，1—5人占42.0%，6—10人占35.5%，11—15人占14.0%，16人及以上占6.0%。女性选择"基本没有"占1.6%，1—5人占43.1%，6—10人占37.0%，11—15人占11.0%，16人及以上占7.3%。

交叉分析显示，不同年龄段的居民在朋友数量上有显著性差异。($P=0.001<0.05$)其中，60岁以上居民中，拥有16名以上朋友的占11.3%，远远高于其他年龄阶段居民。但是60岁以上人群中，基本没有朋友的比例为3.8%，也高于其他居民。

表8-6　上海不同年龄居民拥有朋友数量的百分比(%)

	30岁以下	30—39岁	40—49岁	50—59岁	60岁以上
基本没有	1.1	2.4	1.7	2.0	3.8
1—5人	42.5	38.3	46.4	42.0	50.0
6—10人	40.1	36.8	36.0	34.8	27.5

① 池丽萍、辛自强："幸福感：认知与情感成分的不同影响因素"，《心理发展与教育》2002年第2期。

续 表

	30岁以下	30—39岁	40—49岁	50—59岁	60岁以上
11—15人	11.0	16.0	9.1	14.4	7.5
16人及以上	5.3	6.5	6.7	6.9	11.3

同样具有显著性差异的还有不同职业阶层的居民。($P=0.000<0.01$)。朋友数量超过16人的职业下层居民和退休人员最多，分别有12.5%和10.6%。而这两类居民中没有朋友的比例也最高，分别有6.3%和4%。职业上层的居民中，朋友数量为1—5人的占39.1%，6—10人的占38.4%，11—15人的占13.6%。

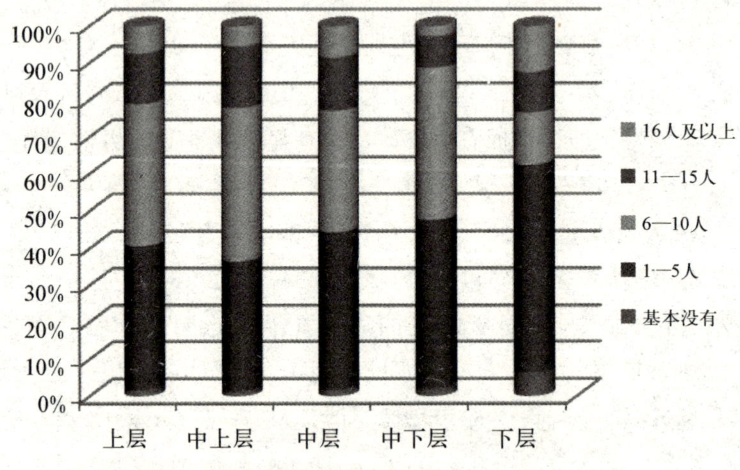

图8-1 上海不同职业阶层人群拥有朋友数

上海户籍与非上海户籍居民的朋友数量有差异，但并不显著。($P=0.42$)上海户籍人口基本没有朋友、拥有1—5个朋友、6—10个朋友、11—15个朋友和16个朋友以上的比例分别为1.6%、41.6%、37.3%、12.7%、6.9%。非上海户籍人口中基本没有朋友、拥有1—5个朋友、6—10个朋友、11—15个朋友和16个朋友以上的分别为3.4%、46.1%、33.0%、11.4%、6.1%。上海户籍人口朋友数量多的比例略高于非上海户籍人口。

受教育程度高的人群，有朋友和朋友数量多的比例更高。($P=0.000<0.05$)。数据显示，本科及以上居民中，基本没有朋友的比例为0.7%，远

低于其他居民。拥有朋友数量6人以上的，本科及以上居民中有59.9%，大专居民中有62%，高中居民中有51.7%，初中及以下居民中有40.3%。

“过去一年，您参与朋友聚会的次数”为从不参加占6.6%、1—2次占23.0%、3—5次占38.8%，6—10次占21.6%、10次以上占10.0%。不同婚姻状况的居民在参与朋友聚会的次数上有显著性差异。未婚和已婚无子女的居民参与朋友聚会的比例高于已婚已育居民。已婚已育居民中，从不参加朋友聚会的比例为7.2%，未婚居民在这一选项上的比例为5.5%，已婚无子女居民为4.1%。参加6次以上聚会的比例，未婚居民中占40.3%、已婚未育居民中占38.5%、已婚已育居民中占28.2%。

从月工资收入水平来看，从不参加聚会的比例，月收入低于2 000元最低工资的居民中比例最高，为14.5%，参加10次以上聚会的，月收入在10 000—15 000元的居民中比例最高，15 000元以上次之，分别为35.1%和20%。值得一提的是，月收入15 000元以上居民中，从不参加朋友聚会的比例也较高，为10%。可见经济收入是参加聚会的必要条件，但非充分条件。收入低，限制了参加聚会的可能性，收入高，也可以选择不参加。高收入居民参加聚会少与其工作繁忙有关。针对“闲暇时间是否跟别人一起度过”和工资收入的交叉分析显示，月收入超过15 000元的居民中，选择“没有时间玩”的占10%。

从年龄段来看，30岁以下和30—39岁人群，不参加聚会的比例低，参加多次聚会的比例高。60岁以上居民，从不参加聚会的比例高，参加多次聚会的比例低。30岁以下居民从不参加聚会的比例仅占3.1%，参加6—10次聚会和10次以上聚会的为27.1%和12.6%。30—39岁居民从不参加聚会的为4.6%，参加6—10次及10次以上聚会的为26.5%和12.7%。60岁以上居民从不参加聚会的高达18.8%，参加6—10次和10次以上聚会的为8.8%和6.3%。老年人参加聚会少与年纪大外出不便以及退休后社会交际圈变小有关。但是参加朋友聚会少并不代表老年人人际交往少，实际上，老年人去社区活动中心的比例相当高。只能说他们人际交往圈子半径小，并且倾向于公益性或者花费低廉的活动。

从职业分层看，上层和中上层从不参加朋友聚会的比例低，下层和退休者不参加朋友聚会的比例高。上层和中上层多次参加聚会的比例高，中下层、下层和退休者多次参与聚会的比例低。上层、中上层、下层和退休者从不参加聚会的比例分别为 1.6%、2.5%、31.3%和 11.1%。上层、中上层、中下层、下层和退休者参加 6—10 次聚会的比例分别为 27.1%、26.7%、14.7%、9.4%和 11.6%，参加 10 次以上聚会的比例分别为 12%、18.4%、2.8%、6.3%和 5.6%。朋友聚会通常是一个双向的社会交往行为。一方面有相当的经济实力和时间能够支付聚会开支和成本，另一方面要拥有相对广泛的人际联系和一定的社会地位，才能获得较多的聚会邀请并参与其中。职业阶层较高者，不仅经济收入高，同时社会地位较高，人际交往频繁，无论因公因私，都形成了较为广泛的人际交往圈，因此朋友聚会频繁。同样的结论也可以从不同受教育程度居民参加聚会的情况中得到印证。调查结果显示，受教育程度越高，参加朋友聚会次数越多。初中及以下学历、高中、大专、本科及以上从不参加朋友聚会的比例分别为 21.2%、7.7%、3.0%和 1.8%。参加 6 次以上比例分别为 8.2%、18.2%、44.2%和 46.6%。

从上海户籍和非上海户籍人口来看，上海户籍人口从不参加朋友聚会的占 5.7%，低于非上海户籍人口 4.1 个百分点。上海户籍人口参加 6—10 次聚会和 10 次以上聚会的占 22.9%和 16.8%，非上海户籍人口分别占 16.8%和 10.7%。上海户籍人口朋友聚会更加频繁，这与他们本地的亲戚朋友较多有关。但是非上海户籍人口的聚会比例也较高，尽管身处异乡，但同样形成以地缘、业缘为纽带的朋友交际圈。

2. 人际支持网络以亲缘为核心

“假设您受到了不公正对待，您觉得能在多大程度上获得以下机构或个人帮助?”调查结果显示，居民认为，能得到帮助可能性最高的(选择非常有可能和比较有可能的比例总和)依次是家人，占 90%，朋友占 83.3%，亲戚占 62.7%，邻居占 39.8%，居委会占 36.1%，政府机构占 23.3%，法院占 14.8%，非政府机构占 12.8%，媒体占 12%。从得分值看[①]，家人 1.73

① 非常有可能计 1 分，比较有可能计 2 分，一般计 3 分，不太有可能计 4 分，完全没可能计 5 分，分值越低可能性越高。

分，朋友2.01分，亲戚2.39分，邻居2.82分，居委会3.04分，政府机构3.63分，法院3.84分，非政府机构3.77分，媒体3.86分。

表8-7 上海居民得到帮助的可能性(%)

	非常有可能	比较有可能	一般	不太有可能	完全没可能
政府机构	2.5	20.8	15.7	32.6	28.3
非政府机构	2.8	10.0	24.5	32.3	30.3
家　人	42.3	47.7	6.3	2.2	1.5
亲　戚	12.4	50.3	26.1	8.4	2.8
邻　居	6.3	33.5	37.5	17.0	5.7
朋　友	21.2	62.1	12.1	3.4	1.2
法　院	3.8	11.0	17.8	32.7	34.8
媒　体	1.8	10.2	23.1	30.5	34.4
居委会	6.3	29.8	31.8	17.5	14.6

进一步的交叉分析显示，认为能获得政府和非政府机构的帮助上，上海户籍人口多于非上海户籍人口、高职业阶层居民高于低职业阶层居民，年长者高于年轻者。认为能获得政府帮助的上海户籍人口为25.9%，非上海户籍人口为14.1%。职业上层居民为30.3%，职业下层居民为18.8%。30岁以下居民为17.2%，60岁以上居民为32.2%，30—39岁、40—49岁、50—59岁年龄段分别为24.1%、24.1%、24.6%。认为能得到非政府机构帮助的，60岁以上居民为20%，30岁以下为9.4%。30—39岁、40—49岁、50—59岁年龄段分别为13.3%、12.4%、13.8%。职业上层、中上层、中层、中下层和下层居民的比例分别为17.1%、12.8%、9.7%、12.9%、6.2%。上海户籍为14%，非上海户籍为8.7%。

相比而言，尽管总体居民中求助法院的比例并不很高，但各类居民之间对法院的求助比例没有明显的强势群体多、弱势群体少的现象。上海户籍人群认为能获得法院帮助的为15.8%，非上海户籍居民为11.1%。职业上层、中上层、中层、中下层和下层居民的比例分别为12%、16.6%、

12%、16.6%、18.7%。处于职业中下层和下层的居民认为可能获得法院帮助的比例高于职业上层人群。从不同年龄阶段看,除了60岁以上居民选择比例更高以外,其他年龄阶段居民的选择没有明显差异。30岁以下、30—39岁、40—49岁、50—59岁、60岁以上年龄段分别为13.7%、14.7%、14.7%、14.4%、18.8%。

认为居委会提供帮助的,上海户籍人口比例远高于非上海户籍人口。上海户籍人口高达39.6%、非上海户籍人口为23.4%。职业下层居民远远高于其他职业阶层。文化层次低的高于层次高的。职业上层、中上层、中层、中下层和下层人群的比例分别为30.2%、37.1%、32.8%、31.6%、51.6%。老年人高于年轻人,30岁以下、30—39岁、40—49岁、50—59岁、60岁以上年龄段分别为25.1%、33.5%、34.5%、44%、66.3%。

在媒体提供帮助上,职业上层居民认为可能性大的比例并不占明显优势。职业上层、中上层、中层、中下层和下层居民的比例为10.1%、10.1%、10.3%、14.6%和7.8%。60岁以上人群和退休居民认为能获得媒体帮助可能性大的比例远超出其他居民,分别为17.6%和16.1%。

3. 超过三成居民从未参与或任何团体组织活动,社会支持利用度不高

调查结果显示,过去一年居民参加各类团体组织活动的比例分别为:参加教会或宗教团体占1.4%,体育或娱乐团体占6.0%,艺术、音乐、教育或文化团体占4.3%,工会占7.4%,政党占1.6%,职业协会占1.1%,非政府组织占0.9%,业主委员会占4.4%,与学校有关的团体占5.3%,宗亲会、家族会占1.8%,其他占0.2%,未参与过活动占65.5%。总体来看,超过三成市民从未参与或任何团体组织活动,社会支持利用度不高。比较而言,高收入人群参加体育或娱乐团体活动的比例较高,年收入10 000—15 000元和15 000元以上的比例分别为10.8%和16.7%。40—49岁、50—59岁年龄段参加工会活动较多,分别有10.8%和11.1%。职业上层人群参加校友会(家教会)、业主委员会比例较高,分别有8.5%和9.7%。已婚有子女参加工会和与学校有关团体较多,分别占9.8%和7.2%。老年人参加业主委员会比例较高,占11.9%。

三、结论和建议

(一) 结论

1. 家庭是幸福感的重要支柱

研究结果显示，家庭和谐得分最高，家庭幸福是幸福感的重要来源。

2. 以亲缘为核心的支持体系对幸福感有重要影响

从社会支持的角度看，无论个体的交往范围如何广泛，真正对其个体心理起作用或最有意义的是人际交往的质量，即本报告中的人际支持，而非支持源的广泛性，换言之，来自父母、配偶、朋友、邻居和同事等重要他人的支持对幸福感发挥着举足轻重的作用。

3. 优势阶层幸福感更高

高学历、高收入、高职业阶层以及年轻、家庭负担轻的“优势”阶层和群体的幸福感更高。无论是身心健康、家庭和谐还是工作满意，上述群体都有明显优势。这表明，当代社会居民的幸福感与生活压力和经济压力有着密切关系。

4. 已婚已育人群幸福感较低

已婚已育居民并不属于传统意义上的低学历、低收入阶层，但是他们大多数面临抚育子女负担重的现实。家庭政策的缺位，难以为家庭提供有效的支持和帮助，使得这一人群的幸福感明显偏低。

5. 居民对社会组织和活动的参与率较低

广泛的社会支持网络还未建立。

(二) 对策和建议

幸福是人们的主观感受，不同的人由于需求不一样，感受也就不一样，所以，统计部门提供的平均数据，虽然可以反映部分人的幸福情况，但对人多数人来说，却觉得是一种被强加的幸福感，无异于海市蜃楼。能够引起人们主观感受变化的最主要的力量，还是来自外在。对整个社会来说，需要政府提供更有力的支持和服务。

1. 公共政策的制定要以提升居民幸福感为出发点,加大民生投入

从身心健康、家庭和谐、工作满意、社交融洽四个维度的调查结果看,工资、房价、社会保障等实际的民生问题都将成为影响居民幸福感的重要因素。提升公众幸福感,政府责无旁贷。无论在理论上还是实践中,居民的幸福感程度与政府的治理有着极其密切的关系。因此,政府在今后公共政策的制定中,应努力提高公共服务水平,提升居民生活质量,使居民真正共享改革成果。提高居民的收入水平是促进民生的关键。不可否认,经济收入水平是影响幸福感的重要因素。公共政策应当把扩大就业作为保障和改善民生的重中之重,增加就业岗位,优化创业环境,使居民有稳定的收入来源和生活保障。同时要加大公共设施建设,优化公共经费支出,切实解决好居民的衣食住行问题。

2. 公共资源配置要尽可能公平、合理,缩小社会成员之间的不合理差距

调查显示,在资源占有上较大的群体差异是影响居民幸福感的重要因素。社会不均很多时候并不是个体因素造成的,而是社会制度安排导致的资源配置不公平、机会不公平造成的。这就要求政府在完善公共财政制度和社会保障制度等的同时,要更加注重过程公平,保证机会平等,让居民能够通过努力来改变自己的命运。政府应当加快收入分配体制改革,加大收入分配调节力度,分好"蛋糕",努力缩小不同群体的收入差距。发挥好社会保障作为"收入分配调节器"和"社会发展稳定器"的作用,进一步完善保障体系,扩大保障覆盖面,切实提高保障水平。

3. 加大民主法治建设的力度,保障市民表达诉求的渠道畅通

提升居民幸福感的必要前提是让居民有尊严的生活。有尊严的生活不仅仅是由物质财富和精神财富积累所带来的,居民的尊严更来自法律的有力保护,来自平等公平的社会环境以及通畅的诉求表达渠道。提高决策透明度,让居民的知情权真正得到尊重,更加广泛、直接、有效地行使民主权利,让居民真正参与到社会公共生活中来。加强执法和司法环节,违法必究、司法公平,真正做到法律面前人人平等,逐步推动解决社会财富分配、地方治理改善、公权力约束等问题,才能真正在有尊严生活的基础上,提高居民的幸福感。

4. 加强人文关怀和心理疏导，以培育积极的社会情绪提升居民幸福感

心理和谐、情绪平稳是居民幸福感的重要表现之一。社会情绪与居民幸福感密切相关，消减不满、怨恨、愤怒、敌意等消极社会情绪，有助于提升居民幸福感。因此，要真正有效提高居民的幸福感，除了需要政府通过改善民生和提高公共服务水平外，提升居民情绪调节能力也非常重要。主要途径包括：其一，推动积极的媒体传播培育积极的社会情绪。随着市场经济的发展和网络信息技术的进步，我国社会转型中出现的诸多热点问题，在媒体传播对社会情绪的迎合和社会情绪对媒体传播的裹挟中，呈现出卖点炒作接踵而来、负面报道层出不穷的局面。这不但无助于传播理性声音、疏导消极情绪，反而有助于消极情绪的进一步发育和滋生。用符合时代需求的方式传递"正能量"，既是媒体传播的重要社会责任，也是媒体传播提升居民幸福感的关键举措。其二，营造积极的社区环境，拓展人际支持网络。社会快速的生活节奏和较大的生活压力，往往使得居民缺乏交流沟通的机会，邻里关系平淡，社区氛围冷漠，很容易激化邻里矛盾，破坏社区和谐，产生不满和敌意等消极社会情绪。这样的人文氛围加之相对滞后的基础设施建设，无法营造积极的社区环境，致使人们的社区活动参与度不高，情绪调节的社区渠道也就较为闭塞。① 应当充分发挥群团组织在增进居民活动参与中的组织动员和统筹协调作用，更好地反映居民的社情民意、推进社区的自我管理；倡导包容、开放、互助、和谐的社区文化，发展社区公共事业与社会工作，提升居民公共参与和服务邻里的意识，引导居民参与公共事务的规划、讨论和决策，促进社区居民之间的交流和沟通，不断提高社区人际信任和文化融合水平。

5. 为家庭育儿提供更多社会支持

家庭对于居民幸福感的维系发挥着不可替代的重要作用。家庭是联系国家发展和个体成长的重要纽带。一方面，应当通过更多地发挥家庭的生育、婚姻、养老等社会功能以及作为生产单位的经济功能，实现个人

---

① 唐颖：《培育积极社会情绪：一个提升社会公众幸福感的新策略》，《宁夏社会科学》2013年第4期。

幸福和社会发展的自然和谐。另一方面,政府应当在参与社会治理过程中不断提高服务水平、促进家庭发展,在引导家庭、服务家庭、维护家庭合法权益等方面提供更加完善的政策支持。如研究结果显示,已婚已育居民的幸福感不高,究其原因,家庭缺乏社会支持,抚育子女的成本和压力太大,影响了家庭成员的幸福感。因此政府应当调整社会政策,支持家庭、减轻压力,协助家庭照顾儿童。具体体现在:其一,优先关注家庭育儿在生活照顾方面面临的压力,要按照《上海市儿童"十三五"发展规划》的精神,探索发展社会化的儿童照顾服务。其二,提供相关政策帮助父母平衡就业与家庭中的养育角色,尤其是对妇女平衡家庭与工作关系的政策扶持。例如建立更加弹性的"女性劳动保护"和"母亲假"等政策,加强家庭女性再就业的政策扶持等。其三,重视亲职教育的"双亲"参与,提升父母双方的育儿能力,协助父母成为称职的家长角色。家庭的稳定与功能健全是家庭成员的幸福之源,不仅对儿童及青少年的学业表现和教育效果有着深远影响,而且有利于家长平衡好事业发展和育儿责任,从而使家庭获得持续的经济动力,进一步为家庭成员的能力发展和积极情绪养成提供支撑。

第 9 章　安全感调查

一、研 究 背 景

社会安全感是民众对社会安全与否认识的整体性反映，它既是社会公共安全状况的重要标志之一，也是衡量社会运动机制和人们生活安定程度的基准。随着社会经济的不断发展，社会安全感开始受到广泛关注，不仅因为其对衡量个体或某个群体的身心健康有着重要的意义，而且在于其对构建社会主义和谐社会也同样有着重要的价值，因此，无论是从政府管理层面还是从民众诉求层面，对社会安全感的研究都很具必要性。我国虽然自改革开放以来经济取得了高速发展，但整体看，在社会治理方面还存在着诸多的薄弱环节，各类安全措施也没有完全跟上经济进步的节奏；与此同时，转型发展期间一些新的社会改变不可避免地带来了个体心态的变化，并影响到其安全感受，进而对社会安全感产生作用。对居民安全感的实证调查，有利于客观、准确地把握居民安全感的变化状况，有助于政府及时实施开展对策措施，具有积极的现实意义。

（一）安全感的基本概念

安全感作为一个重要概念，多见于精神分析和人本主义心理学的理论研究中。一般而言，心理安全感是对可能出现的对身体或心理的危险或风险的预感，以及个体在应对处置时的有力无力感，主要表现为确定感和可控制感①,通常分为确定控制感和人际安全感。确定控制感是指个体对于生活的预测和控制的自我知觉;人际安全感是指个体对于人际交往过程中的安全体验②。关于安全感的研究,是当今心理学、医学、社会学、管理学等多学科研究的热门话题,但由于研究视角的不同,不同学科和理论学派对安全感的解释不尽一致。简述如下③:

1. 精神分析理论对安全感的解释

安全感作为一个重要的概念,最早见于弗洛伊德精神分析的理论研究。弗洛伊德主要通过分析人的心理健康和神经症的影响因素,结合人的成长过程,提出了个体焦虑这一重要心理行为,进而对个体安全感作出了独特的解释。弗洛伊德假定:当个体所接到的刺激超过了本身控制和释放能量的界限时,个体就会产生一种创伤感、危险感,伴随这种创伤感、危险感出现的体验就是焦虑,这些焦虑主要有"信号焦虑"、"分离焦虑"、"阉割焦虑"以及"超我的焦虑"。冲突、焦虑、防御机制等都是由个人幼年及成年阶段某种欲望的控制与满足方面缺乏安全感造成的。可见,从弗洛伊德的精神分析视角看,安全感就是个体对种种欲望的控制和满足;安全感让个体在保持自由的同时,具有强烈的归属感。而随着年龄的增长而出现的不同程度的种种焦虑,是缺乏安全感的直接表现。社会文化精神分析的代表霍尼认为,安全感并不是人的本能使然,它深受社会文化的影响,一个儿童,在其成长过程中,家长对其不正确的态度和行为,有可能引发儿童的"基本焦虑"、抑制和敌意,进而对世界其他事物充满危险的感觉,缺乏应有的安全感。

2. 人本主义理论对安全感的解释

人本主义心理学家马斯洛提出的需要层次理论指出,人的需要层次依次为:生理的需要、安全的需要、爱和归属的需要、尊重的需要和自我实现的需要,个体在追求不同层次需要的过程中,由于受到诸多因素的影响和限制,就会不断表现出忧虑的感觉,这种忧虑与饥饿需求无关,而是和

---

① 丛中、安莉娟:"安全感量表的初步编制及信度、效度检验",《中国心理卫生杂志》2004 年第 2 期。

② 唐其红、姚海波等:"医学生心理安全感及其与家庭功能间关系研究",《中国卫生统计》2013 年第 3 期。

③ 安莉娟、丛中:"安全感研究述评. 中国行为医学科学",2003 年第 6 期。

恐惧与焦虑有关。因此马斯洛指出：心理的安全感指的是“一种从恐惧和焦虑中脱离出来的信心、安全和自由的感觉，特别是满足一个人现在（和将来）各种需要的感觉”。马斯洛认为，一个人是否具有心理安全感，直接代表着他的心理是否健康，这是心理健康的第一个指标。实验表明，具有安全感和缺乏安全感的个体，在思想、行为、行动等方面的表现正好相反。在此基础上，马斯洛编制了安全—不安全感量表，总共有 75 个问题，为心理测量提供了方法和手段。

（二）国内外相关研究

安全感是个体在不同发展阶段、针对不同需求而呈现的一种心理状态，受多种因素的综合影响，具有个体差异性和复杂性的特点，因此无法笼统地判断个体或群体是否具有相同的安全感。有观点认为，影响安全感的因素分为主观因素和客观因素，主观因素是指有关感受人的自身因素，包括个体情况和自卫能力两个方面①；客观因素则包括经济发展水平、法制环境、文明程度、社会控制能力等②。综合大量关于心理安全感的实证分析研究结果来看，影响个体或群体安全感的因素，主要有以下几个方面：

1. 个体因素：年龄、性别、婚姻状况、教育程度、专业/职业背景、受害经历等

从年龄而言，一般情况下，低年龄群体由于身体条件、阅历和经验的缺乏，存在更大的依赖性，心理安全感较低，而成年人则随着年龄的增长，生活阅历趋于丰富，人格也更加成熟，因此表现出更强的心理安全感。

从性别而言，由于不同性别个体在社会中承担着不同的职责、分工与评价，使得不同性别的个体，往往表现出安全感的差异性。研究表明，女性比男性更可能感到不安全感③。也有研究结果呈现相反结论，一项针对大

---

① 王娟：“公众安全感指标体系的构建与评价方法研究——以社会治安秩序为视角”，《政法学刊》2009 年第 5 期。

② 罗文进、王小锋：“安全感概念界定、形成过程和改善途径”，《江苏警官学院学报》2004 年第 5 期。

③ Ferraro，K. F. *Fear of crime: Interpreting Civilization Risk*. New York：State University of New York，1995：98；Houts，S.，Kassab，C.，Rotter's Social Learning Theory and Fear of Crime：Differences by Race and Ethnicity. *Social Science Quarterly*，1997，78(1)：122 - 136. Southwestern Social Science Association.

学生的调查表明，确定控制感、人际安全感和总安全感得分在不同性别间存在差异，女生的心理安全感水平稍高于男生。这可能是由于社会对男女生的要求和评价不一样，社会对男性的要求更为苛刻，要求男性更要自强自立，这也促使男性对自己的要求更高，并影响到其安全感受，如同一研究发现，男大学生对自己人际交往、对生活预测和控制、确定感的要求普遍高于女性①。

从婚姻状况而言，国外的研究结论表明婚姻状况对安全感不产生显著影响②。国内有研究发现，已婚女性的安全感显著高于未婚女性③；在其他条件不变的情况下，已婚者对家庭安全的焦虑程度较低④。

从教育程度而言，一些研究发现，个体的受教育程度越高，其心理安全感得分越高，而教育程度较低的人，安全感得分也较低⑤。有调查表明，大学生的自我安全感和确定控制感均处于中等偏上水平，这可能是由文化程度因素所致，大学生群体有较高文化程度，在整个社会群体中处于优势地位，相应的安全感就较高⑥。

从社会阶层而言，收入是社会阶层的重要指标，不同收入的群体在安全感上的差异在一定程度上体现了不同阶层群体的安全感现状。有研究发现，收入水平与安全感存在负相关的关系，即收入越高居民的安全感越低⑦。也有部分研究结果显示，中等收入人群的安全感要高于低收入人群

---

① 唐其红、姚海波等："医学生心理安全感及其与家庭功能间关系研究"，《中国卫生统计》2013 年第 3 期。

② Weinrath, M., Violent Victimization and Fear of Crime Among Canadian Aboriginals: Race, Sexual Orientation, *Violent Crime: The Realities and Myths*, The Haworth Press Inc, 1999: 114. Weinrath, M., Gartrell, J. Victimization and Fear of Crime. *Violence and Victims*, 1996, 11(3): 187 - 197.

③ Khan, Rahat Ali, Kan, Nusrat Ali. A Study of Security-insecurity Feelings Among Women, *Journal of Personality & Clinical studies*, 1994, 10(1 - 2): 83.

④ 尉建文、阮明阳："中国城市居民安全感的实证研究——基于北京、郑州和昆明三城市的调查"，《北京工业大学学报》(社会科学版)2011 年第 6 期。

⑤ Smith, L. N., & Hill, G. D. Perceptions of Crime Seriousness and Fear of Crime. *Sociological Focus*, 1991, 24(4): 315 - 327. Weinrath, M., Gartrell, J. Victimization and Fear of Crime. *Violence and Victims*, 1996, 11(3): 187 - 197.

⑥ 刘海霞等："高校大学生安全感调查及影响因素研究"，《中华行为医学与脑科学杂志》2014 年第 3 期。

⑦ 李啸宇、何慈胜、邢强："关于合肥市农村居民安全感的调查报告"，《中国集体经济》2010 年第 13 期。

和高收入人群[①]。还有研究认为，经济收入对人的安全感没有显著影响，但个人的主观社会经济地位会对安全的感受产生显著影响，主观认为自己社会经济地位越低的人其安全感也越低[②]。

从专业/职业背景而言，研究发现，有工作的群体的安全感高于没有工作的群体[③]。而对于不同专业背景和职业背景的群体来说，因知识覆盖面的不同，导致其掌握的风险信息不尽相同，并最终造成其安全感受的差异。如有研究发现，在医疗安全、食品安全和个人信息、隐私安全方面，经济、管理类专业背景群体的安全感最低；理工农医类专业背景群体则在医疗安全方面安全感最高[④]。

从受害经历而言，研究显示，直接或间接受害经历对个体的安全感有重要影响，如有受害体验，或是目击犯罪经历会对个体的安全感产生负面影响[⑤]，且受害类型的不同对个体安全感的影响程度也有差异，如有研究发现，经历过夜盗的人安全感比经历过抢劫的人低[⑥]。

2. 家庭因素

家庭是影响个体心理安全感的一个重要因素。家庭功能与个体的心理安全感之间具有非常紧密的相关关系，尤其是在未成年人身上表现得更加显著。有研究表明，家长与子女的沟通程度与中小学生的不良情绪，如厌烦、孤单等存在关联，家长是否注意营造融洽的家庭氛围与学生的不良情绪和社交心理之间也存在关联性。家庭成员之间亲密无间，矛盾冲突少，家庭文化建设好，孩子的安全感则强。家庭成员之间能互相尊重爱

---

① 张玉春："北京市居民安全感指数的编制"，《首都经济贸易大学学报》2007年第2期。

② 王俊秀："面对风险：公众安全感研究"，《社会》2008年第4期。

③ Khan, Rahat Ali, Khan, Nusrat Ali. A Study of Security-insecurity Feelings Among Women, *Journal of Personality & Clinical studies*, 1994, 10(1-2): 83；汪海彬、方双虎、姚本先："芜湖市城市居民心理安全感的调查"，《卫生软科学》2009年第4期。

④ 王俊秀、杨宜音、陈午晴："风险与面对：不同群体的安全感研究"，《民主与科学》2007年第6期。

⑤ Parker, K.D., & Ray, M.C. Fear of Crime: An Assessment of Related Factors. *Sociological Spectrum*, 1990, 10(1): 29-40.

Weinrath, M., Gartrell, J. Victimization and Fear of Crime. *Violence and Victims*, 1996, 11(3): 187-197.

⑥ Richard S. Mathieu J. The Fear of Crime and Its Consequences Among Elderly in Three Urban Communities, *Gerontologist*. 1976, 6(3): 211-219.

护、以礼相待，为人处世通情达理，使家庭氛围安定和睦、融洽温暖、民主平等、愉快欢乐，这样才能给孩子留下和谐完整的印象，给孩子以信任感、安全感①。还有研究发现，家庭类型、家庭经济收入、家庭亲密度等对大学生安全感的发展有显著影响②；非单亲家庭子女安全感显著高于单亲家庭子女③。对青少年的父母教养方式与安全感的相关研究表明，民主家庭教养方式下的青少年的安全感要显著高于严厉、拒绝和忽视的家庭教养方式。④

3. 社会因素

居住区域。不同居住地区的群体之间存在显著的安全感差异。有研究发现，居住在农村地区的群体在各方面的安全感最高，其次是居住在农村转变成城市地区的群体；安全感最低的是居住在别墅区和高级住宅区的群体，倒数第二的是居住在单位社区和普通商品房小区的群体；居民安全感与城市的开放程度之间并无直接的关系⑤。

居住环境。居住环境如居住区的物质环境、居住区的社会秩序、物业管理情况、邻里关系等会对居民的安全感产生影响，居住区的环境混乱会降低居民的安全感。如有研究发现，居民对于公共安全的评价与其对社区治安的评价高度相关⑥；低收入社区、缺乏邻里联系的社区以及物业管理缺位的社区的居民安全感相对较低⑦。

社会治安和管理状况。对社会治安与安全感之间的关系研究结果并

---

① 唐其红、姚海波等："医学生心理安全感及其与家庭功能间关系研究"，《中国卫生统计》2013年第3期。

② 杨元花、谭凤娥："大学生安全感发展与家庭环境因素的相关研究"，《江西青年职业学院学报》2007年第17期。

③ 卢会醒、张晓雪："中学单亲家庭子女安全感相关问题的研究"，《时代教育》2008年第7期。

④ Ojha, Hardeo, singh, Rajiv R. Childrearing Attitudes as Related to Insecurity and Dependence Proneness. *Psychological Studies*, 1988, 33(2): 75.

⑤ 王大为、张潘仕、王俊秀："中国居民社会安全感调查"，《统计研究》2002年第9期。

⑥ 北京社会治安综合评价体系课题组："北京市居民安全感研究"，《北京行政学院学报》2003年第5期。

⑦ 何雨："城市居民的社区安全感及其多元影响因子——基于南京市玄武区的调查数据"，《上海城市管理职业技术学院学报》2009年第3期。

不一致，如有研究表明安全感和官方犯罪率之间缺乏一致性[①]，也有研究表明随着时间的推移两者之间是相关的[②]。1988 年公安部公共安全研究所主持的"公众安全感指标研究与评价"研究表明，违法犯罪、社会管理和控制水平是影响公众安全感的重要因素[③]。不同类型社会安全事件的影响程度呈现差异性，如有研究表明，影响安全感的最大的问题是"刑事犯罪问题"，同时，"交通事故"和"火灾"都占不小的比例[④]；也有研究发现，"治安违法行为"对居民安全感的影响最大，其次是"交通事故"和"公共秩序混乱"，而"火灾"对居民安全感影响较为不显著。社会管理和警务服务状况也会对个体的安全感产生影响。如研究表明，加强警务措施能有效地提升居民的安全感，而警民关系融洽也会对居民的安全感产生正面影响[⑤]。

舆论与媒体报道。公众对于安全的感受并不总是忠实于现实的威胁，在很多时候，是基于对危险的评价，而社会舆论与媒体报道会对公众的安全感受产生一定的影响作用。有研究指出，一定时期报刊、影视或网络等传媒大量、集中地报道或评价违法犯罪案例，会对公众安全感造成负面影响[⑥]，女性比男性更容易受到媒体报道的影响引起不安和紧张，而儿童是最容易受到影响的人群。

二、调查框架设计

作为中国重要的经济文化中心，上海拥有着良好的社会秩序和有序的社会运作。然而，大城市的开放性和流动性使得上海在公共安全方面也存在着一些不稳定因素，与此同时，转型发展期间一些新的社会改变也

---

① Taylor, R. B., Shumaaker, S. A. Local Crime as a Natural Hazard: Implications for Understanding the Relationship Between Disorder and Fear of Crime, *American Journal of Community Psychology*, 1990,8(5): 619－641；夏德才："建立以公众安全感为核心的社会治安评估体系探析"，《公安研究》2009 年第 12 期。

② Warr, M., The Polls-poll Trends: Public Opinion on Crime and Punishment, *Public Opinion Quarterly*, 1995,59: 296－310.

③ 公安部"公众安全感指标研究与评价"课题组："中国公众安全感现状调查及分析"，《社会学研究》1989 年第 6 期。

④ 王大为、张潘仕、王俊秀："中国居民社会安全感调查"，《统计研究》2002 年第 9 期。

⑤ Bahn, C., The Reassurance Factor in Police Patrol, *Criminology*, 1974, 12(3): 345.

⑥ 廖志恒："公众安全感的治安评价价值"，《湖北警官学院学报》2006 年第 3 期。

会影响到居民的安全感受。为进一步了解和把握上海居民的安全感状况，本报告特别针对居民的安全感进行了调查和分析。

安全感是一个多维度、综合性概念，社会学强调以整体性的视角考察安全感。为了研究需要，调查主要围绕公共安全、经历安全和制度信任三个维度来测量居民的安全感。在公共安全指标中，具体测量居民生活在上海的总体安全感以及对治安安全、食药安全、金融安全、信息安全、交通出行、医疗保健、生态环境等7类主要城市安全领域的主观安全感；在经历安全指标中，具体测量居民及其家人经历不安全事件的比例，包括交通、食品、医疗、灾害等10类常见的公共安全事件；在制度信任指标中，具体测量市民对政府机关（市级政府部门、区级政府部门和社区部门）和公职人员（法官、警察和城管）的总体信任度。

表9-1　上海居民安全感调查维度及相关内容

公共安全	总体安全感和主要城市安全领域（治安、食药、金融、信息、交通、医疗保健、生态环境）的主观安全感
经历安全	不安全事件经历（交通、食品、医疗、灾害等10类）
制度信任	政府机关信任度（市政府部门、区政府部门、社区部门）
	公职人员信任度（法官、警察、城管）

三、主要调查结论

（一）公共安全调查结论

1. 88.6%的居民认为“生活在上海”有安全感，失业/无业人员和农民成为低安全感群体的主体

社会安全感是民众对社会安全与否认识的整体性反映，由社会中个体的安全感体现，其感受的客体是社会治安秩序与公共安全的现状。整体看，上海居民的社会安全感呈现较高水平。调查显示，12.4%的居民认为“生活在上海”很有安全感，76.2%的居民认为比较有安全感，两者合计达到88.6%。可见，大部分居民的社会安全感较强，这也从一个侧面说明了居民对于上海社会管理的认可程度较高。与此同时，不应忽略的是有

超过一成的居民认为生活在上海“不安全(非常不安全＋不太安全)或说不清”,表明未来居民的社会安全感仍有提升的空间。

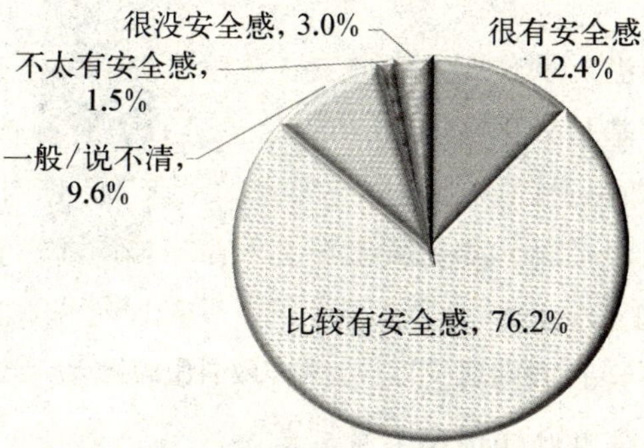

图 9－1　上海居民的总体社会安全感

通过对群体差异的分析发现,国家机关、党群组织、事业单位负责人的安全感(96.7%)最高,而失业/无业人员(73.0%)和农民(81.5%)成为低安全感群体的主体。上述结果表明,是否拥有一份稳定的工作对于居民的安全感具有显著影响,这也为政府考量提升居民社会安全感的对策提供了具体的方向。此外,数据表明,上海户籍居民的安全感要高于非上海户籍居民,如上海户籍居民感到很有安全感和比较有安全感的比例为 89.7%,而非上海户籍居民感到很有安全感和比较有安全感的为 84.3%,两者相差 5.4 个百分点。

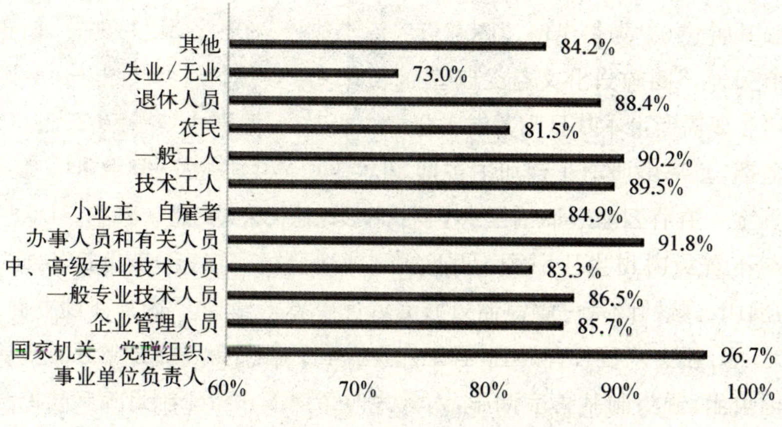

图 9－2　上海不同职业群体的社会安全感

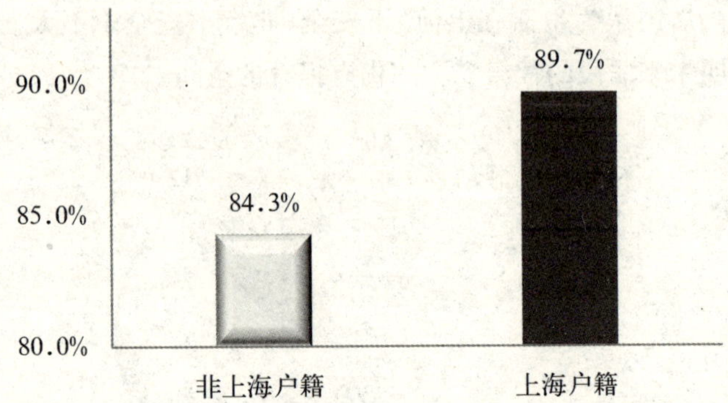

图 9－3　上海户籍居民与非上海户籍居民的社会安全感比较

2. 中等收入群体成为安全感最高群体

调查显示，年收入在 3 万元以下的低收入居民和年收入在 7 万—10 万元以及 10 万元以上的中高层收入居民的安全感较低，感到安全（很有安全感＋比较有安全感）的比例分别为 86.7％、84.8％和 85.1％；而年收入在 3 万—5 万元、5 万—7 万元的中等收入居民感到安全的比例分别为 90.9％和 90.1％。这也表明，并非收入越高，安全感就越高，安全感随收入呈“先增后降”的变化趋势，低收入居民和高收入居民的安全感低于中等收入居民。

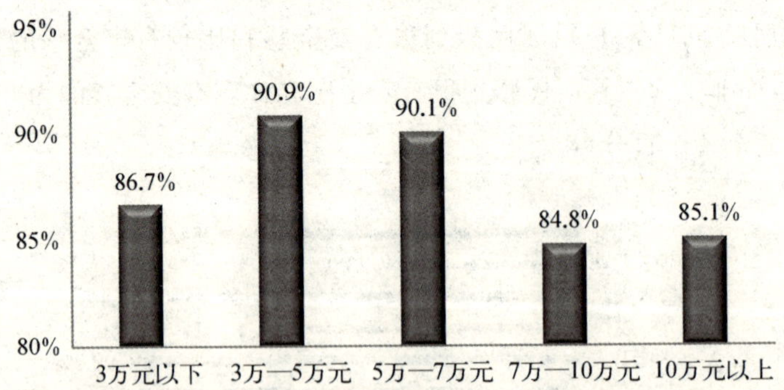

图 9－4　上海不同收入居民的社会安全感

3. 私人信息、食品药品和金融消费是居民最担心的三大安全问题

从具体项目来看，社会治安是上海居民安全感最高的项目，有 91.4％的居民对此感到安心（非常安全＋比较安全）；其次是交通出行，有 86.4％的居民感到安心。而居民最不放心的是私人信息安全，只有 52.8％的人感到安心；其次是食品药品安全，有 61.3％的人感到安心；第三是金融消费，有

65.3%的人感到安心。这也意味着，有近一半的居民对私人信息安全感到担忧，约四成居民对食品药品安全感到担忧，三成五的居民忧虑金融消费安全。上述统计结果反映出明显的时代特征，相比较传统的社会治安、交通出行等方面，在互联网和信息化迅速发展的社会背景下，个人信息安全与金融消费安全问题愈来愈受到居民的关注；与此同时，层出不穷的食品和药品问题，也让食品药品安全成为居民关注的焦点之一。这些居民感到安全感较低的项目也反映出上海在社会管理中需要进一步完善和加强的部分。

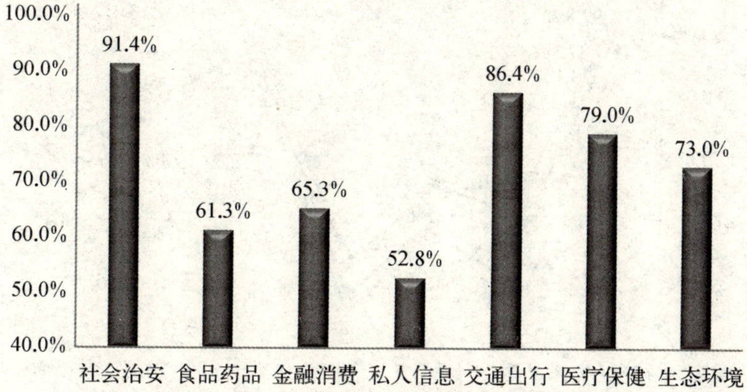

图 9－5　上海居民对不同项目的安全感

4. 低收入、低学历居民的安全感普遍较低；高收入、高学历居民，更为担心私人信息安全

对数据分析发现，低收入、低学历居民，对社会治安、金融消费、私人信息、交通出行、医疗保健、生态环境的安全感更低。数据显示，年收入为 3 万元以下的居民在除了个人信息之外的其他方面的安全感都是最低，特别是对食品药品和医疗保健两个方面的安全感与其他收入居民相比呈现出明显差距。如年收入 3 万元以下的居民认为食品药品、医疗保健安全的比例分别为 49.6%、73.4%，而年收入 10 万元以上的居民中认为食品药品、医疗保健安全的占比升高至 64.9%、80.3%。同时，教育程度为初中及以下居民也在除了个人信息之外的其他方面安全感都呈现最低，特别对金融消费和生态环境两个方面的安全感与其他教育程度居民呈现明显差距，如初中及以下学历居民认为金融消费、生态环境安全的比例分别为 54.1%、60.4%，而本科及以上学历居民认为金融消费、生态环境安全的占

比升高至 68.0%、73.5%。

高收入、高学历居民，更为担心私人信息安全。如年收入为 3 万元以下的居民中，担心私人信息安全的比例为 45.0%；而年收入 10 万元以上的居民中，担心私人信息安全的比例则升至 54.2%；本科及以上学历居民担心私人信息安全的为 50.1%，比其他学历居民约高出 3—4 个百分点，但与收入相比，教育程度对于私人信息安全感的影响较为不显著。

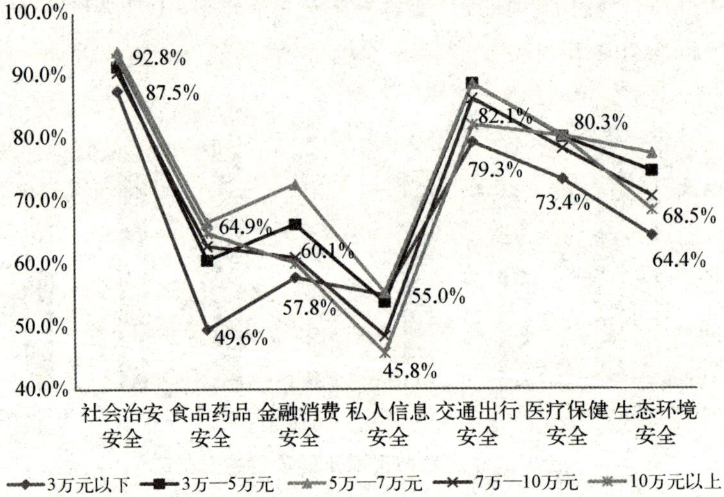

图 9－6　上海不同收入居民对不同项目的安全感

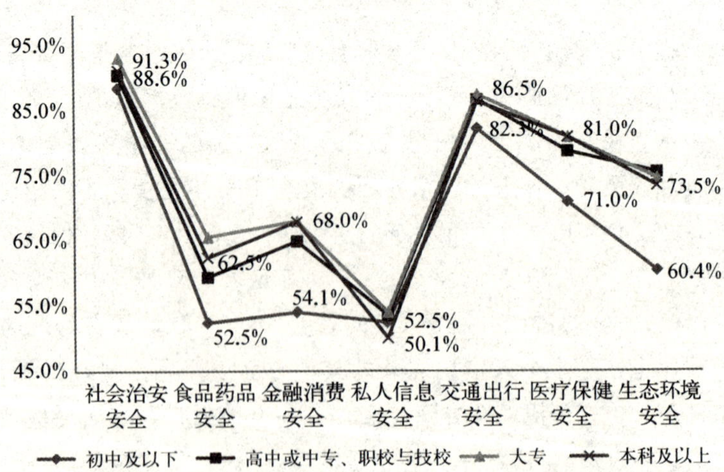

图 9－7　上海不同学历居民对不同项目的安全感

(二)安全经历调查结论

1. 超过一成居民有财物被盗经历,近一成居民的私人信息曾被盗取

从具体的项目看,财物被盗是居民经历最多的不安全事件,有11.8%的居民有过被盗经历;其次是私人信息被盗和药品过期,分别有8.5%和4.1%的居民经历过;紧随其后的是食品中毒和交通事故,有3.2%和3.1%的居民经历过;此外有2.1%的居民遇到过电梯事故,1.1%的居民经历过医疗事故,1.0%的居民受到过人身威胁,0.5%的居民经历过自然灾害,0.5%的居民经历过火灾。

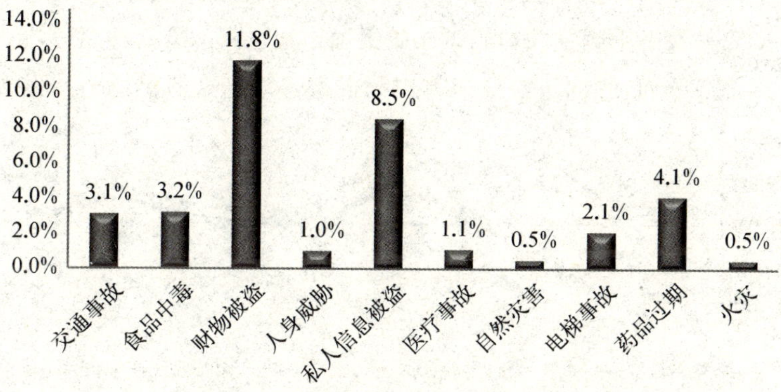

图9-8 上海居民不安全事件经历

2. 年龄越低,收入越高,遭遇财物被盗、私人信息被盗的比例越高

数据分析发现,年龄越低,收入越高,经历财物被盗、私人信息被盗的比例越高。如30岁以下居民经历财物被盗的比例比60岁以上居民要高7倍,经历私人信息被盗的比例高4.5倍;年收入10万元以上的居民遭遇财物被盗、私人信息被盗的可能性比年收入3万以下居民高3.6倍和2.6倍。从年龄段来看,30—39岁居民经历交通事故的比例最高,60岁以上居民发生药品过期的比例最高,30岁及以下居民经历过食品中毒、财物被盗、私人信息被盗的比例最高。从收入看,年收入10万元以上居民经历交通事故、财物被盗、人身威胁、私人信息被盗和电梯事故的比例都高于其他收入居民。

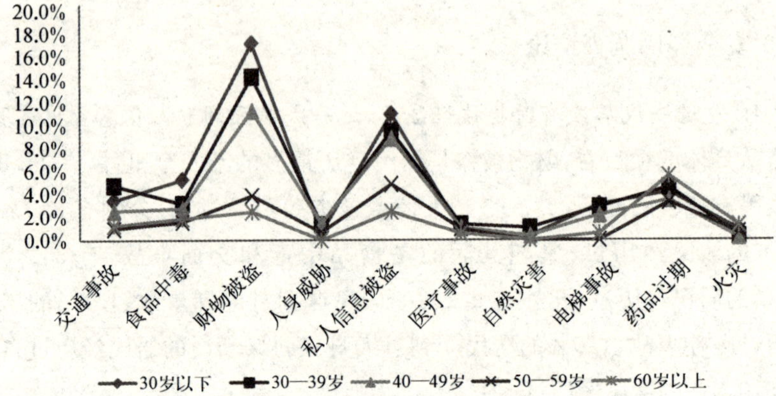

图 9-9 上海不同年龄居民不安全事件经历比重

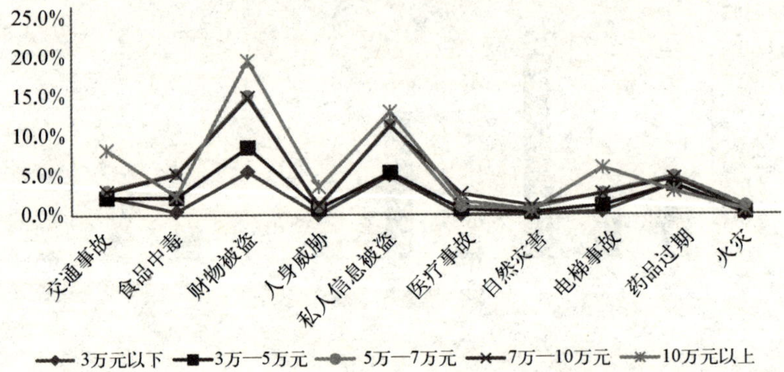

图 9-10 上海不同收入居民不安全事件经历比重

3. 居民的居住条件与财物被盗经历有密切相关

分析发现,与亲友同住居民和租用单位宿舍居民的财物被盗比例显著高于其他居民,成为财物被盗的主要受害群体。数据显示,与亲友同住居民经历过财物被盗的比例高达55.6%,这也意味着这个群体中超过半

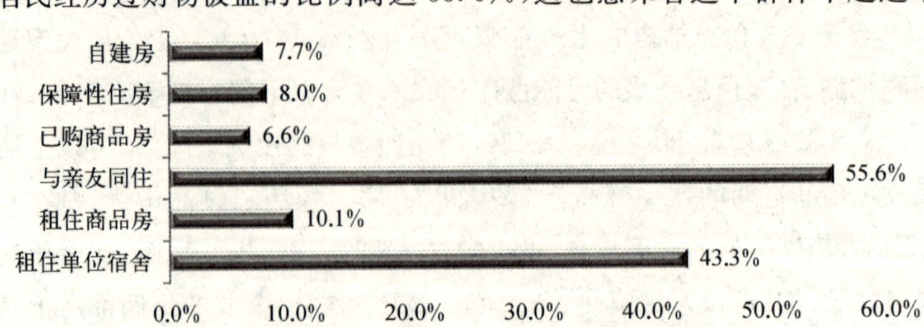

图 9-11 上海不同居住条件居民财物被盗经历比重

数的人有过财物被盗经历；租用单位宿舍居民的财物被盗比例也高至43.3%。上述居民的财物被盗比例偏高，可能是与其居住环境中同住人员多且混杂，难以管理有一定关系。

4. 非上海户籍居民的食品中毒、财物被盗经历比例明显高于上海户籍居民

上海户籍居民与非上海户籍居民在食品中毒、财物被盗、电梯事故和药品过期四个方面的不安全经历存在较大差异。数据比较发现，非上海户籍居民的食品中毒、财物被盗经历比例均明显高于上海户籍居民，前者遭遇上述两项的比例分别为4.8%和19.3%，而后者为2.8%和9.6%；上海户籍居民发生药品过期的可能性要明显高于非上海户籍居民，前者为4.8% 后者为1.8%。

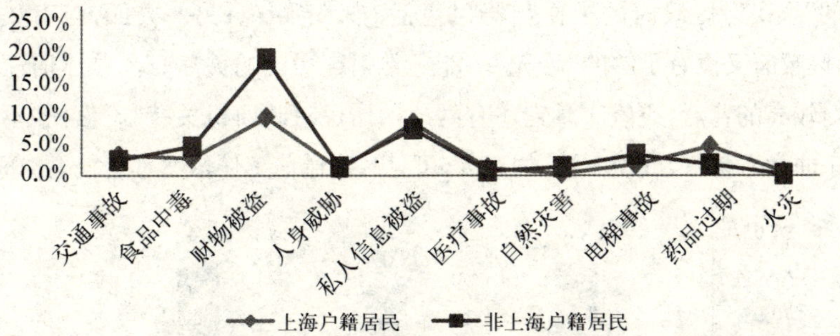

图9-12　上海户籍居民与非上海户籍居民的不安全事件经历比重

5. 不安全事件经历对居民安全感有显著影响，有过不安全经历居民的安全感更低

生活中的负性安全事件经历会对居民的安全感受产生消极影响。数据分析发现，未经历过不安全事件居民认为“生活在上海”很有安全感和比较有安全感的比例比经历过不安全事件居民分别高4.8和3.1个百分

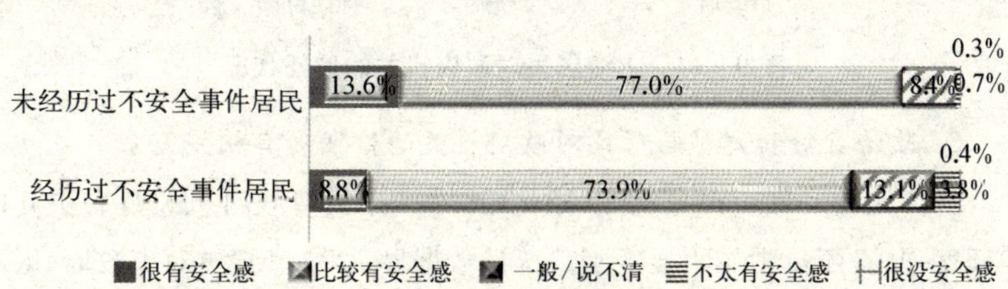

图9-13　上海有无不安全事件经历居民安全感比较

点;而经历过不安全事件居民认为“生活在上海”很没安全感和不太有安全感的比例比未经历过不安全事件居民分别高 0.1 和 3.1 个百分点。

(三) 社会信任度调查结论

1. 八成居民对政府部门持信任态度;相对而言,居民对市政府的信任感最高,对社区部门次之,对区政府的信任感最低

居民的社会信任度主要通过上海居民对各级政府部门(市政府、区政府、社区部门)和各类公职人员(警察、法官、城管)的信任程度来测量。

居民对政府部门的总体信任度较高。从数据看,居民对市政府的信任比例(非常信任+比较信任)达到 82.8%,社区部门为 82%,区政府稍低为 78%。这可能与区政府在居民生活中的低存在感有关:一方面,相比较社区的“亲民”,区政府的工作与居民生活有一定距离;另一方面,与市政府相比,区政府又没有足够的“曝光率”能经常引起居民的关注。在总体信任水平相对较高的背后,应该注意到还有两成的居民对政府机关持“不信任(不太信任+非常不信任)或说不清”的态度,可见政府诚信工作依然具有很大空间。

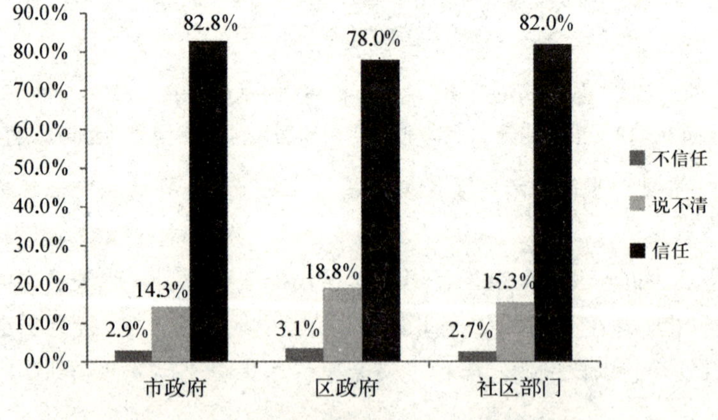

图 9－14　上海居民对政府机关的信任状况

2. 政治身份和户籍与居民对政府机关的信任度有相关关系

群体比较发现,与一般群众相比较,共产党员对政府机关具有更高的信任度,共青团员则无明显区别。统计数据显示,共产党员对市政府、区政府和社区部门的信任度达到 88.4%、85.4%和 87.6%,而一般民众的信任

度为82.1%、76.9%和81.2%，共青团员的信任度为80.3%、78.1%和81.7%。可见，个体的政治身份对政府的信任度具有一定的影响作用。在强化执政党自身建设的同时，如何进一步改善服务，做好群众工作，提升群众对政府的信任度，是政府诚信建设的一个主攻方向。与此同时，也应注意到青年团员群体对于政府机关的疏离和不信任的现状，如何进一步团结广大基层青年团员，提升其参与社会的积极性，提高其对政府机关的信任度，也将成为政府诚信建设不可忽略的部分。

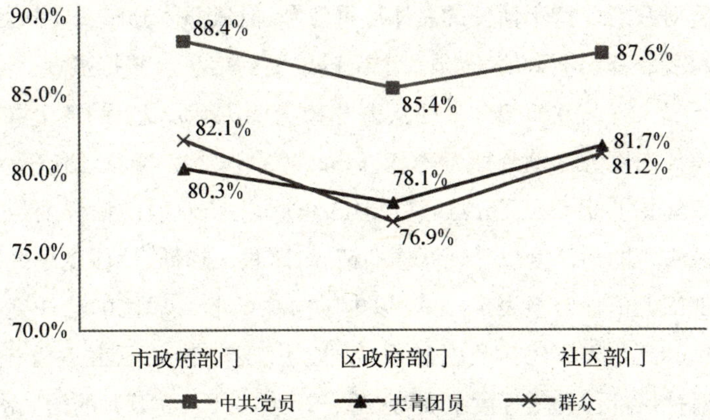

图9-15 上海不同政治身份居民对政府机关的信任状况

调查发现，与上海户籍居民相比，非上海户籍居民对各级政府机关的信任度更高，特别是对区政府部门和市政府部门的信任度两者呈现明显差异。如上海户籍居民对市政府部门、区政府部门和社区部门的信任比

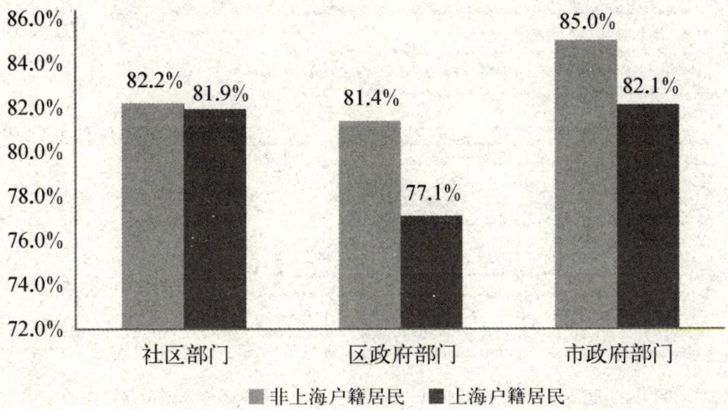

图9-16 上海户籍居民与非上海户籍居民对政府部门的信任度比较

例是 82.1%、77.1%和 81.9%,分别比非上海户籍居民低 2.9、4.3、0.3 个百分点。这一方面可能说明上海的政府部门服务能力和水准高于其他省份,因此受到更多非上海户籍居民的认可;另一方面,也可能与上海户籍居民较高要求、与基层政府打交道较多等有一定关系,但无论如何,切实提升社区政府部门的在地化服务能力,提升基层政府的责任心、公信力,是当前面临的一个巨大挑战。

3. 低收入、低学历、低社会阶层群体是对政府部门"不信任"的主要群体

尽管对政府保持不信任的总体比重较小,但从群体分布看,明确到底哪些人群对政府部门不太信任,是一个比较重要的信息。数据显示,年收为 3 万元以下、3 万—5 万、5 万—7 万、7 万—10 万、10 万元以上的各个群体对市政府持信任态度的比例分别为 77.9%、82.5%、83.1%、86.1%和 87.0%,最低和最高间相差 9.1 个百分点,呈现收入越低,对市政府的信任度越低的特征。对区政府的信任度也呈现同样的情况,即收入越低,信任度越低。只有对社区部门的信任度上表现出不同的倾向:中等收入居民的信任度高于低收入居民和高收入居民。数据显示,年收为 7 万—10 万元和 5 万—7 万元的居民对社区部门的信任度最高,达到 83.5%,3 万—5 万元的居民次之,为 81.7%,倒数第二是 10 万元以上的居民,为 81.0%,最后是 3 万元以下的居民,为 79.2%。这也说明,从基层的社区层面看,加强低收入居民和高收入居民的服务针对性,提升他们的信任度是应该关注的一个问题。

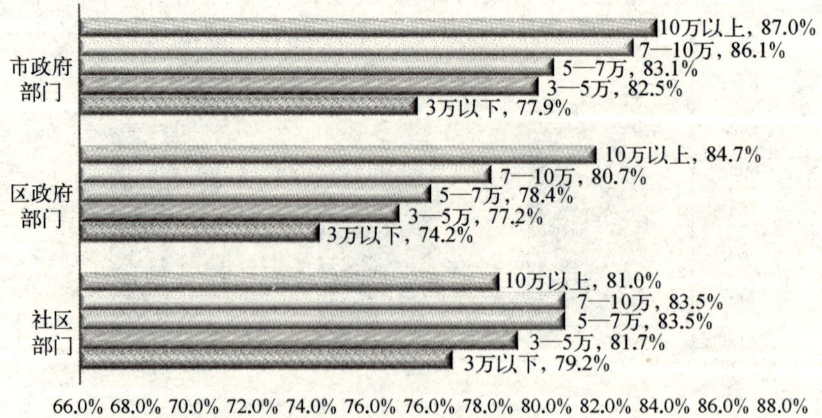

图 9-17 上海不同收入居民对政府部门的信任度比较

同样的，对不同教育程度居民以及不同社会职业阶层居民的比较分析看，也发现类似倾向，即学历越低，社会职业阶层越低，对政府部门的信任度越低。这也表明，从整体层面加强对这部分居民的服务力度，提升其对政府机构的信任度是社会管理的一大任务。

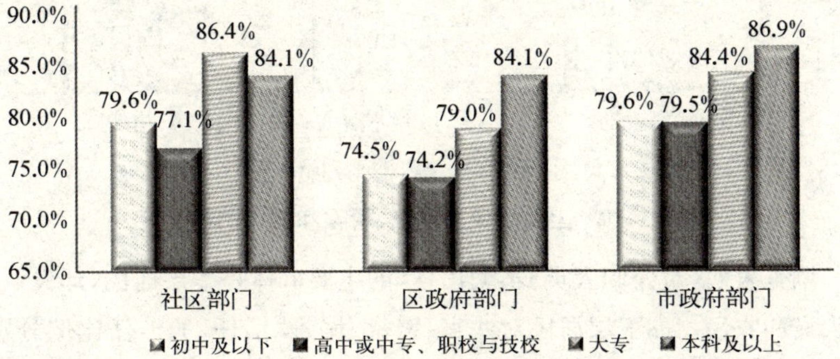

图 9－18　上海不同教育程度居民对政府部门的信任度比较

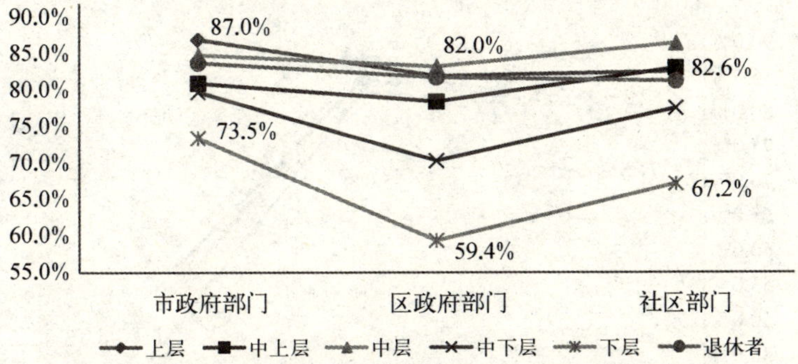

图 9－19　上海不同社会职业居民对政府部门的信任度比较

4. 八成居民对法官和警察保持信任态度，而对城管的信任度偏低；中下社会阶层居民是对公职人员“不太信任”的主要群体

法官、警察、城管代表着司法、执法领域的权力和权威，居民对这些公职人员的信任度，在某种程度上代表着政府司法和执法的公信力，更代表着社会公平的程度。调查结果表明，上海居民对法官和警察具有较高的信任度，分别为 82.0%和 85.6%，而对城管的信任度明显偏低，与法官和警察相差近 33—36 个百分点。可见，上海的基层执法公信力有待进一步提升。

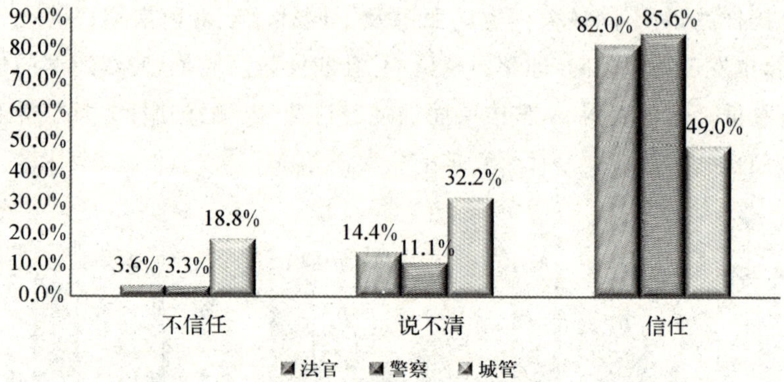

图 9－20 上海居民对法官、警察和城管的信任度

调查表明，对公职人员“不太信任”的主要群体是下层居民，即失业/无业人员和农民。如下层居民对法官、警察、城管“信任”的信任比例分别为71.8%、75.0%、40.6%，与上层居民(国家机关、党群组织、失业单位负责人和企业管理人员)相比要低10.5、10.9和7.4个百分点，差距十分明显。

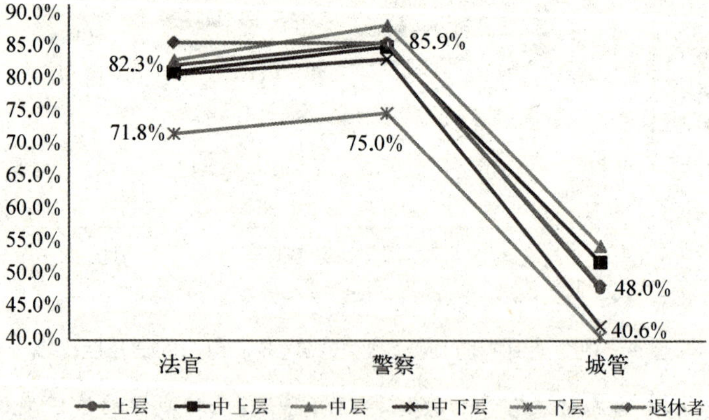

图 9－21 上海职业阶层对法官、警察和城管的信任度

四、对 策 建 议

(一) 调查反映的主要问题

安全感是公众对社会稳定性、秩序性的一种感性认识，是个体基于主体因素，对社会状况进行分析判断，并结合自身需求，综合得到的一种心理体验；也是个体对社会安全与否的认识的整体性反映，代表着一定时期内，一个国家或地区的居民对公共服务体系、社会发展现状及未来趋势的相对稳定的感受和预期。因此，安全感不仅是反映社会治安状况的重要标志之一，也是衡量社会运动机制和人们生活安定程度的标志。中国正处于社会转型时期，社会的巨大变化不可避免地会带来人们心态的变化。本报告的调查结果显示，居民在安全感方面主要呈现以下问题。

1. 低收入、无稳定工作群体的安全感较低

伴随我国经济发展，社会两极分化严重，贫富差距的加大使得边缘群体相对剥夺感增强，这也直接影响到他们的安全感受。所谓边缘群体，是指在改革发展过程中利益相对受损的群体，如失地农民，国有企业下岗人员，城市无业、失业和半失业人员等没有能力在初次分配中获得相应利益的群体都属于被边缘化的群体①。调查结果发现，虽然上海居民的社会安全感整体较高，但失业/无业人员和农民等无稳定工作和收入者的社会安全感明显低于平均水平，成为低安全感群体的主体。伴随社会发展转型，社会成员之间的贫富差距日益扩大，这是改革开放以来利益结构调整的结果，但同时也是造成当前社会安全隐患的根源。进一步提高社会资源分配的公平公正性，使包括边缘群体、弱势群体在内的社会全体成员获得基本的社会安全感是政府重要的任务之一。

2. 财物被盗和私人信息被盗比例偏高

上海素来以高效的社会管理和良好的社会秩序著称，这一点在本报告的调查中也有体现，88.6%的居民认为"生活在上海"有安全感。然而，与此同时，不应忽略的是，数据显示，有11.8%的居民有过财物被盗经历，有8.5%的居民有过私人信息被盗经历。社会治安问题是阻碍居民安全感的传统因素，上海人口密度高、流动性大，治安管理防范难度大，这也是财物被盗比例较高的主要原因。另一方面，在新的

① 宋宝安、王一："利益均衡机制与社会安全——基于吉林省城乡居民社会安全感的研究"，《学习与探索》2010年第3期。

时代背景下，影响社会治安状况的主体已不再局限于偷窃、抢劫等传统内涵，日益增加的私人信息泄露事件也成为治安问题的新趋势。这也表明，加强社会治安管理依旧是需要重视的环节，从上海的实际情况出发，构建符合时代发展特征的治安防控体系是政府落实社会管理必须面对的工作。

3. 安全感的土客差距明显

调查发现，上海户籍和非上海户籍群体间的安全感存在一定差异，非上海户籍的安全感更低。与此同时，非上海户籍居民经历不安全事件的比例也整体高于上海户籍居民，特别是食品中毒、财物被盗的经历均明显高于上海户籍居民。上海城市建设的突飞猛进和经济持续增长的强大势能，吸引着一批又一批的非上海户籍劳动力人口；而非上海户籍居民数量的急剧增加，在给上海经济的可持续增长和市场的进一步繁荣注入了新的活力的同时，也给城市的管理和发展提出了新的挑战。从整体看，非上海户籍占上海常住人口的40%，已成为上海常住人口增长的主要来源，然而，由于种种主观和客观因素的影响，对非上海户籍居民的社会保障无论在制度上还是政策上都还属于滞后阶段，这也是导致非上海户籍居民安全感受较低的主要因素之一。完善社会保障制度建设，扩大城市的包容度是下一阶段社会治理的重要课题。

4. 市民对社区部门和城管的信任度不高

调查显示，相比较市政府和区政府，居民对于社区部门的信任度较低；而相比较居民对法官和警察具有较高的信任度，对城管的信任度明显降低。社区部门是最基本的基层部门，承担着落实政策、传达意见、处理和解决矛盾与问题等诸多与居民日常生活密切相关的管理和服务职能。城管执法是城市管理的重要组成部分，其职责包括对市容环境卫生、城市规划管理(无证违法建设处罚)、道路交通秩序(违法占路处罚)、工商行政管理(无照经营处罚)、市政管理、公用事业管理、停车管理、环境保护管理、黑导游等城市管理的方方面面进行综合行政执法。作为保障居民正常生活的基层部门和基层执法人员，社区部门和城管本应是与居民关系最为密切的，然而，实际情况却成为居民信任度较低的对象，这一方面是因为社区和城管所承担的职责导致其往往容易处于矛盾的聚焦点，另一方面也是由于其在工作实施过程中的不规范操作，不合理制度等有着直接关系。特别是城管执法中经常出现的手段粗暴单一等现象，导致民众的普遍反感而最终造成对其信任度的下降。加强基层社会服务监督管理、提升社会服务质量是政府必须面对的课题。

(二) 对策与建议

社会的有序变迁、平稳运转、稳定发展是公众的共同愿望，社会的安全感是对这种愿望满足程度的反映。居民安全感的缺乏不仅会导致幸福感指数的下降，进而影响个人的生活质量，同时也会降低对政府的信任度，影响政府公信力，不利于社会的安定统一和经济的持续发展。目前上海处于社会转型阶段，也是各种社会矛盾多发的时期，在此阶段保障和提升居民的安全感，具有重要的意义。基于本次调查结果，对提升居民的安全感提出以下建议。

1. 加强社会管理建设，构建安全的社会环境

设立公共安全联席会议。由市领导牵头，市公安局、市民政局、市卫计委、市工商局、市水务局、市安监局、市民防办、市气象局、市地震局、市质监局、市消防局等成员单位组成专门的公共安全联席机构，对上海的各种公共安全管理进行统筹协调，构建“决策层—管理层—执行层—基层、社区、现场”的直线通道，实施全过程公共危机管理，即从预测预警、预防规划、应急救援、应急保障到恢复重建的全过程管理，以有效应对和管理公共安全事件。

建立公共安全的综合预警平台。综合预警平台以进一步建立健全公共安全预警监控机制为根本目标，联手食品、治安、交通、消防、卫生、环境、金融、气象等部门共同搭建，以现代信息技术手段为依托，重点实现公共安全预警信息的收集、分析、共享和反馈等多方面功能，为社会安全运行提供支持。

加强社会安全防控体系建设。社会安全问题是导致居民安全感和幸福指数降低的主要原因，应该建立社会公共安全的综合防控体系，其结构应该覆盖政府—社会(各社区、各社会组织、各企事业单位)—公民的多层次综合安全防控网络。在平时，防控网络保障社会的正常运行和居民的

正常生活、工作;在突发事件发生时,防控网络能有效应对,将各类突发性灾难扼杀于萌芽状态或将其损失降低至最小。同时,要积极提升社会治安防控体系建设法治化、社会化、信息化水平,增强社会治安整体防控能力,特别要针对上海的实际情况,强化居民安全感较低的私人信息、食品药品和金融消费领域的管理和防控机制建设。

提升政府部门和公职人员的服务质量。一方面,要进一步完善各级政府部门的公共服务职能,改革传统的行政工作程序,通过推行监督监管、绩效考核、政务公开等机制,强化服务效能,规范工作程序,建构新型服务型政府。另一方面,要积极加强对各类公职人员的素质培养,完善长效管理机制,确保公职人员的服务意识和服务质量,构建诚信政府,提高居民对于政府部门和公职人员的信任度。

2. 促进社会公平公正,加强对弱势群体的社会保障

公平的社会环境和健全的保障体制对居民安全感的提升具有积极的作用。从调查结果可以看到,边缘群体、外来人口等弱势群体在对安全感的判断和对政府的信任度方面有着比较消极的一面。

一方面,政府要进一步优化资源配置结构和利益分配机制,统筹城乡和地域发展,实现底线公平,保障社会弱势群体的生活安全。底线公平是以社会保障制度为依托的,实现底线公平是社会风险防范以及社会矛盾化解的基础。政府应积极探索建立更加完善的社会保障制度,借鉴其他国家的先进经验,更加关注社会弱势群体和农村社会保障制度的建设,进一步缩小贫富差距,让所有居民共享城市发展的成果,让社会更加公正、和谐。

另一方面,政府要积极为社会弱势群体创造上升流动的条件和机会。调查结果显示,稳定的工作对于居民安全感的提升具有积极的作用。就业是社会边缘群体获得上升流动机会的重要手段,政府应加强公共就业培训体系构建,构建以政府所属公共就业培训机构为主体,街道、社区、社会民间组织共同参与的公共就业培训体系,为城镇失业人员和低收入者提供创业培训、就业指导、项目开发、税费减免、小额贷款、跟踪服务等“一条龙”就业服务,用工作和发展的机会提高边缘群体的自我保障和抗风险的能力,提升他们的安全感。

3. 构建公共安全信息公开平台，提升市民的信任度

安全感是一种易受舆论影响的感性认识，既往经验告诉我们，公众对于公共安全事件产生恐慌的来源不一定是真相，而是对真相的无知和由无知产生的心理恐惧。如果信息不公开、不透明，容易引发公众的不安全感，进而影响政府的公信力。政府与普通市民之间的信任关系是公共安全感的坚实基础。转型期公众民主意识的提升、对公共事务的关注度上升，使得他们对公共信息知情权和参与公共事务的管理权提出了新的要求。当公众对其应知、欲知而未知之事听得到、看得见、说得出之时，当公众的知情权、参与权、表达权和监督权得到尊重之时，公众的信任与信心会自然生发出来①。因此，应积极保障居民的知情权，通过一个权威的公共安全信息平台，及时、有效、准确地公开信息，提高信息的客观性、科学性和透明度，对于消除公众疑虑，提升安全感具有重要作用。

4. 普及公共安全教育，提高市民的公共安全素养

提高公众的公共安全科学素养，增强公众应对公共安全风险的意识和防范处置能力，是提升公众社会安全感的有效途径。因此，应积极推进将公共安全科普列入公民素质教育的范畴，借助学校和社区的力量，向广大居民普及公共安全知识，培养居民对公共安全事件的防范意识。同时，应加强公共安全科普教育的规范化、经常化和系列化，通过构建公共安全的科普教育平台、组织公共安全科普主题宣传活动、推进公共安全技能培训等多元方式，提升居民的公共安全素养。

5. 建立科学的安全感指标体系，推进安全感的调查研究

安全感与一定时期的社会发展状态有着紧密的关联，经济发展水平、法制环境、文明程度、社会管理能力以及突发性公共事件等因素都可能对公众的安全感产生影响。面对安全感的动态性和相对性特征，政府在安全管理中也应基于动态的视角、动态的思路和动态的手段来认知和应对可能出现的不安定因素。客观、及时、准确地把握居民的安全感变化状况，对影响安全感的因素进行科学分析和探讨，对政府掌握公共安全事务的相关趋势，及时调整策略开展回应性的机制建设以及准确、有效地落实社

① 陈力丹、张勇锋："传媒公信力与公众信心凝聚"，《人民论坛》2014年第2期。

会管理,提升危机治理能力具有积极的意义。具体而言,可以通过委托第三方专业机构,制定科学完整的公众安全感指标体系,定期开展上海居民社会安全感调查和研究分析,建立居民安全感数据库,为政府制定和落实公共安全对策提供依据。

第 10 章　认同感调查

一、社会认同感的理论内涵

(一) 认同感的基本概念

“认同”是一个属于心理学范畴的概念，是与“自我”紧密相关的一个词，通常指个体在社会生活中与某些人联系而与其他人区分的自我意识①。目前，这一概念已经超出心理学范畴，开始在政治学、社会学、经济学、文化学等研究中普遍使用，特别是在人类学、社会学领域的应用，使得认同转向个体与群体、群体与群体之间的归属问题。一般而言，认同主要有两层含义，一为逻辑学上的同一性；二为时间跨度中所体现出来的一贯性与连贯性。根据《现代汉语词典》的解释，认同是指认为跟自己有共同之处而感到亲切；还有承认，认可之意。作为一种认知行为，认同会产生直接的感应和判断，即它是人们在社会互动过程中对自身角色以及与他人关系的一种动态的评估或判定。所谓认同感，是指人对自我及周围环境有用或有价值的判断和评估。认同感是指对相似性或共同性的一种共鸣或感觉，在心理上既有亲切亲近的感觉，也有一种情绪上的友好积极以及肯定的表现②。

---

① 董云川：《大学文化的传承与创新　云南大学个案研究》，云南大学出版社 2006 年版，第 246 页。

② 操慧：“论新闻传播对社会认同感的建构”，《郑州大学学报》(哲学社会科学版) 2011 年第 2 期。

(二) 社会认同理论

心理学家泰费尔(Tajfel)和滕纳(Tunner, 1979)在20世纪70年代首先提出了社会认同理论(Social Identity Theory),泰费尔将社会认同感定义为“个体的自我概念中,来源于其对所属社会群体的认识、价值、与成员身份联系的情感意义的部分”①,并且认为社会认同经历了三个基本心理过程:社会分类(Social Categorization),社会比较(Social Comparison)和积极区分(Positive Distinctiveness)。心理学和社会学对于社会认同的认识具有不同的侧重点,心理学层面的社会认同倾向于对集体行动,尤其是群体冲突的主体心理活动方面的研究。而社会学则侧重于对主体属性比如身份、地位等方面的确认。詹金斯(Jenkins, 1996)将社会认同分为内在认同和外在认同,内在认同即群体内部成员对群体主观上的认同,其边界为群体成员主观认同的边界;而外在认同指社会分类,即社会对某一群体的归类和划分,其边界为社会对某个群体所划定的边界。人们总是倾向于争取积极的社会认同,积极的社会认同来源于内外群体的比较,如果不能获得令自己满意的社会认同,人们将会离开所在的群体。泰费尔(Tajfel, 1981)认为个体认同和社会认同是社会中普遍存在的两种基本认同类型,个体认同是指对个人的认同作用,或通常说明个体具体特点的自我描述,是个人特有的自我参照;而社会认同是指社会的认同作用,或是由一个社会类别全体成员得出的自我描述②。

(三) 社会认同研究的现状与趋势

社会认同作为一种心理认可行为,认为每个人都是对自己所在群体的身份认同开始的,这是社会认同理论起源的基础。对此来说,群体认同是每个个体面临的一个首要现实问题,但群体认同度的高度并不一定代表着群体之间的和谐程度,甚至有时候很高的认同度并一定带来社会的

---

① 李斯斯:《集体行动的影响因素研究:社会认同感、道德倾向性与道德情绪》,吉林大学2014年硕士学位论文。

② 闫超:《基于社会认同视角的新生代农民工炫耀性消费行为影响机理研究》,吉林大学2012年博士学位论文。

安宁与和谐，如泰费尔认为正是对社会认同的追求导致了群体间的冲突和歧视，即对属于某群体的意识能够强烈影响着我们的知觉、态度和行为。在此基础上，社会认同理论研究扩展到社会群体行动、社会结构、社会冲突、社会隔离、种族问题、社会信仰等方面，随之也产生了类似群体认同、地域认同、职业认同、文化认同、价值观认同等多元化认同结构体系。社会认同感建立在社会化的基础上，是社会成员共同的认同行为的一种走向和预期，在现实生活中因不同群体或目标指向而具有不同的领域和范围。不同领域内的不同程度的认同度水平，对社会不同领域将具有不同的效应。近 10 年来，整个欧洲社会心理学与美国社会心理学的研究逐渐走向融合，社会认知研究与社会认同研究也出现合流的趋势，当前社会认知范式也成为当代欧洲社会心理学主导的研究范式之一①。

二、上海居民认同感调查的主要结论

(一) 认同感调查的分析框架界定

从前面的理论分析表明，认同感是一个包括多领域的心理感觉，不同领域的认同感，具有不同的影响因素，不能一概而论。为了研究需要，本报告的研究主要围绕居民的身份认同、价值认同、权责认同、管理认同四个维度来进行的，旨在反映作为国际大都市的现代居民，对自我身份、城市核心价值、社会权利义务、城市管理政策等方面的认同情况。其中，身份认同感表征个体在诸多文化个体间的身份确认度，旨在反映个体作为国际大都市居民对自身价值和现代居民观的认同度。价值认同主要是指居民对当代中国核心价值观以及上海提出的公平、包容、责任、诚信等基本价值的认同与选择。社会权利义务认同，就是指居民对自身所享有的权利和自己所负有的社会责任之间对等关系的一种主观判断，旨在检验居民对社会权利和义务的基本态度。城市管理政策认同，主要是指居民对当今上海采取的诸多公共政策以及政府的一些做法所表现出的支持或反对的态度。具体调查维度和内容见表 10 - 1。

---

① 张莹瑞、佐斌："社会认同理论及其发展"，《心理科学进展》2006 年第 3 期。

表 10－1 上海居民认同度调查维度及相关内容

身份认同	国人认同、市民感、自豪感、阶层感、城市认同
价值认同	责任、公平、包容(土客关系)、诚信等
权责认同	权利(教育、保障)、义务、权责对等
政策认同	户籍政策、是否上访等

(二) 身份认同感调查结论

1. 针对国人和上海人的身份认同感非常强烈，相对而言，30 岁以下的青年对作为上海人的自豪程度较低一些，老年人群体则为自己生活在上海而更感自豪一些

文化与身份的认同感，是公民的一项基本心理素质，也是一个国家、一个民族、一个城市持续创新与不断发展的前提条件。近年来，由于中国经济的快速发展与国际地位的不断提升，国人的自信心和自豪感不断提升。上海作为经济发展迅速的大城市，成为国内外各类人才和资本谋求发展的新选择。这一点，本报告的调查表明，上海市民既具有非常强烈的国人身份认同感，如 93.8％的居民"为自己作为一个中国人而感到自豪"，也具有较高程度的市民认同感，如 88.4％的居民为自己能在上海生活而感到自豪(图 10－1)。这也表明，尽管自开埠以来，上海更多受到西方文化的影响，但居民心中依然具有强烈的国家意识、民族意识。

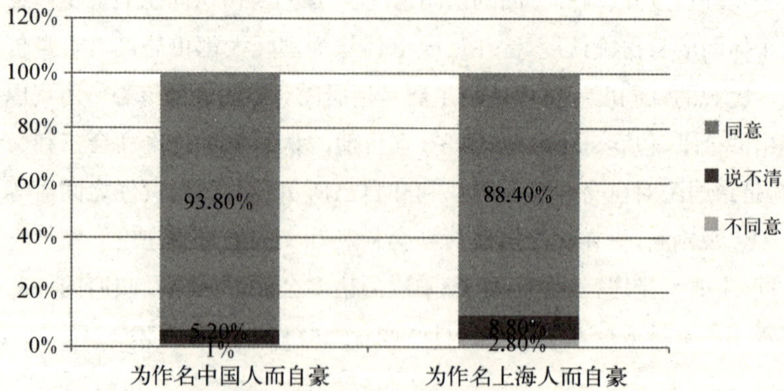

图 10－1 上海居民对作为"中国人和上海人"的身份认同感

同时,由于受上海生活成本、收入水平等因素的影响,不同年龄群体,对上海居民的身份认同程度存在一定程度的差异。例如对"我为生活在上海而感到自豪"的调查结果表明,30 岁以下、30—39 岁、40—49 岁、50—59 岁、60 岁以上居民的认同度分别为 85.1%、89.3%、89.2%、88.2%、91.9%,呈现中年居民认同水平比较一致,老年居民相对较高、30 岁以下居民相对较低的特征。相应地,30 岁以下居民对作为上海人而自豪的否认度也呈现最高值,为 3.8%(图 10-2),这可能与青年人刚踏入社会,在高昂的城市生活成本面前,在工作、住房、婚恋、家庭等方面面临的压力有关。

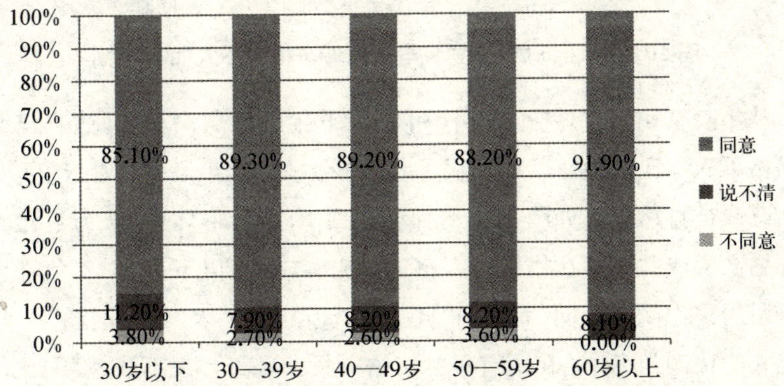

图 10-2　上海不同年龄居民对"生活在上海而感到自豪"的认同感

2. 65.8%的居民认为自己与城市之间保持较好的融入感,近两成居民普遍存在与城市的隔离感,年轻人和无房居民存在着更加显著的隔离感或被排斥感

一个人对自己生活居住地方的融入感,是个体认同感的重要组成部分,也是个体对所在城市主人翁意识和城市认同的重要体现。调查结果显示,上海居民中,65.8%认为自己与城市并不存在隔离的感觉,能够较好地融入城市生活当中,18.5%认为自己与城市处处格格不入,存在明显的被隔离感觉。还有 17.8%的居民对此没有太多考虑,保持"说不清楚"(图 10-3)。可见,居民对自己与城市生活的融入程度并不算太高,如果把"说不清"的比例也算作"格格不入"的认同,则有约 35%的人,或多或少存在一种被隔离或被城市排斥的感觉。但这种感觉,因年龄、有无上海户籍、有无住房等情况而呈现显著的差异。

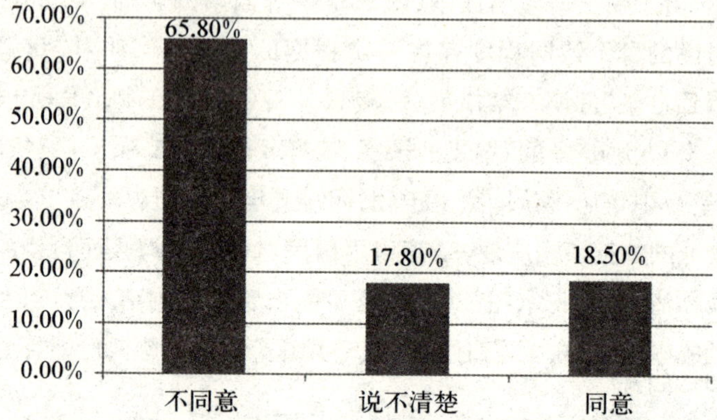

图 10-3 上海居民对"我与上海城市格格不入"的认同感

从年龄结构来看，调查表明，30 岁以下年龄段居民更感觉"自己与城市格格不入"，比其他年龄段居民相比，特别是与老年段居民相比，更具被隔离感或被排斥感。如图 10-4 所示，在所有年龄群体中，认为自己具有较强融入感或并不存在格格不入感觉的比例，30 岁以下为 58.2%，在所有年龄段居民中属于最低，而认同"自己与城市格格不入"的比例，30 岁以下年轻人的比例为 22%，在所有年龄群体中属于最高，"说不清楚"的比例也属于最高，为 19.8%。可见，从年龄上看，30 岁年龄段居民，是最具有被排斥感或隔离感的一个群体，特别是非上海户籍二代的融入感更差。

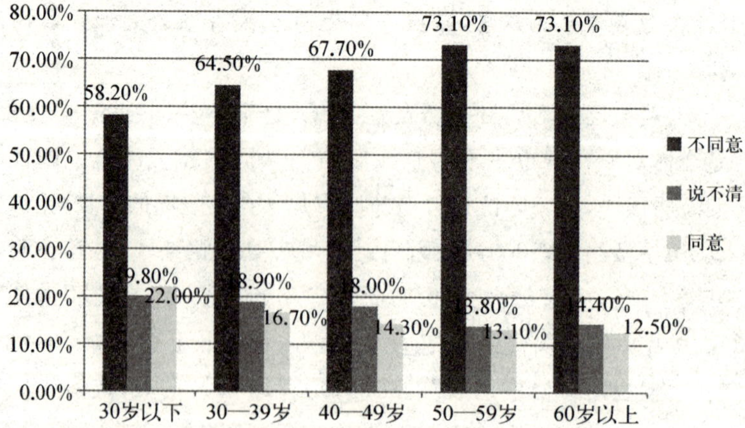

图 10-4 上海不同年龄段居民对"我与城市格格不入"的认同度

而从有无房产的角度来看，具有私有住房的居民，对城市具有更好的融入感，而没有自己住房、只有保障房和廉租房的居民更具被排斥感。如调查表明，对“我感觉与城市总是格格不入”的认同度，有房者比例只有13.7%，而无房者达到22.7%，是有房者的两倍；对此保持“说不清”的比例，无房者为29.5%，有房者为12.7%，无房者是有房者的2倍多；相应地，认为自己不存在融入困境的比例，有房者高达73.6%，而无房者只有47.8%，两者相差1.5倍。可见，有无房屋的情况，对居民在大都市生活的感觉产生直接影响，没有自己住房的居民存在更强烈的自我被排斥感。

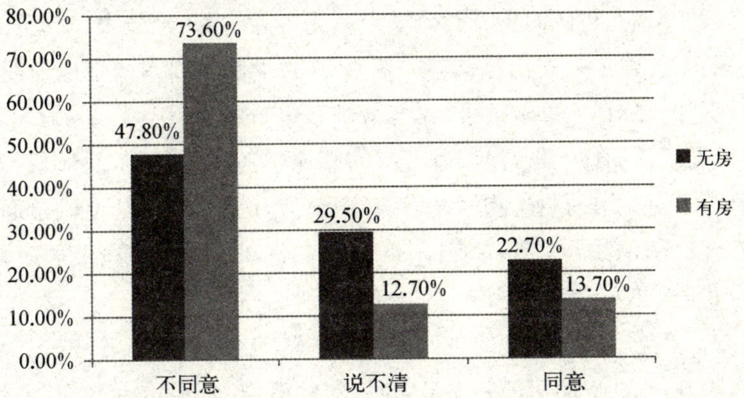

图 10－5　上海不同居住条件居民对“我总感觉与城市格格不入”的认同度

3. 近一半的居民已经扎根于上海发展，具有较强的归属感，不会离开上海，有三成居民是上海城市发展中的潜在离开者，这主要以30岁以下和30—39岁的居民为主

一个人是否愿意离开自己居住生活的城市，也直接反映着居民对自身市民身份及城市认同度的重要体现。假如市民对城市具有高度的认同度和自豪感，就不会轻易地离开城市或逃离城市。但我们的调查结果表明，全市居民当中，只有一半的居民对上海具有较强的归属感，已经扎根于上海城市发展进程中，不论其条件怎么变化，都不可能离开上海，但是与此同时，有大概三分之一的居民，对城市缺乏应有的归属感，处于边走边看或漂泊之中，一旦其他城市对其提供更好的发展条件，就会离开上海，还有近1/5(17.8%)的居民对是否离开上海还没有深刻的考虑(表10－2)。

表 10-2　上海居民对“如果有机会，我会离开上海”的认同度统计

	频　率	百分比(%)
很不同意	266	13.2
不太同意	742	36.9
说 不 清	358	17.8
比较同意	528	26.3
完全同意	116	5.8

从年龄群体来看，一般认为，由于家庭生命周期的影响，富有活力、尚未结婚的年轻人更倾向于到其他城市闯荡一番，而年纪较大、家庭比较稳定的居民，往往也表现出倾向过一种稳定的生活。调查结果也证明了这一点，例如，在对“如果有机会，我会离开上海”的回答中，41.2%的 30 岁以下居民高度认同这一点，他们对上海的归属感还不是很强，而随着年龄的不断增长，对城市的归属感逐渐增强，想要离开上海而到其他城市的想法也随之降低，例如 30—39 岁、40—49 岁、50—59 岁、60 岁以上居民，同意“若有机会，我会离开上海”的比例分别为 35.1%、27.5%、22.9%和 24.4%。可见，在上海，最缺乏城市归属感的是 30 岁以下和 30—39 岁的居民，而 50—59 岁的居民归属最强(该年龄段 60.2%认为即便有条件，也不会离开上海)(表 10-3)。

表 10-3　上海不同年龄段居民对“如果有机会，我会离开上海”的认同度统计

		很不同意	不太同意	说 不 清	比较同意	完全同意
30 岁以下	计　数	36	150	81	152	35
	百分比	7.9%	33.0%	17.8%	**33.5%**	**7.7%**
30—39 岁	计　数	91	211	107	179	42
	百分比	14.4%	33.5%	17.0%	**28.4%**	**6.7%**
40—49 岁	计　数	59	181	94	109	18
	百分比	12.8%	39.3%	20.4%	**23.6%**	**3.9%**
50—59 岁	计　数	47	138	50	55	15
	百分比	**15.4%**	**45.2%**	16.4%	**18.0%**	**4.9%**

续 表

		很不同意	不太同意	说 不 清	比较同意	完全同意
60 岁以上	计 数	33	62	26	33	6
	百分比	20.6%	38.8%	16.3%	**20.6%**	**3.8%**

(三) 价值认同感调查结论

1. 绝大多数居民认为自己是一个具有高度责任心的人，尽到了一个公民应尽的各种责任(包括遵纪守法、爱护自然、回馈社会等)

责任心是一个现代公民的基本素质，这一点在上海市民身上得到了较好的体现。调查表明，98.7%的居民认为自己能够做到"用负责的态度做好每一件事情"，只有 1.3%的居民对此保持不太认同，难以保证对自己所做的事情抱以高度负责的态度。这一点表明，从个体来看，上海市民几乎人人都是具有高度责任心的人，这从另一个侧面验证了上海市民长期以来形成的严谨、认真、负责的态度，这正是推动城市不断走向进步的根源所在。在责任履行的自我评价方面，也是一边倒的格局，不管婚姻、居住、性别等各种因素的差异，90.8%的居民认为自己已经尽到了一个公民应尽的各种责任(包括遵纪守法、爱护自然、回馈社会等)，只有 1.1%的居民认为没有尽到自己应尽的社会责任，还有 8.1%的居民"说不清楚"。

2. 61.3%的居民认为当前社会成员和单位普遍缺乏社会责任感，高学历群体对此具有更高的认同度

责任感除了个体以外，更重要的是，整个社会是否具有一定的责任意识。调查结果表明，61.3%的居民认为，当前社会成员和单位普遍缺乏社会责任感，19.1%的居民认为社会成员和组织并不缺乏应有的社会责任，25%的居民对此保持"说不清楚"的中立态度(图 10－6)。可见，居民在认可自己是一个负责任的人的同时，对上海社会的整体责任感的认同度并不高，责任城市建设任重道远。如果从不同教育程度出发交互分析发现，大多数较高学历居民对当前社会普遍缺乏责任感的事实，比初中学历群体具有更高的认同感，如初中、高中、大专、本科等不同学历居民对社会成

员和单位普遍缺乏社会责任感的认同度分别为47.9%、58.1%、67.2%和65.2%(图10-6)。

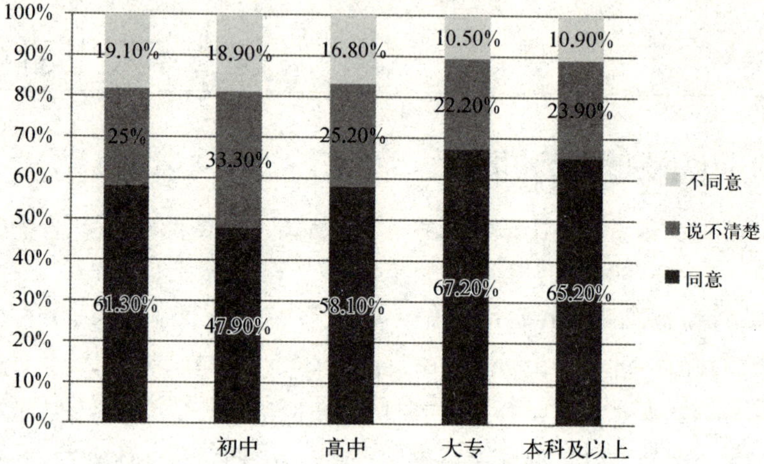

图10-6 上海不同学历居民对“社会成员和单位普遍缺乏社会责任感”的认同度

3. 对非上海户籍居民与上海户籍居民生活便利度关系上,普遍认为非上海户籍居民对上海户籍居民的生活带来了便利,且非上海户籍居民比上海户籍居民更认同这一点

作为国际大都市,外来流动人口是城市的重要组成部分,但是由于外来人口的增多,也给城市公共服务和管理带来巨大的压力,这是国际大都市普遍遇到的一个难题。但在一般认识中,认为外来人口对当地居民的生活带来了不便和麻烦,往往形成原住居民对外来人口的嫌弃和排斥情绪。但调查结果说明这一认识并不完全成立。例如在对“没有外来人口,上海市民的生活将很不方便”的总体调查结果表明,63.7%的居民认为外来人口为上海市民生活提供了便利,15%的居民则认为外来人口并没有给当地人生活提供便利,21.3%的居民保持“说不清楚”。说明大部分居民比较认可外来人口给上海城市发展的贡献。与此同时,对此,非上海户籍居民比上海户籍居民具有更高的认同度,如上海户籍居民的认同度为62%,非上海户籍居民的认同度为69.5%,存在一定的差距,而上海户籍居民中有16.1%的居民认为外来人口对本地人没有带来便利(图10-7)。

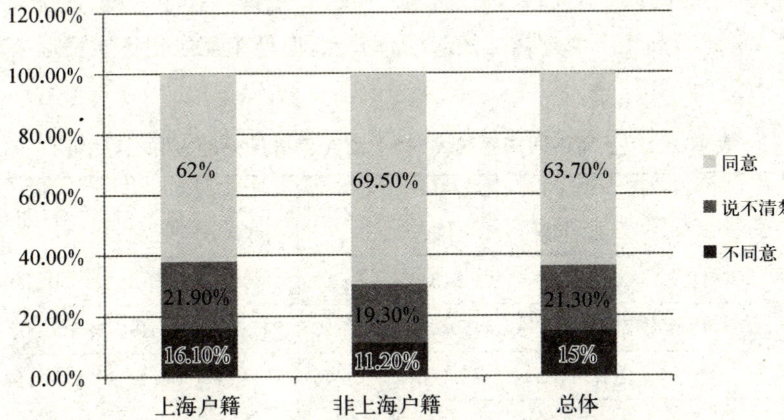

图 10－7　上海不同户籍居民对“外来人口对本地居民生活带来便利”的认同度

4. 近 60％的居民认为上海这座城市不存在对外来人口的排斥感，但也近 20％的居民认为上海依然存在对外地人的排斥，特别是没有居住证的外来人口中，近一半认为上海排斥外地人

北京、上海等超大城市的排外情绪，一直是国民争论的焦点之一，在计划经济时期，由于内地经济水平的落后，这些城市居民往往对外来人口抱有一种歧视态度和行为。但随着市场经济的不断深入和沿海内地之间区域经济的均衡发展，上海、北京原有的所谓排外心理已经有了很大的改观，更趋向开放、包容性方面发展。调查表明，在对“上海人排斥外地人”的认同上，总体上看，有 58.6％的居民认为上海人还是排斥外地人的，有 19.7％的居民认为上海人并不排斥外地人，还有 21.7％的居民“说不清楚”。从这一点上看，尽管随着市场经济的开放融合发展，上海也在积极融入全国，接纳来自全国各地的外来人口在上海创业、就业、居住和生活，但在人们的心目当中，上海人排斥外地人的情结依然存在，这一观点依然获得较高比例居民的认同，这对城市的包容度建设提出挑战。

对此问题，如果从户籍角度加以分析的话，不同类型的土客居民对上海人是否排斥外地人的感受显著不同。调查结果表明，在有上海户籍居民、有居住证居民、无居住证居民三类群体中，无居住证居民中的近一半人(50％)认为上海人排斥外地人，处于最高，上海户籍居民认为“上海人排斥外地人"的比例为18.1%,有居住证居民对"上海人排斥外地人"的认同度为22.5%,高出上海户籍居民4个百分点,但低于无居住证居民近27.5个百分点(表10-4)。

表10-4 上海不同户籍居民对"上海人不排斥外地人"的认同度

		很不同意	不太同意	说不清	比较同意	完全同意	合 计
上海户籍居民	计 数	39	245	344	804	138	1 570
	行百分比	**2.5%**	**15.6%**	21.9%	**51.2%**	**8.8%**	100.0%
	列百分比	54.2%	75.9%	78.7%	79.9%	80.2%	78.1%
有居住证居民	计 数	24	65	91	184	32	396
	行百分比	**6.1%**	**16.4%**	23.0%	**46.5%**	**8.1%**	100.0%
	列百分比	33.3%	20.1%	20.8%	18.3%	18.6%	19.7%
无居住证居民	计 数	9	13	2	18	2	44
	行百分比	**20.5%**	**29.5%**	4.5%	**40.9%**	**4.5%**	100.0%
	列百分比	12.5%	4.0%	0.5%	1.8%	1.2%	2.2%
合 计	计 数	72	323	437	1 006	172	2 010
	行百分比	**3.6%**	**16.1%**	**21.7%**	**50.0%**	**8.6%**	100.0%
	列百分比	100.0%	100.0%	100.0%	100.0%	100.0%	100.0%

5. 总体上57.1%的居民认为,外地人给本地人的福利水平带来一定影响,而非上海户籍居民对"外地人导致本地人福利下降"的认可度更低

在有限的城市资源投入下,人口数量的多少,直接决定着城市人均公共福利水平的高低。而在中国特殊的国情下,由于存在二元化的户籍制度,城市公共服务存在着明显的二元结构,没有上海户籍的外来人口并不能享受与上海居民完全平等的公共服务。近几年,在上海积极推行积分为主的户籍政策,让符合条件的外来人口开始逐步享受本市教育、医疗、文化等公共服务,这是城市发展的一大进步。在国家跨区域性财政制度政策没有做出大的改革的背景下,城市方面这样的改革,势必对上海户籍居民原有的福利产生一定的影响。对此,调查结果表明,总体来说,上海居民中有57.1%的人认为,外地人造成了上海本地人福利水平的下降,

16.5%的居民则认为外地人并没有造成本地人福利水平下降，还有26.4%的居民认为“说不清楚”(表10-5)。从这一点来看，近三成居民还是对外地人对上海城市发展和上海人福利改善方面，存在显著的偏见。

表10-5 上海不同户籍居民对“外地人使得上海人福利水平下降”的认同度

	频 率	百分比
很不同意	47	2.3
不太同意	285	14.2
说不清	530	26.4
比较同意	865	43.0
完全同意	283	14.1
合 计	2 010	100.0

但是，对本地人和外来人来说，土客两类群体对“外来人是否导致上海本地人福利水平下降”的认识不尽一致，调查结果表明，关于“外地人导致本地人福利水平下降”问题，上海户籍居民的认同度为58.1%，非上海户籍居民认同度为53.9%，上海户籍居民比非上海户籍居民高4.2个百分点，可见，上海户籍居民更倾向认为外地人的到来，拉低了上海当地人的福利水平；而对这一问题的否认度，上海户籍居民为14.3%，而非上海户籍居民为24.6%，非上海户籍居民的否认度比上海户籍居民高出近10个百分点。可见，非上海户籍居民中近1/4者认为上海户籍居民福利水平的变化与外来人口没有关系(表10-6)。

表10-6 上海不同户籍居民对“外地人使得上海人福利水平下降”的认同度

		很不同意	不太同意	说不清	比较同意	完全同意
非本地户籍	频 数	14	94	95	178	59
	百分比	3.20%	21.40%	21.60%	40.50%	13.40%
本地户籍	频 数	33	191	435	687	224
	百分比	2.10%	12.20%	27.70%	43.80%	14.30%

6. 上海居民中68.2%认为年轻人应该在北上广等超大城市谋求发展,18.2%认为年轻人应该逃离北上广,上海户籍居民对年轻人具有较高程度的接纳度;30岁以下无房居民最认同年轻人应该逃离

近些年来,随着城镇化的剧烈发展,大城市生活压力越来越大,小城市异军突起,房价、人口老龄化、空巢老人等问题日渐突出,逃离北上广,即逃离北京、上海、广州、深圳这些一线城市,是在大城市房价居高不下、生活压力持续增长的情况下,在白领中兴起的思潮。而北上广等特大城市居民对这一问题的基本态度,在某种程度上,反映着特大城市对年轻人的接纳度和宽容度。调查结果表明,总体而言,上海居民对年轻人在特大城市谋求发展,保持基本赞成的态度,居民中68.2%认为年轻人不应该逃离北上广,应该在大城市谋求发展,18.2%则认为年轻人应该去二线城市去发展,还有13.6%认为不好判断、说不清楚(图10-8)。这一点表明,逃离北上广只是白领群体在大城市高企的生活成本下的一种无奈选择,但城市居民对年轻人仍具有较高程度的接纳度。对此,不同户籍情况、不同年龄群体具有不同的看法。

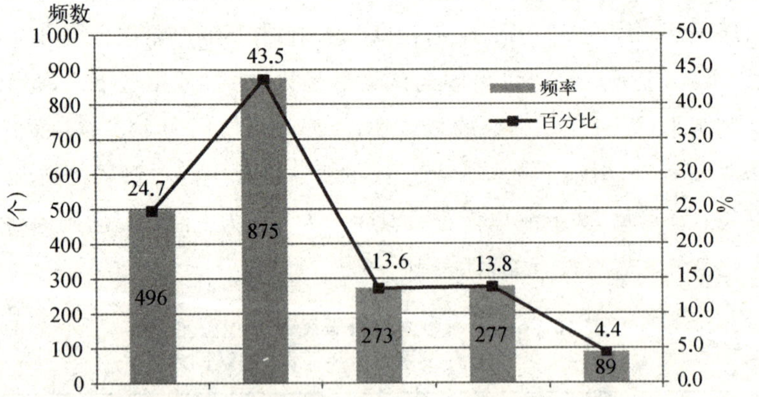

图10-8 上海居民对"年轻人应该逃离北上广"的认同度

从户籍关系来看,上海户籍居民比非上海户籍居民对"年轻人应该留在大城市"具有更高的认同度。例如上海户籍居民中,只有16.1%认为年轻人应该逃离北上广,70.4%认为年轻人不应该逃离北上广,还有13.6%

的认为“说不清楚”；相比较而言，非上海户籍居民中，有 25.4%认为年轻人应该去二线城市，60.4%认为应该留在大城市，13.6%“说不清楚”(图 10-9)。可见，更多的非上海户籍居民认为年轻人应该逃离北上广，更少的非上海户籍居民认为年轻人应该留在大城市发展，上海户籍居民对年轻人更具有接纳程度和宽容度。

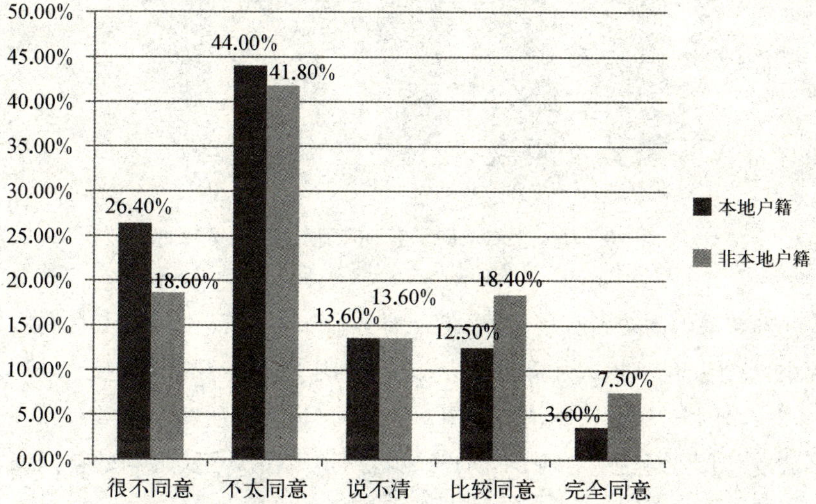

图 10-9 上海土客居民对“年轻人应该逃离北上广”的认同度

一个人是否应该逃离北上广，除了受户籍影响外，还受年龄、有无住房的影响。调查结果表明，30 岁以下、无房的居民对年轻人应该逃离北上广具有最高的认同度，如在年龄和有无住房的交叉分析表明，30 岁以下、无房的居民中，32.3%支持年轻人应该逃离北上广，是支持逃离的主要群体，其次是 30—39 岁无房的居民，有 23.1%支持年轻人逃离北上广。这一点也表明，假如年轻人真正要逃离北上广，主要集中在 30 岁以下、30—39 岁无房的 20%—30%的居民(图 10-10)。

7. 82.8%的居民认为上海应该继续接纳外地人才或劳动力，非上海户籍居民、高学历居民具有更高的接纳程度

人才是一个城市发展的第一动力和核心资源，上海正在进行全球科技创新中心的建设，人才尤其具有重要作用。对此，调查结果表明，上海居民总体上对人才的重要性还是具有比较清楚的认识，对来自外地的各类

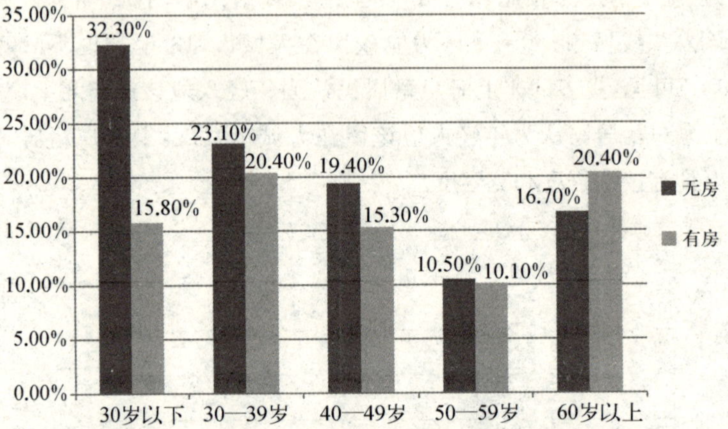

图 10-10 上海不同年龄、不同居住情况居民对“年轻人应该逃离北上广”的同意度

人才和劳动力的接纳程度较高,例如有 82.8%的居民认为上海在发展进程中,继续接纳外地人才和劳动力,3.5%的居民认为不应该再接受外地人才,3.6%的人认为“说不清楚”(图 10-12)。这表明居民心态具有较高的开放度,但是,对这一看法,不同户籍、不同学历层次居民之间的认同度存在一定的差异。

从户籍情况看,非上海户籍居民对外来人才和劳动力的接纳程度更高。例如在对外来人才和劳动力的接纳程度上,上海户籍居民的接纳度为 81.7%,低于总体接纳水平(82.8%)约 1.1 个百分点,而非上海户籍居民对外来人才和劳动力的接纳度高达 86.5%,比总体水平高出 3.7 个百分点,比上海户籍居民高出 4.8 个百分点(图 10-11)。可见,在上海居民中,对城市是否应该继续接纳外来人才和劳动力方面,非上海户籍居民具有更高的开放度和接纳程度。

不同学历群体,由于受到不同年限的教育,对外来人才的接纳度以及开放度,不尽一致,调查结果表明,上海居民群体中,随着受教育程度的不断提高,视野和心胸不断开阔,对外来人才和劳动力的接纳度不断提升,本科及以上学历的群体,对外来人才和劳动力具有更高的开放度和接纳度。例如初中及以下、高中或中专、大专、本科及以上居民,对“上海应该继续接纳外来人才和劳动力”的同意率分别为 74.5%、82.3%、83.9%、

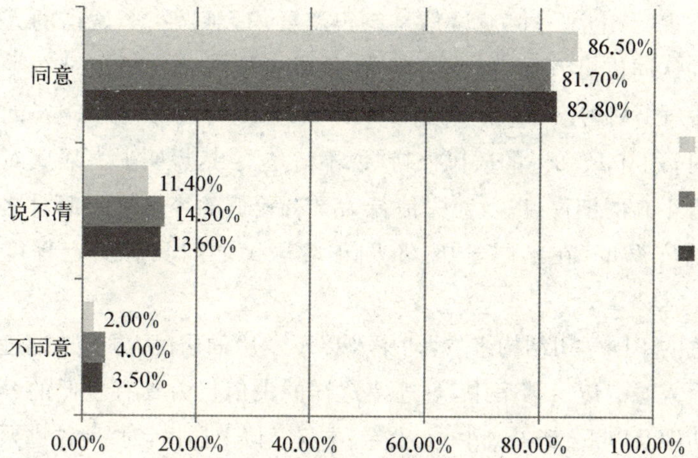

图 10-11 上海不同户籍居民对"上海应该接纳外地人才和劳动力"的认同度

86.7%，随学历的升高认同度也不断升高，本科及以上高学历人才为最高（图 10-12）。

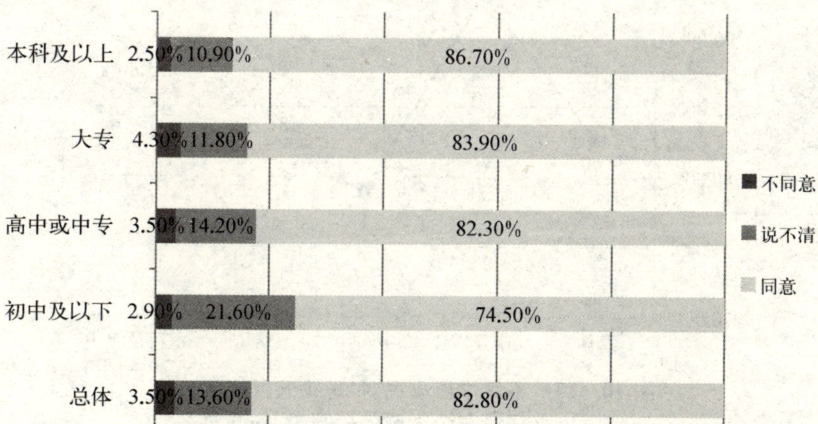

图 10-12 上海不同学历居民对"上海应该接纳外地人才和劳动力"的认同度

8. 82.6%的居民将逃票行为与个人诚信联动起来，初中文化层次和 30 岁以下居民最支持把逃票行为纳入个人诚信档案

诚信是一个文明社会的基本要求，更是现代国际大都市居民的基本素质。调查表明，上海居民对诚信具有很高要求，对做一个诚信的人表现出很强的认同度。例如，根据居民对“地铁逃票者就应该记录在个人诚信档案中”的认同度调查表明，有 82.6%的高度赞成，只有 4.4%的居民表示反对，还有 12.9%的居民保持“说不清楚”。这说明上海居民对社会诚信具有很高的期许，以及对失信行为具有较低的容忍度。但对这种失信行为的容忍度，在不同学历、不同年龄居民之间具有一定程度的差异。

从居民的不同学历结构来看，初中及以下学历的居民，更支持把逃票行为计入个人诚信记录档案中，对逃票这样的失信行为具有较低的容忍度。例如初中及以下、高中或中专、大专、本科及以上居民，对“地铁逃票者就应该记录在个人诚信档案中”的同意率分别为 93.1%、79.1%、81.7%、85.5%，很显然，初中及以下学历的认可度明显高于其他更高学历居民，说明 30 岁及以下的居民更不容忍逃票这样的诚信行为(图 10－13)。

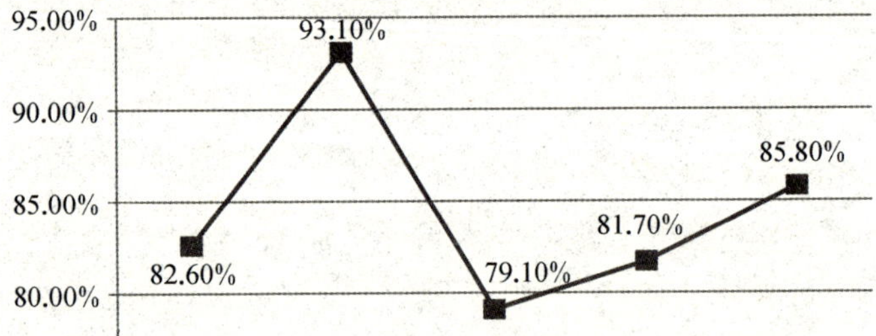

图 10－13　不同学历居民对“地铁逃票者就应该记录在个人诚信档案中”的同意率

从年龄结构看，30 岁及以下的居民最支持将逃票行为纳入个人诚信记录档案之中，60 岁以上的居民也高度支持这一做法。例如调查结果表明，30 岁及以下、30—39 岁、40—49 岁、50—59 岁、60 岁以上居民，对“地铁逃票者就应该记录在个人诚信档案中”的同意率分别为 87%、80.70%、81.6%、79.3%、86.9%，很明显，30 岁及以下的居民，更支持惩罚逃票行为(图 10－14)。

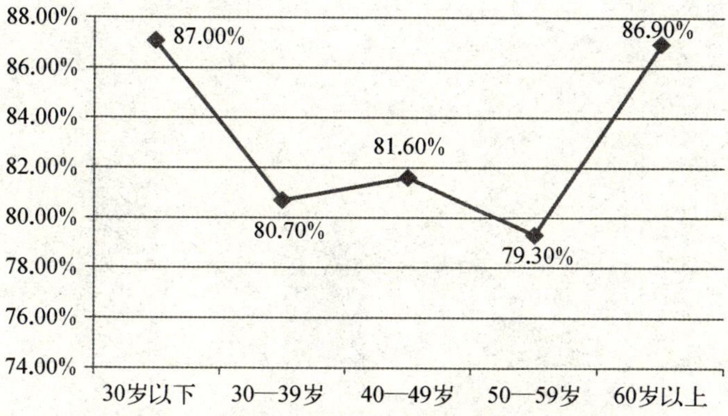

图 10-14 上海不同年龄居民对“地铁逃票者就应该记录在个人诚信档案中”的同意率

(四) 权责对等或公平感的认同感调查结论

一个正常社会的发展，理应充分发挥每个人的长处和优势，各尽其能、各得其所，实现资源的最优配置。当下，人们普遍注重自身的利益或权利，而往往忽视自身对国家或社会所应该承担的责任和义务，向外所求的权利明显大于自身向外应承担的责任和义务。为此，本报告通过设置相关问题，对“您是否感觉自己的权责对等”进行了调查，得出如下结论。

1. 近七成居民认为自己的收入与劳动付出之间基本对等，而低学历居民存在更强烈的被剥夺感

自己收入与劳动付出之间是否相对等，是获得自身和职业认同的一个重要思想基础，也是体现公平感的一个重要维度。总体调查结果表明，66%的居民认为，自己的收入与劳动所得基本对等，9.7%的居民则认为自己的收入与劳动付出不对等，24.3%的居民则对此保持“说不清楚”(图 10-15)。可见，全市劳动力资源的配置，并没有达到最优状态，未能实现人尽其才、各尽所能的目标。再进一步分析发现，在认为自己的收入与劳动付出不对等的居民中，与高学历居民相比，低学历居民“很不同意”的程度更高，如初中、高中、大专、本科学历居民认为收入与付出不对等的比例分别为 31.3%、31.3%、25%、12.5%，低学历居民存在更强烈的被剥夺感(图 10-16)。

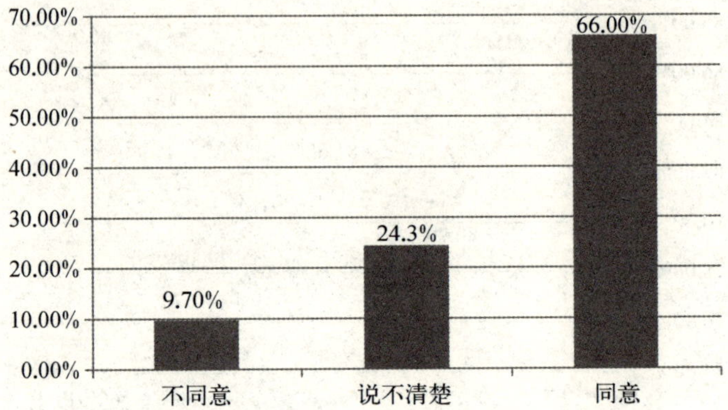

图 10-15　上海居民对“收入与劳动对等”的认同度

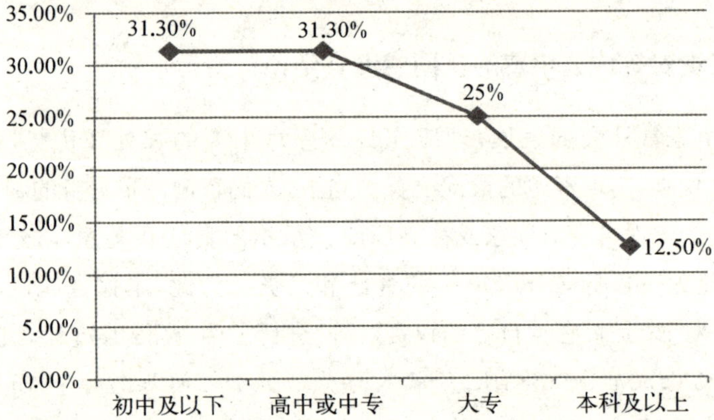

图 10-16　上海不同学历群体“很不同意”“收入与劳动付出对等”的比例

2. 73.5%的居民认为上海的户籍制度很好地体现了权责对等，但近七成上海户籍居民、三成大专学历居民认为，户籍制度并没有体现真正的权责对等

2014 年以来，上海率先实行了以积分制为主的户籍新政，打通了居住证与户籍之间的通道，让真正有贡献的非上海户籍居民享受与上海户籍居民一样的公共服务。户籍新政的背后，除了集聚高级人才外，旨在体现个体对城市发展的权责对等理念。但是调查结果表明，上海居民对户籍制度所发挥的权责对等效应，不同居民之间的认同度存在明显的差异。例如，总体上看，73.5%的居民认为积分制为主的户籍新政体现了外来人

口对城市发展的贡献，很好地体现了权责对等，认为非常合理，8.2%的居民则认为没有体现权责对等，不太合理；还有 18.4%的居民认为“说不清楚”（图 10－17），可见，积分制户籍新政的合理性得到大部分居民的认可。

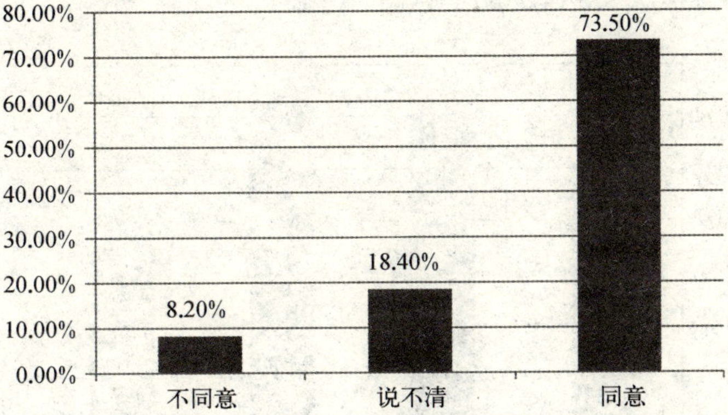

图 10－17　上海居民对“上海户籍体现权责对等、非常合理”的认同度

但同时发现，上海户籍居民与非上海户籍居民、不同学历居民之间，对此看法存在明显的分歧。例如拿上海户籍居民与非上海户籍居民来说，认为“户籍制度没有体现权责对等、不合理”的比例，上海户籍居民高达 69.5%，而非上海户籍居民的比例为 31.09%（图 10－18），这表明，更多的上海户籍居民可能觉得即便达到条件，非上海户籍居民也不应该拥有上海户籍。

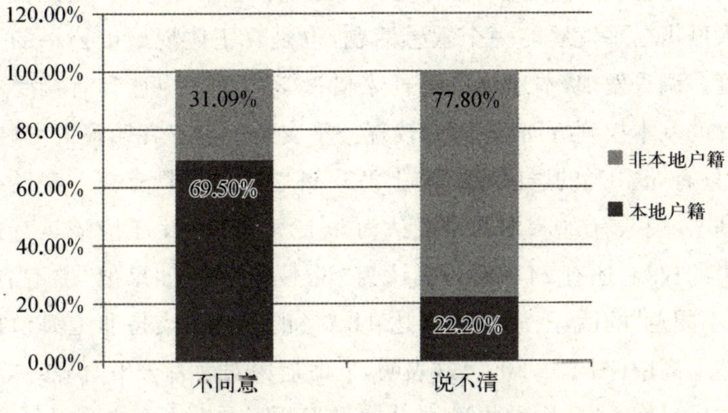

图 10－18　上海不同户籍居民对“上海户籍体现权责对等、非常合理”的否认度

从学历层次来看,认为"户籍制度没有体现权责对等、不合理"的比例,初中及以下、高中或中专、大专、本科及以上居民的比例分别为23.7%、26.3%、32.4%、21.1%,表明大专学历层次的群体,对户籍制度的权责对等、合理性提出了更强烈的质疑(图10-19)。

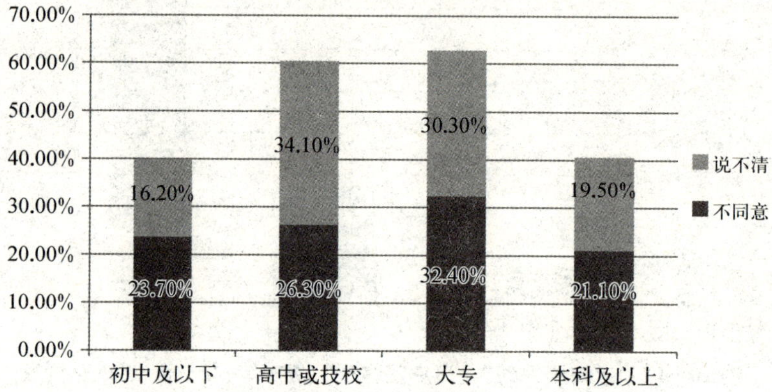

图10-19　上海不同学历居民对"上海户籍体现权责对等、非常合理"的否认度

3. 55.8%的居民认为,外地借读学生应该具有在上海上高中的基本权利,非上海户籍居民、30岁以下居民更支持教育公平,50—59岁居民最反对非上海户籍学生的公平教育权

随着外来人口的不断增加,是否应该充分保障外来子女在当地接受教育的公平权利,即他们是否有权利在当地接受高中教育,是困扰北上广等特大城市公平发展的一个敏感话题,也是真正体现城市公平的一个重要维度。调查发现,本地居民对外来借读学生是否应该具有接受本地高中教育的基本权利方面,人们对教育公平支持程度存在明显的分歧,总体上看,只有55.8%的居民支持非上海户籍学生应该具有在上海继续上高中的基本权利,有20.2%的居民认为非上海户籍学生不应该具有在上海上高中的权利,还有24%的居民认为"说不清楚"。如果把"说不清楚"等同于"不同意"的话,上海就有高达44.2%的居民不支持非上海户籍学生在本地上高中(图10-20)。这表明,上海居民对教育公平,仍然具有较高程度的反对率。同时,对此问题,上海户籍居民与非上海户籍居民、不同年龄居民的看法也存在较大的分歧。

从不同户籍关系来看，上海户籍居民更反对非上海户籍居民学生在上海继续接受高中教育。调查表明，上海户籍居民对“外地学生应该具有接受本地高中教育权利”的同意率为 51.2%（低于总体平均水平 4.6 个百分点）、反对率为 22.8%（高于总体平均水平 2.6 个百分点），而非上海户籍居民对“外地学生应该具有接受本地高中教育权利”的同意率为 61.8%（高于总体平均水平 6 个百分点）、反对率为 11.1%（低于总体平均水平 9.1 个百分点），可见，上海户籍居民的同意率比非上海户籍居民低 10.6 个百分点，反对率比非上海户籍居民高出 11.7 个百分点（图 10－20）。

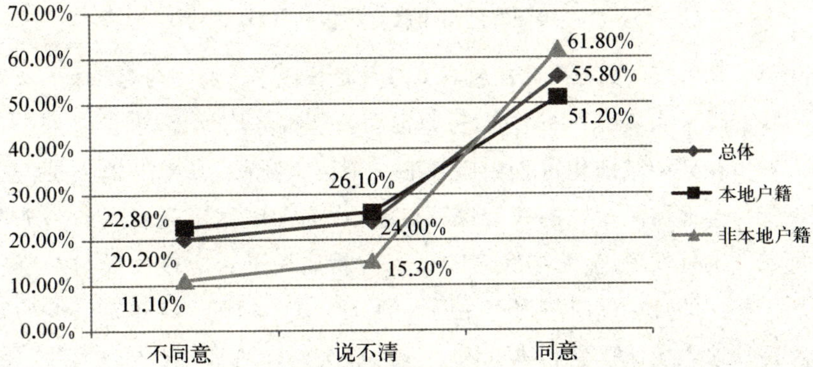

图 10－20　上海居民对“外地学生应该具有接受本地高中教育的权利”的认同度

而从年龄层次来看，30 岁以下居民最支持外地学生在上海接受高中教育，而 50—59 岁居民最反对外地学生在当地接受高中教育。如调查结果表明，30 岁及以下、30—39 岁、40—49 岁、50—59 岁、60 岁及以上不同居民，对“外地学生应该具有接受本地高中教育的权利”的同意率分别为 64.3%、54.6%、54.9%、50.2%、49.4%，可见，30 岁及以下居民最支持外地学生在当地接受高中教育；而上述居民对“外地学生应该具有接受本地高中教育的权利”的反对率分别为 14.3%、20.7%、19.3%、28.5%、21.3%，可见，50—59 岁居民最反对非上海户籍居民子女继续在上海接受高中教育（图 10－21）。

4. 54.6%的居民认为，非上海户籍居民应该享受与上海户籍居民一样的社会保障待遇，非上海户籍居民、30 岁以下居民更支持外地人享有公

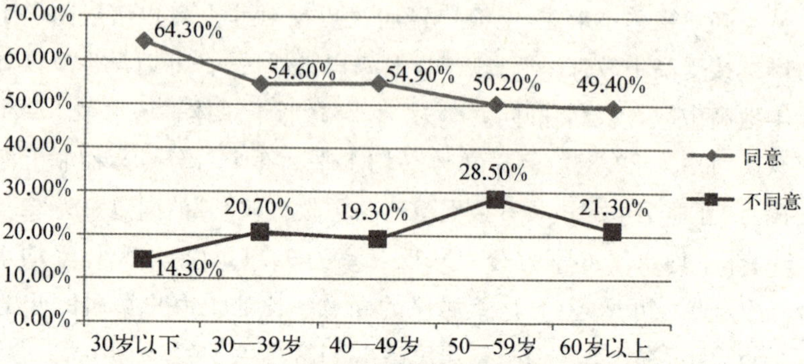

图 10-21 上海不同年龄居民对"外地学生应该具有接受本地高中教育的权利"的认同度

平保障权,50—59 岁居民最反对非上海户籍居民享有公平的保障权

随着外来人口的不断增加,努力推动公共服务均等化,也是北上广等特大城市在新型城镇化进程中面临的一个巨大挑战,其中外地人是否应该享受与本地居民一样的社会保障待遇,成为深度城市化发展的一个现实问题。调查发现,上海居民对非上海户籍居民是否应该享受与上海户籍居民一样的社会保障待遇存在明显的分歧,总体上看,只有 54.6%的居民支持外地人应该享受与本地人一样的社会保障待遇,有 24.1%的居民认为外地人不应该享受与本地人一样的社会保障待遇,还有 21.3%的居民认为"说不清楚"(图 10-22)。这表明,上海居民对外地人的公平社会保障权利仍然具有较高的反对率。同时,对此问题,上海户籍居民与非上海户籍居民、不同年轻居民的看法也存在较大的分歧。

从不同户籍关系来看,上海户籍居民更反对非上海户籍居民享受与上海户籍居民一样的社会保障待遇。调查表明,上海户籍居民对"外地人应该享受与本地人一样的社会保障待遇"的同意率为 49.4%(低于总体平均水平 5.2 个百分点)、反对率为 28%(高于总体平均水平 3.9 个百分点),而非上海户籍居民对"外地人应该享受与本地人一样的社会保障待遇"的同意率为 73.1%(高于总体平均水平 18.5 个百分点)、反对率为 10.2%(低于总体平均水平 13.9 个百分点),可见,上海户籍居民的同意率比非上海户籍居民的同意率低 23.7 个百分点,反对率比非本地居民高出 17.8 个百分点(图 10-22)。

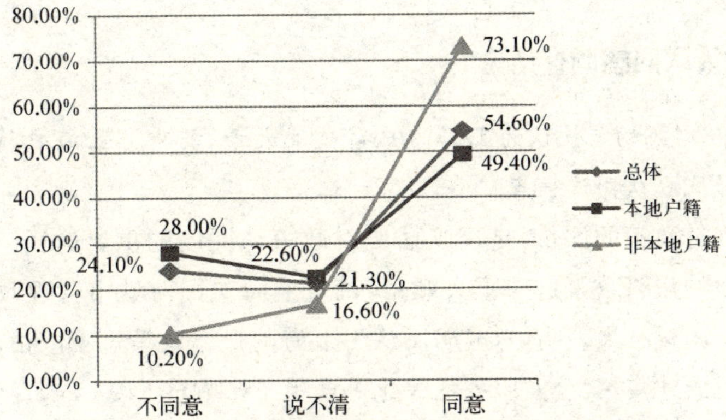

图10－22 上海居民对“外地人应该享受与本地人一样的社会保障待遇”的认同度

而从年龄层次来看，30岁以下居民最支持非上海户籍居民应该享受与上海户籍居民一样的社会保障待遇，而50—59岁居民最反对非上海户籍居民应该享受与上海户籍居民一样的社会保障待遇。如调查结果表明，30岁及以下、30—39岁、40—49岁、50—59岁、60岁及以上不同居民，对非上海户籍居民是否应该享受与本地人一样的社会保障待遇的同意率分别为63％、56.8％、51.7％、44.6％、49.4％，反对率分别为17.8％、24.3％、22.8％、32.1％、30％，可见，30岁及以下居民最支持非上海户籍居民应该享受与上海户籍居民一样的社会保障待遇；而50—59岁居民以及60岁以上居民最反对非上海户籍居民应该享受与上海户籍居民一样的社会保障待遇(图10－23)。

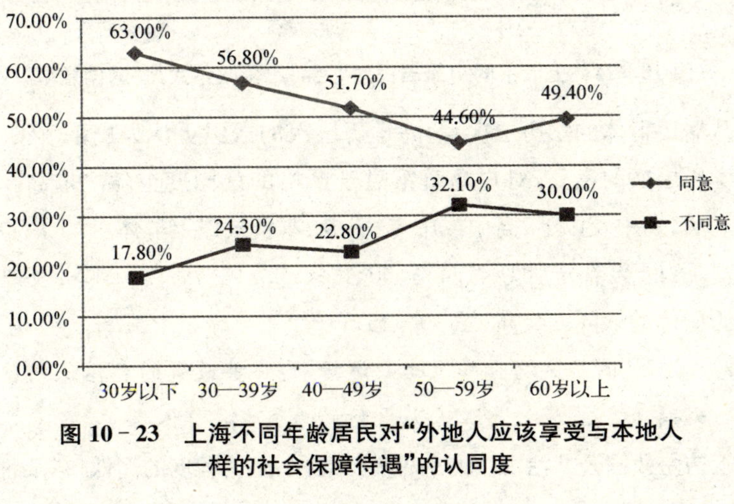

图10－23 上海不同年龄居民对“外地人应该享受与本地人一样的社会保障待遇”的认同度

(五) 政策认同感调查结论

1. 63.4%的居民认为上海的户籍政策太严,其中非上海户籍居民和高学历居民更认同这一点

对现有政策的评价,是反映居民对政策认同度的重要途径。本报告选择上海的户籍政策这一重大政策,调查上海居民对城市管理政策的认同水平。调查结果表明,六成居民认为上海的户籍政策过于严格,在一定程度上对人才集聚、公共服务均等化等产生了影响(图 10－24)。但对此,不同户籍居民、不同学历居民之间的认识具有一定程度的差距。其中,从上海户籍居民和非上海户籍居民来看,非上海户籍居民更不认同现行的户籍政策,有 73.2%的非上海户籍居民更觉得户籍政策过严,比上海户籍居民的同意率高出近 12.6 个百分点(图 10－24)。

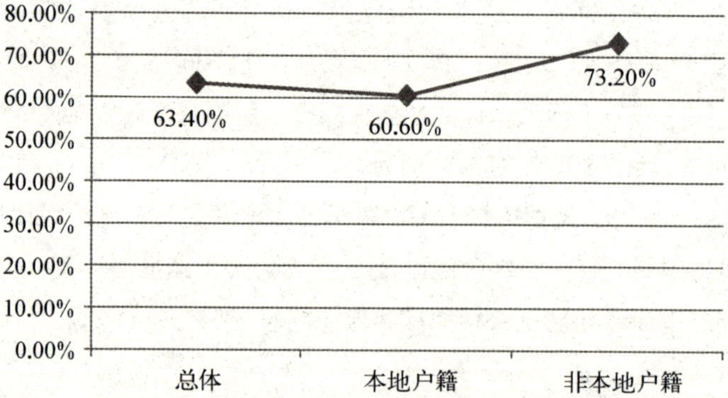

图 10－24　上海不同户籍居民对"上海户籍政策太严"的同意率

从居民群体的学历层次看,高学历层次的居民更认为户籍政策过严,随着学历层次的增高,对户籍政策过于严格的认同度也随之增高。例如调查表明,初中及以下、高中或中专、大专、本科及以上群体对"上海户籍政策太严"的同意率分别为 47.4%、60.1%、66.2%、71.9%,本科及以上的高学历群体的认同度最高(图 10－25)。

2. 96.7%的居民没有参加过上访活动,公共政策的整体认同度非常高,且一般技术人员和一般工人是上访的两个主要群体

上访是我国公共治理中的一种特殊现象,上访程度的高低,在某种程度

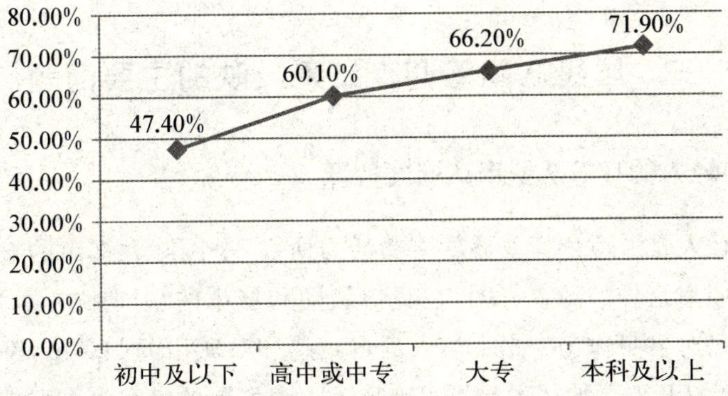

图 10－25　上海不同学历群体对“上海户籍政策太严”的同意度

上反映着普通民众对政府公共政策的认同水平，上访少，说明政策的认同度高，上访多，则表明对公共政策的认同度低。在城市经济社会的转型发展进程中，很多城市面临着上访群体较多的发展困境。调查表明，上海 96.7％的居民没有参加过上访活动，只有 3.3％的居民上访过。这说明，整体而言，居民对公共政策具有很高的认可度。如果从不同职业类型进行细分的话，调查结果表明，一般专业技术人员和一般工人是两个主要的上访群体，例如，参加过上访的总体样本中，一般专业技术人员占到 22.4％，一般工人占到 20.9％（图 10－26）。可见，全面改善一般专业技术人员和一般工人的工作条件，保障他们的基本权益，是下一步上海公共政策改革的一个重要方面。

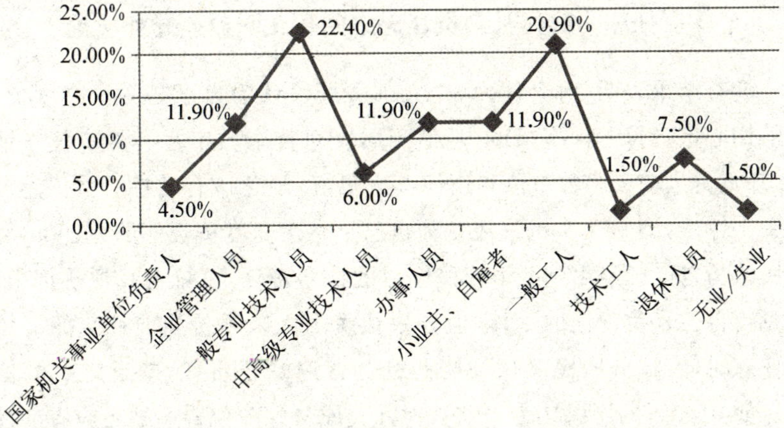

图 10－26　上海不同职业群体参加过上访活动的比例

三、居民认同感调查结果反映的主要问题

(一) 年轻人的身份及城市认同度偏低

年轻人是城市创新发展的主要活力所在,是国际大都市的核心资源之一。但本报告的调查表明,在身份认同和城市的认同感方面,30 岁以下的居民对自身作为一个上海人的自豪感和对城市的归属感,都是比较低的,30 岁及以下的居民最有可能成为上海发展的潜在离开群体。这表明,对更多的年轻人来说,上海已经是一座极具吸引力的国际大都市,但当年轻人都纷纷踏入这座城市的时候发现,上海的生活幸福感、自豪感、归属感并不是人们想象的那么高,在高企的生活成本和巨大的竞争面前,很多年轻人内心中存在着巨大的矛盾和无奈。这同时也表明,上海作为一座全球城市,能够吸引有闯劲、有才干的年轻人,已经实现了城市创新发展的第一步,但更重要的是,如何采取更有力、配套的社会支持政策,为年轻人在这座城市的创新、创业、生活、居住提供更好的环境和条件,进一步提升年轻人对上海城市的内心认同、归属感、自豪感,理应成为政府"十三五"乃至更长时期应该高度重视的一个问题。

(二) 个体责任感与群体社会责任感之间存在明显差异和悖论

调查结果表明,对个体而言,大部分居民认为自己是一个高度负责、能够用心负责每一件事情的人,但当居民对整个城市社会的责任作评价时,却觉得当前大多数单位和组织不太负责,缺乏该有的社会责任感。这是一个悖论,即 98.7%的居民认为自己是一个高度负责任的人,90.1%的居民认为自己已经尽到一个公民应尽的社会责任,可见自我评价都很高,都觉得自己是负责任的个体,但如果让每个人来评价当前社会的群体性责任感时,大部分居民又认为当前社会普遍缺乏责任,缺乏应有的信任感。如 61.3%的居民认为当前其他社会成员和单位普遍缺乏应有的社会责任感,仅 20%的居民认为社会责任感还可以。这表明,由于市场经济和

法治体系建设的滞后，上海社会的整体责任心还不够强，并没有获得居民的高度认同，这要求在责任政府、责任企业、责任组织等建设方面需要投入更多的精力，打造担当、负责的城市文化精神。

（三）收入与劳动付出之间权责对等的认可度不够高

收入差距过大和不平等，是我国各行各业普遍面临的一个严重问题，也是引发诸多社会问题的根源所在。只有当绝大多数人感觉到自己的收入与劳动付出成比例或者说自己的权利和责任基本对等的时候，才会在各自岗位上心平气和地去努力工作，创造更大的价值，这也是保持社会和谐稳定的基石。但调查表明，只有 66%的居民认为自己的收入和劳动付出是对等的，也就是说近 34%的居民感觉到自己在工作中存在着被别人剥夺的感觉，有一定的不公平感，特别是中下职业阶层居民的感觉更加强烈。我们觉得，上海市民对收入与劳动付出对等的整体认同比例显得有些过低，不利于社会创新与深化改革的持续推进。因此，如何深化收入分配制度的系统改革，在各行各业打造相对公平的收入分配体系，是“十三五”时期上海应该重点关注和解决的问题之一。

（四）对年轻人和外来人才的接纳程度不够高

一座全球性城市，理应是一个开放、多元、包容的城市，尤其是对外来人才和年轻人更需要包容。经过近 40 年的改革开放以及全球化的发展，上海在这方面已经取得很大的进步，但从一座全球城市的标准来看，所谓的包容程度实际上并不是很高。尤其是对外来人口是否应该享有基本的社会保障权利、外来人口子女是否应该在本地继续上高中、上海是否继续接纳外来人才或外来劳动力等诸多问题上，上海居民的支持率和认可率还存在显著差距，可以说，还是存在一定程度的排斥性，这对全面建设公平、公正、包容的国际大都市是没有好处的，甚至会对上海全面建设具有全球影响力的科技创新中心战略带来一定的负面影响。因此，如何真正将包容城市的发展战略落实在政策实处，落实在上海居民的言行之中，是直接影响上海未来创新发展的一大现实任务。

四、提升居民认同水平的对策建议

(一) 积极打造开放、活力、创新的创业创造型城市

当前,全面建设具有全球影响力的科技创新中心,是上海谋求转型发展的核心战略,为此,需要继续加大城市的开放度,更多地吸纳来自全国各地乃至全球的创新型人才,特别是通过政策制度的改革创新,打造良好的创业环境、创新氛围,让年轻的科技创新人才更具归属感、融入感和自豪感,全面激发大众创业、万众创新的社会活力和动力。为此提出如下建议:

1. 继续引进全球优秀科技人才

结合上海建设全球科技创新中心的新定位,根据城市产业转型升级的方向和要求,继续引进全国乃至全球各类优秀人才到上海来创业,特别是要引进一大批有创新意识、有创业能力的高级创新型人才和团队,为城市创新提供最有力的人力资源保障。

2. 建立健全有助于年轻人创业的社会支持体系

一是加快完善有助于大学生就业、创业的指导体系建设,为大学生和年轻人创业提供有力的指导和帮助。二是研究出台包括资金、税收、土地、住房等在内的年轻人创业的一揽子扶持政策,努力提高大学生和年轻人创业的成功率。三是加大社会风险投资体系建设,为大学生创业提供有力的融资条件。

(二) 全面推进价值重建与伦理城市建设

一座所有居民对基本道德观念和社会主义核心价值观具有高度认同的城市才是一座真正文明的城市,这也是进一步激发社会和市场活力,推动经济社会不断向前发展的软实力。而在物质财富极大丰富的当下,人们的价值认同与社会现实之间的巨大差距,造成了经济发展与社会文明进步之间的巨大反差乃至对经济发展真正目的的质疑。调查也表明,居民普遍渴望城市社会有一个良好的价值体系和道德准则,但对当下的各

种社会失序行为表现出极大的忧虑和无奈。从这一点而言，结合当前培育和践行社会主义核心价值观的要求，全面重建上海国际大都市的价值体系，构建一座真正中西结合的伦理城市，仍具有十分重大而深远的意义和作用。为此提出如下建议：

1. 加大优秀传统文化的弘扬和践行

在各级各类学校和所有企事业单位或行业中，继续强化中华优秀文化传统的深度教育，提高居民对中华优秀传统文化美德的认知和认同，并将这些优秀传统道德落实在自己的生活和工作中，这才是真正落实"爱国、敬业、诚信、友善"个人层面核心价值体系、促进社会和谐的思想基础和源头所在。

2. 加快构建城市社会信用体系

在积极发挥上海现有基础和独特优势的基础上，以政府诚信、商务诚信、社会诚信、司法公信为核心，加快相关法律法规、信用数据库、征信系统、信用服务机构、惩戒机制等方面的建设，全面提高整个城市的信用水平和等级，为市场经济、创新经济和网络经济发展创造最可靠的价值环境。

3. 全面加强多元利益主体社会责任体系建设

一方面，全面深化政府管理体制改革，特别是加大行政审批制度、公共决策制度、公众参与、政府信息公开等领域的综合配套改革，全面打造责任政府、透明政府，提高政府的公信力和负责任的能力。另一方面，在个别企业实行社会责任制度的基础上，进一步扩大履行社会责任的市场覆盖范围，让更多的企事业单位、社会组织等履行好自己的社会责任，定期开展社会责任的评估和报告，在创造价值的同时，积极回馈社会，为居民生活质量的改善以及社会进步作出自己的贡献。

(三) 实施多元、公平、多彩的包容城市战略

未来的上海，要成为一座真正具有全球视野的城市，需要接纳更多外来人才和服务者。因此，能否进一步创新相关政策，构建开放、多元、公平、多彩的包容城市，直接关系着上海城市发展的活力和动力。调查结果表明，上海的包容度还不够高，这与全球城市的地位不相适应，为此提出如下建议：

1. 进一步改革户籍制度,促进城市公平发展

在充分尊重中央关于严格控制特大城市人口规模这一核心精神的前提下,在上海现有积分制的基础上,进一步加大改革创新,适度放宽真正对城市发展有贡献的外来人才或劳动力的积分标准,让他们尽快享有与上海户籍居民一样的公共服务或权利,促进城市整体的融入感和凝聚力。

2. 加大收入分配制度改革,构筑包容性的收入分配体系

在加大落实国家关于收入分配政策的前提下,从上海的收入分配特点出发,在公务员、国有企业、事业单位等领域,扎实有效地推进收入分配制度改革创新,缩小收入分配差距,不断提高低收入群体的实际收入,让更多的低收入群体或困难群体共享城市经济发展的成果。

3. 创新公共服务供给方式,提升公共服务效率,提升市民生活质量

按照《国家社会资本参与公用事业项目建设实施方案》的要求,进一步加快城市基础设施、公益事业、养老服务、社会救助等领域对社会资本的开放力度,加大社会资本、市场对公共事业的投资力度和参与度,构筑公私合作的公共服务融资新模式,提升城市公共服务供给的能力和效率,尽力满足多元化、多层次的需求。

第11章　社会信心调查

一、社会信心的基本理论内涵与调查框架

(一) 社会信心的基本理论内涵

社会信心是一个社会心理学研究的重要命题，也是反映社会生活质量的重要维度。根据国内外对社会信心的相关研究成果，我们可对其作一个总体的理论概括与总结。

1. 社会信心的内涵与外延

在学术界，目前对社会信心尚未形成统一的概念，不同学者有不同的看法。有学者认为，社会信心是与一定的社会发展状况或社会变迁过程相连的，是分布于社会或社会群体中的整体心理状态，是民众基于现实生活状况的认知，对未来一段时间内个人与社会发展的综合的态度和预期评价。认为社会信心等同于心理健康，社会信心的强弱反映了心理健康状况的好坏，社会信心高，表示社会心理健康高①。还有学者认为社会信心主要是指被访者对国家的经济社会发展形势，对物价、教育、社会保障、治安、食品安全、社会公平公正、就业和社会风气等宏观层面以及对个体的收入、住房、工作、健康、发展机会等微观方面的主观感受进行综合判断后得出的对未来发展前景的看法和预期②。有的学者认为，社会信心的关

① 丛玉飞："白领新移民社会信心及其影响因素分析"，《青年研究》2013年第6期。

② 李汉林："要注重和加强社会景气和社会信心的研究"，《中国社会科学报》2012年12月31日。

键在于凝聚民心，而凝聚民心的关键又在于政府公信力①。很显然，这是一个综合的概念。简言之，社会信心反映着特定的历史发展阶段，人们对当前和今后一段时间内整个社会经济发展的预期判断和群体自信心。它是一个比较复杂的个人与社会之间的互动系统，除了人们对总体社会发展状况和前景表现出的一种心理预期外，在各种具体的领域当中也存在着社会信心的问题，并反映在不同的群体身上，可能具有不同的预期水平和强弱程度，在不同群体身上有不同的影响。例如，在经济领域，可能有社会投资信心、社会消费信心等，在政治领域，可能有中国道路信心、政党信心、反腐信心、国家安全信心等，在社会领域，可能有小康社会目标信心、社会公共安全信心、社会道德信心、就业信心等。

2. 社会信心的主要影响因素

社会信心在人们对目前社会环境的主观感受与看法的基础上分析人们对这个社会未来发展的预期，受很多因素的综合影响，但人们对不同层面、不同领域的未来心理预期，可能具有不同的主导影响因素。当前国内对社会信心的研究不是太多，根据几项关于城市白领群体社会信心的实证研究结果来看②，影响社会信心的因素，主要有以下几种：一是年龄和收入水平。研究表明，年龄和收入是影响白领社会信心状况的显著因素，管理级别和教育程度的影响不显著。同时也发现，性别在社会信心方面也具有一定差异，女性更容易利用拥有的社会支持缓解压力进而增强社会信心，而对于男性，某种程度上原本期待可获得支持的关系反而变成了压力源，这极可能造成失落和不满，社会信心不升反降。二是生活压力。一般而言，个体在生活中所面临的压力状况，包括住房、教育、生病、工作、身体健康、人际交往等方面，直接影响着社会信心程度，自有住房、身体健康的群体，往往具有较高的社会信心。三是社会支持体系。例如针对城市白领而言，社会参与和情感性支持越高则白领新移民社会信心越强，来自家

① 朱力："公众信心聚散的社会心理学解读"，《人民论坛》2013年第5期。

② 雷开春："白领新移民与本地居民的社会支持关系及影响因素"，《青年研究》2008年第9期；孙秀林、陈群民、李显波："上海外来白领生存压力与社会信心调查"，《科学发展》2012年第8期；丛玉飞："白领新移民社会信心及其影响因素分析——基于上海市的实证调查"，《青年研究》2013年第6期。

人、朋友、同事和老乡的支持可以明显提升白领新移民的社会信心,参与社会活动越多的白领新移民社会信心越强。

3. 社会信心的当代价值与功能

社会信心折射出来的则是人们对国家未来社会发展的预期,反映的是人们对未来社会发展与进步的期待和希望。中国与世界社会发展的历史反复地证明,一个国家在发展过程中遇到困难与曲折并不可怕,可怕的是这个国家的人民对未来的发展失去信心,丧失希望。一个对未来没有信心与希望的民族不可能推动这个国家的社会发展,在这种状况下,政府的行为就很容易受到人们的质疑,其合法性地位也一定会受到严峻的挑战①。因此,不管处于怎么样的发展阶段和状况,国民对自身和国家发展抱有强烈的自信心,对未来充满坚定有力的发展信心,是关系一个国家和民族持续繁荣发展的重要思想基础。而对于当今的中国社会而言,我们正处于战略发展机遇期和社会矛盾凸显期的深度转型发展时期,冲突与发展并存,矛盾与机遇同在,而不论如何,人们对未来保持坚定的信心,无疑具有十分重大而深远的意义,在经济下行压力持续加大的当下,判断上海居民的未来信心到底如何,无疑对政府管理制度与政策的适时调整,具有重要的借鉴价值。

(二) 社会信心调查的逻辑框架

实际上,这种复杂性、多元性、多维性,就决定了社会信心的检测是一项难度较大的工作,方法和工具也不尽一致,有的分为宏观社会信心和微观社会信心进行分层次检测,有的则通过设置"即期生活满意度、预期社会信心度和社会行为意向"三方面进行检测,都旨在形成所谓的社会信心指数。本报告根据调查研究的需要,从社会心态出发,旨在了解广大居民对未来多方面的一种主观预期,为此主要从个人发展、城市发展、国家发展三个方面进行了社会信心的评判维度和标准(表 11－1),旨在对全体居民的发展信心作出判断和了解,以便为政府公共政策的调整与改革创新提供决策依据。

---

① 李汉林:"要注重和加强社会景气和社会信心的研究",《中国社会科学报》2012 年 12 月 31 日。

表 11 - 1 社会信心调查分析维度与基本框架

个人发展	职业发展预期	健康水平预期	经济收入预期、生活水平提高
城市发展	城市发展预判	可持续发展性	城市吸引力
国家发展	改革进程预判	社会和谐稳定预判	政府信心(文化发展、社会管理等)

二、上海居民社会信心调查的主要结论

(一) 个人发展信心

个人发展信心主要包括个人对职业发展前景、个人身心健康、个人经济收入和个人生活水平四个方面,调查结论如下:

1. 79.1%的居民对自己的职业发展充满信心,但在年龄、职业阶层之间具有显著差异

一个人对自己职业发展前景的信心和预期,微观上直接关系着一个人工作的态度与积极性,宏观上决定着一座城市的创新精神和创新能力。调查表明,从总体来看,尽管当今经济发展面临着转型发展的下行压力,但居民群体对自身职业发展依然充满着应有的信心,如 79.1%的居民“有信心”(其中,61.9%“比较有信心”、17.2%“很有信心”)、14%的居民“无所谓”、5.8%的居民“不太有信心”,仅有 1.1%的居民“毫无信心”(图 11 - 1)。

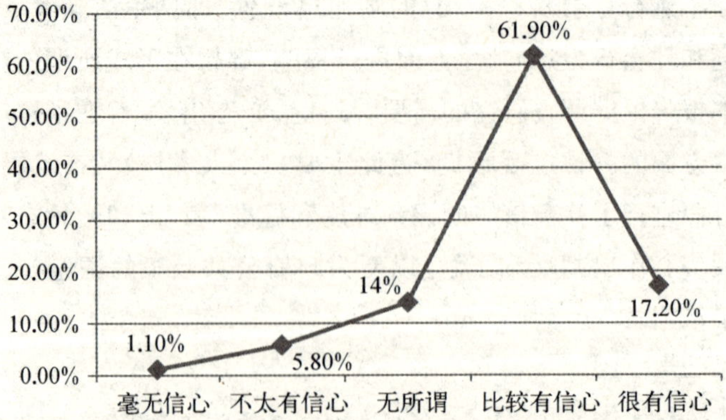

图 11 - 1 上海居民对职业发展前景的信心度

可见，面对职业发展，上海居民具有较大程度的自信心。同时也发现，职业发展预期是一个受多种因素影响的结果，根据调查数据，人们对其信心度与个体的性别并不存在显著的相关性，但与个体的年龄和职业层次具有一定的相关性。

从年龄结构来看，居民对职业发展的未来信心，表现为 30 岁以下和 30—39 岁的居民对自身职业发展普遍充满信心，例如表 11 - 2 数据表明，对自身职业发展"很有信心"的比例，30 岁以下和 30—39 岁居民的自信程度显著高于 40 岁以上居民，而 50—59 岁和 60 以上居民，对未来职业表现出了很低的自信程度以及普遍的无所谓态度。这比较符合个体职业发展的一般规律。

表 11 - 2　上海不同年龄居民对职业发展前景的信心度

	毫无信心	不太有信心	无所谓	比较有信心	很有信心
30 岁以下	0.0%	4.2%	7.0%	65.2%	23.6%
30—39 岁	0.0%	2.2%	7.6%	66.5%	23.7%
40—49 岁	1.1%	5.6%	11.7%	68.5%	13.0%
50—59 岁	2.3%	7.9%	27.2%	54.8%	7.9%
60 岁以上	6.9%	20.6%	40.6%	28.8%	3.1%

再从职业层次来看，居民对职业发展前景的预期，表现出职业层次越高、对职业发展越抱有强烈的自信心，而职业层次越低，对职业发展前景越缺乏充分的自信心。如果把"很有信心"假设为绝对信心度的话，对职业发展前景"很有信心"的数据表明，中层、中上层、上层大约有 20%—30% 的绝对信心度，而中下层只有 6.2%，下层居民的绝对信心度则为零。与此相对应，下层居民中大约有 31.3% 对职业发展前景毫无信心或不太有信心（表 11 - 3）。

表 11 - 3　上海不同职业阶层居民对职业发展前景的信心度

	毫无信心	不太有信心	无所谓	比较有信心	很有信心
上　层	0.4%	1.6%	6.2%	61.2%	30.6%
中上层	0.0%	0.6%	4.6%	64.4%	30.4%

续 表

	毫无信心	不太有信心	无所谓	比较有信心	很有信心
中　层	0.3%	3.6%	9.3%	66.4%	20.5%
中下层	0.4%	7.9%	15.1%	70.3%	6.2%
下　层	14.1%	17.2%	28.1%	40.6%	0.0%
退休者	4.5%	17.7%	47.5%	28.3%	2.0%

2. 88.3%的居民对身体健康充满信心，仅有2.2%的居民对身体健康缺乏信心，同时表明，已婚无子女、高学历居民对自身健康更有信心

个体对自身身体健康的信心度，也是一个反映城市健康水平的重要指标。调查结果表明，上海居民在总体上，对身体健康并没有表现出多大的担忧，绝大多数居民对此保持足够的信心。如图11－2所示，有37.6%的居民对自身健康“很有信心”、50.7%的居民“比较有信心”、9.5%无所谓、2%不太有信心、0.2%毫无信心。可见，总体健康水平依然较高。同时发现，居民对自己身体健康的信心度与婚姻状况、受教育程度等因素具有一定的相关性。

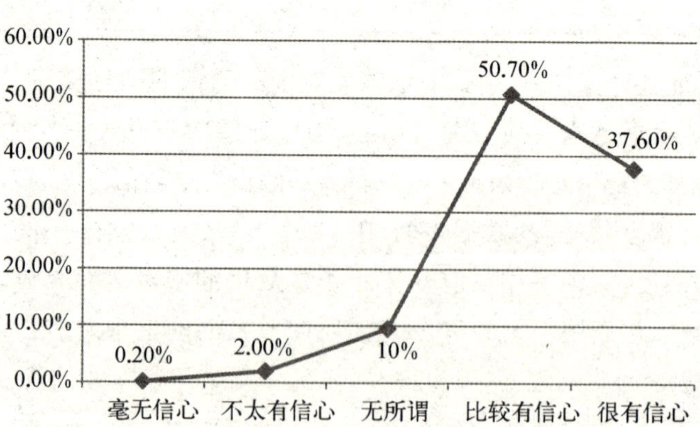

图11－2　上海居民群体对自身健康的信心度

婚姻状况是影响一个人对自身健康状况信心度的首要因素，调查表明，在结婚已有子女、结婚无子女、未婚三类群体中，对自身健康的信心度从高到低依次是结婚无子女(93.90%)、未婚(91.5%)和结婚有子女

(87%)。可见,已经结婚并有小孩的居民,由于沉重的工作压力和家务劳动,使得身体健康面临着巨大挑战,这部分人对自身健康的信心度明显较低。

受教育程度和学历程度,也是影响人们对自身健康预期的一个重要因素。调查表明,受过较长教育时段的高学历居民,往往对自己的身体健康表现出更大的自信心。如图 11-3 所示,大学本科、大专、高中、初中及以下不同学历居民对自身身体健康的信心度分别为 92.4%、91.8%、85% 和 80.8%。

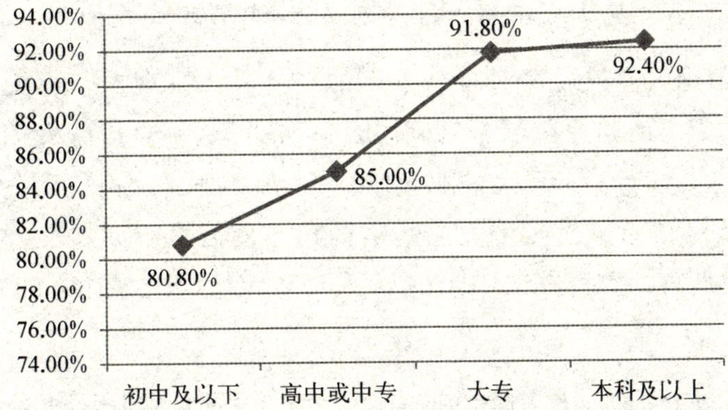

图 11-3　上海不同学历居民对自身身体健康的信心度

3. 87%的居民相信未来个人收入会有所增加,5.1%的居民认为收入不一定会增加,但非从事管理工作的一线劳动者、低学历居民最担心自己未来的收入

一般而言,随着经济的持续增长和发展,个体收入也将会得到同步增加,但在经济转型发展和新常态时期,特别是由于 2008 年世界金融危机以后,中国的经济发展普遍面临着巨大的下行压力和转型升级挑战,在这样的背景下,人们对自己未来经济收入的心理预期,在某种程度上反映着城市的发展信心。调查结果表明,上海居民中有 29.1%的人对未来个人的经济收入"很有信心"、57.9%的人"比较有信心"、8%的人"无所谓"、5%的人"不太有信心",仅有 0.1%表现为"毫无信心"(图 11-4)。可见,总体上看,除了极少数以外,绝大多数居民相信未来个人的经济收入会增加。

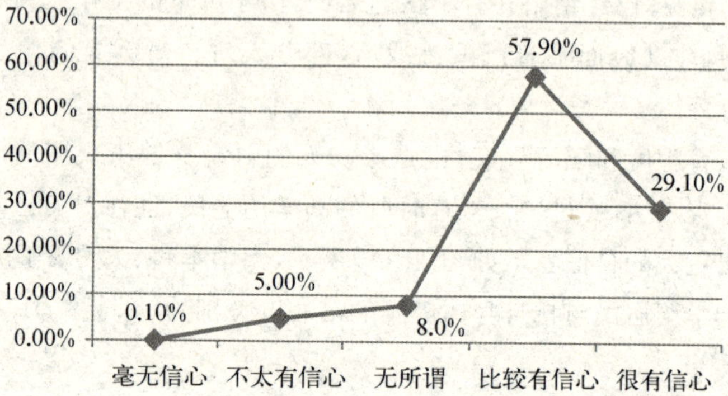

图 11－4 上海居民群体对个人未来经济收入的信心度

尽管绝大多数居民对自己未来的经济收入表现出了极大的自信心，但处于不同职业阶层、不同学历的居民对这一自信心表现出不同程度的差异。例如从居民的职业阶层看，那些非管理岗位的一线劳动者群体，对自己未来经济收入增加的信心度明显不如高层管理工作者，相对而言，是对自己未来经济收入增长预期缺乏应有的自信心（表 11－4）。

表 11－4 上海不同管理阶层群体对个人未来收入的信心情况

管理层级	毫无信心	不太有信心	无所谓	比较有信心	很有信心
不从事管理工作	0.10%	5.60%	9.1%	59.40%	25.90%
基层管理人员	0.00%	5.20%	6.0%	59.00%	29.90%
中层管理人员	0.70%	0.70%	5.3%	47.00%	46.40%
高层管理人员	0.00%	0.00%	0.0%	37.00%	63.00%

而从不同学历程度来看，对个人未来经济收入的预期或信心，随着学历程度的升高而升高，具有正相关关系。正如表 11－5 所示，从初中、高中、大专到本科不同学历群体，对自己未来经济收入的信心度从低到高依次为 62.8%、82.1%、87.3%和 93.2%，相应地，对个人收入“无信心”的程度依次为 19.6%、7.4%、4.9%和 1.3%。

表 11－5　上海不同学历居民对个人未来经济收入的信心情况

	无信心	无所谓	有信心
初中及以下	19.60%	17.60%	62.8%
高中或中专	7.40%	10.60%	82.1%
大　　专	4.90%	7.90%	87.3%
本科及以上	1.30%	5.50%	93.2%

4. 86.8%的居民认为自己未来的生活水平将会提高，4.5%的居民对此缺乏信心。同时，在缺乏信心的居民中，上海户籍居民表现更甚

对自己未来生活水平能否提高的信心度，从侧面反映着一个城市的生活质量和水平。调查表明，86.8%的居民认为未来自己的生活水平将会得到提高(其中 23.5%的居民对此非常有信心；63.3%的人认为比较有信心)，8.8%的认为无所谓，4.5%的居民认为自己未来的生活水平不会得到提升(图 11－5)。从这一点表明，上海居民总体上对自己未来的生活水平还是抱有极大的自信心。

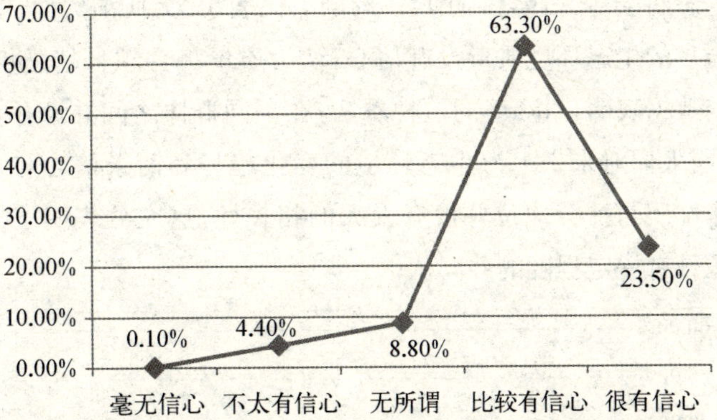

图 11－5　上海居民群体对个人未来生活水平提高的信心度

在总体中有 4.4%的居民对自己未来的生活水平提高“不太有信心”，假如深入分析这些群体的话，将会得知到底哪些群体缺乏信心。对未来生活水平提高的预期中，本报告重点考察不同户籍居民对这一问题的不同看法。调查结果表明，在 4.4%的总体信心缺乏者当中，从不同户籍关系看，上海户籍居民比非上海户籍居民对未来生活水平提高更缺乏信心，

也就是说，非上海户籍居民对自己未来生活水平提高更有信心，如在4.4%的“不太有信心”群体中，上海户籍居民占到了85.2%，非上海户籍居民占到14.8%，上海户籍居民对未来生活水平提高的“没有信心”程度远远高于非上海户籍居民。这一点值得警惕和改善。

(二) 城市发展信心

城市发展信心主要从居民对未来上海生态环境水平、社会风气与市民素质、上海政府公共服务、上海的城市活力四个方面来考察，结论如下：

1. 78.7%的居民认为上海未来的生态环境将会越来越好，但7%的居民认为环境质量不会有很大的转变或改善

在快速城市化和工业化发展的背景下，中国特大城市都普遍面临着生态环境恶化的压力和挑战，近年来上海也出现了从未有过的严重雾霾天气，使得治理空气污染成为居民高度关注的热点社会问题。对未来上海生态环境质量的变化趋向，居民也表现出了不同的态度和看法。总体而言，78.7%的居民对上海未来生态环境质量表现出了强烈的信心，认为上海的生态将会越来越好，而14.3%的居民表示“无所谓”，而7%的居民对上海未来的生态环境质量没有信心，认为质量将会越来越恶化(图11-6)。调查数据表明，对环境的这种看法，在不同群体之间并不存在较大的差异，说明人们对未来上海生态环境的变化趋势和前景信心与自己所从事的工作性质与社会地位并没有太大的相关性，这充分表明了居民对公益性问题具有一定程度的共同认识。

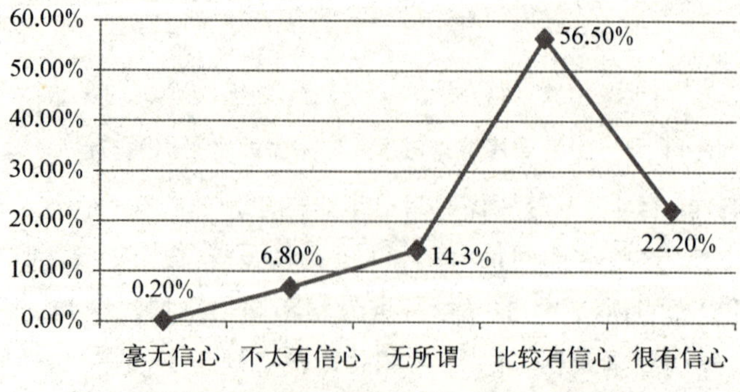

图11-6　上海居民对未来上海生态质量的信心

2. 77.9%的居民对上海的社会风气和市民素质抱有信心，而 8%的居民认为上海的社会风气和市民素质难以得到有效提升

近年来，社会风气和市民素质成为社会大众关注的热点问题，普遍认为在中国经济不断创造奇迹的同时，社会风气和人们的素质并没有得到同步的提升，甚至认为社会整体道德出现了滑坡的趋势。调查结果表明，上海对未来社会风气和市民素质的转变也表现出一定的信心度，如 77.9%的居民认为上海社会风气和市民素质将会得到不断提升和改善，对此具有很大的信心，而 14.2%的居民则对此"无所谓"，有 8%的居民对此缺乏足够的信心，认为社会风气和市民素质不会得到实质性的改善。这一看法，也与个体的收入、社会地位等因素并不存在非常显著的相关性。

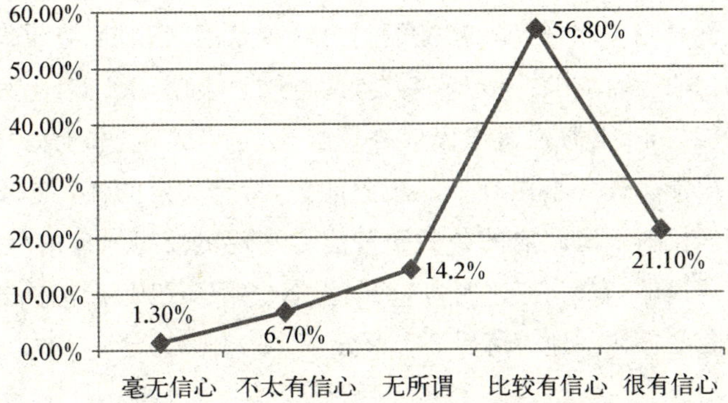

图 11－7 上海居民群体对未来上海社会风气与市民素质的信心

3. 83.5%的居民认为上海政府的公共服务能力和水平将会得到不断改善，而非上海户籍居民对政府改善公共服务的信心不及上海户籍居民强

努力改善和提升政府的公共服务质量和水平，是城市深化改革的重要任务，也是改善民生、提高居民满意度的重要举措。近年来，上海在这方面进行了大量的改革，公共服务能力和水平有了显著提升，对此，居民表现出了较强的自信心。调查结果表明，除了 3%的居民外，83.5%的居民对上海政府改善公共服务质量表现为"有信心"（图 11－8）。

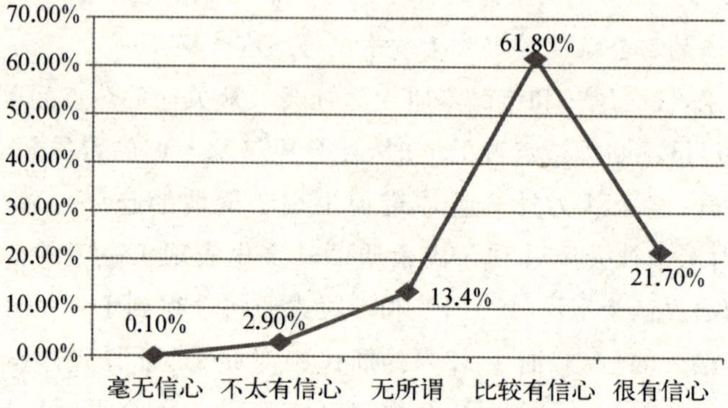

图 11－8　上海居民对未来上海政府公共服务的信心

但需要指出的是，在居民对政府公共服务能力的信心度影响因素中，收入、学历、职业等因素对这一发展前景的信心度的影响并不存在非常明显的差异性，但有一个维度，就是不同户籍关系因素，对上海政府公共服务能力的信心上，存在着一定的差异，调查结果表明，关于对上海政府的公共服务能力，非上海户籍居民信心较缺乏，也就是说，非上海户籍居民对上海政府能否进一步提升公共服务能力，持有一定的怀疑态度，相反，上海户籍居民对上海政府的公共服务能力表现出较高的自信程度，如非上海户籍居民的"有信心"比例为 78%，上海户籍居民则为 85%，非上海户籍居民的信心度比本地人落后 7 个百分点(图 11－9)。

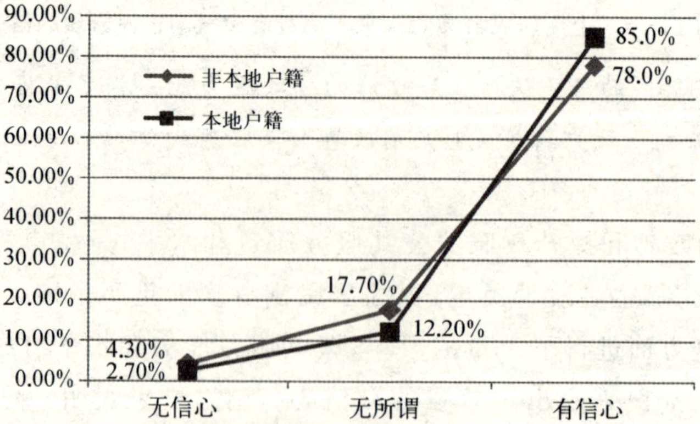

图 11－9　上海不同户籍居民对上海政府公共服务能力的信心度

4. 85.2%的居民相信未来的上海是一座充满活力的城市，仅有2.3%的人对此保持怀疑态度

一座城市，是否具备活力，是关系城市持续繁荣发展的核心和关键。调查表明，绝大多数居民对上海的城市活力表现出较强的自信心，有85.2%的居民认为未来的上海将是一座活力之都，仅有2.3%的居民认为未来的上海缺乏应有的活力(图11-10)。同时也发现，个体差异因素对这一自信心并不存在显著的差异性影响，居民达到相对统一的共识。

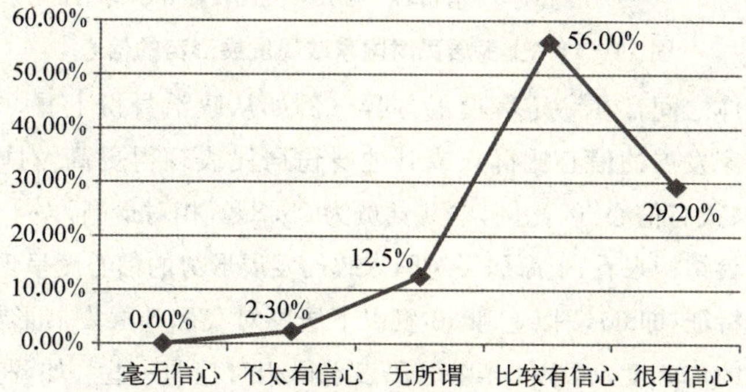

图11-10 上海居民对未来上海城市活力的信心

(三) 国家发展信心

每个个体的生活与国家发展的形势息息相关，国民能否对国家发展抱有信心，直接关系着国家和民族的繁荣昌盛。为此，本报告调查了上海市民对国家未来发展的信心情况，包括国家政局形势、未来经济增长、社会矛盾风险、未来反腐败形势四个方面，调查结论如下：

1. 81.7%的居民对国家的政局形势发展具有很强的信心，其中中共党员、60岁以上的群体对国家发展抱有更强的自信心

自改革开放以来，我国走上了市场化、全球化发展的快车道，逐渐成为全球具有重要影响力的发展中国家，国际地位不断提升、人民生活稳步提高，对此，上海居民对国家政局发展具有很高的信心度。调查结果表明，有22.1%的居民“很有信心”、59.6%的居民“比较有信心”、14%的居民表示“无所谓”，有4.2%的居民“不太有信心”(图11-11)。

如果从不同维度来看，对国家政局发展的信心，不同政治身份、不同

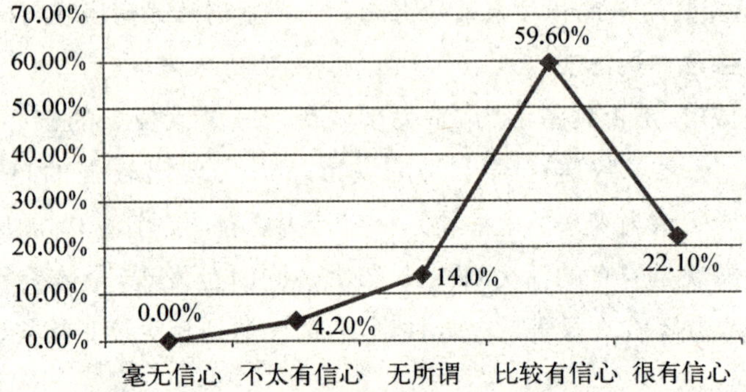

图 11-11 上海居民对国家政局发展形势的信心

年龄的群体之间存在一定程度的差异。例如从政治身份上看，中共党员群体对国家发展的信心比群众或其他身份居民表现得更高，对国家政局形势发展“很有信心”的比例，中共党员为 25.8%，相对最高。

从年龄结构来看，上海居民对国家政局发展形势的信心度呈现两头大、中间小的特征，即 60 岁以上和 30 岁以下居民对我国政局发展形势保持了相对较高的信心度，而中间年龄居民表现得相对较弱一些。如调查结果表明，在不同年龄群体对国家政局发展“有信心”的比例，依次是 60 岁以上为 89.4%、30 岁以下为 85%、50—59 岁为 83%、30—39 岁为 79.9%、40—49 岁为 77.6%(图 11-12)，可见 40—49 岁居民对国家政局发展的信心度最低。

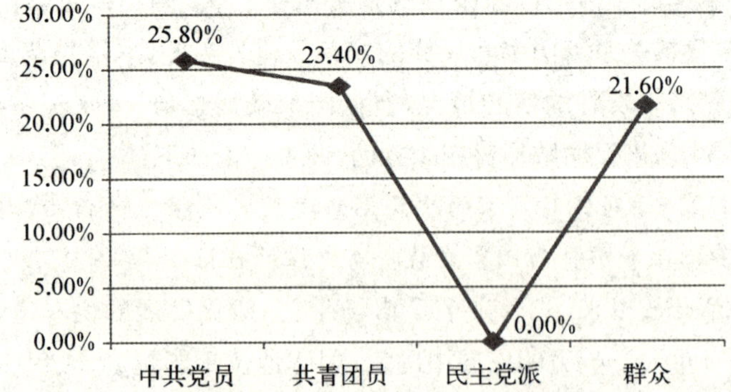

图 11-12 上海不同政治身份群体对国家发展很有信心的比例

2. 82.3%的居民对中国未来经济增长抱有信心，职业下层居民对经济增长的信心相对较弱

2008 年世界金融危机以后，中国经济进入全面转型发展的新常态时

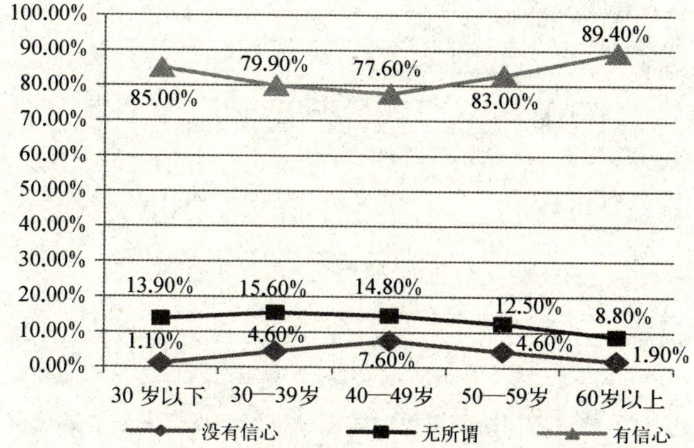

图 11－13　上海不同年龄居民对国家政局发展形势的信心

期，经济下行压力明显增加，中国经济发展面临着一定的挑战，在当下，人们对经济增长的信心对国家可持续发展具有至关重要的作用。同时，上海作为沿海发达地区，经济增长面临着更大的下行压力与挑战。但调查结果表明，上海居民对国家经济增长仍然保持了较强的信心，如有 82.3%的居民对国家经济增长持有信心，只有 3%的人对此缺乏信心（图 11－14）。

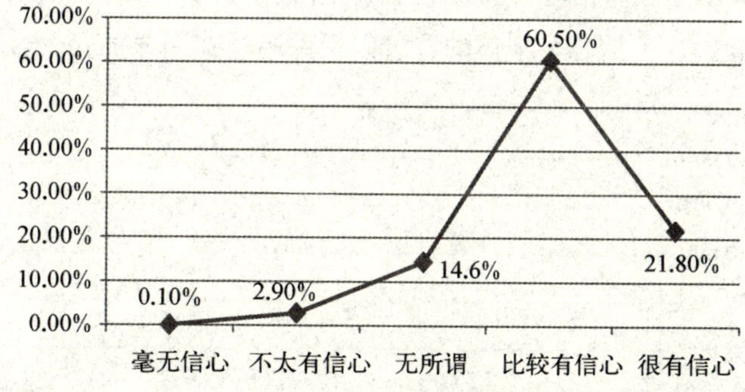

图 11－14　上海居民对未来国家经济增长的信心度

居民对国家经济增长的信心，除了阶层差异外，其他因素对其影响不太明显。就居民的职业阶层来看，上层或中上层居民一般都具有较高的信心，而下层居民相对而言，对国家经济增长的信心相对较弱，如调查结果表明，上层、中上层、中层、中下层、下层、退休者，对国家未来经济增长"有信心"的比例分别为 82.6%、84.7%、83.6%、79.6%、73.5%和 85.2%，可见，下层居民对国家未来经济增长的信心度相对较低（图 11－15）。

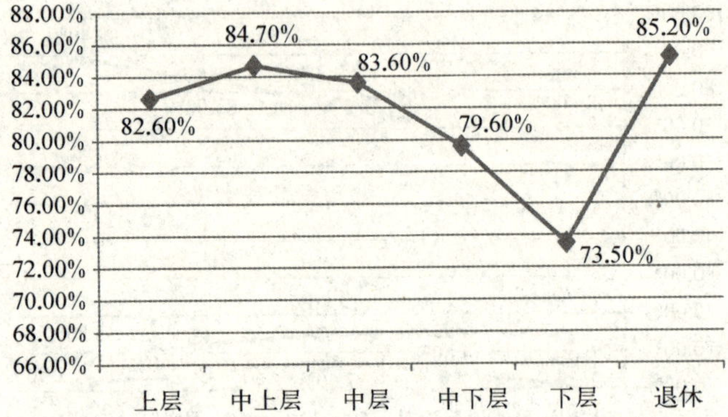

图 11－15 不同阶层居民对国家未来经济增长有信心的比例

3. 74.3％的居民认为我国未来的社会矛盾风险将会得到有效控制，相对而言，对此信心比较低

在中国经济社会深度转型发展的当下，社会矛盾开始集中爆发，如何化解社会矛盾成为国家和政府治理面临的重大挑战。对此，上海居民的信心表现得相对较低，调查结果表明，74.3％的居民对社会矛盾风险的防控持有信心(包括 16.8％的很有信心和 57.5％的比较有信心)、17.6％表示无所谓，7.5％表示不太有信心，0.6％表示毫无信心(图 11－16)。居民对此的信心明显偏低。这一信心与个体的背景因素并不存在明显的相关性。

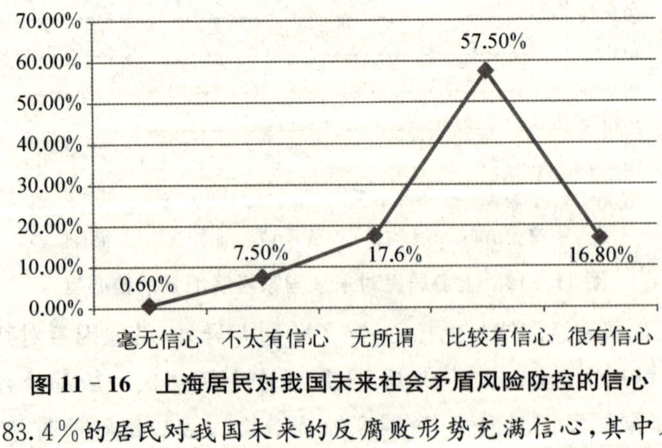

图 11－16 上海居民对我国未来社会矛盾风险防控的信心

4. 83.4％的居民对我国未来的反腐败形势充满信心，其中农民对反腐败的信心最高，小业主最缺乏信心

十八大以来，党中央吹响了全面反腐的新号角，从中央到地方开展了一场严厉的反腐败运动，取得了显著成效，获得了广大人民群众的高度认

可。而未来时期，能否将反腐败进行到底，是全国人民高度关注的一个话题。调查表明，民众对党中央开展的反腐败形势充满着高度的自信心，有83.4%的居民对未来国家的反腐败形势有信心，仅有4.5%的居民对此缺乏信心，保持怀疑（图 11－17）。

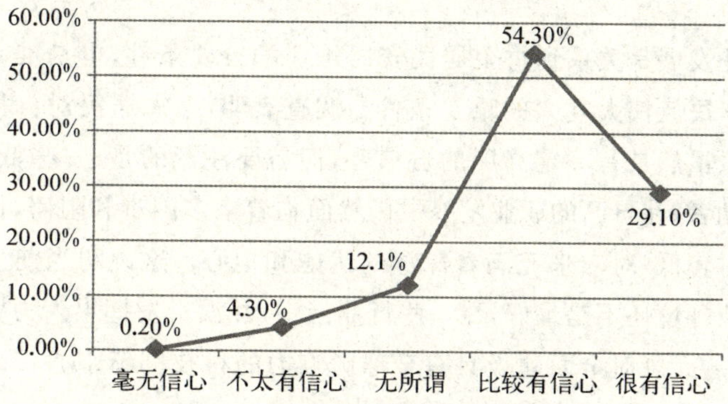

图 11－17　上海居民对我国反腐败形势的信心

不同职业群体对党中央未来的反腐败形势的信心存在一定程度的差别，调查结果表明，农民是对反腐败最充满信心的一个群体，如农民群体的信心度高达92.6%，属于最高，相应地，失业或无业群体的信心度较低，为67.6%。而没有信心的群体中，小业主、自雇主最缺乏信心，为8.3%（图 11－18）。

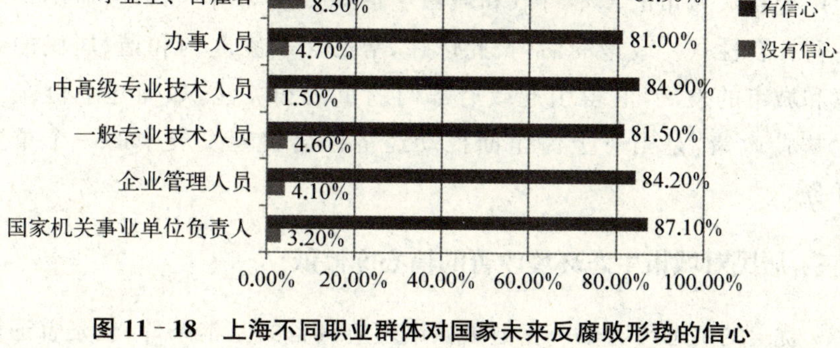

图 11－18　上海不同职业群体对国家未来反腐败形势的信心

三、调查反映的主要问题

(一) 低学历、低层次劳动者对职业前景和收入增长充满忧虑

职业发展是关系到每个居民安居乐业的首要条件,也是推动个体发展和中华民族伟大复兴的重要条件。调查表明,上海居民对自身的职业发展前景虽然具有一定高度的自信心,但需要注意的是,一些低学历、低层次劳动者,在自己的职业发展中仍然面临着诸多困难和阻碍,他们的自信心相对较低,对未来充满着深深的忧虑和担心。这说明当前上海的就业与创业环境还不是最好,在一些行业当中,并没有发挥出人力资源的最大优势,这无疑对全面建设具有全球影响力的科技创新中心带来一定的负面影响。

(二) 沉重的家庭与工作负担使居民对自身健康表示忧虑

居民健康是每个个体、家庭创造幸福生活的基础和前提,也是建设健康城市的基本手段。调查表明,虽然整体上上海居民对未来的自身健康具有较高的自信心,但同时也发现一个非常符合特大城市特点的生存问题,也就是结婚且生了孩子的居民或家庭,对自身的健康问题表现出较低的自信心,或者说,在沉重的工作和家庭照顾压力下,这部分居民对自身的健康表示出一定的忧虑和担心。实际上,这是当前特大城市生活成本和工作压力巨大的一个真实写照和佐证。这固然是北上广等特大城市的基本特点和城市生活规律使然,但如果政府不采取一些社会性扶持政策的话,长此以往,势必影响家庭的和谐、居民的健康和城市的发展,值得引起政府部门的重视和关注,如何建立健全家庭扶持政策,是当下上海全面推动经济社会转型发展中的一个重要任务。

(三) 居民对城市生态环境改善的信心度偏低

优美的生态环境是一座健康城市理应具备的基本条件,也是普通居

民安居乐业的重要载体和依托。调查表明，相对于自身发展的信心度而言（都在 80%以上），上海居民对城市生态环境的改善，信心不是非常的充分，在 80%以下，也就是说，20%的居民对上海的环境建设表现出深深的忧虑。这充分说明，近年来上海虽然在环境保护上付出巨大的努力，也取得实效，但与居民的心理预期还存在一定的差距，城市环境状况仍存在诸多问题。可见，上海在推进经济转型发展的进程中，如何真正从生态文明的高度出发，加大环境保护力度，改善城市生态环境，是政府持续关注和努力的一个重大议题。

（四）社会风气与市民素质有待进一步提升

在市场经济发展的大潮中，社会公德、市民素质并没有实现与经济增长实现同步改善，甚至出现滑坡现象，是当今国人普遍认同和感叹的一个社会现实，也是当今困扰我国真正实现伟大复兴的一个核心阻力。我们的调查也充分验证了这一点，对未来社会风气和市民素质的好转，表示出一定的忧虑，即只有 78%的居民认为这一情况将会有所好转，与其他信心度相比，明显偏低，有 8%的居民对此深表担忧和没有信心。可见，如何深入开展社会主义核心价值观体系建设，多管齐下、全员行动，切实改善上海的城市社会风气并下大工夫努力提升市民素质，是未来上海城市建设和与发展中面临的一个重大任务。

（五）社会矛盾化解与风险防控体系有待进一步完善

当今中国，正处于社会矛盾的集中爆发期，如果处理不好，将会对新一轮深化改革与转型发展带来深刻的负面影响。与其他领域的信心相比，上海居民对未来进一步化解社会矛盾和风险的信心明显偏低，为 74.3%，在所有信心当中处于最低的水平，可见市民对这方面的担忧也是最大。这充分表明，虽然中央和上海近年来在化解社会矛盾方面付出了巨大的努力，但居民的感受并没有发生太大的变化，仍然感觉矛盾众生，群体事件不断，风险犹在，这说明现有的社会矛盾化解机制还不甚完善和有效，风险防控机制尚未到位，政府在制度和政策方面需要作出更大的努力。

四、增强社会信心的政策建议

(一) 进一步优化就业与创业环境

完善就业和创业环境,为各行各业的职工群体创造舒心的就业环境,是推动城市经济社会协调发展的关键所在。为此,建议政府紧紧抓住就业这一核心工作,全面深化就业制度与创业政策的改革创新,全面打造创业型城市,推动实现更高质量就业,进一步优化就业创业环境。具体建议包括:一是组织开展"优化就业创业环境年"活动,围绕就业创业中存在的突出问题,加大政策聚焦力度,切实解决就业创业中存在的难题,逐步改善城市就业环境。二是实施创业培训促就业工程,以创业带动就业,为把上海全面建设成创业型、创造型城市而努力。三是实施劳动者素质培训计划,开展各类职业培训,重点开展企业在岗职工技能提升培训、城镇失业人员技能就业培训(包括高校毕业生技能培训)、劳动预备制培训、农村劳动力技能培训、创业培训等五类,做好国家级高技能人才培训基地和国家级技能大师建设工作。

(二) 创建完整的城市家庭扶持政策体系

与发达国家相比,我国对家庭的扶持政策显得较为滞后或缺失,使得在一线城市工作的人,倍感生存压力,这也直接引发了诸多社会矛盾与问题。因此,建议政府在经济转型发展进程中,按照建立包容性城市的目标,积极建立家庭扶持政策体系,对有困难的家庭采取更加优惠的扶持政策,让更多有困难的人共享经济发展的成果,进而间接地促进整个城市的和谐发展。具体建议如下:一是积极借鉴韩国、日本、新加坡等国家的经验,形成一系列家庭养老支持政策,包括法律法规、税收优惠政策、贷款优惠政策、购房补贴政策等。二是创制儿童家庭福利政策,特别是对具有残疾儿童、多子女的家庭,研制儿童补贴政策、父亲假期政策等,减轻特大城市家庭育儿的压力和成本。三是研制城市女性工作与家庭平衡政策,包括制定并完善育儿休假制度、增设公益性托儿所、支持女性再就业等,为女性实现工作与家庭的平衡创造最大的支持条件。

(三) 加大城市环境保护力度

利用现代科学技术和政策力度，改善和优化城市环境，提升城市的宜居性，是城市实现包容性增长、持续性增长，进而建成一座真正伟大文明城市的真谛，调查显示，居民对此表示出一定的担忧。为此，建议政府采取如下措施，进一步改善上海的城市环境质量：一是强化环境政策教育，提高居民的环保意识和生态文明素质，倡导并形成人与自然和谐共处的生存之道。二是制定出台更加优惠的环保产业发展政策，汇聚全球一流的环保产业，在各领域为广大居民提供更符合生态保护的生态产品，从根本上推动城市产业结构调整升级，增加城市绿色经济的市场份额与发展质量。三是出台引导居民积极使用环保产品的绿色消费政策，鼓励居民实现吃、穿、住、行的绿色化、生态化，逐渐变革居民传统的生活方式和行为方式，形成环境保护的全民参与新格局。

(四) 全面提升市民道德意识和文明素质

良好的社会风气与市民素质，是一座城市真正经久不衰的软实力和核心动力，也是一座城市的精气神。作为经济社会最发达的城市之一，上海理应创造一流的城市精神文明和人文素养。为此，建议政府采取以下几个措施：一是持续深入开展社会主义核心价值观教育活动。通过领导干部带头、增设基层居民区道德讲堂、中小学开设国学课程、评选感动上海人评选等系列活动，让孝道、人道、天道等传统文化的精髓，注入人们的思想和行动当中。二是着力推动社会信用体系建设。继续完善社会征信体系、政务诚信体系、商务诚信体系、社会诚信体系的建立，建立健全社会诚信的法律体系、信息采集共享体系、激励奖惩体系等，全方位打造诚信个人、诚信企业、诚信家庭、诚信政府和诚信城市。三是加大城市执法力度。法律是维护社会道德的主要手段，但不是根本，关键是要对违法乱纪行为加大惩治力度，严格执法，用惩恶扬善的法制环境增强法律的威慑力。

(五) 深化社会矛盾化解与风险防控机制的改革创新

社会矛盾的化解和风险的有效防控,直接关系着改革开放成果的有效巩固与继续开展,深化改革的进程,更关系着全体民众的幸福生活。为此,建议政府强化以下几点:一是依法建立公共政策的公众参与机制。顺应网络时代的特点,加快公共参与公共决策的法制体系建设,搭建公众参与的平台和载体,开辟公共参与的新渠道,依法让公众充分、理性地进行表达和参与公共事务的治理,依法保障公民的言论自由和参与权,积极防范和化解因信息不对称而造成的群体性事件。二是着力推动劳资纠纷协调机制建设。在广大的企事业单位,建立健全由政府、劳方、资方三方参与的集体谈判机制,强化工会组织建设,切实依法维护劳动者、经营者各自的合法权益,从微观层面主动化解诸多的利益矛盾,把社会风险消灭在萌芽中。三是建立健全社会风险的监控与应对机制。包括坚持和深度开展重大决策的社会风险评估制度、突发性公共事件预警机制、特大型公共活动风险控制制度等,最大限度地减小各类自然和社会风险给广大居民带来的物质和生命损失,共创安全、文明、和谐的现代国际大都市。

后　记

中共十八大提出了全面改善民生的总体要求，而充分、全面地了解民生民意的真实现状及其需求，是改善民生的基本前提和基础。本书是以上海社科院实施创新工程建设为依托，以社科院社会调查中心（“社情民意调查和公共政策评估”智库）为主要力量，首次开展并完成的一项大型民生民意调查报告，是一项集体智慧的结晶。具体写作分工如下：序论，杨雄研究员；第1、2、6章，雷开春副研究员；第3章，何芳副研究员；第4、8章，华桦副研究员；第5、9章，裘晓兰博士；第7章，李友权博士；第10、11章，陶希东研究员。最后由杨雄研究员统稿。全体成员参与了课题研究的框架设计、问卷设计等讨论工作。本书的顺利出版，得到了院领导、被调查单位、出版社等诸多力量的帮助，在此一并表示感谢。民生民意是一项动态变化的客观存在和主观感受，本书仅仅是新常态时期上海社科院“社情民意调查和公共政策评估”智库团队的首次年度调查报告，我们将持续关注民生民意的最新变化，开展系列调查，为党和政府的科学决策以及民众生活提供第一手数据，让我们共同期待！

杨　雄

2016年3月3日

附件：上海民生民意调查问卷(2014年)

尊敬的市民朋友：

您好！随着社会的发展，城市建设越来越离不开市民的积极参与。了解市民的真实生活状况、真实感受和真实意愿，是提高政府为民服务水平和城市管理能力的前提。为此，您的合作对于上海进一步健全公共政策、完善公共服务有着十分重要的意义。

本次调查采取无记名的方式进行。您的回答不涉及是非对错，**请您按照实际情况逐一填答，在选择答案番号上划"√"，或直接将信息填写在横线上**。

对于您的回答，我们将按照《中华人民共和国统计法》予以保密。

上海社科院社会调查中心　2014年12月

【劳动就业】

1. 您目前的职业或身份是：

1）国家机关、党群组织、事业单位负责人

2）企业管理人员　　3）一般专业技术人员

4）中、高级专业技术人员　　5）办事人员和有关人员

6）小业主、自雇者　　7）技术工人

8）一般工人　　9）农民【跳答19】　　10）退休人员【跳答19】

11）失业/无业【跳答15】　　12）其他________

2. 您目前工作的单位性质是：

1) 机关事业单位　2) 国有企业单位　3) 私/民营企业

4) 三资企业　8) 其他________

3. 您目前工作的管理级别：

1) 不从事管理工作　2) 基层管理人员　3) 中层管理人员

4) 高层管理人员

4. 您目前工作的合同类型为：

1) 固定期限合同　2) 不固定期限合同　3) 项目合同

4) 临时合同　5) 其他　6) 无合同

5. 请问，您目前工资收入约为：________元/月。

6. 据您估计，下列情况下最高工资与最低工资的差距是：

	3倍及以下	4—5倍	6—7倍	8—9倍	10倍及以上
1) 您所在单位内部的差距	1	2	3	4	5
2) 您所在行业内部的差距	1	2	3	4	5

7. 当前，您每周用于工作的时间大约是：

1) 40小时以内　2) 41—50小时　3) 51—60小时

4) 60小时及以上

8. 请问过去的一个月内，你平均每天会加班几个小时？

1) 0.5小时以内　2) 0.5—1小时　3) 1—2小时

4) 3—4小时　5) 4小时及以上

9. 您的加班会得到劳动法所规定的经济补偿(加班费)吗？

1) 全额支付　2) 部分支付　3) 极少支付

4) 完全没有

10. 单位多久为您安排1次体检？

1) 半年　2) 1年　3) 2年

4) 3年及以上　5) 从不安排

11. 自进入目前工作单位以来，您在职称、职务或级别方面，共有过几次晋升？

1）1次　　2）2次　　3）3次
4）4次　　5）5次及以上　　6）从未晋升过

12. 未来5年，您升迁的可能性有多大？

1）肯定会升迁　　2）有可能升迁　　3）说不清
4）不太可能升迁　　5）完全没机会

13. 总体来说，您与上司及同事的关系如何？

1）非常融洽　　2）比较融洽　　3）一般/说不清
4）不太融洽　　5）很不融洽

14. 在工作中，您有没有因以下原因受到过不公平对待？【可多选】

1）年龄　　2）学历　　3）性别
4）户籍　　5）民族　　6）信仰
7）背景　　8）疾病　　9）专业
10）残疾　　11）外貌　　12）其他________
13）都没有

15. 您是否有过失业经历？

1）从未失业过　　2）失业1次　　3）失业2次
4）失业3次及以上

16. 最近一份工作，您持续的时间为：

1）1—2个月　　2）3—6个月　　3）半年—1年
4）1—2年　　5）2年以上

17. 最近一份工作，您花了多长时间找到的？

1）1—2个月　　2）3—6个月　　3）7—12个月
4）1—2年　　5）2年以上

18. 您是通过哪些渠道求职进入该单位？（可填多项）

1）顶替父母/亲属　　2）国家分配/组织调动
3）个人直接申请　　4）职业介绍机构
5）人才交流会　　6）托人介绍推荐
7）自雇　　8）其他________

【收入消费】

19. 您目前主要的经济来源渠道是：【可多选】

1）工资　2）退休养老金　3）投资性收益

4）社会救助金　5）子女赡养金　6）其他________

7）无稳定经济来源

20. 去年，您的个人年收入约：________万元，家庭年收入约为：________万元

（包括工资、奖金、补贴、分红、股息、经营性纯收入、银行利息、馈赠等）。

21. 与去年相比，您的个人年收入变化情况是：

1）有明显增长　2）略有增长　3）没有变化

4）略有下降　5）有明显下降

22. 近一年，您家的总消费占总收入的比例约为：

1）20%以下　2）21%—30%　3）31%—40%

4）41%—50%　5）51%—60%　6）大于60%

23. 近一年，您家的食物支出占家庭总支出的比例约为：

1）20%以下　2）21%—30%　3）31%—40%

4）41%—50%　5）51%—60%　6）大于60%

24. 近一年，您家在文化休闲方面的消费大约占您家庭总年收入的比重是多少？

1）不超过1%　2）1%—5%　3）6%—10%

4）11%—15%　5）超过15%

25. 从消费水平来看，您认为自己在社会中处于：

1）上层　2）中上层　3）中层

4）中下层　5）下层

26. 如果您急需50 000元钱，请问您会：

1）用自家存钱　2）向亲朋好友借

3）向银行或信用社借　4）向钱庄等民间信贷机构借

5）采取其他办法　6）没任何办法

【文化教育】

27. 今年,您平均每周(包括双休日)用于文化休闲时间约有多长?

1）基本无时间【跳答31】　　2）1—3小时

3）4—6小时　　4）7—9小时　　5）10小时及以上

28. 今年,您经常去以下哪些文化、休闲场所?

1）书店、音像店、图书馆　　2）电影院、剧院

3）博物馆、展览馆、美术馆　　4）酒吧/KTV

5）体育馆、健身房　　6）社区文化活动中心

7）公园/公共绿地　　8）文化休闲广场

29. 您认为目前上海公益文化场所(如图书馆、社区文化活动中心、纪念馆等)的现状如何?

1. 满足需求

1）完全能满足　　2）比较能满足　　3）说不清

4）不太能满足　　5）完全不能满足

2. 分布均衡

1）非常均衡　　2）比较均衡　　3）说不清

4）比较不均衡　　5）非常不均衡

3. 离家距离(乘公交)

1）15分钟以内　　2）16—20分钟　　3）21—30分钟

4）31—60分钟　　5）1小时以上

30. 您认为目前上海的商业文化场所(如电影院、文艺演出场馆等)的现状如何?

1. 收费情况

1）非常低　　2）比较低　　3）说不清

4）比较贵　　5）非常贵

2. 满足需求

1）完全能满足　　2）比较能满足　　3）说不清

4）不太能满足　　5）完全不能满足

3. 分布均衡

1）非常均衡　　2）比较均衡　　3）说不清
4）比较不均衡　　5）非常不均衡

4. 离家距离(乘公交)

1）15分钟以内　　2）16—20分钟　　3）21—30分钟
4）31—60分钟　　5）1小时以上

31. 您家是否有正在上海接受义务教育(小学和初中)的孩子？就学情况为：

1）有，就近入学　　2）有，择校　　3）没有【跳答38】

32. 目前学校的办学质量是否能满足孩子的需要？

1）完全能满足　　2）比较能满足　　3）一般
4）不太能满足　　5）完全不能满足

33. 一般情况下，您的孩子上学途中(单程)需要花多长时间？

1）15分钟以下　　2）16—30分钟　　3）31—60分钟
4）1小时以上　　5）不适用

34. 请问，您家每年用于孩子教育方面的支出大约占您家庭收入的比重是多少？

1）15%以内　　2）16%—30%　　3）31%—50%
4）51%—75%　　5）超过75%

35. 如果有孩子要上小学或初中，您会：

1）就近入学　　2）择校

36. 您家是否有正在上海接受高中教育的孩子？就学情况为：

1）有，在重点高中　　2）有，在普通高中　　3）有，在职业高中
4）没有(跳答)

37. 与改革前相比，您觉得新的高考政策对您孩子今后升学的影响是：

1）利大于弊　　2）利弊各半　　3）弊大于利
4）没有影响　　5）不清楚

【社会保障】

38. 你是否参加了小城镇社会保险？

1）是【跳答42】　　2）否

39. 近一年,您个人参加以下社会基本保险的情况是:

交纳方式			单位/集体+个人交	全部个人交	都没交
基本养老保险	城镇职工养老保险	本市	1	2	3
		外地	1	2	3
	城乡居民养老保险(含城居保、新农合)	本市	1	2	3
		外地	1	2	3
基本医疗保险	城镇职工医疗保险	本市	1	2	3
		外地	1	2	3
	城乡居民医疗保险(城居保、新农合)	本市	1	2	3
		外地	1	2	3
失业保险			1	2	3
生育保险			1	2	3
工伤保险			1	2	3
住房公积金			1	2	3

40. 您没有参加上述养老保险的原因是________;没有参加上述医疗保险的原因是________。

1) 工作的流动性大,不方便参加

2) 报销手续繁琐、报销范围窄

3) 企业不给缴纳

4) 身体好(年龄小)没有必要参加

5) 已参加其他的养老保险或医疗保险

6) 收入低,无力承担

7) 未来获得的养老金太少(医疗报销比例太低)

8) 对它不了解

9) 其他________

41. 您的单位是否有为您缴纳下列补充保险?

1) 补充养老金　　2) 补充公积金　　3) 补充医疗保险

4) 都没有

42. 您是否享受过以下社会保障服务？【可多选】

1）养老保险金　2）医疗保险金　3）失业保险金
4）工伤保险金　5）生育保险金　6）生活困难补助
7）最低生活保障　8）大病医疗救助　9）优抚安置
10）教育救助(助学券)　11）使用公积金　12）廉租房、公租房
13）经济适用房　14）均未享受过

43. 近一年，除了社会基本保险外，您是否为自己购买过下列商业保险？

1）养老(人寿)保险　2）医疗保险　3）都没有

44. 您对现行社会基本保障制度的总体满意度如何？

1）非常满意　2）比较满意　3）说不清
4）不太满意　5）很不满意

【医疗健康】

45. 今年，您去医院的次数为：

1）0次【跳答48】　2）1—3次　3）4—6次
4）7—10次　5）10次及以上

46. 生一般疾病(如感冒、发烧、咳嗽等)，您最初选择去哪一类医疗机构就医？

1）社区卫生服务中心或地段医院　2）区县级医院(二级)
3）市级或国家级医院(三甲)　4）私人诊所或私立医院
5）不就医，自己买点药吃　6）不就医，硬挺着
7）其他________

47. 您在看病过程中，是否遇到以下问题？

1）多开药　2）开贵药　3）多做检查
4）检查太分散　5）医生不耐心　6）护士态度差
7）收礼　8）咨询不方便　9）标识不清
10）排队时间长　11）住/出院手续复杂
12）收费不清楚　13）其他________
14）没有遇到过问题

48. 您平均每周花多长时间参与体育锻炼?

1) 无时间锻炼　2) 少于1小时　3) 1—3小时

4) 4—6小时　5) 7—9小时　6) 9小时以上

49. 您每周体育锻炼的方式是:【可多选】

1) 晨练　2) 晚锻炼　3) 周末锻炼

4) 不固定时间

50. 近一年,您家用于健康保健的支出(如,保健品、健身设备、健康保险等)约为:

1) 1 000元以内　2) 1 001—3 000元　3) 3 001—5 000元

4) 5 001—10 000元　5) 超过1万元

51. 您获知流行性疾病(如禽流感、手足口病、流感等)信息的途径是:【可多选】

1) 广播电视　2) 报纸杂志

3) 黑板报、电子显示屏　4) 网络

5) 微博、微信等新媒体平台　6) 其他________

52. 您所在社区是否开展春季流行性疾病(如禽流感、手足口病、流感等)的宣传与防治?

1) 知道　2) 不知道,但社区肯定在做

3) 不知道

53. 您对上海流行性疾病(如禽流感、手足口病、流感等)防治工作的评价是:

1) 非常满意　2) 比较满意　3) 无所谓

4) 不太满意　5) 很不满意

【居住环境】

54. 目前,您居住地位于:

1) 内环内　2) 内—中环间　3) 中—外环间

4) 外—郊环间　5) 郊环外

55. 当前,您的主要居住方式是:

1) 租住单位宿舍　2) 租住商品房　3) 与亲友同住

4）已购商品房　　5）保障性住房　　6）其他________

56. 目前，您居住房屋的建筑面积约为________平方米，共居住________人(包括您在内)。

57. 您认为最近菜场的价格如何？

1）非常便宜　　2）比较便宜　　3）一般/说不清

4）比较贵　　5）非常贵　　6）不了解

58. 您从居住小区步行到下列地点需要多长时间？【单选】

配套建设	15分钟以内	16—20分钟	21—30分钟	31分钟以上
1）菜场	1	2	3	4
2）超市、大卖场	1	2	3	4
3）公交换乘站点	1	2	3	4
4）地段/社区医院	1	2	3	4
5）绿地、广场、公园等	1	2	3	4
6）社区活动中心或图书馆	1	2	3	4

59. 您每天花在上班途中(单程)的时间大概是多少？

1）15分钟以内　　2）16—30分钟　　3）31分钟—1小时

4）1—2小时　　5）2小时以上

60. 上下班时，您会花多长时间等候公交车？

1）5分钟以内　　2）5—10分钟　　3）11—20分钟

4）21—30分钟　　5）半小时以上

61. 目前，您居住小区急需解决哪些问题？【可多选】

1）保绿　　2）保洁　　3）保安

4）停车　　5）群租　　6）宠物乱跑

7）物业服务

62. 目前，您居住小区的垃圾分类情况为：

1）从未实行　　2）仅有分类垃圾桶　　3）实行了部分分类

4）已完全分开

63. 近一年,您是否参与过社区的公益或志愿者活动?

1) 经常参与　　2) 偶尔参与　　3) 从未参与过

64. 您是否愿意参与社区公共事务(如社区服务、社会文化等)?

1) 非常愿意　　2) 比较愿意　　3) 无所谓

4) 不太愿意　　5) 很不愿意

【社会体验】

65. 假设您受到了不公正对待,您觉得能在多大程度上获得以下机构或个人帮助?

求助对象	非常多	比较多	一般	不太多	非常少
1) 政府机构	1	2	3	4	5
2) 非政府机构	1	2	3	4	5
3) 家人	1	2	3	4	5
4) 亲戚	1	2	3	4	5
5) 邻居	1	2	3	4	5
6) 朋友	1	2	3	4	5
7) 法院	1	2	3	4	5
8) 媒体	1	2	3	4	5
9) 居委会	1	2	3	4	5

66. 下列描述是否符合您的实际情况?

情况描述	非常符合	比较符合	说不清	不太符合	很不符合
1) 和家人在一起,我感到特别愉快。	1	2	3	4	5
2) 我觉得目前的工作能很好地发挥自己的才能。	1	2	3	4	5
3) 我经常感到自己身体某些部位特别不舒服。	1	2	3	4	5
4) 我感到很难与家人沟通(如父母、爱人、孩子等)。	1	2	3	4	5

续 表

情 况 描 述	非常符合	比较符合	说不清	不太符合	很不符合
5）我认为自己的工作没啥意义。	1	2	3	4	5
6）我很少为自己的健康状况感到苦恼。	1	2	3	4	5
7）家人总能在我最困难的时候，给予支持。	1	2	3	4	5
8）大多数情况下，我都处于情绪良好状态。	1	2	3	4	5
9）工作时，我经常感到自己只是在混日子。	1	2	3	4	5
10）遇到不开心的事，我会长时间打不起精神来。	1	2	3	4	5
11）我对目前的工作非常满意。	1	2	3	4	5
12）我宁愿待在单位，也不愿意回家。	1	2	3	4	5

67. 过去一年里，您是否参加了以下各类团体组织的活动？【可多选】

1）教会或宗教团体　　2）体育或娱乐团体

3）艺术、音乐、教育或文化团体　　4）工会

5）政党　　6）职业协会(如教师协会)

7）非政府组织　　8）业主委员会

9）与学校有关团体(如校友会，家长会)

10）宗亲会、家族会　　11）其他________　　12）都未参与过活动

68. 您或您的家人是否有过以下经历？【可多选】

1）交通事故　　2）食品中毒　　3）财物被盗

4）人身威胁　　5）私人信息被盗　　6）医疗事故

7）自然灾害　　8）电梯事故　　9）药品过期

10）火灾　　11）都没有

69. 总体上来看，生活在上海这样的大城市，您是否具有安全感？

1）很有安全感　　2）比较有安全感　　3）一般/说不清

4）不太有安全感　　5）很没安全感

70. 您对以下各个方面的安全感如何?

	非常 不安全	不太 安全	说不清	比较 安全	非常 安全
1) 社会治安安全	1	2	3	4	5
2) 食品药品安全	1	2	3	4	5
3) 金融消费安全	1	2	3	4	5
4) 私人信息安全	1	2	3	4	5
5) 交通出行安全	1	2	3	4	5
6) 医疗保健安全	1	2	3	4	5
7) 生态环境安全	1	2	3	4	5

71. 您对以下人群的信任程度如何?

	非常 不信任	不太 信任	说不清	比较 信任	非常 信任
1) 医生	1	2	3	4	5
2) 记者	1	2	3	4	5
3) 老师	1	2	3	4	5
4) 领导	1	2	3	4	5
5) 商人	1	2	3	4	5
6) 陌生人	1	2	3	4	5
7) 不同信仰的人	1	2	3	4	5
8) 家人	1	2	3	4	5
9) 朋友	1	2	3	4	5
10) 邻居	1	2	3	4	5

72. 您对以下政府机关人员、公职人员的总体信任程度如何?

		非常不信任	不太信任	说不清	比较信任	非常信任
政府机关	1)市政府部门	1	2	3	4	5
	2)区政府部门	1	2	3	4	5
	3)社区部门	1	2	3	4	5
公职人员	4)法官	1	2	3	4	5
	5)律师	1	2	3	4	5
	6)警察	1	2	3	4	5
	7)城管	1	2	3	4	5

73. 您对目前生活的满意程度是:

1)非常满意　　2)比较满意　　3)一般/说不清

4)不太满意　　5)很不满意

74. 如果有机会,您是否愿意参与以下社会活动?

	过去是否参与过		将来是否愿意参与		如果参加,会不会有顾虑	
	是	否	是	否	是	否
1)人大代表选举	1	2	1	2	1	2
2)在请愿书上签名	1	2	1	2	1	2
3)民意代表竞选	1	2	1	2	1	2
4)向政府监督机构检举	1	2	1	2	1	2
5)政府听证会	1	2	1	2	1	2
6)关注政策公示	1	2	1	2	1	2
7)集体静坐	1	2	1	2	1	2
8)参与集会或游行	1	2	1	2	1	2
9)参与抵制行动	1	2	1	2	1	2
10)上访	1	2	1	2	1	2
11)网上发表意见	1	2	1	2	1	2

75. 您是否同意以下观点？

观 点 描 述	很不同意	不太同意	说不清	比较同意	完全同意
1）我以用心负责的态度做好每一件事情。	1	2	3	4	5
2）没有外地人，上海市民的生活将很不方便。	1	2	3	4	5
3）当前社会成员和单位普遍缺乏社会责任感。	1	2	3	4	5
4）上海户籍积分制度体现了权责对等的理念，非常合理。	1	2	3	4	5
5）上海人不排斥外地人。	1	2	3	4	5
6）我觉得我的收入与劳动(能力)付出基本一致。	1	2	3	4	5
7）我希望尽快搬离现在居住的小区。	1	2	3	4	5
8）年轻人应该逃离北、上、广。	1	2	3	4	5
9）外地借读学生，应该有在本地参加高考的权利。	1	2	3	4	5
10）外地人应该享受与本地人一样的社会保障待遇。	1	2	3	4	5
11）我总感觉与这座城市格格不入。	1	2	3	4	5
12）如果有机会，我会选择别的城市生活。	1	2	3	4	5
13）地铁逃票者就应该记录在个人诚信档案中。	1	2	3	4	5
14）外地人使上海人福利水平下降。	1	2	3	4	5
15）我为生活在上海而感到自豪。	1	2	3	4	5
16）上海应该继续接纳国内外各类人才或劳动力。	1	2	3	4	5
17）作为中国人，我深感自豪。	1	2	3	4	5
18）我尽到了一个公民应尽各种责任(如遵纪守法、爱护自然、回馈社会等)。	1	2	3	4	5
19）外地人是导致上海房价上涨的主要原因。	1	2	3	4	5
20）上海的户籍政策管得太严。	1	2	3	4	5

76. 目前,您家的综合社会经济地位在本地大体处于哪些层次?

1) 上层　　2) 中上层　　3) 中层

4) 中下层　　5) 下层　　6) 不好说

77. 您对"未来五年内"以下各方面的信心程度是:

	毫无信心	不太有信心	无所谓	比较有信心	很有信心
1) 个人职业前景	1	2	3	4	5
2) 个人身心健康	1	2	3	4	5
3) 个人未来经济收入	1	2	3	4	5
4) 个人生活水平提高	1	2	3	4	5
5) 上海未来生态环境	1	2	3	4	5
6) 社会风气与市民素质	1	2	3	4	5
7) 上海政府公共服务	1	2	3	4	5
8) 上海的城市活力	1	2	3	4	5
9) 国家的政局形势	1	2	3	4	5
10) 我国未来经济增长	1	2	3	4	5
11) 我国社会矛盾风险	1	2	3	4	5
12) 未来反腐败形势	1	2	3	4	5

【背景信息】

78. 您的性别:1) 男　2) 女

79. 您的年龄:________周岁

80. 您的婚姻状况是:

1) 未婚　　2) 已婚,无子女　　3) 已婚,有子女

4) 其他

81. 您的受教育程度(包括在读的):

1) 初中及以下　　2) 高中或中专、职校与技校

3) 大专　　4) 本科及以上

82. 您的政治面貌是：

1）中共党员　2）共青团员　3）民主党派

4）群众　5）其他

83. 您的宗教信仰是：

1）天主教　2）基督教　3）佛教

4）道教　5）伊斯兰教

6）中国民间神灵(如财神、观音等)

7）其他宗教　8）没有任何宗教信仰或神灵崇拜

84. 您的出生地是：

1）上海　2）国内其他省市　3）境外

85. 您的户籍是：

1）上海本地户口　2）外地,有居住证　3）外地,无居住证

86. 您在沪居住时间：

1）1 年及以下　2）2—3 年　3）4—5 年

4）6—7 年　5）8 年及以上

问卷结束,谢谢配合!

图书在版编目(CIP)数据

上海民生民意报告.2016/杨雄等著.—上海:上海人民出版社,2016
ISBN 978-7-208-13645-8

Ⅰ.①上… Ⅱ.①杨… Ⅲ.①社会保障—研究报告—上海市—2016 Ⅳ.①D632.1

中国版本图书馆CIP数据核字(2016)第037637号

责任编辑 罗俊华
封面装帧 夏 芳

上海民生民意报告(2016)
杨 雄 等著
世纪出版集团
上海人民出版社出版
(200001 上海福建中路193号 www.ewen.co)
世纪出版集团发行中心发行
常熟市新骅印刷有限公司印刷
开本720×1000 1/16 印张22 插页4 字数315,000
2016年3月第1版 2016年3月第1次印刷
ISBN 978-7-208-13645-8/D·2827
定价 55.00元